Bernhard Meuser
Christsein für Einsteiger

www.fontis-verlag.com

Für meine evangelischen Freunde
Martin Dreyer, Raban Fuhrmann,
Dominik Klenk, Helmut Matthies,
Hartmut Ohm, Henning Röhl,
Elke Pechmann, Norman Rentrop
und Markus Spieker.

Bernhard Meuser

CHRISTSEIN FÜR EINSTEIGER

Bibliografische Information der Deutschen Nationalbibliothek
Die Deutsche Nationalbibliothek verzeichnet diese Publikation in der
Deutschen Nationalbibliografie; detaillierte bibliografische Daten sind im
Internet über www.dnb.de abrufbar.

Die Bibelstellen wurden, soweit nicht anders angegeben,
folgenden Übersetzungen entnommen:

«Einheitsübersetzung der Heiligen Schrift»
© 1980 Katholische Bibelanstalt, Stuttgart.

© 2014 *fontis* – Brunnen Basel
Umschlag: spoon design, Olaf Johannson
Foto Umschlag: Fotograf: Michael Sippel;
Fotografiert wurde: Jasmin Martinez;
Fotostudio Fotografia La Vida, Bremerhaven;
www.fotografia-la-vida.de; Germany
Druck: C.H. Beck, Nördlingen
Printed in Germany

ISBN 978-3-03848-003-7

Inhalt

Vorwort 9

1 Wie man den richtigen Einstieg findet 13

«Er nimmt nichts, und er gibt alles» 13
Warum Sie Ihre Vorurteile pflegen müssen 16
Ein Weg für Leute, die nicht perfekt sind 19
Einfach nur einsteigen? Leichter gesagt als getan 22
Ein 1500 Jahre alter Reiseführer 26

2 Die 74 Werkzeuge der geistlichen Kunst 33

Tool 1 · *Vor allem: Gott, den Herrn, lieben mit ganzem Herzen, mit ganzer Seele und mit ganzer Kraft* 33 ¶ Tool 2 · *Ebenso: Den Nächsten lieben wie sich selbst* 43 ¶ Tool 3 · *Dann: nicht töten* 45 ¶ Tool 4 · *Nicht die Ehe brechen* 47 ¶ Tool 5 · *Nicht stehlen* 53 ¶ Tool 6 · *Nicht begehren* 54 ¶ Tool 7 · *Nicht falsch aussagen* 57 ¶ Tool 8 · *Alle Menschen ehren* 59 ¶ Tool 9 · *Und keinem antun, was man selbst nicht erleiden möchte* 61 ¶ Tool 10 · *Sich selbst verleugnen, um Christus nachzufolgen* 62 ¶ Tool 11 · *Den Leib in Zucht nehmen* 64 ¶ Tool 12 · *Sich Genüssen nicht hingeben* 67 ¶ Tool 13 · *Das Fasten lieben* 69

Kleiner Exkurs über den Körper 71

Tool 14 · *Arme bewirten* 75 ¶ Tool 15 · *Nackte bekleiden* 78 ¶ Tool 16 · *Kranke besuchen* 79 ¶ Tool 17 · *Tote begraben* 80 ¶ Tool 18 · *Bedrängten zu Hilfe kommen* 83 ¶ Tool 19 · *Trauernde trösten* 84 ¶ Tool 20 · *Sich dem Treiben der Welt entziehen* 87 ¶

Tool 21 · *Der Liebe zu Christus nichts vorziehen* 90 ¶
Tool 22 · *Den Zorn nicht zur Tat werden lassen* 97 ¶
Tool 23 · *Der Rachsucht nicht einen Augenblick nachgeben* 99 ¶
Tool 24 · *Keine Arglist im Herzen tragen* 103 ¶ Tool 25 · *Nicht unaufrichtig Frieden schließen* 105 ¶ Tool 26 · *Von der Liebe nicht lassen* 110 ¶ Tool 27 · *Nicht schwören, um nicht falsch zu schwören* 116 ¶ Tool 28 · *Die Wahrheit mit Herz und Mund bekennen* 118 ¶ Tool 29 · *Böses nicht mit Bösem vergelten* 125 ¶ Tool 30 · *Nicht Unrecht tun, vielmehr Erlittenes geduldig ertragen* 126 ¶ Tool 31 · *Die Feinde lieben* 129 ¶ Tool 32 · *Die uns verfluchen, nicht auch verfluchen, sondern – mehr noch – sie segnen* 132 ¶ Tool 33 · *Verfolgung leiden um der Gerechtigkeit willen* 136 ¶ Tool 34 · *Nicht stolz sein* 138 ¶ Tool 35 · *Nicht trunksüchtig sein* 142 ¶ Tool 36 · *Nicht gefräßig sein* 144 ¶ Tool 37 · *Nicht schlafsüchtig sein* 147 ¶ Tool 38 · *Nicht faul sein* 150 ¶ Tool 39 · *Nicht murren* 154 ¶ Tool 40 · *Nicht verleumden* 157 ¶ Tool 41 · *Seine Hoffnung Gott anvertrauen* 158 ¶ Tool 42 · *Sieht man etwas Gutes bei sich, es Gott zuschreiben, nicht sich selbst* 167 ¶ Tool 43 · *Das Böse aber immer als eigenes Werk erkennen, sich selbst zuschreiben* 170

Exkurs: Gott und das Leid 175

Tool 44 · *Den Tag des Gerichtes fürchten* 181 ¶ Tool 45 · *Vor der Hölle erschrecken* 185 ¶ Tool 46 · *Das ewige Leben mit allem geistlichen Verlangen ersehnen* 188 ¶ Tool 47 · *Den unberechenbaren Tod täglich vor Augen haben* 191 ¶ Tool 48 · *Das eigene Tun und Lassen jederzeit überwachen* 198 ¶ Tool 49 · *Fest überzeugt sein, dass Gott überall auf uns schaut* 201 ¶ Tool 50 · *Böse Gedanken, die sich in unser Herz einschleichen, sofort an Christus zerschmettern und dem geistlichen Vater eröffnen* 205 ¶ Tool 51 · *Seinen Mund vor bösem und verkehrtem Reden hüten* 209 ¶ Tool 52 · *Das viele Reden nicht lieben* 212 ¶ Tool 53 · *Leere oder zum Gelächter reizende Worte vermeiden* 213 ¶ Tool 54 · *Häufiges oder ungezügeltes Gelächter nicht lieben* 216 ¶ Tool 55 · *Heilige Lesungen gern hören* 218 ¶ Tool 56 · *Sich oft zum Beten niederwerfen* 223 ¶ Tool 57 · *Seine früheren Sünden unter Tränen und Seufzern täglich im Gebet Gott bekennen* 231 ¶ TOOL 58 · *Und sich von allem Bösen künftig bessern* 234 ¶ TOOL 59 · *Die Begierden des Fleisches nicht befriedigen* 238 ¶ TOOL 60 · *Den Eigenwillen hassen* 244 ¶ TOOL 61 · *Den Weisungen des Abtes in allem gehorchen, auch wenn er selbst, was ferne sei, anders handelt; man denke an die Weisung des Herrn: «Was sie sagen, das tut; was sie aber tun, das tut nicht!»* 248 ¶ TOOL 62 · *Nicht heilig genannt werden, bevor man es ist, sondern es erst sein, um mit Recht so genannt zu werden* 253 ¶ TOOL 63 · *Gottes Weisungen täglich durch die Tat erfüllen* 255 ¶ TOOL 64 · *Die Keuschheit lieben* 259 ¶ TOOL 65 · *Niemanden hassen* 268 ¶ TOOL 66 · *Nicht eifersüchtig sein* 270 ¶ TOOL 67 · *Nicht aus Neid handeln* 272 ¶ TOOL 68 · *Streit nicht lieben* 274 ¶ TOOL 69 · *Überheblichkeit fliehen* 276 ¶ TOOLS 70/71 · *Die Älteren ehren, die Jüngeren lieben* 278 ¶ TOOL 72 · *In der Liebe Christi für die Feinde beten* 282 ¶ TOOL 73 · *Nach einem Streit noch vor Sonnenuntergang zum Frieden zurückkehren* 283 ¶ TOOL 74 · *Und an Gottes Barmherzigkeit niemals verzweifeln* 285

3 Kleine Schule des Betens 291

Warum wir beten sollen... 291
Warum Beten zu schwer für uns ist, und warum wir es
    trotzdem können 293
Was habe ich denn davon? 296

    Regel I: Lernen Sie die wichtigste Sprache der Welt! ... 297
    Regel II: Wenn Sie beten, beten Sie regelmäßig! 299
    Regel III: Wenn Sie beten, nehmen Sie sich Zeit!........ 301
    Regel IV: Beten Sie mit dem Herzen!........................ 302
    Regel V: Wechseln Sie immer wieder einmal zwischen
        freien und vorformulierten Gebeten! 303
    Regel VI: Beten Sie alleine und beten Sie mit anderen! 304
    Regel VII: Unterstützen Sie Ihr Gebet durch Ihren
        Leib! 305
    Regel VIII: Beziehen Sie alle Arten des Gebetes in
        Ihr Beten mit ein! 306

Regel IX: Beten Sie Ihren Glauben! 307
Regel X: Beten Sie Ihr Leben! 309
Regel XI: Beten Sie über Ihren Horizont hinaus! 310

Abkürzungen der biblischen Bücher 315

Vorwort

Mit der vorliegenden, neu überarbeiteten Ausgabe von «Christsein für Einsteiger» legt der Verlag ›fontis in Basel eine Neuedition von «Christsein für Einsteiger» vor. Im katholischen Pattloch-Verlag hatte das Buch seit 2008 mehrere Auflagen erlebt. Nun schrieb mir Fontis-Verleger Dominik Klenk: «Vielleicht interessiert es Sie, dass Ihr Buch gerade bei evangelischen Lesern erstaunlich viele Freunde gefunden hat. Können wir das Buch nicht noch einmal auflegen – und zwar so, dass Sie den evangelischen Lesern noch ein paar Brücken bauen, an Stellen, an denen Sie aus der ‹katholischen› Perspektive argumentieren?»

In eine bestimmte Schublade gesteckt zu werden, ist unangenehm. Heißt Menschsein nicht, sich permanent zu entwickeln? Etiketten zieht man besser auf abgefüllte Flaschen. Ich sei ein «evangelikaler Katholik», hatte vor kurzem ein evangelischer Freund von mir gesagt. Auch so ein Etikett – aber eins, gegen das ich mich ausnahmsweise einmal nicht wehren möchte, markiert es doch eine Wegstrecke meiner inneren Entwicklung. Aber ja, ich bin in den letzten Jahren «evangelischer» geworden, ohne mich deshalb weniger «katholisch» zu fühlen. Das war so nicht geplant.

Wann begann es? Ich kann es nicht einmal genau sagen. Vielleicht war es an einem sonnigen Nachmittag auf einer Wiese in Burgund. Mit meiner Familie, meiner Frau und den drei damals noch kleinen Kindern, verbrachte ich die Woche nach Pfingsten in Taizé. Frère Roger Schutz hatte hier nach dem Krieg eine evangelische Mönchsgemeinschaft gegründet, die bis heute eine ungebrochen Anziehung auf junge Menschen aus ganz Europa ausübt. Nun waren wir auch da und ließen uns gefangen nehmen vom Zauber des Ortes und seinem himmlischen Frieden. Niemand fragte uns: «Glaubt ihr was? Seid ihr katholisch? Seid ihr evangelisch?» Man sitzt einfach beieinander, redet, lacht und schweigt und teilt sein Leben. Und man betet miteinander, auf eine natürliche, einfache Weise.

Und da erinnere ich mich noch, dass ich einmal eine Art *Flash* hatte – eine plötzlich einschießende Erkenntnis. Es war während des Vaterunsers, genauer gesagt an der Stelle, wo es heißt: «*Dein* Wille geschehe!» Ich hatte das schon etliche tausend Mal gebetet, aber in den Grenzen meiner konfessionellen Herkunft; ohne es mir je bewusst klargemacht zu haben, betete ich bis dahin das *Herrengebet* in einer Weise, als könnten nur «wir Katholischen» es authentisch beten. Die Reformation sah ich als Tragödie an, als den großen Abfall von der von Jesus verfügten Einheit, als liberalen Zersetzungsprozess, als Verrat an der Heiligen Schrift, als sukzessives Abgleiten in Humanismus – und was ich sonst noch an Schablonen der Distanzierung verinnerlicht hatte.

Nun betete aber neben mir ein nicht unsympathischer Mensch, von dem ich beiläufig wusste, dass ihm das Schicksal ein evangelisches Elternhaus beschert hatte, wie es mir ein katholisches Elternhaus zugedacht hatte. Und dieser Mensch betete das «Dein Wille geschehe» mit der gleichen wortwörtlichen Intensität, wie ich dieses eigentlich unfassbare Wort zu sprechen versuchte. *Dein* Wille! *Deiner,* nicht *meiner!*

Was heißt denn das? Ist das nicht Aufkündigung persönlicher Autonomie? Ist es nicht die Übergabe des Steuers an jemand anderen – das Ende der Moderne, sofern es den modernen Menschen ausmacht, ein selbstbestimmtes Wesen zu sein? Mir war schon einige Jahre zuvor aufgegangen, dass diese eine Vaterunserbitte, wonach ein anderer Wille als der meine sich durchsetzen möge im Himmel und auf der Erde, einen gebirgsartigen Querstand markiert, über den man nicht hinwegplappern kann, ohne seine geistige Integrität aufzugeben. Da soll man doch besser den Mund halten, wenn man meint, man müsse nach dem Vaterunser wieder selber tun und lassen, was man will.

Ich schielte hinüber zu diesem Evangelischen. Meinte der dieses kantige «... dein Wille!» auch wirklich so, in dieser unbedingten Weise, wie ich es zu sprechen versuchte? Misstrauen bestimmte mich bis ins Gebet hinein. Plötzlich verflog meine Skepsis. Welches Recht hatte ich eigentlich für die Annahme, dieser Christ aus dem anderen Lager könne weniger auf seine geistige Autonomie zugunsten einer Führung von oben verzichtet haben als ich?

Es passierte etwas sehr Wichtiges; ich verstand wohl in diesem Augenblick, was Ökumene heißt: der endgültige und radikale Verzicht darauf, den anderen dominieren zu wollen. Das Wort «dominieren» kommt von *dominus,* und das bedeutet «Herr». Der Herr ist der Herr, niemand sonst: der Herr meines Lebens, der Herr deines Lebens, der Herr der Kirche, der eine Herr, dort und hier, der Herr, wo immer man sagt: «Dein Wille geschehe».

Die Ökumene am grünen Tisch, in der wackere konfessionelle Dealer um den kleinsten gemeinsamen Nenner streiten, hatte mich immer mit Skepsis erfüllt: «Schiebt ihr uns ein wenig von eurem abgeschmackten Marienkult rüber, dann nehmen wir die Nummer mit dem Abendmahl auch ein bisschen wörtlicher ...» Diese Karikatur ist gewiss ungerecht; sie trifft nur die eine faule Stelle im theologischen Bemühen um Ökumene.

Ökumene geht nie über den kleinsten gemeinsamen Nenner und lauwarme Kompromisse. Ökumene ist die Verständigung auf den größten gemeinsamen Nenner: *den einen Herrn.* Und wo ist der zu finden? Im Gebet. Wo Christen miteinander das Wort Gottes teilen, auf den Herrn hören, der dort ist, wo zwei oder drei sich in seinem Namen versammeln, und sich von ihm zueinanderführen lassen, da geschieht, was wir so dringend brauchen: der Abschied vom selbstgemachten Christentum.

Wenn man einmal an diesen Punkt gekommen ist, sieht man

mit Gelassenheit auf das Unkraut in den anderen Vorgärten Gottes. Man wird sogar fähig, die schönsten Blumen in Nachbars Garten zu entdecken. Das war meine Bekehrung zur Ökumene. Seither möchte ich «evangelischer» werden, wie ich nach und nach immer mehr Freunde kennen gelernt habe, die «katholischer» werden möchten, beides im Ursinn der Worte: Mehr Evangelium! Mehr Ganzheitlichkeit!

Das Zeitalter konfessioneller Rivalitäten ist von gestern. Nicht nur, weil unsere Kinder in einer immer weniger regionalen Beheimatung mit einiger statistischer Gewissheit gemischtkonfessionelle Ehen haben werden, wenn sie sich denn überhaupt für eine christliche Ehe entscheiden. Das Christentum als Ganzes steht auf dem Spiel. Die katholische Kirche entdeckt gerade, dass sie überlebensnotwendig braucht, was evangelische Christen musterhaft vorleben: der Primat des Wortes Gottes, die tägliche Lektüre der Heiligen Schrift, die existenzielle Entscheidung für Jesus, der Glaube an Gottes Führung, an reale Wunder und die Wirkkraft des Gebetes.

Evangelische Christen entdecken im Gegenzug den Vorteil einer transnationalen Weltkirche, wo ihre landeskirchliche Verfasstheit sie nicht selten in eine Art Babylonische Gefangenschaft geführt hat. Sie suchen nach Mystik, Spiritualität und Liturgie und bewundern die anthropologische Stabilität der katholischen Kirche, deren Widerstand gegen die Verheerungen des Mainstreams *steht,* wo man andernorts mit panischen Anpassungsprozessen an den Zeitgeist befasst ist.

Und wer einmal erlebt hat, wie tief die orthodoxe Christenheit aus der realen Gegenwart Gottes im heiligen Bild, der *Ikone,* lebt, der wird nicht bestreiten, dass dieser spirituelle Schatz zum Ganzen des Christentums von morgen gehört. Die Zukunft besteht nicht im Abspecken und Anpassen des scheinbar inkompatibel Christlichen; die Zukunft ist Synthese und neues Leben aus den Ursprüngen.

Wie man den richtigen Einstieg findet

Was hat man denn davon, wenn man richtig Christ wird? Mir fällt dazu eine ganze Menge ein.

«Er nimmt nichts, und er gibt alles»

Sie kommen in eine tiefe innere Freude. Sie starten anders in den Tag und gehen anders aus ihm heraus. Sie können ohne Bitterkeit zurückblicken. Sie werden gebraucht. Sie fühlen sich geborgen. Sie haben eine klare Sicht auf die Dinge und bekommen inneren Halt. Sie können sich mit Ihrer Vergangenheit versöhnen. Sie werden dankbar. Sie können ohne Angst in die Zukunft blicken. Es kommt Festlichkeit in Ihr Leben. Sie finden Ruhe in Ihrer Seele. Sie haben etwas, woran Sie arbeiten und wofür Sie kämpfen können. Sie werden immun gegen Verzweiflung. Sie werden zu einem Halt für Ihre Kinder oder Ihren Partner. Sie können nach oben schauen und wissen jemanden über sich, der Sie liebt. Sie durchschauen den «Zufall» und fühlen sich von Gott geführt. Sie entdecken Ihre Würde und werden befreit von der Selbstverachtung. Sie finden eine Menge verlässliche Freunde. Sie wissen, wo Sie ansetzen müssen, wenn Sie Abhängigkeiten und Süchten ausgesetzt sind. Sie können besser denken. Sie finden uralte Rituale, die ihrer Seele guttun. Sie fühlen sich freier. Sie sehen die Welt mit neuen Augen und freuen sich an der Schöpfung. Sie erfahren Segen und Schutz. Sie werden liebevoller und gütiger. Ihre Lebens- und

Zukunftsangst nimmt ab. Sie erhalten Kraft für schwierige Aufgaben. Sie können seelische Wunden gut verarbeiten und mit Leid besser umgehen. Sie sind Teil eines weltweiten Netzwerkes – wo Sie hinkommen, begrüßt man Sie als «einer von uns». Sie erleben Zusammengehörigkeit und Gastfreundschaft über Sprach- und Landesgrenzen hinaus. Sie können gelassener verlieren. Sie können loslassen. Sie haben eine Vorstellung, wie es mit dem Sterben sein wird. Sie finden den Mut zu einer wahnsinnigen Erwartung an das Leben ...

C.S. Lewis schrieb einmal an seinen Freund Sheldon Vanauken: «Weißt du, es ist eine christliche Pflicht für jeden, so glücklich wie möglich zu sein.» Diese Sorte von Christentum habe ich auf manchen Umwegen gesucht und gefunden. Ich weiß aber, dass es auch eine mit herabhängenden Mundwinkeln gibt, eine zwanghafte, unfrohe. Man sollte sie einfach meiden. «An ihren Früchten werdet ihr sie erkennen», sagt Jesus (Mt 12,33).

Vielleicht werden Sie sich sagen: Die Effekte klingen ja toll. Aber wo ist der Haken des Produkts? Welchen Preis zahlt man dafür? Muss man dafür den Verstand an der Garderobe abgeben und mit Scheuklappen durch die Welt laufen? Muss man sich da nicht verbiegen bis zum Anschlag? Muss man zu allem Ja und Amen sagen? Schlittert man da nicht in einen haltlosen Irrationalismus hinein? Muss man dafür nicht das Blaue vom Himmel herunterglauben? Gerät man in die *no-fun-area,* in den Dschungel der Verbote? Bekommt man da nicht alles durchgestrichen, was Spaß macht? Findet man da nicht die falschen Leute mit der falschen Musik? Wird das alles nicht fürchterlich anstrengend?

Ich meine: Nein. Es gibt, wenn man sich nur wirklich auf den Gott Jesu Christi einlässt, keinen wirklichen Haken. Es sei denn, Sie erwarten ein Paradies ohne Probleme und mit perfekten Menschen. Oder Sie meinen, man müsste da nur im Kopf eine kleine Stellschraube verändern – und schon würde man alles in rosarot sehen.

Millionen von Menschen saßen im April 2005 vor dem Bildschirm, als Papst Benedikt XVI. in sein Amt eingeführt wurde.

Der alte, 78-jährige Mann wandte sich damals ausdrücklich auch an die Jugendlichen. Er wies auf sein langes Leben und seine Erfahrung hin und sagte: «Habt keine Angst vor Christus! *Er nimmt nichts, und er gibt alles.* Wer sich ihm gibt, der erhält alles hundertfach zurück». Es war derselbe Gottesdienst, in dem der Papst die Menschen damit berührte, dass er unsere Zeit mit einer Wüste verglich: «Es gibt die Wüste der Verlassenheit, der Einsamkeit, der zerstörten Liebe. Es gibt die Wüste des Gottesdunkels, der Entleerung der Seelen, die nicht mehr um die Würde und um den Weg des Menschen wissen. Die äußeren Wüsten wachsen in der Welt, weil die inneren Wüsten so groß geworden sind.»

Benedikt lud die Menschen in den christlichen Glauben ein; und er fand starke Argumente dafür: «Wir sind nicht das zufällige und sinnlose Produkt der Evolution. Jeder von uns ist Frucht eines Gedankens Gottes. Jeder ist gewollt, jeder ist geliebt, jeder ist gebraucht. Es gibt nichts Schöneres, als vom Evangelium, von Christus gefunden zu werden. Es gibt nichts Schöneres, als ihn zu kennen und anderen die Freundschaft mit ihm zu schenken.»

Benedikt sprach mir aus der Seele. Seine Analyse deckte sich mit meiner Lebenserfahrung. Dieses Buch möchte Sie daher einladen, es selbst mit dem Christentum zu versuchen, ganz existenziell und konkret. Eines möchte ich allerdings betonen: Wenn Sie glauben wollen, tun Sie es nicht irgendwelcher Produktvorteile oder positiven Begleiteffekte wegen – tun Sie es also *nicht* wegen der Seelenruhe, *nicht* wegen besserer Angstbewältigung und größerer emotionaler Stabilität, schon gar nicht, weil Sie Ihrer Mutter, Partnerin oder Ihrem Freund damit einen Gefallen tun – tun Sie es, *weil es Gott gibt.* Das ist der einzige Grund.

Gibt es Gott – oder gibt es ihn nicht. Über diese Frage müssen Sie Klarheit gewinnen. Damit gehen Sie keiner exotischen Grille nach. Es gibt keine Hochkultur in der Geschichte der Menschheit, die nicht religiös war, an Gott oder Götter glaubte und sie kultisch verehrte; 99,5 % aller Menschen hatten Gründe, das Gerücht von Gott überaus ernst zu nehmen. Die winzige Minderheit, die es seit ein paar hundert Jahren besser weiß, sollte gute Gründe für ihre religiöse Ignoranz haben: «Angesichts der überwältigenden Allgemeinheit und Dauer des Gerüchts von Gott trägt derjenige die Begründungspflicht, der dieses Gerücht als irreführend abtut» – sagt der Philosoph Robert Spaemann. Das ist übrigens gleich ein Literaturtipp: Lesen Sie alles, was Sie von diesem bedeutenden Kopf in die Finger bekommen.

Es ist die wichtigste Frage Ihres Lebens. Das Marketing kennt die Unterscheidung zwischen «nice to have» und «must have». Hier geht es eindeutig um «must». Gott erkennen, heißt ein anderes Leben zu führen. Hier werden ihnen also keine spirituellen Bonbons angeboten, die auch dann noch schmecken, wenn man sonst schon alles hat. Es geht um die Auseinandersetzung mit einer Wirklichkeit, von deren Wahrheit beispielsweise in Osteuropa und China die Gefängnisse voll waren. Für die Gewissheit, dass es Gott gibt, haben sich viele Christen wegsperren lassen. Nicht wenige sind dafür gestorben. Es geht also um etwas, für das es wert ist, alles auf eine Karte zu setzen.

Warum Sie Ihre Vorurteile pflegen müssen

Vorurteile zu haben, ist völlig in Ordnung. Wer keine Vor-Urteile hat, verzichtet auf die Basis der Erkenntnis. Erkenntnis ist selten etwas völlig Neues, sondern meist eine Präzisierung oder eine Korrektur einer vorhandenen Annahme. Nur geht es um eine ganze Menge – etwa, ob das Leben aufhört, wenn die Schwester den Tropf abstellt. Darüber lässt sich etwas in Erfahrung bringen, wenn man sich mit Religion beschäftigt. Manche finden das absurd. Das hier ist etwas für Leute, die sich nicht künstlich dümmer stellen wollen, als sie sein könnten. Damit aus Vor-Urteilen Urteile werden, habe ich dieses Buch geschrieben. Ich habe mich bemüht, die Dinge so untheologisch wie möglich darzustellen und den kirchlichen Insiderjargon zu vermeiden, über den Sie sich mit Recht ärgern oder belustigen.

Wer sich heute überlegt, ob er (wieder) in den christlichen Glauben einsteigen soll, dem kann ich nur empfehlen, die ganze Geschichte über die härtesten Checks und Tests laufen zu lassen. Selbst im Neuen Testament steht der Satz: «Prüft alles, und behaltet das Gute» (1 Thess 5,21). Das will sagen: Schenken Sie sich alles, was unglaubwürdig ist! Aber haben Sie auch Misstrauen *in sich:* Lehnen Sie bestimmte Dinge nie nur deshalb ab, weil Sie noch neu für Sie sind, weil sie Ihnen gegen den Strich gehen oder weil sie Ihnen auf den ersten Blick unsympathisch sind.

Zwei kleine Eigenarten des Christseins will ich Ihnen schon vorab verraten. Es geht einmal nicht in erster Linie darum, «was» ich glauben soll, sondern «wem» ich es glauben soll. Sie kennen das ja auch aus dem normalen Leben, dass einer einen Vorsprung an Wissen und Erfahrung hat. Wenn einer, der es genau wissen muss, mir sagt: «Der Motor funktioniert so und so ...», glaube ich ihm, steige in das Auto und fahre los. So ist es auch mit dem Glauben. Wenn für Mutter Teresa ein bestimmtes Detail am Christsein so wichtig war, dass sie immer wieder darauf hinwies, bekomme ich *solche Ohren;* ich werde neugierig und will herausfinden, was an der Sache dran ist. Genau in derselben Perspektive schaue ich auf Jesus Christus selbst. Bevor ich noch andere Qualitäten an ihm entdecke, halte ich ihn für einen Spezialisten in Sachen Gott. Außerdem finde ich ihn glaubwürdig. Ich möchte also in bestimmten Fragen von ihm profitieren. Wenn er mir sagt «Mit Gott ist das so und so ...»; glaube ich ihm, steige in das Auto und fahre los.

Die zweite Eigenart hängt mit dem zusammen, worin sich das Christentum von allen anderen Religionen auf der Erde unterscheidet. Alle Religionen wollen den Himmel erklären – da recken sich die Hände von unten in die Wolken, um Gott zu «begreifen», nur das Christentum behauptet ihn vom Himmel her erklärt zu bekommen. Da kommt die Hand von oben und berührt uns Leute, die wir keinen Begriff haben können von der Wirklichkeit Gottes. Woher weiß man denn nun, dass das stimmt? Es stellt sich heraus. Sie können den

Glauben mit nach Hause nehmen und ausprobieren. Prüfen Sie ihn auf Herz und Nieren. Geben Sie ihn einfach gebraucht zurück, wenn er nichts taugt.

In unseren Breitengraden haben die meisten Menschen rudimentäre Vorstellungen von dem, was Christsein ist. Es gibt (außer in Berlin-Brandenburg) einen allgemein verpflichtenden Religionsunterricht; es gibt Elternhäuser, die noch immer bestimmte Elemente des Christlichen an ihre Kinder vermitteln. Ob Sie nun liebenswerte oder fatale Erinnerungen daran haben, ist hier nicht wichtig. Es soll uns nur sagen: Bei Null fängt kaum einer an, eher schon bei den erwähnten gesunden Vorurteilen. Noch einmal: Diese Vorurteile sind wichtig. Pflegen Sie sie, verteidigen Sie sie! Geben Sie sie nur auf, wenn Sie sich in Ihrer Einschätzung getäuscht haben und nun zu anderen Einsichten kommen! Ent-Täuschung ist ein zentrales Moment der Wahrheitsfindung – und um Wahrheit geht es. Niemand kann und darf dabei etwas ausblenden – kein Gefühl, keinen Einspruch, keine Unsicherheit. Alles läuft in maximaler Freiheit. Das einzige Gesetz lautet: «Was man erkannt hat, soll man tun»!

Was müssen Sie sonst noch mitbringen? Außer einer gewissen geistigen Grundschnelligkeit, einer gesunden Portion Neugier und viel Offenheit für ungewöhnliche Lösungen – nichts! Sie werden allerdings an unerwarteter Ecke Ärger bekommen, ähnlichen Ärger, wie ihn ein gewisser Mohandas Karamchand Gandhi hatte, dem die Inder den Ehrennamen Mahatma (= große Seele) beilegten. Er könne von Glück sagen, meinte er einmal, als man ihn auf die Widerstände ansprach, die er zu überwinden habe, dass er es nur mit *drei* Widersachern zu tun habe: «Mein liebster Widersacher, derjenige, der sich am liebsten zum Besseren bekehren lässt, ist das Britische Weltreich. Mein zweiter Widersacher, das indische Volk, ist schon viel schwieriger. Aber mein furchtbarster Gegner ist ein Mann namens Mohandas K. Gandhi. Bei ihm scheine ich fast gar nichts auszurichten.»

Ein Weg für Leute,
die nicht perfekt sind

Ein positives oder negatives Vorwissen von dem, was ihn beim Christsein erwartet, hat jeder, ob er es bei Terra-X, bei Mel Gibson, auf einer Romreise, im Konfirmandenunterricht oder bei Dan Brown erworben hat. Sympathie und Antipathie rücken den Gegenstand des Glaubens in unterschiedliches Licht. Der eine findet den Weg des Christentums durch die Geschichte faszinierend und stark; er denkt an geistige Kämpfe und kulturelle Leistungen – an die großen Kathedralen, das Mönchtum, den Glanz von Santiago, Konstantinopel, Rom und Jerusalem. Ein anderer findet diese Geschichte einfach nur grauenhaft und hat gleich eine Handvoll Belege dafür: kriminelle Päpste, verbrannte Hexen, finstere Inquisitoren. Der eine denkt bei Jesus an «Jesus Christ Superstar», der andere an einen segnenden Softie mit Lämmchen auf den Schultern.

Denken Sie, bevor Sie einen Abschnitt des Buches lesen, immer an Ihr Vorwissen und an Ihre Vor-Gefühle, bevor Sie sich auf etwas Neues einlassen. Kann ich es glauben? Ist es intellektuell sauber? Wehrt sich etwas Emotionales in mir? Möchte ich es nur nicht, weil es unbequem wäre und meinen bisherigen Weg in Frage stellt? Weil ich Angst habe? Der Dominikanermönch Thomas von Aquin, ein großer mittelalterlicher Lehrer des Christseins, hat die These aufgestellt (und die Kirche hat ihm darin nicht widersprochen): «Alles, was gegen das Gewissen geschieht, ist Sünde.» Wenn ein Christ in der Prüfung seines Gewissens beispielsweise erkannt hat, er müsse aus der Kirche austreten, weil es Gott nicht gibt, so *muss* er aus eben diesen Gewissensgründen aus der Kirche austreten. Es läuft also recht unideologisch. Von der Geschichte der kommunistischen Parteien ist jedenfalls nicht bekannt, dass dort ein Parteiaustritt aus Gewissensgründen zur Pflicht erklärt wird. Dissidenten wurden oft genug gejagt und zur Strecke gebracht.

Nun wird man eben dies auch von Kirche sagen, die, jenseits der schönen Theorie, mit ihren Abweichlern nicht eben zimperlich umging. Es führt kein Weg an der Einsicht vorbei, dass die Kirche oft das eine forderte und das andere tat. Sie ist der permanente historische Verrat an ihren Grundsätzen. Sie sollte arm sein und hat sich mit den Reichen eingelassen. Sie sollte auch noch die andere Wange hinhalten und hat mit der Faust zugeschlagen. Sie sollte die Freiheit predigen und hat mit dem Schwert getauft.

Immer hat es deshalb in der Christentumsgeschichte einzelne und ganze Gruppen gegeben, die sich von der korrupten, permanent in Sünden verstrickten Kirche abwandten und Vereinigungen, Kirchen, Zirkel, Clubs, Orden der «Reinen» begründeten, in denen es endlich sauber zugehen würde. Diese «Vollkommenen» hat die Kirche immer wieder mit größtem Misstrauen betrachtet und sie als Häretiker (= vom Glauben abgefallene Christen) bezeichnet. Und sie hatte recht. Bei den Gutmenschen ging es alsbald ebenfalls drunter und drüber, und die am höchsten strebenden «Engel» erwiesen sich schnell als die totalitärsten Charaktere. Sie hatten keine Geduld, wollten die menschlichen Schwächen mit der eisernen Zuchtrute abstellen. Einsicht in die eigene Schwäche hatten sie auch nicht, sonst wären sie mit der Vokabel «Vollkommenheit» vorsichtiger umgegangen.

Die Skandale der Kirche sind und bleiben eine Schande und ein Ärgernis. Dennoch sind sie kein zufällig aufgetretener Webfehler, den man ohne weiteres und mit ein bisschen Goodwill in Zukunft abstellen könnte. Schon Jesus ließ sich mit normalen bis gefährlichen Leuten ein, auf Augenhöhe mit dem Halbweltgeschöpf Maria von Magdala, dem Zollschinder Zachäus, mit der in flagranti ertappten Ehebrecherin, mit defizitären Charakteren wie Judas, seinem späteren Denunzianten, und Petrus, der ihn verleugnete, ehe der Hahn dreimal krähte.

Wenn zur Kirche nur Sauberfrauen und Saubermänner gehören dürften, wäre sie tendenziell leer. Zumindest ich hätte keine Chance, in ihr jemals ein Plätzchen zu finden: Ich kenne mich, mir ist alles zuzutrauen. Die konkrete Kirche besteht aber mehr oder weniger nur aus solchen nicht recht vorzeigbaren Gestalten wie mir. Sie ist voll von Amateuren wie du und ich.

Sie ist kein Club der Vollkommenen. Sie ist nach Jesu Willen ein Ort für die langsame, aber göttlich präzise Veränderung von ganz normalen Menschen. Menschen, die auch einmal in den Sack hauen, die allerhand auf dem Kerbholz haben, die es dringend brauchen, dass sie beim Wickel gepackt und verbessert werden.

Erfreulicherweise hat Jesus uns versichert: «Nicht die Gesunden brauchen den Arzt, sondern die Kranken. Ich bin gekommen, um die Sünder zu rufen, nicht die Gerechten» (Mk 2,17). Georges Bernanos, der französische Schriftsteller, sagte einmal von der Kirche, sie gehe «hinkend aus dieser Welt in die andere Welt». Das ist eine sympathische Vorstellung. Wir sind alle ein bisschen gehandicapt. Der eine hat es mit dem Geld, der andere mit der Wahrheit, der dritte mit dem Sex, der vierte ist ein unsicherer Kantonist, der fünfte ein Sturkopf und der sechste bin ich. Jeder hat sein Handicap. Wir schreiten nicht im Triumphmarsch. Wir hinken, humpeln, schleichen uns voran. Aber wir *gehen*. Und das *gemeinsam*. Das ist die Kirche, in der es mir gefällt.

Die Kirche ist ein permanenter Umschaffungsprozess, wie eine Mühle. Die Körner sind wir, die Mühle ist das Evangelium. Eigentlich müsste die Kirche das Evangelium schon längst weggedrückt, verboten, abgeschafft haben – so mittelmäßig, wie sie es umsetzt. Aber Tag für Tag lesen es großartige, mittelmäßige und skandalös schlechte Priester und Pfarrer vor – wie ein Urteil über sie selbst. Und siehe da – das Evangelium zeigt Wirkung. Es verändert Menschen erheblich. Manche so stark, dass es wie ein Wunder ist: Ich denke an Roger Schutz und Mutter Teresa und auch an die eine oder den anderen, die ich näher kenne.

Einfach nur einsteigen?
Leichter gesagt als getan

Oft sind die emotionalen Barrieren das eigentliche Hindernis. Was für seltsame Leute, was für eine kuriose Reisegesellschaft! Da hilft nur der Sprung über den Schatten: Das «Schwache und das Ohnmächtige» war von jeher das Milieu, auf das sich Jesus einließ: Fischer, Handwerker, sogar Zöllner und Dirnen. Wäre die Kirche ein handverlesener VIP-Club der Schönen, Gebildeten und Reichen – man müsste Verdacht schöpfen ...

Viele denken nicht an die Anderen – sie denken an sich, an die eigene Biografie, und sagen sich: Für mich ist dieser Zug abgefahren! Sie glauben, sie hätten zu viel Ballast mit sich, zu viel gelebtes Leben, um wirklich auf diesen Zug aufspringen zu können. Außerdem haben sie ihren Stolz. Sie möchten nicht, wie Heinrich Heine es formuliert hat, «zu Kreuze kriechen».

Demgegenüber muss man sagen:

Der Einstieg ist absolut voraussetzungslos, wenn auch nicht folgenlos. Man muss sich kein spezielles Ticket besorgen, bei dem man sich vorher einer Talentprüfung oder einem Bodycheck unterziehen müsste. Einsteigen kann jeder, auch wenn er schmutzig ist oder sich nur beschmutzt fühlt, hochverschuldet ist, mit seiner Gefühlswelt nicht klarkommt, in ungeklärten Beziehungen lebt oder mehr Fragen als Antworten hat. Man kann zum dritten, vierten, fünften Mal geschieden sein, man kann alkohol-, drogen- und internetabhängig (oder alles zugleich) sein, man kann schon einmal gläubig gewesen sein und seinen Glauben im Gedränge verloren haben. Es ist egal. Christ werden setzt kein korrektes Leben voraus – nach dem Motto: Zuerst bringe ich jetzt mal mein Leben auf die Reihe, dann kann ich mich beim Lieben Gott blicken lassen. Da würde man niemals Christ werden. Welches Leben ist schon korrekt?

Es gilt das Jetzt – dieser Augenblick, was immer vorher gewesen sein mag. Es ist wie bei einer Therapie mit Licht, der man sich frei aussetzt und die man annimmt, sofern und soweit man sie als hilfreich erkannt hat und so viel man davon im Augenblick vertragen kann. Erik Peterson hat einmal darauf hingewiesen, dass in der Nähe Jesu lauter Leute mit Krankheiten und Mängeln sind, als hätte er sie magisch angezogen. Schwächen zu haben ist sozusagen die permanente Greencard für den Zugang zu Jesus. Mit Leuten, die keine Schwächen haben, kann er nichts anfangen. Wer kein Dunkel hat, sehnt sich auch nicht nach Licht.

Die anderen im Zug sind auch Anfänger. Das Schöne am christlichen Glauben ist, dass *alle* Anfänger sind – besser gesagt: die klassenlose Gesellschaft derer, mit denen Gott etwas anfangen möchte. Selbst die Heiligen in ihr sind Anfänger – und keine Gurus, die es drauf haben. Heilige sind übrigens solange «Schein-Heilige», bis *nach dem Tod* das Gegenteil festgestellt wird. Als Teresa von Ávila, die größte Mystikerin der katholischen Kirche, 1581 in Alma de Torres starb, hielt sie sich für die größte Sünderin der Christenheit. Vielleicht mit Recht. Sie hatte so viel Licht gesehen, eine so tiefe Vereinigung mit Gott erfahren. Und wenn man dann noch «menschelt», wiegt es doppelt schwer. Es ist also alles andere als eine fromme Floskel, wenn der Papst regelmäßig zur Beichte geht. Er demütigt sich vor einem kleinen Priester – und der Arme muss anhören, wenn der erste Mann der Kirche aus dem «Nähkästchen» plaudert.

Für jeden Christen beginnt jeder Tag bei Null; es gibt keine Profis, die auf Level 7 anfangen. Und diejenigen, die meinen, sie hätten den Bogen raus und wären jetzt aber endlich auf 7, sollten sehen, dass sie schnellstens wieder auf das Spielfeld und auf Null kommen. Es gibt keine Tricks. Das Leben ist kein Trick. Christsein ist Liebe, bei der man sich an jedem Morgen neu in die Augen sieht – und sich sagt: Das wird sein an diesem Tag, was Liebe daraus macht! Martin Luther: «Das Leben ist nicht ein Frommsein, sondern ein Frommwerden; nicht ein Gesundsein, sondern ein Gesundwerden; nicht eine Ruhe, sondern eine Übung. Wir sind's noch nicht, wir werden's aber. Es ist nicht das Ende, es ist aber der Weg.»

Der Einstieg geschieht nicht mit dem Kopf, sondern mit den Füßen. Manche meinen, Christsein sei eine Sache des Kopfes und des Bewusstseins, man müsse sich da mit gewissen Lehren auseinandersetzen, sie für richtig halten, sie möglicherweise sogar auswendig lernen und bei der nächsten Oma, die über die Straße will, anwenden. Das ist nur halb richtig, also ganz falsch. Gott sei Dank ist das Christentum keine Kopfgeburt, so viel es auch zu denken aufgibt. Christsein baut nicht auf flüchtige Bewusstseinsinhalte; es beginnt, indem man es praktiziert. Es ist eine Einsicht, die sofort die Füße, die Hände, die Lippen bewegt – und sofern man sie in Bewegung sieht, handelt es sich um Christsein. Wer Geschmack an Gott gefunden hat, fühlt sich gedrängt zu beten – also betet er (und schreibt keine philosophischen Abhandlungen über die Bedingung der Möglichkeit des Betens im 21. Jahrhundert). Wer jemand in der Grube findet, holt ihn heraus – und zwar immer, denn Jesus hat gesagt: «Was ihr einem von diesen Geringsten getan habt, das habt ihr mir getan» (vgl. Mt 25,40). Wer weiß, dass er mit Christus und den anderen Christen «ein Leib» sein soll, träumt sich nicht fort in eine illusionäre Gemeinschaft über alle Zeiten und Kulturen hinweg, sondern geht hin: sonntags um zehn Uhr. Roger Schutz, der ermordete Prior von Taizé, empfahl Anfängern im Glauben immer, es mit einem einzigen Bibelwort zu versuchen. Das nur müsse man leben, dann werde man sehen, wohin das führe.

Der Zug ist nicht für Individualreisende. Menschen sind immer in Gefahr, Ihren Glauben mit Gott alleine ausmachen zu wollen. Das entspricht nicht der Art Jesu. Zwar kommt in der Nacht Nikodemus, ein vornehmer Pharisäer, zu ihm, um *entre nous* seinen Weg zu besprechen. Aber wer offiziell zu Jesus gehört – wer von ihm gerufen wird, wird sofort an die Gemeinschaft verwiesen, in den Kreis integriert: «Wo zwei oder drei in meinem Namen versammelt sind, da bin ich mitten unter ihnen.» Jesus sammelt den Kreis der Zwölf um sich, um darin das Volk Gottes nachzubilden, das sich Gott im Alten Testament erwählt hatte. Die junge Kirche tauft im Auftrag Jesu Menschen nicht, damit sie dann in die Anonymität verschwinden und sich als Christen «fühlen», sondern damit sie ihren Glauben in Gemeinschaft leben. Das hat konkrete Folgen; es geht ihnen, weil sie in ein System des Teilens und der Solidarität mit den Schwächeren einbezogen werden, übrigens sofort auch ans Portemonnaie. Ihr Zeichen ist die Eucharistie, das gemeinsame Mahl. Der gehört dazu, der zum Mahl geladen ist. Und der wird in einer fremden Gemeinde als Christ erkannt und zum Mahle eingeladen, der ein «Symbolon» (eine gebrochene Scherbe, deren Bruchränder zu einem anderen Stück passen) bei sich trägt. *Ein* Christ ist *kein* Christ. Das kann auch heute jemand verstehen, der frisch zum Glauben kommt: Christsein geht nur in einem Netzwerk der Liebe, in der Gemeinschaft des Lernens, in der Erfahrung des Teilens.

Die Fahrtrichtung bestimmt ein anderer. Man steigt in einen Zug ein, von dem man nur ungefähr weiß, wohin er fährt. Als sich im Johannes-Evangelium die ersten Jünger für ihn interessieren, sagt ihnen Jesus. «Kommt und seht!» (Joh 1,39). Sie gehen mit, wissen aber nicht, wohin sie das führt. Christsein lebt von dem Glauben, dass man im Vertrauen auf die Führung durch Jesus gut mitgehen kann, auch wenn man eines Tages vielleicht dahin geführt wird, «wohin du nicht willst» (Joh 21,18). Auf gut Deutsch: Christen glauben, dass man sein Leben im letzten nicht selbst *führt,* sondern dass man *geführt wird,* dass man auf die eine oder andere Weise in seinem Leben von oben her einen Wink bekommt, dieses zu tun und jenes zu lassen, einen schweren Weg weiter zu gehen, einen leichteren aufzugeben usw. Aus diesem Wissen heraus entstand das schöne Gebet «O Herr, mach mich zu einem Werkzeug deines Friedens!», das ich immer wieder gerne bete. Denn darauf kommt es an – nicht dass wir uns die Rosinen aus irgendetwas herauspicken und unser Ding machen, sondern dass wir den Ort und die Stunde erkennen, wo Gott uns als sein Werkzeug braucht, wo wir unersetzlich sind, weil kein anderer für diese Stelle und diese Arbeit vorgesehen ist.

Man kann jederzeit aussteigen. Christsein ist eine in höchstem Maße freie Reise. Niemand wird zum Einsteigen gezwungen. Niemand wird in ein Abteil eingeschlossen. Niemand wird irgendwohin verfrachtet, wohin er nicht will. Christsein ist nichts, was dem eigentlichen Leben wie etwas Fremdes aufgepropft wird; es lebt von der Verheißung, dass ich eben durch dieses Christsein ganz *zu mir* komme, dass ich genau das erlange, was zutiefst in mir zielhaft angelegt ist: mein individuelles Glück. Ja, aber da muss man doch tun, was *Gott* will! – wird einer einwenden. Richtig, in der Bibel werden Christen sogar aufgefordert: «Erfüllt als Sklaven Christi von Herzen den Willen Gottes!» (Eph 6,6). Der *Wille Gottes* ist so etwas wie die Partitur für das Stück. Wie ein Jazzer nicht seine Freiheit verliert, wenn man von ihm verlangt, dass er in der gleichen Tonart wie seine Sessionpartner spielt, und ein Orchestermusiker nicht sein Wesen verbiegt, wenn er sich an die Noten der Symphonie hält, so verliert ein Christ nicht seine Individualität, wenn er den Willen Gottes für sein Leben sucht – das Stück, das er spielen soll, wofür er in der Welt und an seinem Platz ist. Es ist *sein* Stück – oder es ist *good for nothing*. Wer das Gefühl hat, er würde dadurch verbogen oder von seinem inneren Weg abgebracht oder seinem Wesen entfremdet, muss sofort aussteigen. Er darf nicht aussteigen, er *muss* aussteigen (siehe Thomas von Aquin). Christsein ist der Weg *in die* Freiheit, nicht die Abtretung von Freiheit. Das ist nicht zu verwechseln mit der Erfahrung, dass Gott sehr anspruchsvoll sein kann – und unsere Freiheit anfragt. «Wer Bequemlichkeit will», sagte Papst Benedikt XVI. in Köln, «der ist bei ihm allerdings an der falschen Adresse».

Ein 1500 Jahre alter Reiseführer

Lange habe ich mir überlegt, welchen bewährten Reiseführer ich wählen könnte. Ich suchte nach einer genialen Umsetzung des Evangeliums, einen großen spirituellen Text aus der Geschichte der Christenheit. Eine Weile dachte ich an die «Exerzitien» des Ignatius von Loyola, dann an die «Moradas» der Teresa von Ávila – beides Texte, die für Tausende von Christen zur Guideline ihres Glauben wurden. Ich verfiel schließlich auf einen noch viel älteren Text, der beim Mönchtum der frühen Kirche in allerhöchstem Ansehen stand: die *74 Werkzeuge der geistlichen Kunst* aus der Ordensregel des heiligen Benedikt von Nursia.

Benedikt von Nursia, ein weiser Mönchsvater des 6. Jh., der in der Nähe von Rom lebte, hat sie zusammengestellt, als er auf der Suche nach Kürzestanweisungen für das Christsein war. Für heutige Ohren ist die Formulierung «geistliche Kunst» seltsam. «Geistlich» meint: vom Heiligen Geist, dem Geist Jesu, bestimmt – Kunst meint: Können, handwerkliches Geschick, menschliche Fertigkeit. Etwas gewaltsam in moderne Sprache übersetzt, könnten die *74 Werkzeuge der geistlichen Kunst* auch heißen: *Christliches Anwenderprogramm in 74 Tools.* Da ein Mönchskloster wie ein Laboratorium allgemeinen Christseins ist, dachte ich mir: Was für die Mönche gut ist, ist für alle gut. Das Anwenderprogramm ist kompatibel, die Lebensregeln sind übertragbar.

Für diesen antiken Reiseführer spricht, dass er so *außerordentlich alt, ohne jede Originalität, reichlich abgenutzt* und noch immer in Gebrauch ist. Bei Sammlern von Antiquitäten und Weinkennern gilt «sehr alt» als Kompliment – bei Mönchen ebenfalls. Die Mönche heute leben oft in tausendjährigen Mauern und atmen die Ruhe dessen ein, vor dem «tausend Jahre wie ein Tag» (Ps 90,4; Gute-Nachricht-Bibel) sind. Sie haben in der Regel keinen Laptop und kein iPad. Sie lesen ein 1500 oder 2000 Jahre altes Wort und wundern sich *nicht,* dass es noch da ist. Klar ist es noch da, es hat ja Kraft! Kraft heißt: Widerstand gegen die Zeit. Was dem Vergessenwerden trotzt, das hat Kraft. Ein Wort, das die Zeit überlebt – das ist etwas! Nun sprechen wir auch noch von einem Text, der nicht in erster Linie gelesen, sondern täglich meditiert und *gelebt* wurde. Da ist das Neue verdächtig – jemand könnte es sich aus den Fingern gesogen haben und erfunden haben. Es geht aber nicht um Erfindung, sondern um Wirklichkeit. Das unvergesslich Alte hat den sicheren Geschmack von Weisheit und verlässlicher Erkenntnis.

Auch die Qualifikation *«ohne jede Originalität»* weist in die gleiche Richtung. Da die «74 Werkzeuge» das Herzstück der benediktinischen Ordensregel sind, dürfen sie nichts Absonderliches, Modisches, Zeitbedingtes enthalten; nur das sicher Erprobte, im Feuer des Lebens Bewährte umspannen. Und in der Tat findet sich unter den «74 Werkzeugen» auch nicht eine einzige Weisung, die nicht aus der Bibel oder aus einer älteren Ordensregel herzuleiten wäre. Jedes dieser Werkzeuge hatte zum Zeitpunkt der Einbindung in die Ordensregel durch Benedikt einen mindestens mehrhundertjährigen Praxistest hinter sich. Das Beste an den «74 Werkzeugen der geistlichen Kunst» ist aber, dass sie *so abgenutzt* sind. Wüstenmönche hielten sich ebenso daran wie iroschottische Wandermönche, wie klosterbauende Zisterzienser, wie einsame Trappisten. Einige tausend Benediktinerinnen und Benediktiner finden auch heute noch – nach 1500 Jahren – keinen Grund, auch nur ein Jota an den Werkzeugen zu verändern.

Benedikt war ein Praktiker, ein Mönchsvater, dem es um gute Grundsätze für das menschliche und christliche Wachstum der Leute ging, die sich ihm aufgrund seiner spirituellen und menschlichen Autorität angeschlossen hatten. Woher diese Grundsätze kamen, war unerheblich. Begriffe wie Urheberrecht und Plagiat gehen an der Wirklichkeit dieser Zeit vorbei. Das Gute war gemeinfrei, Originalität nicht gefragt. Für Benedikt gab es keinen Grund, bei Null anzufangen. Aus seiner Lebenszeit sind etwa 30 verschiedene Mönchsregeln bekannt; so kursierten etwa die Regeln von Pachomius, der um 323 eine erste Mönchsgemeinde gründete, und Basilius von Caesarea († 379), aus denen sich ein Mönchsvater nach Herzenslust bedienen konnte, um das Beste, Bewährteste und Tauglichste für seine Leute zusammenzustellen.

Einmal spricht Benedikt von schlechten Mönchen und sagt: «Weder durch eine Regel noch in der Schule der Erfahrung wie Gold im Schmelzofen erprobt, sind sie weich wie Blei.» Hier zeigt sich bereits eine wichtige Erkenntnis. Wenn man Mönch (wir dürfen ruhig auch sagen: Christ) werden möchte, muss man eine «Schule» durchlaufen. Das kann die *Erfahrung* sein, oder man kann sich an einer *Regel* abarbeiten, sich daran bewähren, sich «wie Gold im Schmelzofen» erproben und läutern lassen. Möglicherweise befremdet uns diese Unterscheidung. Das mit der *Erfahrung* kann man spontan verstehen. Ein Christ, der in der Tiefe verankert ist, weil er eine lebendige Erfahrung mit Gott gemacht hat, steht anders da als einer, der nur eine angelernte Glaubensüberzeugung hat und den der Wind bald hierhin, bald dorthin treibt. Aber wieso soll ausgerechnet die *Beachtung einer Regel* (und sei sie zur Gänze aus der Bibel entnommen) das Gold authentischen Christseins aus uns hervortreiben?

Unser großer Fetisch ist Freiheit, ist selbstbestimmtes, authentisches Leben. Regeln beachten – das klingt nach Uniformierung, nach Einschränkung von Freiheit, nach Pedanterie, nach all jenen Sekundärtugenden, mit denen man bekanntlich auch ein KZ leiten kann. Von Regeln sprechen wir wie von einem notwendigen Übel. Nun kann keine Gemeinschaft jeden Tag die Welt neu erfinden; sie braucht Standards, die einfach gelten, eine Hausordnung, die zu beachten ist. Engagement nach dem Lustprinzip, Dauerdiskurs um die Übernahme einfachster Handgriffe – das verkraftet nicht einmal eine studentische Wohngemeinschaft. Regeln, Ordnungen, verbindliche Abmachungen *entlasten* also. Man weiß vorher, was auf einen zukommt, welche Rechte und Pflichten man hat, wann was zu tun und wer dafür verantwortlich ist. Auch eine Gemeinschaft von Mönchen, in der Menschen auf engem Raum für immer zusammenleben, braucht die Basics einer solchen Hausordnung. Aber *Beachtung der Regel* als Weg zu Gott?

Benedikt begründet sehr gut, warum sich einer, der auf der Suche nach Gott ist, Regeln verordnen lassen und in die «Schule» dieser Regeln gehen sollte. Sie sind der Trainingsparcours, die Übungsstrecke – und natürlich eine Art Engführung. Konzentration findet statt, damit es Fortschritt gibt – wie wenn wildes Wasser in ein künstlich verengtes Flussbett geleitet wird, damit sich geballte Kraft entwickelt. Benedikt sagt: «Wir wollen also eine Schule für den Dienst des Herrn einrichten. Bei dieser Gründung hoffen wir nichts Hartes und nichts Schweres festzulegen. Sollte es jedoch aus wohlüberlegtem Grund etwas strenger zugehen, um Fehler zu verbessern und die Liebe zu bewahren, dann lass dich nicht sofort von Angst verwirren und fliehe nicht vom Weg des Heils; er kann am Anfang nicht anders sein als eng. Wer aber im klösterlichen Leben und im Glauben fortschreitet, dem wird das Herz weit und er läuft in unsagbarem Glück der Liebe den Weg der Gebote Gottes.»

Das ist eine wunderbare Definition. Beginnen wir mit dem Ziel unseres Trainings. Er lautet: *in unsagbarem Glück der Liebe den Weg der Gebote Gottes laufen.* «Glück» und «Gebote Gottes» bringen wir nur schwer zusammen. Das eine klingt nach Spaß und das andere nach sauren Pflichten. Aber eben das ist ja die Vision – dass die harten Notwendigkeiten federleicht werden, zu schweben beginnen, gar keine Arbeit mehr sind, sondern *in unsagbarem Glück der Liebe* zum selbstverständlich Vollbrachten werden. Wäre das nicht das Paradies, wenn wir weiten Herzens und *in unsagbarem Glück der Liebe* unserer Pflicht zum gerechten Ausgleich zwischen arm und reich nachkommen würden? Nein, wir warten lieber, bis Molotow-Cocktails fliegen und Autos in den *banlieus* brennen. Es braucht, *um Fehler zu verbessern und die Liebe zu bewahren,* offenkundig Disziplin, Übung, Schule, ein paar Trainingsanreize, damit wir dorthin gelangen, wohin wir ohnehin kommen müssen. Der Parcours, den Benedikt dazu aufbaut, ist so, wie ein guter, auf Fortschritt ausgelegter Trainingsparcours eben sein sollte: eine echte Herausforderung, aber keine Überforderung. Dass man den Mut nicht verliert, ist Benedikt bei der geistlichen Kunst sehr wichtig: «*... lass dich nicht sofort von Angst verwirren und fliehe nicht vom Weg des Heils; er kann am Anfang nicht anders sein als eng.*»

Fassen wir zusammen: Die 74 *Werkzeuge der geistlichen*

Kunst sind eine Art Anwenderoberfläche für Menschen, die den Glauben an Gott lernen möchten, täglich darin Fortschritte erzielen wollen und in diesem Milieu beständig leben möchten.

Die 74 Werkzeuge der geistlichen Kunst

Tool 1

*Vor allem: Gott, den Herrn, lieben
mit ganzem Herzen, mit ganzer Seele
und mit ganzer Kraft*

In vielen alten Religionen hing das, was man «Gott» nannte, wie eine grausame Fratze über den Menschen. Religion bestand darin, sich auf guten Fuß mit einem Monster zu stellen. Indem die Menschen opferten und ihren kultischen Verpflichtungen nachkamen, versuchten sie das Monster zu beruhigen und heiter zu stimmen. Wehe, es war schlechter Laune! Im Sonnenkult der Azteken, deren letzter Kaiser Moctezuma II. 1520 möglicherweise von Hernán Cortéz und den spanischen Konquistadoren ermordet wurde, führte das herrschende Aztekenvolk ausschließlich aus einem einzigen Grund Krieg mit den umliegenden Indiovölkern: Man brauchte Menschen, um sie auf der Spitze der Pyramiden dem Sonnengott zu opfern. Die erbeuteten Krieger, aber auch Sklaven, Kinder aus dem eigenen Volk und Freiwillige, wurden auf einen Opferstein geschnallt, wo man ihnen mit einem Steinmesser bei lebendigem Leib das Herz aus der Brust schnitt. Gott – so glaubte man – hätte perverses Verlangen nach diesen blutenden, zuckenden Herzen, sonst würde die Erde stillstehen; die Sonne, die am Abend blutrot untergegangen war, würde am Morgen nicht mehr aufgehen. Gott – ein Junkie, der nach Stoff giert.

Auch in der Bibel blitzt der Junkie-Gott noch für einen Moment auf, um dann für immer ins Gruselkabinett der Menschheitsgeschichte zu wandern – und zwar dort, wo es um die «Opferung Isaaks» im 22. Kapitel des Genesisbuches (1. Buch Mose) geht. Von Abraham wird das Höchste und Äußerste verlangt, wie es scheinbar göttliche Art ist, der mit Beiläufigem nicht abzuspeisen ist: *«Gott sprach: Nimm deinen Sohn, deinen einzigen, den du liebst, Isaak, geh in das Land Morija und bring ihn dort auf einem der Berge, den ich dir nenne, als Brandopfer dar»* (1 Mo 22,2). Abraham ist ein richtiger «Azteke» – ein Frommer der alten Art, der auch zum Messer greifen und seinen Erstgeborenen ermorden würde, wenn das unberechenbare Wesen namens «Gott» es von ihm verlangen würde.

Aber dieser Gott Israels ist kein Monster, er unterscheidet sich fundamental von den blutrünstigen Göttern der Umwelt. Er hat sich dem Abraham und den Vätern schon auf verschiedene Weise gezeigt – in einer stabilen Art von Freundlichkeit. Und wieder passiert etwas Typisches für diesen neuen Typ Gott: Ein Engel des Herrn fällt dem Abraham in die Hand, als er das Messer auf seinen Sohn niedersausen lassen will. *«Jener sprach: Streck deine Hand nicht gegen den Knaben aus und tu ihm nichts zuleide! Denn jetzt weiß ich, dass du Gott fürchtest; du hast mir deinen einzigen Sohn nicht vorenthalten»* (1 Mo 22,12). Die Stelle markiert religionsgeschichtlich gesehen den Abschied von den Menschenopfern der alten Zeit.

Der Gott, der in der Erfahrung der Frommen Israels an die Stelle des Monsters tritt, säuft zwar kein Blut und ist auch mit Brandopfern nicht zu besänftigen (*«Eure Brandopfer gefallen mir nicht, eure Schlachtopfer sind mir nicht angenehm»*, Jer 6,20), doch anspruchsvoll ist auch er – äußerst anspruchsvoll sogar. Genau wie der Aztekengott will auch er das *Herz*. Nicht mehr und nicht weniger. Nur muss man es sich oder seinem Nachbarn nicht mehr mit einem Obsidianmesser aus dem Leib schneiden (lassen). Gott will die geistige Übergabe. Er will, dass wir Menschen ihm unser Herz schenken, dass wir ihn lieben – und zwar mit Herzblut!

Noch heute betet jeder fromme Jude täglich das berühmte

«Schm'a Jsrael», wie es im Buch Deuteronomium (5. Buch Mose) aufgezeichnet ist: «Höre, Israel! Jahwe, unser Gott, Jahwe ist einzig. Darum sollst du den Herrn, deinen Gott, lieben mit ganzem Herzen, mit ganzer Seele und mit ganzer Kraft. Diese Worte, auf die ich dich heute verpflichte, sollen auf deinem Herzen geschrieben stehen. Du sollst sie deinen Söhnen wiederholen. Du sollst von ihnen reden, wenn du zu Hause sitzt und wenn du auf der Straße gehst, wenn du dich schlafen legst und wenn du aufstehst. Du sollst sie als Zeichen um das Handgelenk binden. Sie sollen zum Schmuck auf deiner Stirn werden. Du sollst sie auf die Türpfosten deines Hauses und in deine Stadttore schreiben» (5 Mo 6,4–9).

Liebe! Im Erscheinungsbild des Christentums taucht dieses Wort geradezu penetrant auf. Wozu das ganze Aufheben um dieses gehudeltste, besudeltste und gedudeltste Wort «Liebe»? Weil es ausgerechnet das Wort ist, wodurch Gott sein Innerstes, sein Wesen, sein Sein zum Ausdruck bringt. *«Gott»,* heißt es im 1. Johannesbrief, *«ist die Liebe»* (1 Joh 4,16). Aus Liebe hat er uns erschaffen und erlöst. Seine Liebe geht durch uns hindurch: *«Wer in der Liebe bleibt, bleibt in Gott, und Gott bleibt in ihm»* (1 Joh 4,16), Gott kann man eben nur durch das Organ des Liebens erkennen: *«Wer nicht liebt, hat Gott nicht erkannt»* (1 Joh 4,8). Eines Tages wird es wiederum Liebe sein, die uns vollendet, und es wird grenzenlose Liebe – Liebe zu Gott – sein, die von uns erwartet wird. Die Forderung, Gott zu lieben, weil er die Liebe schlechthin ist, hat etwas Gewaltiges, Steiles, nicht Hinterfragbares. Sie ist das absolute Gesetz.

Aber was soll das nun heißen: *Gott* lieben? Geht es nicht eine Nummer kleiner? Man kann seine Freundin lieben, seinen Hund, zur Not sein Auto oder seine DVD-Sammlung. Aber Gott? Wie geht denn «Liebe zu Gott»? Dazu ist keine Gebrauchsanweisung vom Himmel gefallen. Die Gebrauchsanweisung liegt in der Art, wie der Mensch Mensch ist. Im Buch Genesis (1. Buch Mose) heißt es, Gott habe uns geschaffen *«als sein Abbild; als Abbild Gottes»* (1 Mo 1,27) erschuf er uns. Das heißt übersetzt: Das menschlich Richtige ist auf Gott übertragbar. Schauen wir, wie bei Menschen Liebe richtig funktioniert, dann wissen wir auch, wie es sein könnte, Gott zu lieben.

Ich schaue also einfach nach, wie das ist bei der Liebe zwischen meiner Frau und mir. Ich entdecke sieben wichtige Elemente:

1. Wir sprechen miteinander.
2. Wir sind die wichtigsten Leute füreinander.
3. Wir sorgen uns umeinander; wir haben Angst, dem anderen könnte es nicht gut gehen.
4. Wir geben dem anderen immer das größere Stück Kuchen.
5. Wir sind verrückt.
6. Wir überraschen uns mit zärtlichen Gesten.
7. Wir haben Sex miteinander.

Und das soll man auf die Liebe zu Gott anwenden können? Probieren wir's aus.

1. WIR SPRECHEN MITEINANDER: Zwar steht fest, dass Ehepaare in Deutschland statistisch gesehen ziemlich genau acht Minuten ihres täglichen Zeitbudgets auf den Partner verwenden, aber das ist die *Statistik,* nicht das *Wesen* der Liebe. Glücklicherweise toppen wir die Statistik auch nach fast dreißigjähriger Ehe noch locker. Obwohl wir beide beruflich äußerst angespannt sind und dann noch drei Kinder haben, denen wir viel Zeit widmen möchten, gehen wir jeden Abend etwa eine halbe Stunde spazieren – ohne die Kinder. Wir brauchen das. Wir sind happy, dass wir uns etwas zu sagen haben. Wir müssen uns alles erzählen, sonst sind wir nicht glücklich.

Mit Gott sprechen heißt Beten. Wenn Sie Christ sein wollen, müssen Sie beten, das ist das A und O. Sie müssen mit Gott sprechen, ihm alles sagen. Aber Sie dürfen ihn nicht zuquatschen (das darf ich bei meiner Frau auch nicht); Sie müssen hören. Ja, spricht Gott denn? Ja, er spricht. Das werden Sie erfahren, wenn Sie beten. Wie das geht, können Sie vielleicht entdecken, wenn Sie die «Kleine Schule des Betens» am Ende dieses Buches studieren.

2. Wir sind die wichtigsten Leute füreinander. Es mag knackigere Kerle geben und Frauen jüngeren Alters. Versuchungen haben wir auch. Aber hoffentlich fällt es uns auch weiterhin im Traum nicht ein, nach rechts und links zu schielen. Wir sind füreinander der Fixstern, um den sich alles dreht. So muss es auch bei der Liebe zu Gott sein. Gott ist das Wichtigste im Leben. Für nichts darf mehr Interesse, mehr Neugier, mehr Leidenschaft da sein. Nicht für die Börsenkurse, nicht für ein Auto, nicht für die Wohnungseinrichtung, nicht für die Kunst. Zeitweise träumen wir von tollem Urlaub, von beruflichem Erfolg, davon, dass wir von anderen Menschen bewundert werden. Warum auch nicht?

Aber dann müssen wir zu unserer ersten großen Liebe zurückkehren. *«Du hast ausgeharrt und um meines Namens willen Schweres ertragen und bist nicht müde geworden. Ich werfe dir aber vor, dass du deine erste Liebe verlassen hast»* (Offb 2,3–4), so heißt der bittere Vorwurf an die lauen Christen im letzten Buch der Bibel, der Offenbarung. Wie kann «erste Liebe» wieder entfacht werden? Wie machen es Leute, die lange verheiratet sind? Sie kramen ihre alten Liebesbriefe wieder heraus. Kramen Sie die Bibel hervor aus der zweiten Reihe im Bücherregal. Lesen Sie jeden Tag darin! Planen Sie Zeit dafür ein! Das ist wichtiger als Facebook oder der Absacker vor der Glotze.

3. Wir sorgen uns umeinander; wir haben Angst, dem anderen könnte es nicht gut gehen. Wenn meine Frau und ich uns morgens trennen, dann umarmen wir einander und zeichnen uns – vielleicht finden Sie das kindisch – ein Kreuz auf die Stirn. Einer sagt dann meistens: «Ich denk an dich!» Und der andere antwortet: «Ich denk auch an dich!» Mitten am Tag kann es passieren, dass wir einander anrufen: «Wollte nur mal schauen, wie's dir so geht!» Dann sind wir glücklich, weil wir wissen, dass wir nicht allein sind in unseren schwierigen beruflichen und familiären Herausforderungen. Dazu gehört auch, dass wir füreinander beten. Ich weiß von meiner Frau, dass sie mehrmals am Tag ein «Herr, segne ihn!» in Richtung Himmel schickt; und wenn ich nicht gerade den Kopf unter Wasser oder

meine lieblose Phase habe, mache ich es genauso: «Herr, segne sie! Sei bei ihr, wenn es schwer wird! Verlasse sie nicht!»

So muss das auch mit der Liebe zu Gott sein. Ich darf wissen: Er sorgt sich um mich. Ihn interessiert alles, was ich anpacke: *«Muss ich auch wandern in finsterer Schlucht, ich fürchte kein Unheil; denn du bist bei mir, dein Stock und dein Stab geben mir Zuversicht»* (Ps 23,4). Weil ich diesen Glauben habe, dass Gott mich keine Sekunde aus seinen liebevollen Augen verliert, sorge ich mich auch um sein Ding. Ich versuche seine Spuren zu finden, in dem, was mir gerade begegnet, in Menschen, die mir über den Weg laufen, in spontanen «Geschenken», die mir zuteil werden. Nichts ist Zufall, in allem steckt eine Botschaft von Gott. Und sollte es mir Durchschnittschristen zufällig einmal gelingen, die Liebe Gottes ein bisschen zu spiegeln, dann verstehe ich, was Paulus an die Korinther schrieb: *«Unverkennbar seid ihr ein Brief Christi … geschrieben nicht mit Tinte, sondern mit dem Geist des lebendigen Gottes, nicht auf Tafeln aus Stein, sondern – wie auf Tafeln – in Herzen von Fleisch»* (2 Kor 3,3).

4. Wir geben dem anderen immer das grössere Stück Kuchen. Das war der Tipp, den mein Schwiegervater am Tag der Hochzeit meiner Frau «steckte», gewissermaßen als Familiengeheimnis. Sie wusste übrigens lange nicht, dass der listige alte Herr mich ebenfalls beiseite nahm, um mich auf das gleiche geniale Familiengeheimnis zu verpflichten. Er wusste, wovon er sprach; seine Ehe hielt 55 prächtige Jahre. Wir haben diesen Tipp nie vergessen. Oft bin ich beschämt, dass sich meine Frau scheinbar mehr für mich als für sich interessiert. «Denk doch auch mal an dich!», ist meine stehende Redewendung. Ich rede in den Wind. Also versuche ich sie gelegentlich mit Sachen zu überraschen, von denen ich weiß, dass sie nie und nimmer auf den Gedanken verfallen wäre, sich so etwas Verrücktes zu leisten.

Und jetzt wieder der Dreh zur Liebe zu Gott: Wir müssen ihm das größere Stück Kuchen geben. Das ist auch der Sinn des vielgeschmähten Zölibats: Ein paar Leute muss es geben, die dem lieben Gott sogar die Erfüllung in einer Partnerschaft herschenken. Sie tun es ganz gewiss nicht, weil Sex schlecht wäre – das ist eine Irrlehre, eine Beleidigung Gottes, der den Sex geschaffen hat: *«Gott sah alles an, was er gemacht hatte: Es war sehr gut»* (1 Mo 1,31) – oder weil sie keinen Spaß an Sex hätten oder weil sie keinen abgekriegt hätten. Sie tun es, weil sie zeichenhaft sagen möchten: Das größere Stück Kuchen ist für dich! Und für Nichtzölibatäre: Was könnten Sie zeichenhaft herschenken? Vielleicht das nächste Glas Wein, die nächste Zigarette? Es kommt darauf an, hin und wieder spürbare Prioritäten zu setzen. Wenn Sie das nächste Mal im Urlaub eine Kirche oder eine Kathedrale besuchen, gucken Sie nicht nur, setzen Sie sich zehn Minuten in Gottes Nähe! Fühlen Sie ihn! Sagen Sie ihm, dass Sie froh sind, dass er da ist und Sie segnet! Sie werden staunen, wie viel Kuchen Sie bekommen.

5. WIR SIND VERRÜCKT. Einmal bin ich tausend Kilometer gefahren, um sie für eine Stunde zu sehen, sie im Arm zu halten, ihr Haar zu riechen und ihre Stimme zu hören. Und einmal hat sie mir ein ganzes Buch von Hand geschrieben und mit selbstgemalten Bildern versehen. Auch heute noch greifen sich die Kinder an den Kopf und rufen: «Das ist ja peinlich!», wenn wir in der Öffentlichkeit verrückte Dinge miteinander tun. «Davon versteht ihr noch nichts», rufen wir dann den Kindern zu, «das ist Liebe!» Die winken ab – verrückt geworden, die Alten! Das Verrückte ist aber in der Logik der Liebe das einzig Vernünftige.

Es ist unter Kosten-Nutzen-Aspekten verrückt, einen Halbtoten aus dem Straßengraben zu ziehen, aber Mutter Teresa hat es getan – aus Liebe zu Gott und seinen Geschöpfen. Es war verrückt von Maximilian Kolbe, für einen anderen in die Gaskammer zu gehen. Es ist verrückt, nicht auf seine Kosten zu kommen, stattdessen zu «lieben, bis es wehtut» (Mutter Teresa). Hinzuhören, wenn es keiner mehr hören kann. Hinzuschauen, wo alle wegsehen. Hinzugehen, wo keiner hingeht. Gottesliebe – das ist *heilige Verrücktheit*. Ein Schuss Anarchie – das wird auch in Ihre Geschichte kommen, wenn Sie es mit der Gottesliebe versuchen. Und wenn in uns trotz allem eine leise Trauer ist, dass wir nicht *mehr* Mittel und seelische Kraft haben, Gott zu lieben, ihn wenigstens in seinen Geschöpfen zu lieben und ganz und gar «verrückte» Dinge zu tun, so tröstet uns Jean Marie Vianney (1786–1859), der überaus verrückte Pfarrer von Ars: *«Manche weinen darüber, dass sie Gott nicht lieben. Nun, gerade die lieben Gott.»*

6. WIR ÜBERRASCHEN UNS MIT ZÄRTLICHEN GESTEN. Liebe kann im Alltag verkommen. Man lebt so nebeneinander her und stellt plötzlich fest: Da ist ja gar nichts mehr. Bei Erich Kästner beginnt ein Gedicht mit den Worten: *«Als sie einander acht Jahre kannten / (und man darf sagen: Sie kannten sich gut), / kam ihre Liebe plötzlich abhanden / wie anderen Leuten der Stock oder Hut.»* Das ist die Gefahr einer jeden Liebe. Manchmal muss einer von beiden einen Streit vom Zaun brechen, damit wieder Leben in die Bude kommt. Wenn das Liebesleben unter der Anwesenheit der Kinder leidet, wirkt es wahre Wunder, wenn man die Kinder einmal in gute Hände gibt und den Partner damit überrascht, dass man heimlich ein Wochenende in einem verschwiegenen kleinen Hotel bucht.

Und wie ist das mit der Liebe zu Gott? Nur «Alltag» ist tödlich. Nur morgens und abends ein paar vorgestanzte Gebete herunterrasseln – das bringt's nicht. Überraschen Sie Gott mit einer spontanen Sonderaktion! Buchen Sie eine Woche in einem Kloster! Gehen Sie mal an einem normalen Werktag in einen Gottesdienst! Lesen Sie die Bibel von vorne bis hinten! Reden Sie mal in der Kneipe nicht von Fußball, sondern von ihrem Glauben!

7. WIR HABEN SEX MITEINANDER. Das wäre eine feine Ehe, in der man sich täglich versichert: «Ich liebe dich, Schatz», aber diesen niemals küsst. Natürlich ist der Sex nicht mehr so prickelnd wie beim ersten Mal, aber wenn er zur Gewohnheitsübung wird oder man sich lieber seine Dosis Sinnlichkeit bei YouTube abholt, stimmt etwas nicht mit der Liebe. Dann muss ein Paar Fantasie aufwenden, um wieder das «Fest der Liebe» zu feiern und erotisch zu besiegeln, was Liebe ist: *Vereinigung.*

Kann man denn Sex mit Gott haben? Skepsis macht sich breit. Hat denn Gott eine Haut, über die man streicheln kann? Fühlt er sich warm an? Kann man sich denn rauschhaft in ihm verlieren? Gott scheint fern – ein Gedanke, etwas Geistiges, nichts, was man anfassen kann, nichts Betörendes, nichts Sinnliches.

Und darum geht es doch beim Sex: um Berührung, Duft, Geschmack, körperliches Hingerissensein. Wer jetzt schnell bei der Hand ist und sagt: «Beim lieben Gott ist das nicht zu haben», der irrt. Einmal tief Luft holen für diesen missverständlichen Satz: Das Ziel von Christsein ist *Sex mit Gott,* innigste Vereinigung mit ihm, *unio mystica*. Die Heilige Schrift ist voller Bilder von Hochzeit, Braut & Bräutigam, und es gibt im Alten Testament sogar ein erotisches Buch, das Hohelied, dessen unverhüllte, verführerische Sinnlichkeit in der Geschichte der Christenheit immer auf das jubelnde Finale einer endgültigen, ganzheitlichen, hingerissenen Vereinigung mit Gott hin gelesen wurde. Aber, so wird man einwenden, ist da nicht doch *etwas Geistiges* damit gemeint? Wo bleiben da die Empfindungen der Haut, das körperliche Vergnügen, die leibliche Lust?

Auch hier soll man nicht vorschnell urteilen. Wenn das Christentum von einem Weiterleben nach dem Tod spricht, dann ist damit nicht eine verdünnte Existenz in der Stratosphäre, ein geisterhaftes Wabern der Seele im Unendlichen gemeint. Wir werden, da ist sich der christliche Glaube sicher, von Gott zu einer Art von *leiblicher Existenz* auferweckt werden. Wie sollten wir im Himmel auch Menschen sein, wenn all das von uns abgelöst würde, was unsere Existenz in der Welt ausmacht: unsere Geschichte, unser Fühlen, unsere Sinne? Wie sollten wir Gott im Himmel denn erfahren, wenn wir ihn nicht auf eine neue Weise schmecken, riechen, fühlen, hören, berühren könnten?

Zu diesem Punkt später mehr. Für Christen ist Sex jedenfalls keine banale Einrichtung zur Triebabfuhr, wie eine bestimmte hornbebrillte Zunft der Menschheit weismachen möchte. Sex ist mehr als Sex. Sex ist ein heiliges Zeichen für etwas noch Größeres: Deine Bestimmung, Mensch, ist es, dass dir einmal eine Vereinigung mit Gott bevorsteht, bei der dir Hören und Sehen vergeht. Das hier im Bett ist nur der Vorgeschmack. Genieße es, aber spann deine Seele aus, damit du weißt: Das Beste kommt noch. Alle Wonnen dieser Welt – inklusive der erotischen – werden ein Nichts sein gegen das, was der Himmel für uns in der wonnevollen Begegnung mit Gott bereithält.

Nun kann man sich hier schon mit Gott vereinigen, nämlich im Gebet, wird aber in aller Regel dabei keine spirituellen Orgasmen erwarten. Trotzdem gibt es mystische Vereinigungen, etwa bei Teresa von Ávila (1515–1582), die erotische Qualität haben – man kann es nachlesen in ihrem Lebensbuch «La Vida». Diese Vorwegnahmen sind Geschenke der Gnade. In der Regel wird bei Christen unseres Kalibers durch das Gebet ein Effekt tiefen inneren Friedens entstehen – und eine erwartungsvolle Vorahnung dessen, *«was kein Auge gesehen und kein Ohr gehört hat, was keinem Menschen in den Sinn gekommen ist: das Große, das Gott denen bereitet hat, die ihn lieben»* (1 Kor 2,9).

Das ist keine Vertröstung für diejenigen, denen hier der Spaß verweigert ist, sondern *Hoffnung*. Hoffnung ist der große Treiber, der uns in die Seele gegeben ist, damit wir hier schon ein Stück Paradies verwirklichen, auch wenn wir nur Bruchstücke davon verwirklichen können. Deshalb sagt Paulus im Römerbrief: «Ich bin überzeugt, dass die Leiden der gegenwärtigen Zeit nichts bedeuten im Vergleich zu der Herrlichkeit, die an uns offenbar werden soll. […] Denn wir sind gerettet, doch in der Hoffnung. Hoffnung aber, die man schon erfüllt sieht, ist keine Hoffnung. Wie kann man auf etwas hoffen, das man sieht?» (Röm 8,18.24).

❖ Suchen Sie Gott mit Ihrem Herzen, nicht nur mit Ihrem Verstand.
❖ Machen Sie eine Art Übergabevertrag mit Gott: Geben Sie ihm alles – erwarten Sie von ihm alles.
❖ Lassen Sie sich von Stille und Geheimnis berühren, und schenken Sie Gott Zeit.
❖ Veranstalten Sie etwas Verrücktes für Gott: Sie könnten einmal vor Tagesanbruch aufstehen, um den Tag aus seinen Händen zu empfangen und seine Liebe zu preisen.

Tool 2
Ebenso: Den Nächsten lieben wie sich selbst

Die Nächstenliebe hat kein hohes Renommee. Eine Frau, die ich gute kenne, besucht einmal in der Woche eine bettlägerige Dame in einem Altenheim. Das ist sehr wichtig, denn die alte Dame kann sich nicht einmal selbst im Bett aufrichten. Sie freut sich wie ein Kind, wenn meine Bekannte kommt: «Diese Rose haben Sie mir vor genau einem Jahr auch mitgebracht!» Zwei Menschen sind glücklich: die alte Dame und meine Bekannte. «Altenheimbesuche?», hört meine Bekannte gelegentlich, «wär' nichts für mich! Allein schon der *Geruch!*» – so als pflegte sie ein besonders exotisches Hobby. Nächstenliebe ist aber das Größte.

Der französische Philosoph und Mathematiker Blaise Pascal nimmt allen denkbaren Einsprüchen den Wind aus den Segeln. Blaise Pascal spricht von drei Ordnungen in der Welt: Die unterste Ordnung besteht im *Materiellen*. Man kann durchaus so leben, als gäbe es nur diese Ebene. Man kann Stunden und Tage, ja sein Leben, an World of Warcraft, Briefmarken, Wohnungsinterieurs, Offroadmaschinen oder an die endlosen Abfolgen kulinarischer Highlights verschwenden. Geht alles von unserer Zeit ab. Diese Welt hat mehr zu bieten. Das Materielle wird unendlich überstiegen von einer zweiten Ordnung, der *Ordnung des Geistes*.

Die großen Ideen, denen man sich verschreiben kann – Freiheit, Gleichheit, Brüderlichkeit, auch Wissen, Erkenntnis, Ehre, Ruhm –, sind sie dem platt Materiellen nicht unendlich überlegen? Steigert sich das Leben in seiner Sinnhaftigkeit hier nicht geradezu im Quadrat? Und doch sind die größten und edelsten Wirklichkeiten und Begriffe von Ebene 2 nichts im Vergleich mit der dritten Ordnung, der *Ordnung der Liebe*.

Und hier – in der Ordnung der Liebe – kommt Pascal zu einer bestürzenden, unmittelbar einleuchtenden Erkenntnis, die vorher niemand so formulierte: «Alle Körper und aller Geist zusammen wiegen nicht die kleinste Regung von Liebe auf.» Die Träne, die man einem Kind von der Wange wischt, und der Schweiß, den man einem Sterbenden von der Stirn nimmt, die Zeit, die man verschenkt. Alles dies ist unendlich größer, bedeutender, dem Göttlichen näher als Designervillen, Luxusyachten und Weltmeistertitel, ja, auch als Denken, Literatur, Philosophie.

Hier sind wir beim Tool «Nächstenliebe». Dieses Tool hat eine gewaltige Kraft. Man muss es nur meditieren: Wenn ein Kind hingeht und aus Liebe mit einem geistig behinderten Kind seines Alters spielt, so leistet dieses Kind mehr als einer, der den Ärmelkanal durchschwimmt, einen Hattrick im Endspiel schafft, ja, auch als einer, der einen genialen Roman verfasst und damit in die Weltliteratur eingeht. Denn das Kind operiert in Ordnung 3. Und da ist das Geringste größer als das Größte in den Ordnungen 1 und 2.

Für Søur Emmanuelle (1908–2008), eine Ordensfrau, die fast 100 Jahre alt wurde und in Frankreich etwa so populär war wie Zinédine Zidane (und auch so temperamentvoll – Gott sei Dank spielte sie keinen Fußball), wurde die Erkenntnis des qualitativen Sprungs, der mit den fünf kleinen Worten «die kleinste Regung der Liebe» gegeben ist, zur entscheidenden Wende im Leben. Sie, die promoviert hatte und verrückt nach Wissen war, entschied sich im Alter von 65 Jahren, auf die kokelnden, typhusverseuchten Müllkippen von Kairo zu ziehen, weil dort Millionen Menschen vegetierten, bei denen diese kleinsten Regungen der Liebe gebraucht wurden wie reine Luft, Brot und frisches Wasser. Es war ihre Bekehrung in der Bekehrung. Endlich fand sie, was schon Katharina von Siena in der Nächstenliebe gefunden hatte: *«Die Liebe weint mit den Weinenden, freut sich mit den Frohen, ist glücklicher über des anderen Wohl als über das eigene.»*

Das ist befreiende Selbstvergessenheit – etwas vom Schönsten, was es auf der Erde gibt. Es gibt nun aber eine Haltung, die im Gewand der «Selbstvergessenheit» daherkommt, aber krank ist. Ich meine jene fatale Selbstlosigkeit, die man gerade bei Frauen oft trifft. Sie zerreißen sich für jedermann – den Mann, die Kinder, die Kirchengemeinde –, nur nicht für sich selbst. Manchem fällt es erheblich leichter, seinen Nächsten zu «lieben», als sich selbst in seiner Schwäche und seinem

Elend anzunehmen – mit etwas Liebe, und wenn das nicht geht: mit Barmherzigkeit. Ein Christ, eine Christin müsste es wissen: *Es ist nicht erlaubt, sich nicht zu lieben.* Es ist Sünde, ein direkter Verstoß gegen Gott, der mich mit höchster Intensität liebt.

Und auch das muss man tief meditieren: Ich bin nicht darum liebenswürdig, weil ich so toll bin – wahrhaftig nicht –, sondern weil Gott ein Auge auf mich geworfen hat, weil er verrückt ist nach mir, weil er mich so liebt, als wäre ich das einzige Wesen zwischen Himmel und Erde. Teresa von Ávila, die Mystikerin, bezeugt: «*Gott liebt uns weit mehr, als wir selbst uns lieben.*» Wie kann ich mich also selbst verachten, wo mich Gott doch unendlich liebt, obwohl ich schwach bin?

Und der Dominikaner Meister Eckhart (1260–1328), auch er ein mystisch begabter Denker, gibt das Kriterium der Selbstprüfung an: «Hast du dich selbst lieb, so hast du alle Menschen lieb wie dich selbst. Solange du einen einzigen Menschen weniger lieb hast als dich selbst, so hast du dich selbst nie wahrhaft lieb gewonnen.»

- ❖ Verachten Sie keinen Menschen.
- ❖ Überraschen Sie Ihre nächste Umgebung mit herzlicher Aufmerksamkeit.
- ❖ Seien Sie grenzenlos wohlwollend.
- ❖ Schauen Sie sich selbst mit liebevollen Augen im Spiegel an.

Tool 3

Dann: nicht töten

Dieses Tool überliest man leicht, weil man sich nicht angesprochen fühlt. Die wenigsten Menschen gehören ja zur sizilianischen Mafia, auch planen sie keine Angriffskriege oder spielen mit dem Gedanken, demnächst ihren Partner umzubringen. Wir werden aber sehen, dass durchaus jeder angesprochen ist, der Christ sein möchte.

Wir beginnen mit einer provokanten Frage: Warum sollte es denn *nicht* erlaubt sein, jemand anderen zu töten? Sofort fallen uns Grenzbereiche ein, in denen es in der Tat hier und heute zur Debatte steht: «Aktive Sterbehilfe» ist ein anderes Wort für «Töten», auch «Abtreiben» ist synonym mit «Töten», ebenso ein so harmloser Begriff wie «therapeutisches Klonen»; da geht es nämlich – man schämt sich, es zu schreiben – um die Zucht von Embryonen zum Zweck der Entnahme heilenden genetischen Materials. Längst sind wir in einem Stadium, in dem das Tötungsverbot nur noch relative Geltung besitzt. Ist es dem Menschen erlaubt zu töten? Immer mehr Menschen antworten: *Kommt drauf an!*

Dass Christen nie – das heißt: unter keinen Umständen, auch nicht ansatzweise oder in irgendeiner Kompromissformel – vom «Nicht-Töten» abweichen dürfen, hängt mit einem der wenigen echten Tabus im Christentum zusammen. Auf die Frage: «Wem gehört das Leben?», gibt es nur eine Antwort: «Gott». Die Alternative wäre, dass wir dem gehören, der gerade Macht über uns hat, in dessen Händen wir uns befinden. Nein, das Leben ist am besten in Gottes Hand aufgehoben: *«Noch ehe ich dich im Mutterleib formte, habe ich dich ausersehen, noch ehe du aus dem Mutterschoß hervorkamst, habe ich dich geheiligt»*, heißt es beim Propheten Jeremia (1,5).

Gott schenkt Leben – und er nimmt Leben. Leben ist *seine* Domäne. Es gehört ihm. Der Spruch: «Mein Bauch gehört mir», ist nicht nur falsch, was das darin befindliche Baby betrifft (seit wann «gehört» ein abhängiges Menschlein jemand anderem?). Nicht einmal mein Bauch selbst gehört «mir». Ich gehöre nicht mir, ich gehöre Gott. Wir gehören einander nicht. Niemand gehört sich. An Leben zu rühren, in welchem Zustand auch immer es sich befindet – und wenn es das eigene wäre –, ist ein Angriff auf die Heiligkeit des Eigentums Gottes.

Das Tool «Nicht töten» verpflichtet jeden Christen dazu, «Leben» als heilige Domäne Gottes zu schützen, und zwar gegen alle nur denkbaren Übergriffe, sei es beim therapeutischen Klonen, sei es bei der Euthanasie, sei es im Fall von Abtreibung.

Das ist aber nur die eine Seite der Medaille, deren andere so lautet: *Wer nicht will, dass getötet wird, soll Leben ermöglichen.* Das kann viel heißen, auch, dass man in seinem Umfeld alles dafür tut, damit keine Frau und kein Mädchen meint, abtreiben zu müssen. Und dann in kunterbunter Folge:

Dass man ansteckenden Optimismus verbreitet. Dass man sich nicht hängen lässt. Dass man Kinder liebt und ihnen Raum in seinem Leben und seiner Zeit gewährt. Dass man Farbe zulässt und sterile Wohnungen renoviert. Dass man Spielen-verboten-Schilder klaut. Dass man Gastfreundschaft übt. Dass man einen langweiligen Laden aufmischt. Dass man auf seinen Körper achtet und seine Gesundheit nicht ruiniert. Dass man dem anderen Raum zur Entfaltung und Luft zum Atmen lässt. Dass man den Lautstärkeregler im Kinderzimmer mal nicht zurückdreht. Dass man jemanden neidlos wachsen und groß werden lässt. Dass man Naturräume schützt. Dass man einen Garten pflegt oder Tiere liebt. Dass man in meiner Nähe aufblühen kann. Dass man leidende und betagte Menschen nicht aus seinem Horizont entfernt. Dass man lebendig ist. Dass man tanzt.

- ❖ Lassen Sie das Lebendige und Verrückte in Ihrem Leben zu.
- ❖ Machen Sie Spaß und Unsinn mit Kindern.
- ❖ Ersticken Sie ungewöhnliche Gedanken nicht schon im Keim.
- ❖ Engagieren Sie sich gegen lebensfeindliche Tendenzen.

TOOL 4

Nicht die Ehe brechen

Wir leben in einer Zeit, in der immer weniger Paare den Mut haben, eine Ehe zu schließen. Zu oft sahen sie, dass die Ehen ihrer Eltern nur eine mittlere Halbwertzeit hatten. In vielen langfristigen Beziehungen kriselt es. Statt auf eine lebenslange Ehe hinzuarbeiten, ist man «realistisch» geworden und stellt sich auf eine Abfolge von Lebensabschnittspartnerschaften ein. «Ehebruch», früher fast ein Verbrechen, ist heute salonfähig.

Passende Theorien zu wechselnden Wirklichkeiten lassen nie lange auf sich warten. Verhaltensbiologen halten den Menschen für nur bedingt monogam, biogenetisch sei zumindest der Mann spätestens nach vier Jahren auf «Wechsel» programmiert. Sexualtherapeuten und Psychologen sprechen in seltener Einmütigkeit von der stimulierenden Wirkung gelegentlicher Abenteuer, und eine «Agentur für Seitensprung» organisiert sie logistisch perfekt. Bei guter Absprache zwischen freien Partnern sollte manches möglich sein. Warum muten wir uns die Dramen von gestern zu, wenn man die Triebfrage auch pragmatisch lösen kann? – Nur dieses über 3000 Jahre alte Tool aus den Zehn Geboten steht einsam im Weg und hindert den einen oder die andere daran, sich auf den angesagten Stilwechsel in der Liebe einzulassen. Machen wir es grundsätzlich: Es geht um zwei ganz unterschiedliche Konzepte.

Konzept 1, das neue Konzept, sagt: Der Mensch ist auf immer einsam, eine Art metaphysischer Single. «Liebe» ist die vorübergehende Berührung zweier Tangenten, die so lange dauert, wie die Gefühle tragen. Eine wirkliche Verschmelzung findet nicht statt (auch nicht bei Sex, «dass einem Hören und Sehen vergeht»).

Konzept 2, das alte Konzept, sagt: «Es ist nicht gut, dass der Mensch allein bleibt» (1 Mo 2,18), darum «wird der Mann Vater und Mutter verlassen und sich an seine Frau binden, und die zwei werden ein Fleisch sein. Sie sind also nicht mehr zwei, sondern eins» (Mt 19,5–6).

Zu Konzept 1 hat Theodor Weißenborn das Nötige gesagt: «Eine offene Ehe ist eine Ehe, *die nicht geschlossen wurde.*» Wenn man die Verschmelzung nicht will, kann man weder eine Ehe (oder Beziehung oder Partnerschaft oder Lebensgemeinschaft oder wie immer das Two-in-One gerade heißt) schließen, noch sie eigentlich brechen. Die tangentiale Verbundenheit von Mann und Frau, die man richtigerweise am besten mit dem Wort «Beziehung» belegt, steht von vornherein unter dem Vorbehalt, die *momentan* beste aller denkbaren (Liebes-)Welten zu sein. Die Sollbruchstelle ist ja vorgesehen.

Jenseits der Schwüre, im letzten Winkel des Herzens, betrachtet man den Partner *kritisch* – nicht *liebevoll*. Steht der Bilanzposten noch auf der Haben-Seite? Macht er mich denn wirklich glücklich? Versteht er mich? Kitzelt er meine Sinne? Finde ich ihn tatsächlich anziehend? Bringt's das Ganze noch? Oder könnte es nicht irgendwo auf den Pisten dieser Erde eine/einen geben, die/der mir noch einen ganz anderen Kick bietet? 100%, statt 78-Komma-noch-was?! Die Sollbruchstelle wird mit an Sicherheit grenzender Wahrscheinlichkeit zur Bruchstelle – und das Beziehungsspiel beginnt von vorne (wenn es denn überhaupt mehr ist als eine schnelle Nummer, bei der man sich gar nicht erst den Namen des Partners merken muss). Am Anfang kochen die heißen Gefühle – und am dritten Tag wird das Thermometer in die Suppe gehalten.

In Konzept 1 werden keine Geschenke gemacht. Geschenke sind unwiderrufliche Übergaben. Hier geht es um Tauschhandel: Was hast du zu bieten? Was habe ich zu bieten? In den Partnerbörsen, die es längst nicht mehr nur virtuell gibt, werden Körpermaße und Einkommensklassen gegeneinander aufgerechnet, Vorzeigbarkeiten verglichen, Brüste und Popos gegen Waschbrettbäuche und Portfolios in Stellung gebracht. Die meisten Angebote haben kleine Macken, wie es im Gebrauchtwarenhandel nicht anders zu erwarten ist. Und immer mehr von denen, die sich auf dem Markt befinden, sind verschlissen und verbraucht, zurückgelassene Objekte vorgerückten Alters. Ihr Marktwert sinkt permanent, trotz Runderneuerung. Seelische Narben, Alter, Übergewicht, Kinder, Bierbauch, Hängebrüste, Glatzen, Cellulitis und Jobprobleme positionieren die einstigen «Traumpartner» tendenziell im Bereich der Unverkäuflichkeit – rein liebestechnisch gesehen.

Am Ende haben wir eine Gesellschaft mit einer hohen Anzahl von Verbitterten – solchen, die aufgrund von Alter, Einkommen, Aussehen und sonstigen Marktkriterien aus dem Spiel der Liebe ausgeschieden wurden. Und hier kommt die Wahrheit ans Tageslicht: *Es ging nie um Liebe – es ging um Kauf.* Denn jetzt haben die noch einen Partner, die ihn – gar nicht mehr so selten und in manchmal unversteckter Schamlosigkeit

– *kaufen* können. In der hässlichsten Variante: Herren mit Silberschläfen und Verdickungen an der Stelle, wo die Brieftasche sitzt, die junge Dinger in hochhackigen Pumps durch die Shoppingmalls schleppen. Öfters handelt es sich dabei um sorgsam ausgewählte «Internetware» aus Osteuropa oder Fernost.

Fazit: Wer sich nicht restlos, ganz, mit Haut und Haaren, für immer an einen anderen Menschen verschenkt und mit ähnlich irrem Übermaß und ohne Wenn und Aber als Geschenk angenommen wird, der bleibt allein, so viele Partnerschaften er auch eingeht. Wer aus dem Parallelismus synchroner Einsamkeiten herauswill, muss sich auf Konzept 2 einlassen, das Konzept, das in der Bibel definitiv entworfen wurde. Hier geht es um Liebe, und die ist Verschmelzung: *«Sie sind also nicht mehr zwei, sondern eins»* (Mt 19,6).

Es ist diese Liebe, von der Paulus sagt: «Die Liebe ist langmütig, die Liebe ist gütig. Sie ereifert sich nicht, sie prahlt nicht, sie bläht sich nicht auf. Sie handelt nicht ungehörig, sucht nicht ihren Vorteil, lässt sich nicht zum Zorn reizen, trägt das Böse nicht nach. [...] Sie erträgt alles, glaubt alles, hofft alles, hält allem stand. Die Liebe hört niemals auf» (1 Kor 13,4–8).

Klingt schön: «... sucht nicht ihren Vorteil». Aber wie soll das gehen? Lässt man sich nicht immer auf einen Handel ein? Gibt es eine Verbindung von Mann und Frau, in der man nicht (verraten und) verkauft ist?

Liebe – zumindest die, von der hier die Rede ist – ist kein Handel. *Wenn man handelt, gibt man, um zu bekommen; wenn man liebt, bekommt man, um zu geben.* Die Liebe ist zuerst ein hingerissen glückliches Staunen über das, was man unverhofft geschenkt bekommt – dieses hübsche Mädchen beispielsweise, das auf die bange Frage nach dem «Liebst du mich?» mit «Ja» antwortet. Das Wesen dieses Jubel erregenden Geschenks ist, dass es gratis ist – man könnte es auch nicht mit Geld bezahlen. Ja, würde man es mit Geld bezahlen, wäre es Prostitution (also gerade keine Liebe). Und weil das Geschenk so maßlos ist, kann auch die Antwort nur maßlos sein: Hingabe ohne Wenn und Aber.

Aber, aber, aber ... sagen die Kritiker. Der Honeymoon vergeht – und dann kommt die nackte Wahrheit zum Vorschein: Liebe ist teuer bezahlter Interessenausgleich.

Nein, sagt der christliche Glaube. Die Liebe ist stärker. Sie ist stärker als jede partnerschaftliche Kosten-Nutzen-Rechnung. Stärker als die wechselnden Triebwünsche. Stärker als Krankheiten und Schwächen der Partner. Die Liebe hört nicht mehr auf.

Welche Liebe hört nicht mehr auf?, fragen die Kritiker. Denn sie kennen keine.

Die Liebe, die Gott in die Welt gebracht hat, sagen Christen.

Und das ist in der Tat «der Unterschied, der den Unterschied macht», wie Gregory Bateson sagen würde. Christen glauben nämlich, dass es erstens eine Liebe gibt, die *absolut* ist (die ist bei Gott, nirgendwo sonst; menschliche Liebe ist relativ); dass es zweitens diese Liebe *auf der Erde* gibt – freilich nur, weil Gott sie hier eingeführt hat; dass drittens Menschen ausdrücklich eingeladen sind, in diese Liebe Gottes und alle ihre Merkmale *einzusteigen* wie in ein Schiff, das schon längst fährt.

Gottes Liebe ist vor allem eines: Sie ist *treu*. Jede Seite der Heiligen Schrift zeigt einen Gott, der sich mit uns Menschen so verbunden hat, dass Menschen diesen Bund nicht mehr aufkündigen können. Gottes treue Liebe ereignet sich wie eine permanente Einstrahlung von Wärme und Licht. Was immer Menschen mit dieser Liebe machen, wie sie diese Liebe zurückweisen, sie besudeln und mit Füßen treten: Gottes Liebe bleibt treu. Und wenn Menschen lieben wollen, wenn sie also in den Lebensstil Gottes einsteigen wollen wie in ein fahrendes Schiff, wird die Übernahme des einen großen Markenzeichens von ihnen verlangt: *Treue*.

Letzter Einwand: Da ist sie also doch wieder, die Überforderung! Weiß ich denn, wer mir noch über den Weg läuft und ob ich dann treu sein kann? Kenne ich denn meine Hormone? Friedrich Schleiermacher (1768–1834), der berühmte evangelische Theologe, hat er nicht leicht reden, wenn er sagt: «Du sollst keine Ehe schließen, die gebrochen werden muss»? Wenn das heißen soll: Sucht so lange, bis ihr den Partner findet, bei dem eure Gefühle nie fremdgehen werden – ist es hochtrabender Quatsch. Wenn es hingegen heißt: Ihr sollt eine Ehe bauen, die nicht auf eure unzuverlässigen Gefühle, sondern auf Gott baut, dann ist es eine wunderbar kluge Empfehlung.

Was geschieht denn, wenn zwei Hochzeit halten? Manche meinen: Eine Ehe ist die vorschnelle Vereinigung von Vermögen, Perspektiven und guten Absichten unter gleichzeitiger öffentlicher Ablegung unhaltbarer Versprechen. Ehen dieser Art sind das Papier nicht wert, auf dem sie beurkundet werden. Jedoch: Christliche Ehen sind etwas anderes. Sie werden, nach einem alten Diktum, «im Himmel geschlossen». Gott macht da etwas. Aber was?

Eben dies, dass aus Zweien eins wird: die *Verschmelzung,* deren himmlische Tiefe Sex gerade nicht herstellt, die man bei liebevollem Sex allerdings ahnt und herbeiwünscht. Zwei Menschen werden durch die Initiative Gottes vereinigt; sie werden in die Absolutheit göttlicher Liebe hineingenommen, und Gott gibt ihnen – ja, was? – die Kraft, den Segen, die Power, das Standvermögen, dass sie in Zukunft *mitten in einer relativen Welt durch absolute Treue* ein Stück der absoluten, unwiderruflichen Liebe Gottes abbilden können. Deshalb das Wort Jesu, das ich erst an dieser Stelle nenne: «*Was aber Gott verbunden hat, das darf der Mensch nicht trennen*» (Mt 19,6). Die Liebenden sind das Abbild – Gott ist das Urbild. Sie sind die Franchisenehmer, Gott ist der Lizenzgeber.

Verstöße gegen die Treue kommen übrigens auch dann noch vor, denn Christen sind und bleiben Sünder, versuchbare und schwache Menschen. Aber diese Verstöße sind alles andere als Kavaliersdelikte, die man mit etwas mehr gegenseitiger Toleranz auch als prickelnde Bereicherung einer Ehe verstehen könnte. Sie sind wie Anstiftungen zum Misstrauen in die Liebe Gottes. Darum ragen sie ins Abgründige hinein. Und darum ist dieses Tool «Nicht die Ehe brechen» so fundamental. Wir könnten nämlich den Glauben an die Liebe verlieren.

❖ Spielen Sie nicht mal in Gedanken mit wechselnden Sexualpartnern.
❖ Lassen Sie sich helfen, damit Ihre Liebe eindeutig, klar, kraftvoll und verlässlich wird.
❖ Holen Sie Gott in Ihre Liebesgeschichte herein.

TOOL 5
Nicht stehlen

Warum «Nicht stehlen» zu den *74 Werkzeugen der geistlichen Kunst* des Mönchsvaters Benedikt gehört, ist auf den ersten Blick verwunderlich. Langfingrige Mönche? Die Rolex in die Kutte gleiten lassen? An das Bild muss man sich gewöhnen. Aber auch sonst werden Leute, die sich um eine Lebensphilosophie bemühen, also nach dem richtigen Leben suchen, eher selten beim Ladendiebstahl ertappt. «Nicht stehlen» scheint zu den Basics zu gehören, die man Halbwüchsigen beibringt. Wer es kapiert hat, hakt es ab. So einfach stehen die Dinge allerdings nicht.

Stehlen heißt: einem anderen etwas wegnehmen, was ihm gehört. Was gehört ihm denn? Alles, was er besitzt? Dann sähe es auf der Erde schlimm aus. Zwei Drittel der Menschheit besitzen nicht viel mehr als das, was sie auf dem Leib tragen. Die Reichtümer der Erde befinden sich in den Händen einer Handvoll Menschen, die sich die Kontrolle darüber oft nicht einmal legal verschafft haben. «Eigentum ist Diebstahl», hat der französische Anarchist und große Moralist Pierre-Joseph Proudhon (1809–1865) gesagt – und ist darin der christlichen Position näher, als viele denken. Gott hat die Erde geschaffen. Er ist ihr Eigentümer. Was wir davon besitzen – inklusive unseres eigenen Leibes –, haben wir von Gott *geleast*. Die Erde ist für alle da. Das wissen freilich nicht mehr alle.

Stramme Moralapostel fanden es im Nachkriegswinter 1946/1947 skandalös, dass der Kölner Erzbischof Frings seinen hungernden und frierenden Leuten erlaubte, sich Kohlen für den allernötigsten Überlebensbedarf zu organisieren – zu «fringsen», wie es bald hieß. Bei einigem Nachdenken entspricht das durchaus der christlichen Überzeugung, dass wir alle nur in sehr relativer Hinsicht Eigentümer von Sachen und Werten sind. Ohnehin können wir nichts ins Grab mitnehmen. «Eigentum verpflichtet», diese tolle (christliche) Maxime steht – wo? – ausgerechnet im deutschen Grundgesetz. «Nicht stehlen» heißt daher zunächst: Dafür Sorge tragen, dass die natürlichen Ressourcen dieser Erde dafür gebraucht werden, wofür sie Gott uns geschenkt hat – für die menschenwürdige Existenz und Entwicklung *aller*.

Das «Nicht-Stehlen» spielt aber auch überall da eine Rolle, wo Menschen in Gemeinschaften miteinander zusammenleben – sei es in der Schule, sei es in einem Büro, sei es in der Familie, sei es in einem Mönchskloster. Überall da gibt es «Platzhirsche», die fix ihr Revier sondiert und sich die interessanten Jobs gekrallt haben. Sie nehmen ihren Nebenleuten die Luft zum Atmen, rauben ihnen die Chance zur persönlichen Entfaltung. Es gibt viel subtilen Diebstahl, gerade unter frommen Menschen. Man kann auch Frieden rauben, Freiheit rauben, Ehre rauben. Das Gegenteil von Stehlen ist nicht Die-Finger-davon-Lassen, sondern die liebevolle Sorge, dass der andere hat, was er zum materiellen Leben und Wachsen braucht.

❖ Seien Sie betont freigebig.
❖ Geben Sie materielle Werte weg, ohne dass Sie dabei auf Ihre Kosten kommen.
❖ Horten Sie keine Dinge und Wertgegenstände, die andere dringend bräuchten.

Tool 6

Nicht begehren

Im 20. Jahrhundert kam es an verschiedenen Orten in Europa, Asien und Amerika zu einer faszinierenden Begegnung: Erstmals in der Geschichte der beiden Religionen versuchten christliche und buddhistische Mönche eine bestimmte Zeit miteinander zu leben, zu beten und voneinander zu lernen. Dabei sprachen sie auch über ZEN und das «Nicht-Begehren». Diese auffällige Aufforderung gibt es sowohl im Buddhismus als auch im Christentum. Christen kennen sie zum Beispiel aus den Zehn Geboten: «Du sollst nicht begehren deines Nächsten Weib … deines Nächsten Hab und Gut». Nehmen wir ein Beispiel aus dem taoistischen Buddhismus: Bodhidharma, ein Meister aus dem 6. Jahrhundert, lehrt: *«Wo auch immer ein Begehren ist, da findest du Leiden, wenn das Begehren aufhört, bist du frei vom Leiden. Nicht-Begehren ist der Weg zur Wahrheit. Darum sage ich euch: Seid ohne Begehren!»*

In seinem Klassiker «Sein und Haben» (1976) stellte auch der Sozialphilosoph und Psychoanalytiker Erich Fromm (1900–1980) diese Übereinstimmung fest. Buddhismus und Christentum sind ein einziger flammender Protest gegen alle menschlichen Praktiken, die Glück durch «Haben» – und nicht durch «Sein» versprechen. Menschen, die im «Habenmodus» leben, verfallen der Hab-Gier; sie sind nur etwas, wenn sie möglichst viel besitzen; sie definieren sich in der Menge und dem Glanz der Gegenstände, die sie umgeben; sie sagen: «Ich bin, was ich habe.» Der habgierige Mensch hat Liebe nur zum Toten; das Lebendige kann er nicht lieben. Er kann nicht sein, ohne sich im Rausch des Habenwollens zu bereichern. Er kann die schöne Blume nicht stehen lassen; er muss sie zerstören, um sie zu besitzen. Deshalb plündert, raubt, erobert und tötet er. Am Ende *hat* er alles und *ist* nichts.

«Du Narr!», sagt der Gott der Christen. «Noch in dieser Nacht wird man dein Leben von dir zurückfordern. Wem wird dann all das gehören, was du angehäuft hast? So geht es jedem, der nur für sich selbst Schätze sammelt, aber vor Gott nicht reich ist» (Lk 12,20–21). Meister Bodhidharma pflichtet auf seine Weise bei: *«Nicht-Begehren ist der Weg zur Wahrheit.»*

Aber die Übereinstimmung trügt; es ist ein Konsens an der Oberfläche. Buddhismus und Christentum kommen aus diametral entgegengesetzten Gründen zum gleichen Ergebnis.

Der Buddhist kommt von einem fundamentalen *Nein* her, der Christ von einem fundamentalen *Ja*. Der Buddhist soll nicht begehren, weil die Fülle der Dinge Trug ist. Er soll nicht begehren, damit das Leben nicht weiter ins Kraut schießt. *«Das ganze Leben ist Leiden»*, lautet der erste Satz aus den «vier edlen Wahrheiten» Buddhas. Überwindung des Leidens geschieht in der Überwindung der Gier, in der Absage an unsere Wünsche, in ihrem Durchschauen als Lüge, eben im *Nein* zur Welt. Für Buddhisten ist es daher Weisheit, sich das Wünschen abzugewöhnen, um wunschlos glücklich zu werden.

Das *Nicht-Begehren*, das auch Christen gut zu Gesicht steht, ergibt sich aus einem ganz anderen Kontext. Zunächst gehen Christen davon aus, dass alles, was Gott geschaffen hat, gut ist. Christen sollen Ja sagen zu Gottes guter Schöpfung und sich an ihr nach Kräften erfreuen. Ein Herz voller Wünsche zu haben, ist christlich gesehen absolut in Ordnung. Wenn einige Säulenheilige immer wieder versucht haben, sich das Wünschen abzugewöhnen, so haben diese Asketismen weniger mit dem Geist Jesu zu tun als mit verblasenem antikem Tugendstolz.

Die von Gott geschaffenen Dinge und Kreaturen sind verlockend, weil auf ihnen noch der Glanz und Widerschein göttlicher Kreativität ruht: *«Schön sind die Blumen, schöner sind die Menschen ...»* Sogar Papst Franziskus findet: *«Die Frauen sind das Schönste, was Gott geschaffen hat.»* Wir sollen uns freuen an allem, was geschaffen ist, wir sollen den Abglanz aber nicht zum Abgott machen. Paulus empfiehlt daher eine Taktik des Vorläufigen, nämlich zu «haben», als hätten wir nicht. *«... wer kauft, als würde er nicht Eigentümer, wer sich die Welt zunutze macht, als nutze er sie nicht»* (1 Kor 7,30–31). Warum? Weil wir die Vorspeise nicht zum Hauptgericht erklären sollen. Anders gesagt: Weil der Mensch für ein Übermaß an Erfüllung bestimmt ist und seine Wünsche nicht vergeben soll an Gegenstände, die zu klein sind, um ihn wirklich zu befriedigen.

Ein Mönch (und damit ein Christ) – das sagt Benedikts Tool «Nicht begehren» – soll ein freier Mensch sein, einer ohne jede

Abhängigkeit an Stoffe, Dinge, Menschen. Aber er soll sich, ja darf sich das Wünschen nicht abgewöhnen. In einem Atemzug mit der Forderung nach dem Nicht-Begehren muss man deshalb immer an Thérèse von Lisieuxs (1873–1897) unerhört provokanten Satz erinnern: *«Man erwartet nie zu viel von Gott; man bekommt von ihm so viel, als man erhofft.»*

❖ Gehen Sie «leicht» durch die Welt; hängen Sie Ihr Herz nicht an Stars oder materielle Werte.
❖ Erforschen Sie Ihre Abhängigkeiten – und Sie finden den Punkt, an dem Sie arbeiten müssen.
❖ Begehren Sie nichts «absolut» als Gott allein.

TOOL 7
Nicht falsch aussagen

Wo lassen Sie Ihre Doktorarbeit schreiben? Ein bisschen Schummeln ist menschlich, sagen viele – und wundern sich, wenn Falschaussagen plötzlich zum kleinen Einmaleins der Politik gehören. Oft wird sprachlich beschwichtigt; man sagt, man habe eine «Sprachregelung» getroffen. Das Wort «Sprachregelung» ist die gesellschaftlich akzeptierte Form von Lüge. «Traue keiner Bilanz, die du nicht selbst gefälscht hast», zwinkern sich zwei zu, die der Wirklichkeit etwas auf die Sprünge geholfen haben.

Das ist auf Dauer fatal, weil eine ganze Gesellschaft durchzogen wird von einem Lügengespinst, in dem sich jeder seine eigene Wahrheit bastelt. *«Manche Menschen sind so falsch, dass sie nicht einmal das Gegenteil denken von dem, was sie sagen»* (Marcel Aymé). Das sei doch okay, meinen einige, solange der andere nicht geschädigt wird. Dagegen ist zweierlei einzuwenden:

Erstens: *«Es gibt kein richtiges Leben im falschen.»* Adorno hat das gesagt, in seinen «Minima Moralia». Wer der Lüge und Korruption die Hand gibt, wird selbst zum Lügner und Korrupten. Das findet nicht in lateinamerikanischen Bananenrepubliken statt, sondern in unserem unmittelbaren Umfeld. Lügen und Falschaussagen vergiften die Mikrostruktur unserer Umwelt. Wie im Kleinen, so im Großen!

Zweitens: «Durch die Abschaffung der Wahrheit geht, daran ist kein Zweifel, die Moral zugrunde, jenes große Schauspiel in hundert Akten, das den nächsten zwei Jahrhunderten Europas aufgespart bleibt, das furchtbarste, fragwürdigste Beispiel», prophezeite Friedrich Nietzsche, als hätte er vorausgesehen, dass man mit den Menschen schlechthin alles machen kann, wenn es die eine Wahrheit nicht mehr gibt, sondern nur noch eine arische Wahrheit, eine marxistische, ökologische, wirtschaftsliberale, feministische oder was auch immer.

Christen gehen von der Annahme aus, dass es *eine* Wahrheit gibt, dass sie erkennbar ist und dass sie durch Gott garantiert wird. Wahrheit ist für sie also keine pragmatische Größe, die man dann hervorzaubert, wenn es opportun oder hilfreich ist. Wenn ich wahr oder falsch über etwas aussage, begehe ich nicht nur einen logischen Fehler – ich berühre *Gott*. Deshalb soll man auch dann nicht lügen, wenn es niemand sieht und wenn kein Fremder einen Schaden davonträgt, beispielsweise dann, wenn ich mich selbst belüge. «Die Wahrheit wird euch befreien» (Joh 8,32).

Klöster sind – wie übrigens auch Familien, Ehen, Partnerschaften – Laboratorien des Zusammenlebens, bei denen sich etwas Wichtiges für die Gesamtgesellschaft im Kleinen, wie im Brennglas, darstellt. Eine Mönchsgemeinschaft oder Familie wird zerstört, wenn «Sprachregelungen» an der Tagesordnung sind. Deshalb bekämpft sie Benedikt. Und eine alte talmudische Weisheit sagt: *«Die Verleumdung tötet drei Menschen: den Verleumder selbst, den, der die Verleumdung mit anhört, und den Verleumdeten.»*

❖ Tricksen Sie nicht.
❖ Belügen Sie sich nicht einmal selbst.
❖ Beurteilen Sie Sachverhalte nicht aus Ihrer Interessenslage heraus.
❖ Fragen Sie sich vielmehr: Wie sieht Gott die Sache?

TOOL 8
Alle Menschen ehren

Madame Helena Blavatsky, eine der schillerndsten Figuren des 19. Jahrhunderts, ist die Urheberin der sogenannten «Wurzelrassenlehre», einer kruden ideologischen Weltanschauung, die davon ausgeht, dass es verschiedene Grade von Menschsein und eben auch höhere und niedere Rassen gibt. Daraus schöpfte nicht nur Rudolf Steiner und die Anthroposophie, nach der ein Mensch bei der Geburt noch nicht voll und ganz Mensch ist – er *wird* es erst in Siebenjahres-Zyklen –, daraus schöpfte auch der Nationalsozialismus mit seiner Lehre von der Überlegenheit der arischen Rasse und ihrer Verachtung der «Untermenschen».

In der scheinbar so harmlosen Esoterik finden sich häufiger Gedanken, die vom Hinduismus inspiriert sind. Dort gibt es seit Jahrtausenden so genannte «Kasten»; wer das Pech hat, in eine niedere Kaste oder gar in die niedrigste hineingeboren zu werden, ist offensichtlich «karmisch» (vom Karma = Schicksal her) dazu verurteilt, Menschen einer höheren Kaste die Toiletten zu reinigen. Solange wir in Europa und Amerika darüber diskutieren, ob man Embryonen «züchten» darf, um daraus – sie tötend – Stammzellen zu gewinnen, haben wir keinen Grund, uns über das Menschenbild der Blavatskys, Arier-Ideologen und kastenfixierten Hindus zu erheben.

Benedikt befiehlt seinen Mönchen, «*alle* Menschen zu ehren». Damit war er nicht nur für seine Zeit – die Sklavenhalter-Gesellschaft des 5. und 6. Jh. – revolutionär. Es ist auch heute noch *shocking,* dass zwischen dem abgerissenen Penner und dem Kultstar, dem die Massen zu Füßen liegen, kein Unterschied zu machen ist. Es ist auch kein Unterschied zu machen zwischen einem Kind im Mutterleib oder einem dahinvegetierenden alten Menschen und einem Menschen in der Blüte seiner Jahre. Grundsätzlich haben sie die *gleiche* Würde.

Diese Würde ist nicht ein gefühlter Minimalkonsens («Schließlich ist der arme Hund ja auch ein Mensch!»); sie beruht auf einer göttlichen Garantieerklärung. Jeder Mensch trägt ein göttliches Qualitätssiegel auf der Stirn – *«Made in Divinity»:* Gott hat *diesen*

Menschen, in welchem akuten Zustand er sich auch immer befindet, gewollt. Er liebt den größten, schönsten, würdigsten, ersten, besten Menschen nicht weniger als den Erstbesten. Er ist für die Heroen der Nächstenliebe nicht weniger gestorben als für die größten Versager und ausgebufftesten Lumpenhunde. Gottes Hand liegt auch auf den Dementen und Lästigen, den Schutzlosen und Preisgegebenen – ja, besonders auf ihnen.

Was heißt nun, einen Menschen *ehren?* Es heißt, ihm die Würde geben, die ihm zusteht. Da ist man schnell bei der Leistungsbilanz eines Menschen: Wer viel leistet, dem steht viel Ehre zu! Natürlich haben ein Regierungschef oder ein Konzernlenker Recht auf Ehre. Die wissen auch, wie sie drankommen. Aber was ist mit den Menschen, die keine Leistungsbilanz vorzuweisen haben? Haben die keine Ehre?

Nicht überall. Aber in einem Benediktinerkloster. Es ist hinreißend zu sehen, was man mit einem x-beliebigen Menschen gemacht hat, der in ein Benediktinerkloster kam. Noch hinreißender ist die Begründung, die Benedikt für seine alle kulturellen Muster und Standesmuster durchbrechende Regel 53 gibt: «Alle Fremden, die kommen, sollen aufgenommen werden wie Christus; denn er wird sagen: ‹Ich war fremd, und ihr habt mich aufgenommen.› ... Allen Gästen begegne man bei der Begrüßung und dem Abschied mit großer Demut: Man verneige sich, werfe sich ganz zu Boden und verehre so in ihnen Christus, der in Wahrheit aufgenommen wird.»

Das ist ein ganz starkes Tool zum Leben auch in dieser Zeit. Man geht in den Tag – und jede Begegnung, die ich heute mit einem Menschen habe, hat eine radikal neue Dimension. Der Mensch, der mir in der U-Bahn gegenübersitzt – eigentlich müsste ich mich nach benediktinischer Art vor ihm auf den Boden werfen ... Man unterlässt es besser, denkt aber vielleicht an Jesu Wort: «... ich war hungrig, und ihr habt mir zu essen gegeben; ich war durstig, und ihr habt mir zu trinken gegeben; ich war fremd und obdachlos, und ihr habt mich aufgenommen; ich war nackt, und ihr habt mir Kleidung gegeben; ich war krank, und ihr habt mich besucht; ich war im Gefängnis, und ihr seid zu mir gekommen» (Mt 25,35–37).

❖ Entwickeln Sie ein Faible für Penner und «arme Hunde».
❖ Gehen Sie mit Untergebenen betont hochachtungsvoll um.
❖ Schenken Sie einem Menschen Zeit, von dem Sie nichts haben (einem Demenzkranken beispielsweise – oder auch einem Kind).

TOOL 9
*Und keinem antun,
was man selbst nicht erleiden möchte*

Die so genannte «Goldene Regel» ist das schönste Beispiel für eine Weisung, die quer durch fast alle Religionen geht und allein von daher schon das Aroma der Wahrheit an sich trägt. Beginnen wir mit dem Hinduismus, in dem vor etwa 3700 Jahren der Satz entstand: «Dies ist die Summe aller Pflichten: Tue keinem anderen das Leid an, was bei dir selbst Leid verursacht hätte.» Nicht viel jünger, nämlich ca. 3500 Jahre alt, ist die Erkenntnis aus dem jüdischen Talmud: «Was dir weh tut, tu keinem anderen an.» Im persischen Zoroaster-Kult entstand vor ca. 3000 Jahren die Weisung: «Tut keinem etwas an, was für euch selbst nicht gut erschienen wäre.» Ungefähr 2600 Jahre alt ist dieser taoistische Satz: «Erachte den Vorteil deines Nächsten als deinen Vorteil, und deines Nächsten Nachteil als deinen Nachteil.» Ebenfalls um diese Zeit (ca. vor 2500 Jahren) formulierte man im Buddhismus: «Füge deinem Nächsten nicht den Schmerz zu, der dich schmerzt.» Im Christentum ist es Jesus, der vor ca. 2000 Jahren die Goldene Regel in dieser Form vortrug: *«Alles, was ihr also von anderen erwartet, das tut auch ihnen! Darin besteht das Gesetz und die Propheten»* (Mt 7,12).

Es gibt allerdings einen feinen Unterschied – und der erklärt, warum die Goldene Regel im Christentum doch noch etwas mehr ist als ein fundamentaler ethischer Imperativ, eine Pflicht, die man unbedingt einhalten muss. Er besteht in der Person Jesu, der aus Liebe zu uns ans Kreuz ging. *«Denn Gott hat die Welt so sehr geliebt, dass er seinen einzigen Sohn hingab, damit jeder, der an ihn glaubt, nicht zugrunde geht, sondern das ewige Leben hat*» (Joh 3,16). Seither kann man 1. verlieren ohne zu verlieren (man muss niemandem etwas antun, um auf seine Kosten zu kommen) – und 2. wird man nie wieder jemandem etwas antun, ohne daran erinnert zu sein, dass man die Liebe selbst verletzt.

- ❖ Versetzen Sie sich immer in die Gefühle des Menschen, dessen Leben Sie beeinflussen.
- ❖ Belasten Sie andere nicht mehr, als Sie selbst belastet werden möchten.
- ❖ Seien Sie kritisch, wenn Sie Zeuge sind, dass anderen Lasten aufgeladen werden.

Tool 10

*Sich selbst verleugnen,
um Christus nachzufolgen*

Ich weiß selbst, wo ich hinwill. Die einfachste Definition von Christsein ist aber: Hinterhergehen, einem andern hinterherlaufen, schauen, wie er es macht. Christliche Lebensweisheit predigt seit 2000 Jahren: Hör auf, dir deine eigenen Vorstellungen davon zu machen, wohin du willst, was du tun sollst und womit du es erreichen willst! Frage dich an jeder Wegbiegung: Wohin würde *Er* gehen – dann schlage seine Richtung ein – nicht deine!

Aber dann ... mache ich ja *sein* Ding – und nicht *mein* Ding, oder? Und wenn ich schlicht keinen Bock darauf habe? Da muss ich mich doch durchstreichen, ausradieren, verleugnen? Sagt einem nicht jeder Psychologe: «Das mit der Selbstverleugnung ist Quatsch»? Klar. Es ist das klassische Krankheitsbild des Schizophrenen: *Der er ist, möchte er nicht sein – und der er sein möchte, ist er nicht.* Fordert Jesus also zur Schizophrenie auf, wenn er jeden, der ihm nachfolgen möchte, knallhart mit dem Satz konfrontiert: «*Wer mein Jünger sein will, der verleugne sich selbst, nehme täglich sein Kreuz auf sich und folge mir nach*» (Lk 9,23)?

Vorab: Würde Jesus etwas verlangen, das gegen die Natur des Menschen ist, müssten wir ihm den Gehorsam verweigern. Gott kann als unser Schöpfer nicht etwas anderes in uns anlegen als das, was er als Erlöser von uns verlangt. Gott, der Schöpfer, kann nicht natürliche Vernunft, Wachstumsgesetze, Wünsche und Sehnsüchte in uns hineinlegen, um sie durch Jesus sozusagen «christlich» ausstreichen zu lassen. Gott würde sich widersprechen. Es wäre das Ende von Jesus. Wir könnten ihn getrost vergessen.

Im Leben Jesu gibt es einen Punkt, da musste er sich selbst verleugnen. Es war in einer Nacht, kurz vor seiner Festnahme. Jesus hatte sich mit seinen Leuten in einen Garten zurückgezogen. Sie schliefen, während er – den Tod vor Augen – betete: *«Aber nicht mein, sondern dein Wille soll geschehen»* (Lk 22,42). Diese Übergabe seines Lebens hat uns erlöst. Als Johannes Paul II. die Jugendlichen nach Köln einlud, sagte er: «Sich selbst zu verleugnen bedeutet, auf die eigenen, oft beschränkten und engherzigen Projekte zu verzichten, um den Plan Gottes anzunehmen ... Jesus verlangt nicht, auf das Leben zu verzichten, sondern eine Neuheit und Fülle des Lebens anzunehmen, die nur Er geben kann. In den Tiefen des Menschenwesens wurzelt die Neigung, ‹an sich zu denken›, die eigene Person in den Mittelpunkt des Interesses zu stellen und sich selbst zum Maß aller Dinge zu machen. Wer aber Christus folgt, der lehnt diesen Rückzug ins Ich ab und bewertet die Dinge nicht auf der Grundlage des eigenen Nutzens: ... Das wahre Leben äußert sich nämlich in der Selbsthingabe.»

Schöner kann man es nicht sagen. Das Leben wird in dem Moment aufregend sinnvoll, wo man es – verschenkt. Da werden alle Tore für das Neue aufgerissen. Das ist schon in der Liebe zu einem Mann oder einer Frau so. Ein Liebender, der immer nur «sein Ding» macht, wäre ein Widerspruch in sich. Er würde immer nur um sich kreisen. Er würde sich niemals aufbrechen lassen. Es würde nichts Neues in seinem Leben passieren. Er wäre *steril* statt *fruchtbar*. In der Liebe passiert das Neue, weil ich gerade an mich zuletzt denke. Da ich ja vom anderen geliebt werde – und dieser andere versessen darauf ist, dass es mir gut geht (er zudem oft besser als ich selbst weiß, was mir guttut), kommen wir beide – sozusagen überkreuz – nicht zu kurz.

So ist es auch mit Gott. Wir sind bei ihm jede Sekunde auf dem Monitor. Er hat einen Plan mit uns. Er will etwas Neues schaffen mit unserer Hilfe. Wir sind ein Moment in der Kreativität Gottes. Sein Masterplan ist «Liebe» – auch wenn er uns nicht a prima vista dahin führt, wohin wir von alleine aus gelaufen wären. Das ist ja wie immer in der Liebe: Der andere kennt uns eben besser, als wir selbst uns kennen. Und so führt uns dieses auf den ersten Blick wenig attraktive Tool von der *Selbstverleugnung* in den absoluten Punkt der *Selbstfindung*.

Christlich gesehen, bedeuten Glück und Sinn nämlich nicht: Herr, mach, dass ich heute reibungslos mein Ding durchziehen kann! – sondern: Herr, mach mich heute so, dass du mich als dein Instrument gebrauchen kannst. Von der Liebe gebraucht zu werden – das ist Glück.

❖ Lassen Sie sich in Dienst nehmen für Projekte, bei denen Ihr Name nicht aufscheint.

❖ Lesen Sie die Jesusberichte im Neuen Testament – und machen Sie etwas nur deshalb, weil es dort als Auftrag Jesu steht.

❖ Fragen Sie sich, wie frei Sie sind, etwas zu tun, was Ihre persönliche Interessenslage übersteigt.

Tool 11

Den Leib in Zucht nehmen

Bei dem Wort «Zucht» denken aufgeklärte Zeitgenossen nur noch an Sado-Maso, an Lustgewinn durch Züchtigung. «Zucht! Und! Ordnung!», knallt es wie aus einer fernen Kasernenhofwelt zu uns herüber. In den siebziger Jahren warf der junge Lafontaine seinem Kanzler Helmut Schmidt vor, er verfüge über die Sekundärtugenden, mit denen man auch ein KZ leiten könne. Dabei ist die philosophische Forderung nach *temperantia* – sie ist die vierte der so genannten Kardinaltugenden – ebenso uralt wie kaum übersetzbar. Recht nahe kommt man der *temperantia,* wenn man an Bachs «Wohltemperiertes Klavier» denkt; Bach hätte seinen Zyklus auch «Gut gestimmtes Klavier» nennen können. Nun hat man leider die *temperantia* mit Zucht übersetzt. *Zucht* klingt nach militärischem Drill, sein Gegenstück *Unzucht* nach Spaßverweigerung, *Mäßigung* nach lauem Kompromiss und *Maß halten* nach flauen Fastenregeln. Wählen wir einen anderen Ansatz, übersetzen wir «Den Leib in Zucht nehmen» einmal mit «Den Leib disziplinieren!» – das kann jeder Sportler unterschreiben. Aber nun macht nicht jeder Sport. Wozu brauche ich *Disziplin* beim Christsein?

Bei Bert Brecht gibt es eine wunderbare Geschichte: «Zu Herrn K. kam ein Philosophieprofessor und erzählte ihm von seiner Weisheit. Nach einer Weile sagte Herr K. zu ihm: ‹Du sitzt unbequem, du redest unbequem, du denkst unbequem.› Der Philosophieprofessor wurde zornig und sagte: ‹Nicht über mich wollte ich etwas wissen, sondern über den Inhalt dessen, was ich sagte.› – ‹Es hat keinen Inhalt›, sagte Herr K. ...»

Immer, wenn ich diese Stelle lese, muss ich an das Fernsehinterview über «Freiheit» mit einem berühmten französischen Philosophen denken. Der hustende alte Mann hing verzweifelt an seiner filterlosen Zigarette, sog daran wie ein Baby an der Mutterbrust. Kaum war die eine aufgebraucht, steckte er sich die nächste an und verbreitete sich durch Rauchschwaden räuspernd über «Freiheit».

Paulus war selbstkritischer: *«Denn ich tue nicht das Gute, das ich will, sondern das Böse, das ich nicht will»* (Röm 7,19). Nicht nur der hustende französische Philosoph war in höchstem Maße «unfrei» und ein Knecht seiner Leidenschaften – Paulus bekannte es auch von sich. Wir alle erfahren es: Unsere körperlichen Bedürfnisse können stärker sein als unser Geist. Und manchmal mündet es in Sucht. Jede Sucht ist tödlich, sagen die Suchtexperten, und sie betonen: jede!

Setzen wir bei dem Extremfall von Unfreiheit ein, bei der Sucht. Millionen Menschen kämpfen bei ihren großen und kleinen Süchten um «Disziplin» – meist ist es ein heimlicher, verzweifelter, scheinbar aussichtsloser Kampf. Diesen Kampf kämpfte in den dreißiger Jahren des letzten Jahrhunderts ein Amerikaner namens «Bill W.». Er war der Gründer der *Anonymen Alkoholiker*. Ich zitiere aus einem im Internet veröffentlichten Vortrag eines Mitgliedes über die eine Nacht in Akron/Ohio, in der etwas Aufregendes geschah: Es war jene Nacht, «in der ein Mann namens Bill W., allein in einer fremden Stadt, zitternd und ängstlich, begriff, dass seine einzige Hoffnung, sich seine augenblickliche, hart erkämpfte Nüchternheit zu erhalten, darin lag, mit einem anderen Alkoholiker zu sprechen und zu versuchen, ihm zu helfen. Soweit ich weiß, ist dies das erste bekannt gewordene Beispiel, dass ein Alkoholiker *bewusst* und *freiwillig* zu einem anderen Alkoholiker ging – nicht, um mit ihm zu trinken, sondern um mit ihm nüchtern zu bleiben».

Das Buch, das dieser Bill W. später verfasste, ist wahrscheinlich – sieht man einmal von der Bibel ab – das wichtigste Suchthilfebuch, das die Menschheit kennt. Und es mündet in einer überraschenden Erkenntnis: «Unsere Auffassungen vom Alkoholismus ... offenbaren drei wesentliche Erkenntnisse: a) ... dass wir Alkoholiker sind und unser Leben nicht mehr meistern konnten, b) ... dass wahrscheinlich keine menschliche Macht uns vom Alkoholismus befreien konnte, c) ... dass aber Gott es konnte und es wollte, wenn wir Ihn suchten.»

Was daraus zu lernen ist für den Einstieg ins Christsein? 1. Christsein ist Freiheit. 2. Gott liebt freie Menschen, und er tut alles dafür, dass wir aus jeder Form von Unfreiheit herauskommen – die Bibel spricht von der *«Knechtschaft der Sünde»* (vgl. Hebr 2,15). 3. «Freiheit», die im Kopf stattfindet, zeigt sich symbolisch im Leib, siehe Bert Brecht. 4. Wenn man mit Gott im Gebet verbunden ist, schenkt er Kraft zu täglichen Übungen der Freiheit: keine nächste Zigarette, kein nächstes Glas Wein, eine festgesetzte Stunde, zu der man aus dem Bett steigt.

❖ Testen Sie regelmäßig den Grad Ihrer Freiheit.
❖ Verzichten Sie einen oder mehrere Tag auf Essen.
❖ Rauchen Sie die nächste Zigarette einmal nicht.
❖ Trinken Sie am morgigen Tag einmal keinen Alkohol.

Tool 12
Sich Genüssen nicht hingeben

Von dem genialsten aller Bonmotschreiber, von Oscar Wilde, stammt die Bemerkung: *«Ich kann allem widerstehen, außer der Versuchung.»* Weise Menschen quittieren die Existenz versuchbarer Menschen mit einem Lächeln, wissen sie doch, dass es sich in Gesellschaft von Zeitgenossen, die keine Torte stehen lassen können, definitiv besser leben lässt als in der Gemeinschaft von unerschütterlichen Tugendbolden. *«Wer nicht genießen kann, wird ungenießbar»*, befand Christina von Schweden, die nicht aus bloß dynastischen Gründen heiraten wollte, deshalb abdanken musste, nach Rom ging, katholisch wurde und dem Leben auch sonst einige schöne Seiten abgewann.

Genießen und fromm sein, das muss kein Gegensatz sein, was sich weniger an den Wirtshäusern neben den Wallfahrtskirchen zeigt als daran, dass Jesus selbst definitiv kein Asket war. Von der Weltverachtung der antiken platonischen Philosophen ist bei ihm nichts zu spüren. Jesus hat eine Hochzeit besucht, ausgiebig mitgefeiert, dem Wein zugesprochen, ja selbst ein Weinwunder bewirkt. Jesus musste sich sogar anmachen lassen, weil er den Standards des genussfeindlichen Umfelds nicht genügte: «Da die Jünger des Johannes und die Pharisäer zu fasten pflegten, kamen Leute zu Jesus und sagten: Warum fasten deine Jünger nicht, während die Jünger des Johannes und die Jünger der Pharisäer fasten? Jesus antwortete ihnen: Können denn die Hochzeitsgäste fasten, solange der Bräutigam bei ihnen ist? Solange der Bräutigam bei ihnen ist, können sie nicht fasten» (Mk 2,18–19). Es ging also anstoßerregend lustig zu.

Wie schwierig allerdings *genießen* ist, wurde mir einmal deutlich, als ich mit einem bekannten Food-Journalisten sprach, der gerade von einem wahren Traumtrip, einer achttägigen Recherchereise durch die Gastronomietempel Oberitaliens, zurückgekehrt war. Für lau, das muss man sich einmal vorstellen! Ich fand ihn nun aber nicht in schwärmerischer Verfassung – im Gegenteil, er wirkte traurig und deprimiert: «Es war die Hölle! Immer nur essen! Und immer nur vom Feinsten! Und dieses noch probieren und jenes noch probieren! Und die verzückten Gesichter um mich herum! Ich glaube – ich werde Mönch, bevor ich nur noch kotzen muss!»

Wäre er tatsächlich Mönch geworden, hätte er leider auch dort keine «genussfreie» Zone gefunden. In den Mönchsklöstern ist immer schon exzellent gekocht, ein gutes Bier gebraut und ein anständiger Wein getrunken worden. Gottes gute Gaben soll man ja nicht verachten, sondern sich ihrer dankbar erfreuen. Der allzu gütige Benedikt billigte den Mönchen täglich ein «Hemina» Wein zu – immerhin etwas zwischen einem Viertele und einem halben Liter –, nur «mit Rücksicht auf die Bedürfnisse der Schwachen».

Das geistliche Werkzeug legt den Akzent auf das letzte Wort: «Sich den Genüssen nicht *hingeben*». Hingabe ist ein ganz wichtiges Wort; es markiert gewissermaßen das Äußerste und Größte. Hingabe ist die entscheidende Kraft in der Region des Herzens, der Liebe. Und die Liebe gehört Gott – wie sie den Menschen um mich herum gehört und wie sie mir selbst gehört. Absolute Hingabe an *Sachen* – und seien es eichenfassgelagerte Barolo-Weine, Trüffel aus dem Périgord oder provenzalische Wachtelbrüstchen – ist Götzendienst. Der Weinpapst, habe ich mir schon oft gedacht, ist ein armer Hund. Alle Tage muss er himmlische Preisungen zu vergorenem Traubensaft ablassen. Ich würde verzweifeln an dem Job. Also: Genießen ja, und von Herzen – aber dem Genuss *verfallen,* um Gottes willen nicht!

❖ Kultivieren Sie den Genuss, indem Sie bestimmte Genüsse künstlich verknappen.
❖ Genießen Sie aus Freude und nicht, um sich zu betäuben.

❖ Essen Sie nicht über die Sättigungsgrenze hinaus.
❖ Heben Sie sich Ihr Potenzial an Hingabe für Menschen und für Gott auf.

TOOL 13
Das Fasten lieben

Es scheint so, als müsste man niemanden mehr auffordern, das Fasten zu lieben. Alljährlich im Frühling bricht es aus. Wer aus rein körperlichen Gründen – der Bikinifigur, dem Waschbrettbauch – fastet, ist allerdings nicht genügend aufgeklärt: Durch Fasten wird man dick. Nach der Phase der Selbstkasteiung rächen sich die ausgehungerten Zellen und schlagen gnadenlos zu. Mensch sollte besser normal essen, wenig Alkohol trinken und eine Menge Sport treiben.

Fasten ist aber sinnvoll und hocheffizient, wenn man es aus geistigen Gründen betreibt (und man hinterher mäßig isst, damit man nicht aus «frommen Gründen» dick wird). Wer das einmal getan hat, wird das Fasten *lieben* und in seinem Leben immer wieder eine Zeit suchen, in der er ganz oder teilweise auf Essen verzichtet. Der weise Kirchenvater Athanasius (328–373) hat die Effekte des Fastens unnachahmlich auf den Punkt gebracht: «Es heilt die Krankheiten, vertreibt die bösen Geister, verscheucht verkehrte Gedanken, gibt dem Geist größere Klarheit, macht das Herz rein, heiligt den Leib und führt schließlich den Menschen vor den Thron Gottes». Weil es beim Fasten letztlich um die Wiederherstellung des Menschen geht, wie er sein sollte, möchte ich die Dinge etwas intensiver betrachten:

1. Es heilt die Krankheiten. Das ist der körperliche Effekt, der mittlerweile wissenschaftlich bestätigt ist und von vielen Ärzten gezielt gesucht wird. Man schätzt, dass etwa 90% unserer Erkrankungen ernährungsbedingt oder zumindest durch Ernährung beeinflussbar sind. Auf einer Fläche von ca. 200 Quadratmetern (!) gibt es im Darm mehr Nervenzellen als im

menschlichen Gehirn. 100 Billionen Bakterien sorgen in fragilen Systemen für eine intakte Darmflora. Nach einer Fastenkur sind die Fastfood-ramponierten Systeme wieder intakt, hat sich das größte Immunsystem des Körpers regeneriert. Es haben sich eine Fülle von Abwehrstoffen gebildet. Viele Schmerzen verschwinden, einige Medikamente werden überflüssig.

2. Fasten vertreibt die bösen Geister. Hier geht es nicht um Geisterglauben, sondern um unsere eigene Psyche, unsere tägliche Besessenheit durch allerlei Wahnideen, Neurosen, Manien, Süchte und negative Einflüsterungen. Ich kenne keinen Menschen, der nicht in einem inneren Kampf steht mit seinem ganz persönlichen «bösen Geist», seinen ganz persönlichen «bösen Geistern». Manch ein Kampf wird bis aufs Blut geführt. Jeder hat übrigens den Gegner, den er verdient. Bei den einen heißt er «innerer Schweinehund», die anderen kriegen große Ohren, wenn sie die Schriftstelle hören: *«Seid nüchtern und wachsam. Euer Widersacher, der Teufel, geht wie ein brüllender Löwe umher und sucht, wen er verschlingen kann. Leistet ihm Widerstand in der Kraft des Glaubens!»* (1 Petr 5,8–9). Wer fastet, wird vom «brüllenden Löwen» erlöst, in welcher Gestalt er sich auch immer nähert! Im Matthäus-Evangelium gibt es eine geheimnisvolle Stelle (Mt 17,21), in der Jesus sagt, eine gewisse Art von Dämonen könne nur durch Gebet und Fasten ausgetrieben werden. Obwohl die Bibelstelle heute als «unecht» (hinzugefügt) in Frage gestellt wird, hat sie in der Geschichte der Spiritualität großen Einfluss ausgeübt. Man muss es ausprobieren, wenn man ein ganz großes Problem hat. Die weisen Alten hätten gesagt: Das bekommst du nur durch Fasten und Gebet weg!

3. Fasten verscheucht verkehrte Gedanken, gibt dem Geist größere Klarheit. Wer geistig arbeitet und dabei fastet, wird bestätigen, wie es sich bei ihm «lichtet», wie ihn Klarheit und Souveränität des eigenen Denkens geradezu überfallen. Ein Gedanke klickt den nächsten an. Ich bezeuge: Nie hatte ich mehr Erkenntnisse, nie konnte ich besser denken, verstehen

und etwas Kreatives leisten als in der Zeit, in der ich über einen längeren Zeitraum keine Nahrung zu mir nahm.

4. Fasten macht das Herz rein. Ein reines Herz wollen manche gar nicht, weil sie gerade in «Petra» gelesen haben, wie anregend «dirty talking» ist; außerdem haben sie schlechte Erinnerungen an «Ich bin klein, mein Herz ist rein». Das war die Zeit, als Mama noch hoffte, wir würden niemals auf schmutzige Gedanken kommen. Das Wort «rein» bedeutet hier aber nicht «asexuell». Gemeint ist auch nicht der Superlativ von «sauber». Ein *reines Herz* haben, das meint: Ein starkes, ungeteiltes, hingebungs- und liebevolles Herz haben. Das braucht man. Sonst kommt man nicht zu Gott und auch nicht in eine wirklich tolle Beziehung zu anderen Menschen. Gier macht kalt. Darum nur geht es. Freilich können es auch sexuelle Obsessionen sein, die verhindern, dass unser Herz ein Herz ist. Dann ist Fasten auch gegen das Versacken in erotischen Tagträumen gut.

5. Fasten heiligt den Leib. Einerseits machen wir heute einen auf *body culture*. Andererseits quälen und erniedrigen wir den Leib, als wäre er eine Maschine, bei der man die Ersatzteile austauschen kann. Wir werfen Pillen ein wie in einen Automaten. Wir ruinieren ihn durch mangelnde Bewegung, falsches Essen, Alkohol, Drogen und Nikotin. Wer fastet, spürt seinen Leib. Er entdeckt, dass er eine Haut hat und durch sie atmet. Er entdeckt dass er Leib *ist* – und nicht einen Leib *hat*. Franz von Assisi nannte ihn «Bruder Leib». Der späte Luther hielt leider nicht die Höhe dieser Einsicht; er nannte seinen Leib «einen alten Madensack». Und das ist die Erfahrung vieler Menschen, wenn sie älter werden: Sie schauen sich nackt im Spiegel an und hassen sich.

KLEINER EXKURS ÜBER DEN KÖRPER

Fasten verschafft uns keinen neuen Leib – aber es heiligt ihn. Was meint das? In «heiligen» steckt zunächst das Wort Heil. «Es wird alles wieder heil», hatte uns die Mutter

getröstet, als wir uns mit aufgeschlagenem Knie in ihre
Arme flüchteten. Später, in der Schule, im Studium, begegnete uns das Wort Heil wieder: «Heile Welt» war so ziemlich das schlimmste Verdikt, das man über ein Buch, einen Film, ein Bild fällen konnte – ein Killerargument! Nein, die Welt im Horizont der Kritischen Theorie war nicht heil, nicht gesund, nicht schön. Den Kindern durfte man zeitweise keine Märchen erzählen, und wenn es ein Prediger wagte, über den Himmel und unsere Vollendung im Jenseits zu sprechen, dann tat er es mit Bauchweh und einem Ritus vorauslaufender Entschuldigungen und Absicherungen: «Nein, nein, er wolle ja nicht vertrösten ...»

Ich empfand das immer als verlogen, ja als Verrat an der christlichen Hoffnung. Die besagt nämlich: 1. Gott hat alles gut geschaffen. 2. Jetzt geht es uns aber schlecht. 3. Das ist noch nicht das letzte Wort: Es wird alles wieder gut. Die Einsicht ist nicht blauäugiges *Positive Thinking*, und sie verdankt sich auch nicht dem Mainzer Karnevalsschlager «Heile, heile Gänschen». Es ist eine Hoffnung, die sich auf ein historisches Ereignis bezieht, nämlich auf die Zerstörung des Leibes Jesu an einem Apriltag um das Jahr 33. Jesus starb den grausamen Verbrechertod der Antike. Die Geschichte, die in der körperlichen Katastrophe, in Folter und Schändung endete, ging trotzdem gut für ihn aus – auch leiblich. Drei Tage nach der Katastrophe zeigt der Hingerichtete sich als Lebendiger. Sein Leib trägt die Spuren der Leiden, aber gleichzeitig ist dieser Leib ganz schön und heil.

Man hatte ihn an ein Querholz genagelt, an dem er erstickte und verblutete. Die Kunst hat den zerstörten Leib Jesu oft und oft dargestellt – am ergreifendsten vielleicht auf dem Schoß seiner Mutter bei Michelangelo und auf dem Kreuzigungsbild des geschlossenen Isenheimer Altars. Meister Mathis Gothart Nithart, genannt Matthias Grünewald, hat es geschaffen, damit eine bestimmte Gruppe von Menschen im zerstörten Körper Jesu eine Widerspiegelung ihrer eigenen körperlichen Leiden oder Verfallssymptome

entdecken konnte. Es handelte sich um Menschen, die am
«Antoniusfeuer» erkrankt waren und im Spital zu Colmar
zu Füßen des Isenheimer Altars lagen.

Sigebert von Gembloux (1030–1112) schildert in seiner
«Chronica» die verheerende, durch das sogenannte Mutterkorn ausgelöste Krankheit, die im Mittelalter ganze Landstriche heimsuchte: «1089. Es war ein Seuchenjahr,
besonders im westlichen Teil Lothringens, wo viele, deren
Inneres das Heilige Feuer verzehrte, an ihren zerfressenen
Gliedern verfaulten, die schwarz wie Kohle wurden. Sie
starben entweder elendig, oder sie setzten ein noch elenderes Leben fort, nachdem die verfaulten Hände und Füße
abgetrennt waren. Viele aber wurden von nervösen Krämpfen gequält.»

Was machte das mit den Siechen des Mittelalters – man
nannte sie «die Märtyrer der Liebe Gottes» –, dass man
ihnen die Leiden Christi vor Augen hielt? Sie sahen die
Solidarisierung Gottes mit ihren Leiden, fühlten sich nicht
alleingelassen, hatten das Gefühl, mit ihren Schmerzen
einen Beitrag zu dem zu leisten, wofür auch Jesus litt. Aber
das war nicht alles. Vermutlich an den Sonntagen öffnete
man den Kranken den Altar – und zum Vorschein kam
Meister Mathis' hinreißendes Bild von der Auferstehung.

Zwei Details sind wichtig: Am unteren rechten Bildrand
hat der geniale Maler einen verkohlten Baumstumpf gemalt.
Das war nicht nur ein allgemeines Symbol für eine alte,
verfaulende und vergängliche Welt. Es war eine Bildbotschaft für die Amputierten mit ihren Arm- und Beinstümpfen; sie durften sich *eingezeichnet* fühlen in dieses
Bild, auf dem der große Leidende von Gott ins Licht gerissen wird. Die abgehackten, abgesägten Arme und Beine
sollten nicht das Ende ihrer Körpergeschichte sein.

Das zweite Detail dieses Bildes, das jeder kennt: Der ins
Leben gerissene Jesus hält dem Beschauer die Hände entgegen. Darin glühen rot die Wunden, die ihm drei Tage
zuvor durch die groben Stahlnägel zugefügt wurden, als die
Henkersknechte ihr Opfer zur Hinrichtung zubereiteten.

Grünewald verarbeitet darin Ostererfahrungen der Jünger
Jesu. Die deprimierte, auseinanderflüchtende Truppe («*Wir
aber hatten gehofft, dass er der sei, der Israel erlösen werde*»,
Lk 24,21) wurde durch parallele Erlebnisse verschiedener
Freunde und Freundinnen von Jesus plötzlich wieder
zusammengeführt. Sie alle merkten nicht etwa «irgendwie»,
das Jesus lebte, sondern sie hatten eine *leibliche, körperliche*
Wahrnehmung davon: «Seht meine Hände und meine Füße
an: Ich bin es selbst. Fasst mich doch an und begreift: Kein
Geist hat Fleisch und Knochen, wie ihr es bei mir seht»
(Lk 24,39). Thomas, der größte Skeptiker unter den
Freunden Jesu, darf sogar seine Hand in die Seitenwunde
des Auferstandenen legen: «*Streck deinen Finger aus – hier
sind meine Hände! Streck deine Hand aus und leg sie in meine
Seite und sei nicht ungläubig, sondern gläubig!*» (Joh 20,27).

Es ist, als habe Meister Mathis diesen Text vor Augen
gehabt, als er der elenden Versammlung von Todkranken
ein Bild der Körperhoffnung malen wollte. Seine Botschaft:
Die Wunden bleiben. Aber eines Tages, wenn der neue
Himmel und die neue Erde kommen, werdet ihr verwandelt
werden. «Auch mein Leib wird wohnen in Sicherheit», hatte
schon der Sänger geträumt, der den Psalm 16 schrieb.

Fasten heiligt den Leib, hatte Athanasius gesagt. Übersetzen
wir! Fasten führt den Leib seiner letzten Bestimmung zu. Er ist
nämlich nicht dazu da, dass wir ihn in endlosen Wellness-,
Fress-, und Kosmetikorgien päppeln, mästen und herrichten,
bis er als «alter Madensack» jedwede weitere Anwendung verweigert – sondern er ist dazu da, wie der 1. Korintherbrief etwas rätselhaft sagt, *«Tempel des Heiligen Geistes»* (vgl. 1 Kor 3,16)
zu sein. Wie ein vorher schlaffer Körper einer Tänzerin plötzlich ganz schön wird, wenn er von Musik ergriffen wird und
die Tänzerin sich dem Fluss widerstandslos hingibt, so dass die
Musik ganz durch sie hindurchgeht – ebenso wird der Leib eines Menschen immer mehr Leib, wenn er sich vom Geist Gottes, der in ihm ist, wie eine geheimnisvolle Musik ergreifen
lässt.

So kann eben auch der Leib eines alten Menschen sehr schön sein, wenn durch ihn *«Gerechtigkeit, Friede und Freude»* (Röm 14,17) hindurchstrahlt, eben jene Anzeichen des Heiligen Geistes. Essen, Trinken, Körperpflege, all das ist wichtig – *aber indem wir einmal darauf verzichten,* entdecken wir, dass unser Leib mit all seinen Herrlichkeiten und Wunden von Gott angenommen, von innen heraus geheilt und für immer gerettet und in ihm aufgehoben wird.

6. Fasten … führt den Menschen vor den Thron Gottes. Wer fastet, kommt von sich weg, von diesem ICH mit seinen majestätischen Anforderungen an sein Leib-Eigentum. Wer fastet, entwickelt einen metaphysischen Instinkt. Ihn befällt ein abgründiges Staunen angesichts der Tatsache, dass es ihn überhaupt gibt «und nicht vielmehr nicht» (Max Scheler). Er spürt, dass «Leben» nicht aus Essen, Trinken, Arbeit, Sex und anderen Manifestationen der Selbstbehauptung besteht, sondern ein geheimnisvolles Gehaltenwerden ins Sein ist: *Jemand will, dass ich bin.* Wer fastet, kommt sehr weit. Manch einer wagt es während des Fastens, das Geheimnis seiner eigenen Existenz mit «Du, mein Gott» anzusprechen.

- ❖ Machen Sie einmal im Jahr eine Fastenwoche, um sich geistig zu erneuern.
- ❖ Fasten Sie unter ärztlicher Aufsicht.
- ❖ Suchen Sie sich einen Priester oder einen geistlichen Begleiter, der Sie menschlich nach vorne bringt.
- ❖ Wenn Sie es schaffen, gehen Sie in dieser Fastenwoche einmal zur Beichte.

Tool 14

Arme bewirten

In einer Gesellschaft, in der es keine staatliche Armenfürsorge gab und in der ein Millionenheer von Bettlern, Hungerleidern, verarmten Alten, Krüppeln und Vagabunden auf der

Straße lag, kam den Klöstern eine kaum zu überschätzende Rolle zu. Benedikt hatte sie mit einer anspruchsvollen Doppelaufgabe versehen, einerseits *claustrum* (d.h. eine geschlossene, allein auf Gott konzentrierte Zelle in der Gesellschaft) zu sein, andererseits den Armen dieser Erde auf eine besonders nachhaltige Weise verpflichtet zu sein. Das hätte wie ein Sprengsatz wirken können. Entweder man ist offen – oder man ist geschlossen. Entweder man hält zusammen – oder man verausgabt sich.

Merkwürdigerweise ist es eine gegenseitige Verstärkung. Je ausschließlicher und radikaler eine Mönchsgemeinde auf Christus hin ausgerichtet ist, desto offener und gebefreudiger ist sie in Hinsicht auf die Not anderer. Der Schlüssel dazu ist ein Satz Jesu, der uns im Matthäus-Evangelium überliefert wurde: *«Was ihr für einen meiner geringsten Brüder getan habt, das habt ihr mir getan»* (Mt 25,40). Das dazugehörige Gleichnis benennt auch sofort eine Reihe von «Problemfällen», in denen Nachfolger Jesu versagen könnten, weil sie einen Armen nicht bis zur Ununterscheidbarkeit mit ihrem Meister identifiziert haben: *«... ich war hungrig, und ihr habt mir nichts zu essen gegeben; ich war durstig, und ihr habt mir nichts zu trinken gegeben, ich war fremd und obdachlos, und ihr habt mich nicht aufgenommen ...»* (Mt 25,42–43).

Nicht immer haben das Christen so ernstgenommen wie der niederländische «Speckpater» Werenfried van Straaten, der nach dem Krieg, als die Deutschen der Abschaum der Welt waren, die Mauer der Isolation durchbrach und für die hungernden Kriegsverlierer Nahrung und Geld eintrieb. Auch hier entdecken wir wieder diese tiefe spirituelle Fundierung der Aufmerksamkeit für die Ärmsten; van Straaten sagte damals: *«In der Eucharistie empfangen wir Christus in der Gestalt von Brot und Wein. In den Armen in der Gestalt von Fleisch und Blut.»*

Wie können wir heute «Arme bewirten», nachdem uns der Staat glücklicherweise die Armenfürsorge abgenommen hat? Die Armen von heute, das sind nicht mehr unbedingt die physisch Hungernden. Es sind beispielsweise Kinder und alte Menschen, die nach emotionaler Zuwendung hungern. Manchmal sind es die nächsten Verwandten.

Und was heißt «bewirten»? Es heißt: ein offenes Haus und Herz haben und geben, was der andere nötig hat. Nicht mehr, aber auch nicht weniger. Wir sollten nicht meinen, die Anforderung Jesu, ihn in den Geringsten zu sehen, sei delegierbar an den Staat, die Caritas und die Welthungerhilfe. Nach wie vor betrachtet und bewertet Christus Christen nach der Kriteriologie aus dem 25. Kapitel des Matthäus-Evangeliums. Niemand hat ein Recht, sich Christ zu nennen, wenn er die Not des anderen nicht spontan wahrnimmt und mit der gleichen Hingabe hilft, als wäre es die Not eines Mannes namens Jesus.

Und wie soll man mit den Armen umgehen? Um von der Weisheit des Freiherrn von Knigge zu profitieren: «Gehe schonend und äußerst fein mit Leuten um, die in unangenehmen häuslichen Lagen sind. Sie pflegen sehr empfindlich zu sein, pflegen leicht zu glauben, man verachte sie, setze sie zurück ihrer Armut wegen.» Das ist alles andere als einfach – Mitleid kann auch verletzen. Besser ist die Einsicht in die eigene Armut. Nackt kommen wir auf die Welt – und nackt werden wir sie verlassen. Wir nehmen nichts mit. Was wir besitzen, besitzen wir vorübergehend, besitzen es, um guten Gebrauch davon zu machen. *«Wir sind Bettler, das ist wahr»*, soll Luther auf dem Sterbebett gesagt haben. Er sagte es nicht, weil er die bittere Realität aller Menschen erkannte, sondern weil er voll Hoffnung war auf den, von dem Paulus sagte: *«Er, der reich war, wurde euretwegen arm, um euch durch seine Armut reich zu machen»* (2 Kor 8,9).

❖ Werfen Sie Bettelprospekte nicht gleich weg.
❖ Zappen Sie sich nicht aus Fernsehsendungen über Krisenregionen weg.
❖ Gehen Sie nicht kaltherzig an Straßenmusikern vorüber.
❖ Wofür auch immer Sie spenden: Geben Sie so viel, dass es Ihnen weh tut. (Keine Sorge, das Geld kommt zurück!)

TOOL 15
Nackte bekleiden

«*Ich war nackt, und ihr habt mir keine Kleidung gegeben*» (Mt 25,43). Das scheint nun vollends überholt in einer Gesellschaft, die mehr Fantasie darauf verschwendet, sich reizvoll zu entblößen, als dass sie darüber nachdenken müsste, wo man die Kleider herbekommt, um seine Blöße zu bedecken. Chinesische Massenware muss mit Zollschranken von Europa ferngehalten werden, sonst würden wir in Klamotten ertrinken. Aber der Satz Jesu gilt unverändert; wir müssen nur eine geistige Transferleistung vollbringen.

Kleider haben eine doppelte Funktion: Sie schützen vor Kälte, Wind und Regen; sie bedecken aber auch die Intimität eines Menschen, der sich nicht jedem unverhüllt zeigen möchte. Scham ist keine antrainierte sekundäre Kulturtechnik; sie kommt selbst bei Kulturen vor, die in ihrem Alltag nackt sind. Auch bei ihnen gibt es «unsichtbare Kleider» – will sagen: Schutzgesten der Intimität. Scham ist die Eierschale der Menschenwürde. Es gehört zum Kanon der Vergewaltigungstechniken, diese Schutzzone um den Menschen zu verletzen, drückt sie sich nun in realen oder in unsichtbaren Kleidern aus. Physische Vergewaltigung ist nur Teil eines Prozesses, der bereits viel früher die Grenze überschritt.

Ich war nackt ... das könnte heute heißen: Ich fühlte mich bloßgestellt vor Kollegen, und du bist auf meinen Fehlern auch noch herumgeritten. Es könnte heißen: Ich habe dich gebeten, nicht weiter in mich zu dringen, aber du hast mich gnadenlos ausgeforscht. Es könnte heißen: Ich habe dich gebeten, eine gewisse Grenze nicht zu überschreiten; aber du bist in mein inneres Land eingefallen und hast meine Seele verwüstet.

❖ Achten Sie die Schamgefühle und Distanzwünsche anderer Menschen.
❖ Hüten Sie sich vor Zudringlichkeiten jeder Art.

❖ Kämpfen Sie für eine würdige Behandlung von Untergebenen, Minderbemittelten, Kindern und alten Menschen.

Tool 16
Kranke besuchen

«*Ich war krank und im Gefängnis, und ihr habt mich nicht besucht*» (Mt 25,43). Dazu muss man nicht viel sagen. Die Krankenhäuser, Altenheime und «Seniorenresidenzen», wie sie in Schönsprech heißen, sind voll von Menschen, die von überforderten und unterbezahlten Pflegerinnen und Pflegern halbwegs gut versorgt, aber von niemandem besucht werden. Die Einsamkeit der Entsorgten klagt eine Gesellschaft an, in der nur der zählt, der gebraucht wird. Sie klagt auch die an, die sich Christen nennen, aber offenkundig keine Zeit haben, um bei den Einsamen zu sein.

Christlich ist es auch, Nähe zu Menschen zu bewahren, die durchaus mit Grund gemieden werden – weil sie sich nämlich etwas haben zu Schulden kommen lassen. Es kann eine einmalige menschliche, fiskalische oder sexuelle Verfehlung sein, die einen Menschen aus allen sozialen Bezügen herausreißt und zu einer «Insel» macht, die niemand mehr betritt. Es ist menschlich verständlich zu sagen: «Den würdige ich keines Blickes mehr!» – aber es ist christlich gesehen falsch. Die Unterteilung der Welt in eine moralische und eine unmoralische Seite ist Quatsch. Wir alle sind unmoralisch; wir alle sind krank – das haben die Reformatoren zu recht wieder geradegerückt.

Papst Franziskus fordert immer wieder, den andern (und auch mich selbst) nicht zu verurteilen, Erbarmen und noch einmal Erbarmen zu zeigen. *«Die Barmherzigkeit»*, so lehrt er, *«ist die wahre Kraft, die den Menschen und die Welt vor dem ‹Krebsgeschwür› retten kann: dem moralischen Bösen, dem spirituellen Übel.»*

Und noch etwas: Zu den Erfolgreichen zu halten ist leicht. Aber was ist mit den Losern, die immer wieder die gleiche Platte vom bösen Schicksal, den fatalen Umständen und der missgünstigen Mitwelt auflegen? Auch wenn Sie die Platte nicht mehr hören können: Dieser Mensch braucht es, dass Sie ihm Ihr Ohr leihen und ihm von Zeit zu Zeit einfach nur zuhören.

- ❖ Machen Sie Krankenbesuche.
- ❖ Überlegen Sie, ob Sie nicht die Zeit hätten, regelmäßig (etwa einmal die Woche) einen dauerkranken, dementen oder bloß einsamen Menschen zu besuchen.
- ❖ Halten Sie per E-Mail oder Telefon Kontakt zu gemiedenen Menschen.

TOOL 17
Tote begraben

Die DDR gibt es schon lange nicht mehr. Langsam gerät in Vergessenheit, wie in diesem Experiment einer radikalen Diesseitskultur mit dem Thema Tod und Bestattung umgegangen wurde. Kreuze auf Friedhöfen waren unerwünscht. Der Staat förderte bewusst die Feuerbestattung und setzte sich für Beisetzungen in anonymen Urnengemeinschaftsanlagen ein. Der tote Mensch sollte unauffällig verschwinden: Letztlich war der Kult um die Leiche der stumme Protest gegen einen bestimmten Weltentwurf. Genau genommen war er dessen geheime Niederlage. Peinlich: Im Paradies der Werktätigen wurde immer noch gestorben. Und mancher, der da mit oder ohne Ritual bestattet wurde, konnte sich für die Verheißung künftiger herrlicher Zeiten nichts kaufen, weil im einzigen Leben, das ihm gegeben war, davon nichts zu spüren war.

Keine Hochkultur ging so mit den Toten um. Für Anthropologen gilt der Umgang mit den Toten geradezu als Gradmesser von Kultur. Religionswissenschaftler sagen, dass es keine effizientere Quelle von Religion gibt als den Bezug zu den Verstorbenen. Jeder kann an sich selbst erkunden, was passiert, wenn ein Mensch aus der nächsten Umgebung stirbt – ein Kind, eine Mutter, ein Vater. Es ereignen sich eine Fülle von

Gesten, die diesen entrissenen Menschen noch dabehalten wollen: Man erneuert Blumen an der Unfallstelle. Bilder, Dokumente werden gesammelt. Der Stuhl, auf dem Papa immer saß, der dahingekritzelte Einkaufszettel, die «letzte Kippe».

Warum ist das so? Da geht doch nichts mehr, oder? Nun, Menschen können einfach nicht glauben, dass diese Stimme, dieses Lächeln, diese Existenz jetzt einfach nur noch «nichts» ist. Und auch aus der Distanz betrachtet: Kann man sich wirklich vorstellen (was der strenge Materialismus behauptet), dass eine bestimmte Geschichte wirklich aus dem «Sein» ausgewischt wurde, als sei sie nie gewesen? Kann es sein, dass dieses Gesicht für immer versinkt, sobald die Erinnerung daran in den Köpfen verblasst? Um das zu glauben, meine ich, muss man mehr Glauben haben als für das Gegenteil.

Beim Propheten Hesekiel (Ezechiel) gibt es einen Traum. Da führt die Hand des Herrn den Propheten auf ein Plateau, das bis zum Horizont hin von Knochen übersät ist: *«… ich sah sehr viele über die Ebene verstreut liegen; sie waren ganz ausgetrocknet»* (Hes 37,2). Manch einer denkt da an eine der großen menschenmordenden Schlachten in der Geschichte, vielleicht auch an die Gedenkstätte von Verdun: Die unfassbare Zahl von 130.000 Grabkreuzen, die da in Reih und Glied stehen, soll an das unfassbare Morden an dieser Stelle im Ersten Weltkrieg erinnern.

Man schaudert: Hinter jedem einzelnen dieser Kreuze steht ein einmaliges Gesicht, das sich in das Herz ihn liebender Menschen eingegraben hatte; steht eine Heimat, in die sich dieser Mensch einzeichnete; steht eine selbst in Milliarden von Jahren nie wiederholbare Geschichte; stehen Tränen der Freude über eine Geburt; stehen Stunden des Lachens und Momente des Weinens; steht Sorge und Angst und Kampf um Liebe und Gesehenwerden; steht Sehnsucht und Hoffnung und, und, und – als wäre es eine unendliche Geschichte … Es ist aber offenkundig eine *endliche Geschichte*. Knochen, mit denen die Erde übersät ist, als Relikte endlicher Geschichten? Jeder Mensch eine sinnlose Pirouette der Natur, jedes Gesicht bloß ein evolutiver Moment im kosmischen Mahlstrom, jedes Schicksal eine *passion inutile* (Jean-Paul Sartre)?

Nein, das ist so nicht, sagt unser Herz, sagt auch der christliche Glaube. Jede einzelne Menschengeschichte ist eine *unendliche Geschichte*. Es gibt gute Vernunftgründe, voll Hoffnung das mythische Gesicht, den merkwürdigen Traum des Propheten Hesekiel zu lesen, in dem sich die Ebene des Todes wieder in ein Land des Lebens verwandelt. Hesekiel sieht, wie die verblichenen Knochen wieder mit Sehnen, Fleisch und Haut überkleidet werden. Die Stimme, die Hesekiel im Traum hört, sagt: *«Wenn ich eure Gräber öffne und euch, mein Volk, aus euren Gräbern heraufhole, dann werdet ihr erkennen, dass ich der Herr bin»* (Hes 37,13). Der christliche Glaube weist auf Jesus. Seit er, der Ermordete, sich als Lebender zeigte, ist Leben nach dem Tod kein Traum mehr, sondern die Hoffnung aller Menschen, zumindest jener, die zum Glauben gefunden haben. Die Zukunft des Menschen ist nicht auf den Knochenfeldern, in den Grabhöhlen, in Särgen und Urnen zu finden, sondern im Zeichen des Kreuzes, das für Jesus (und alle, die ihm nachgehen) zum Tor ins Leben wurde.

Die alten Mönche hatten eine Art, ihre Toten zu begraben, die sich krass vom Schwulst neuzeitlicher Grabmonumente mit ihrer hohlen Wir-werden-dich-nie-vergessen-Rhetorik unterschied. Ihre Gräber bestanden nur aus zwei Elementen: einem Kreuz und einem Namen. Darauf kommt es an. Durch das Schwere vertrauensvoll hindurchgehen – und glauben, dass man dann beim Namen gerufen wird.

Darum pflanzen Christen Kreuze auf die Gräber ihrer Lieben. Sie schmücken diese Gräber mit Blumen. Sie besuchen diese Gräber und beten dort. Und sie wissen: Eines Tages werde auch ich bei meinem Namen gerufen.

❖ Drücken Sie sich nicht vor Beerdigungen.
❖ Wenn Sie können: Delegieren Sie Grabpflege nicht.
❖ Besuchen Sie Ihre Verwandten und Freunde auf dem Friedhof.
❖ Versetzen Sie sich in die Gegenwart Gottes und stellen Sie sich vor, wie Ihre verstorbenen Angehörigen in Gottes Liebe «da» sind.

Tool 18
Bedrängten zu Hilfe kommen

Ins Christsein einsteigen heißt: Verantwortung für wildfremde Menschen übernehmen. Kein: Augen zu – und weiterfahren! Kein: Sollen die andern mal! Notfalls auch einem vollgekotzten Penner zur Seite stehen! Ungefragt zupacken, wo Not am Mann ist! Warum? Die Bibel ist der Auffassung, dass Menschen, auch wenn sie sich *nicht* kennen (ja, sich vielleicht sogar wegen Rasse, Haarfarbe, Outfit oder Religion von Herzen unsympathisch sind), in tiefster Wurzel zusammengehören wie Bruder und Bruder, Schwester und Schwester, Bruder und Schwester. Jeder Mensch ist ein von Gott geliebtes, eifersüchtig bewachtes Kind. Keiner stellte eine dümmere Frage als Kain, als der Herr ihn nach dem Verbleib seines Bruders Abel fragte: *«Bin ich der Hüter meines Bruders?»* (1 Mo 4,9). Kain hatte gerade Abel ermordet. Seither ist die Frage definitiv beschieden. Die Antwort lautet: Ja!

Daher wiegt auch unter allen historischen Vorwürfen gegen die Christen kaum einer so schwer wie der, zu den Gräueltaten der Nazis geschwiegen zu haben. Dass katholische und evangelische Pfarrer ins KZ mussten, dass man geistig Behinderte umbrachte – all das fand todesmutige christliche Ankläger. Was leider ausblieb war der Proteststurm, die Totalverweigerung angesichts des Völkermords an den Juden, die im deutschen Machtbereich lebten. *«Bin ich der Hüter meines Bruders?»* (1 Mo 4,9). Vielleicht gingen die Christen in Deutschland darum letztlich so kraftlos und unverwandelt aus dem Drama des Zweiten Weltkriegs hervor, weil dieses Wort aus der Bibel zu leise an ihr Ohr drang: *«Wer sein Ohr verschließt vor dem Schreien des Armen, wird selbst nicht erhört, wenn er um Hilfe ruft»* (Spr 21,13).

Der Gerechtigkeit halber an dieser Stelle eine historische Anmerkung: Ausgerechnet von dem Mann aber, dem der deutsche Dramatiker Rolf Hochhuth Totalversagen vorwarf, dem «Stellvertreter» Pius XII., bezeugt Eugenio Zolli, der «Rabbi von Rom», dass er Tausende von Juden vor dem Zugriff der Nazischergen bewahrte, indem er sie in Klöstern und sogar in seiner Sommerresidenz Castel Gandolfo versteckte. Der jüdische Religionswissenschaftler Pinchas Lapide (1922–1997) stimmt zu: «Der Heilige Stuhl hat mehr getan, den Juden zu helfen, als jede andere Organisation des Westens, einschließlich des Roten Kreuzes. Pius XII. hat während des Krieges direkt oder indirekt das Leben von etwa 860.000 Juden gerettet.» Trotzdem: Wo waren die anderen? Meine Großeltern haben mir keine wirkliche Antwort darauf geben können.

Aber welches Recht haben wir, hat unsere Generation, über die Fehler unserer Großeltern zu urteilen? Was ist mit den syrischen Christen, die gerade ausgerottet werden? Sind wir an ihrer Seite? Was ist mit den heutigen Boatpeoplen, die in Lampedusa (und nicht auf Sylt) anstranden? Ist Lampedusa am Ende der Welt? Und ganz in der Nähe: In unseren Wohnsilos sterben Menschen, und es wird erst entdeckt, wenn ein unerträglicher Geruch im Treppenhaus hängt. Wir helfen nicht einmal dabei, dass junge Menschen eine Lehrstelle bekommen oder junge Familien Kinder kriegen können. «Bin *ich* denn der Hüter meines Bruders?» Ja. Du & ich. Wer sonst?

- ❖ Machen Sie den Mund auf.
- ❖ Machen Sie sich unbeliebt.
- ❖ Zeigen Sie, dass man sich auf Sie verlassen kann.
- ❖ Seien Sie parteiisch.
- ❖ Klagen Sie hartnäckig die Beseitigung bestehenden Unrechts ein!

TOOL 19

Trauernde trösten

Trauernde kann man vertrösten, oder man kann sie trösten. Beim *Vertrösten* kommt es hauptsächlich darauf an, dass man so lange redet, bis der andere beruhigt ist. Beim Trösten überträgt man eine tief sitzende helle Gewissheit von Herz zu Herz; man schenkt dem anderen eine erfahrene Wahrheit aus Licht, die eine dunkle erfahrene Wahrheit aufhellen kann. Die drei

Freunde, die um den trauernden Hiob (Ijob) sitzen, «müllen» ihn mit Argumenten zu. Aber der bodenlos traurige Hiob sitzt in Scherben und Asche und ist immun gegen Geschwätz. Und so geht es im Grunde genommen jedem wirklich Trauernden. Solange er in der Wahrheit der Trauer ist, erreicht ihn kein Argument, das nicht ebenso tief ist wie die Wahrheit seines Verlustes. Darum ist Trostspenden gerade nichts für Süßholzraspler. Trost kann nur spenden, wer selbst tief getröstet ist.

Was ist Trauer – und was ist Trost? Trauer ist eine innere Haltlosigkeit angesichts eines Verlustes. Der Verlust kann Dinge, Fähigkeiten und Menschen betreffen. Man kann um eine verlorene Heimat trauern, um die verlorene Fähigkeit, Geige spielen zu können, und natürlich um einen Menschen, der durch Tod oder Fortgehen verloren wurde. Je tiefer die Beziehung ist, desto größer ist die Trauer. Trost ist Haltfinden trotz der Beraubung des Wertvollsten.

Es gibt im Wesentlichen zwei Arten des Trostfindens. Die erste ist Jahrtausende alt und ist sowohl in der alten griechischen Philosophie (Stoa) wie auch vor allem in ostasiatischen Religionen ausgeprägt. Sie besagt: Das Problem ist nicht der objektive Verlust, den ein Mensch erlitten hat – Leben, sagt Buddha, ist nun einmal Leiden –, das Problem sind die *Gefühle*. Gefühle sind *Maya,* Schein. Ein weiser Mensch gewinnt einen solchen Grad an Gelassenheit, dass er sich von Gefühlen nicht mehr tangieren lässt. Der Trauernde, dem alles gleichgültig geworden ist, soll paradoxerweise seinen Trost darin finden, dass alles gleich gültig ist.

Die christliche Art, Trost zu finden, unterscheidet sich vollkommen von der einander verwandten stoischen und ostasiatischen Bewältigung der Trauer. Es gibt im Johannes-Evangelium eine klassische Trauerszene, in der es um den Verlust eines Freundes geht. Genauer gesagt: Das Passahfest naht heran, und die Jünger sind untröstlich, weil ihnen Jesus verloren gehen wird; er hat ihnen seinen bevorstehenden Tod vorhergesagt. Wie tröstet sie Jesus nun? Er sagt ihnen: «Ihr werdet weinen und klagen, aber die Welt wird sich freuen; ihr werdet bekümmert sein, aber euer Kummer wird sich in Freude verwandeln.

Wenn die Frau gebären soll, ist sie bekümmert, weil ihre Stunde da ist; aber wenn sie das Kind geboren hat, denkt sie nicht mehr an ihre Not über der Freude, dass ein Mensch zur Welt gekommen ist. So seid auch ihr jetzt bekümmert, aber ich werde euch wiedersehen; dann wird sich euer Herz freuen, und niemand nimmt euch eure Freude» (Joh 16,20–22).

Jesus wischt die Gefühle der Jünger nicht fort. Er sagt ihnen auch nicht, dass sie *Maya* sind und dass sie sich in Gelassenheit üben sollen, weil das Leben nun einmal ist, wie es ist. Jesus bestätigt die Trauer in ihrer Wahrheit. Einen Menschen, den man liebt, zu verlieren, ist vollkommen untragbar. Die Gewalt unserer Gefühle sagt uns: Es kann in letzter Tiefe nicht sein. Es wäre eine metaphysische Katastrophe. Es würde den Sinn aus dem ganzen kosmischen Gebäude nehmen. Es würde die Welt zerstören. Nun sagt Jesus aber das Schlüsselwort: *«Euer Kummer wird sich in Freude verwandeln»* (Joh 16,20). Trauer fühlt zurecht die Zerstörung. Aber es gibt ein Wunder in der Welt: Das Zerstörte wird wiederhergestellt. Jesus, der am Kreuz Zerstörte und in der Auferstehung Wiederhergestellte, ist der Garant dafür.

Nichts, was die Liebe je besaß, kann sie verlieren. Wenn sich der Schleier der Tränen gelichtet hat, gibt es ein Wiederfinden des verlorenen Gegenstandes der Liebe in Gott. Ob es eine Heimat ist, eine persönliche Fähigkeit oder ein Mensch: In Gottes Schoß ist alles, was menschliche Sehnsucht in süchtiger Unbedingtheit sucht. Was einmal war, fällt nicht ins Nichts. Der Glaube sagt: Es geht nichts verloren, weil ganz unten Gottes Hände sind, die alles auffangen und in überzeitlichen Kammern sammeln. Christlicher Trost sagt: In Gott wirst du alles (wieder)finden, wonach dein Herz verlangt. *«Er wird alle Tränen von ihren Augen abwischen: Der Tod wird nicht mehr sein, keine Trauer, keine Klage, keine Mühsal. Denn was früher war, ist vergangen»* (Offb 21,4).

Wie kann man nun selbst den Trost finden, der einen befähigt, andere zu trösten? Nur durch Beten – tiefes, langes, sehnsüchtiges Beten. Beten ist kein magisches Einreden auf Gott, sondern Öffnen des Herzens für die göttliche Einstrahlung, ständig geübte Übergabe des Lebens an Gott, Bitte um Führung durch seinen Heiligen Geist. Im Anschluss an das Johannes-Evangelium nennt ein Lied des Mönches Hrabanus Maurus aus dem 9. Jahrhundert den Heiligen Geist «Höchster Tröster in der Not». Das kann man erfahren.

Es geht so: Mitten in Verlusten sich Gott vertrauensvoll hinhalten – und abwarten, was dann geschieht. Menschlich gesehen ist man da und dort am Ende. Aber dann krallt man sich nicht an seiner Wut, seiner Verzweiflung fest, sondern lässt die Dinge von Gott anschauen und verwandeln. Man taucht aus einem tiefen Gebet auf und ist gelassen, voller Frieden, fast heiter, in tiefer Weise getröstet. Der Schmerz ist noch da, aber er findet sich aufgehoben in einer Beziehung, die alle Beziehungen umgreift. Wer solchen Trost einmal erfahren hat, kann andere kompetent und hilfreich trösten.

- ❖ Suchen Sie Ihren inneren Frieden, damit Sie trösten können.
- ❖ Begeben Sie sich in Gesellschaft von Traurigen.
- ❖ Lassen Sie keinen trauriger von Ihnen weggehen, als er zu Ihnen gekommen ist (Mutter Teresa).

TOOL 20

Sich dem Treiben der Welt entziehen

Dieses Einsteigertool erscheint auf den ersten Blick weltfremd und überholt. Nicht jeder hat die Berufung, ein Mönch zu sein; und ein Nun-ade-du-schnöde-Welt-Feeling stellt sich höchstens bei Liebeskummer ein. Wenn sie auch Probleme haben, so sind die meisten Menschen doch gerne auf und in der Welt; ihnen ist das Leben lieb – und noch lieber stürzen sie sich von Zeit zu Zeit ins wilde Treiben, sei es beim Karneval, sei es in kostbaren Urlaubswochen auf den Balearen. Die Menschen lachen und tanzen, sie genießen die Sonne auf der Haut und den Partner im Arm. Sollte der liebe Gott keinen Spaß daran haben, wenn seine Geschöpfe sich am Leben und der Welt freuen und endlich wieder einmal fühlen, dass sie lebendig sind?

Natürlich hat er Spaß daran! Gott hat Lust auf die Welt. Diejenigen, die ihn für einen Miesmacher und Erbsenzähler halten, haben vergessen, dass er es war, der die Welt, die Menschen, die Blumen, die Sonne, das Meer, die Berge, das Essen, den Wein, ja auch die erotische Liebe gemacht hat. Die Welt und was auf ihr ist, gäbe es nicht, wenn er sie nicht aus dem Nichts ins Sein heraufgeführt hätte. Im Buch Genesis heißt es: *«Gott sah alles an, was er gemacht hatte: Es war sehr gut»* (1 Mo 1,31). Also – wieso sollte man sich missgelaunt und hohlwangig dem Treiben der Welt entziehen, statt es krachen zu lassen und die schönen Dinge der Welt zu genießen?

Weil es den französischen Philosophen Blaise Pascal gibt, der feststellte: *«Alles Unglück in der Welt kommt daher, dass der Mensch nicht einmal in der Lage ist, eine Stunde allein auf seinem Zimmer zu verbringen.»* Versuchen Sie es einmal! Eine Stunde. Allein auf dem Zimmer. Keine visuelle Stimulation. Keine Beschallung. Kein Buch. Kein Magazin. Handy im Flugmodus. Nichts. Es ist schwierig. Da kriegt man den berühmten *horror vacui*, die Angst vor der Leere. Wir werden nicht mit der inneren Unruhe in uns fertig. Irritierende Dinge steigen aus den Tiefen der Seele herauf. Wir wollen weglaufen. Wenigstens schnell mal die Mails checken. Hin zu anderen Menschen. Fakt ist: Wir sind nicht gerne bei uns. Lieber gehen wir dorthin, wo wir von uns abgelenkt werden.

Leute, die etwas ausgefressen haben, entschuldigen sich schon einmal gerne mit: «Sorry, aber ich war in diesem Moment *nicht ganz bei mir!* ... Ich stand unter Schock. Hatte getrunken. Gerade Drogen genommen ...» Manchmal hilft das. Der Richter spricht den geknickten Delinquenten wegen mangelnder Zurechnungsfähigkeit frei. Das kann aber nicht unser Lebensmotto sein, sonst müsste am Ende eine höhere Instanz generell feststellen: Er ist nicht zurechnungsfähig; *er war nie bei sich*. Er war immer mit anderen zusammen. Er war stets dort, wo etwas los war. Er war auf Facebook. Er war im Club. Er war in der Partei. Er war verheiratet. Er war auf Pauschalreise mit Neckermann. Als erste Person Singular gibt es ihn nicht.

Na und – könnte einer sagen, ist das schlimm? Nicht jeder ist ein einsamer Wolf und *lonesome Cowboy,* der sich von der Masse abheben muss, um glücklich zu sein. Richtig daran ist: Der Mensch hat einen sozialen Instinkt, der ihn zur «Herde», zu den anderen, treibt; der eine braucht davon eine höhere, der andere eine geringere Dosis.

Dennoch: Gott hat uns als Individuen geschaffen. Alles hat damit begonnen, dass Gott *mich* meinte und «Du» zu mir sagte: *«Fürchte dich nicht ... ich habe dich bei deinem Namen gerufen, du gehörst mir»* (Jes 43,1). *«Ich habe dich eingezeichnet in meine Hände»* (Jes 49,16). Deshalb können wir die erste Person Singular nicht an der Garderobe abgeben und uns als Gruppenwesen durchs Leben schleusen lassen. Ich bin im Sein und bleibe im Sein, weil Gott permanent «Du» sagt zu mir: Ich will, dass *du* bist.

Die banale Realität ist: Gott ruft mich, aber ich bin nicht zu Hause. Bin mit den Kumpels zusammen. Bin auf der Party. Bin gerade im Gespräch. Roger Schutz hat gesagt: *«In jedem Menschen findet sich ein Stück Einsamkeit, das keine menschliche Nähe auszufüllen vermag.»* Und Paul Althaus hat es so formuliert: «Keine Freundschaft, keine Kameradschaft, keine Ehe ist imstande, die uns wesenhafte Sehnsucht nach dem Du ganz zu erfüllen. Es bleibt mitten in inniger Gemeinschaft eine unaufhebbare Einsamkeit. Unsere Sehnsucht, ganz erkannt, ganz verstanden und darin ganz geborgen zu sein, zielt über jeden menschlichen Partner hinaus. Sie zielt auf das ewige, allgegenwärtige Du.»

Nun wird verständlich, warum Benedikt als geistlicher Meister das Tool «Sich dem Treiben der Welt entziehen» für wichtig hält: Jeder Mensch muss sich von Zeit zu Zeit in die Stille zurückziehen, um zu sich zu kommen und dort auch wieder das konstitutive «Du» von Gott zu hören, ohne das wir nicht wären.

Warum aber scheuen wir die Einsamkeit wie der Teufel das Weihwasser? Noch einmal Blaise Pascal: *«In jedem Menschen ist ein Abgrund ...»* Wer wüsste das nicht? Wer würde nicht vor seinen inneren Möglichkeiten zurückschrecken? Wer erfährt sein Herz nicht als Kampfplatz der Leidenschaften? Wer fühlte nicht in sich abgründigen Hunger, manchmal Gier, manchmal zerstörerische Wünsche und Gelüste? Deshalb sprechen die alten Wüstenväter – Meister der Einsamkeit – auch vom Kampf mit den Dämonen, der bis aufs Blut geführt werden müsse. Aber ich habe nur die erste Hälfte des Satzes von Blaise Pascal zitiert; in voller Länge lautet er: «In jedem Menschen ist ein Abgrund, *den kann nur Gott ausfüllen.*»

Wer den Kampfplatz – der eine einzige Stunde allein in einem Zimmer sein kann – nicht meidet, wird feststellen, dass Kampf mit den inneren Dämonen nicht das Letzte und Einzige ist, was in der Stille auf mich wartet. Nein, da kommt noch was anderes: tiefer Friede, der aus einer bodenlosen Quelle nach oben ins Bewusstsein strömt. Frère Roger: «Du wirst sehen, dass in der Tiefe deines Wesens, dort wo kein Mensch dem anderen gleicht, Christus dich erwartet ... Wenn du in der Stille deines Herzens lauschst, begreifst du, dass er die menschliche Kreatur nicht demütigt, sondern auch noch das Beunruhigendste in dir verklärt.»

❖ Gehen Sie öfters einmal allein in den Wald.
❖ Reduzieren Sie Ihren Fernsehkonsum.
❖ Legen Sie jeden Abend eine Zeit der Stille ein, in der Sie sich von nichts ablenken lassen.
❖ Wenn Sie allein in einer fremden Stadt sind – unterbrechen Sie Shopping und Schaufensterbummel einmal durch eine stille halbe Stunde in einer Kirche.

TOOL 21

Der Liebe zu Christus nichts vorziehen

Das Wortpaar «nichts vorziehen» kommt in der Regula des heiligen Benedikt überraschenderweise zweimal vor; an der anderen Stelle heißt es: «Dem *Gottesdienst* soll nichts vorgezogen werden» (RB 43,3). Wie konkret Benedikt das meint, zeigt er in einer anderen Passage: «Die Brüder schlafen angekleidet und umgürtet mit einem Gürtel oder einem Strick. Ihre Messer aber haben sie während des Schlafes nicht an ihrer Seite, damit sie sich nicht etwa im Schlaf verletzen. So seien die Mönche stets bereit: Auf das Zeichen hin sollen sie ohne Zögern aufstehen und sich beeilen, einander zum Gottesdienst zuvorzukommen ...» (RB 22,5.6). Ist das ein Widerspruch, dass Benedikt gleich zweimal von «nichts vorziehen» spricht – einmal in Hinsicht auf Christus, dann in Hinsicht auf den Gottesdienst? Nein – es sind zwei Seiten einer Medaille, wie wir noch sehen werden. Aber zuvor betrachten wir einmal, was «Liebe» ist.

Nicht an Soap-Operas denken, an schmachtende Blicke und hinschmelzende Frauenherzen! Nehmen wir ein Bild aus einem ganz anderen Bereich, und sagen wir: *Liebe ist ...* wenn der Mann mitten in der Nacht aufsteht und das schreiende Baby versorgt – die erschöpfte Frau aber weiterschlafen darf. Liebe ist ... von Herzen kommendes Bereitsein, ist Wachsein, ist Zuvorkommen; die Liebe *«sucht nicht ihren Vorteil [...] Sie erträgt alles, glaubt alles, hofft alles, hält allem stand»* (1 Kor 13,5.7).

«Der Liebe zu Christus nichts vorziehen!»

Machen wir ein kleines gedankliches Experiment: Stellen wir uns vor, es wäre mit der Liebe zu Christus genauso wie mit dem Mann, der für seine erschöpfte Frau ganz pragmatisch und lösungsorientiert aus dem Bett springt, um dem Baby ein Fläschchen zu machen und ihm die Windeln zu wechseln. Denken wir einmal, wir müssten in die Liebe zu Christus so viel an Wachheit, Gefühl, Wärme, Bereitschaft, Zuvorkommen, innerer Stärke, Entschiedenheit, Selbstlosigkeit und praktischer Klarheit investieren, wie es bei der kleinen Szenerie zwischen Elternschlafzimmer und Kinderzimmer der Fall ist.

Ein seltsamer Vergleich? Nein, einer, den die Bibel in einer Variante selbst kennt. Hier sind es zehn junge Frauen, die bei einem altorientalischen Hochzeitsritual eine bestimmte, sehr ehrenvolle Funktion haben: Sie müssen in der Nacht dem Bräutigam mit festlich erleuchteten Lampen entgegengehen. Wie das so ist – der Bräutigam verspätet sich, die jungen Damen werden müde und schlafen ein. *«Mitten in der Nacht aber hörte man plötzlich laute Rufe: Der Bräutigam kommt! Geht ihm entgegen!»* (Mt 25,6). Hektisches Aufwachen. Schnell – die Lampen! Aber, o Schreck, die lange Wartezeit hat dafür gesorgt, dass der Ölvorrat in den Lampen zur Neige ging. Und nun kommt das Entscheidende: Einige von den jungen Frauen hatten vorgedacht. Sie hatten zusätzliches Öl dabei. Die anderen standen mit leeren Händen und erloschenen Lampen da und konnten das Fest nicht mitfeiern.

Wie kann man diese Parabel verstehen? Bei dem Bräutigam geht es natürlich um Jesus. Dass man Jesus irgendwie «lieben» sollte, gehört zum kulturellen Allgemeingut. Man muss ja auch Goethe und Gutenberg und Mozart irgendwie gern haben – so viel hat die Menschheit ihnen zu verdanken! Aber von keinem von ihnen wird gesagt, dass er «kommt», Zeichen gibt, sich bemerkbar macht. «Mozart kommt! Geht ihm entgegen!» – das ist albern. Die Erinnerung holt die Heroen der Menschheit gelegentlich aus den Grüften; ansonsten aber sind sie tot.

Von Jesus aber wird geredet wie von einem Lebenden. Er kann jetzt gleich kommen, oder auch später. Aber er kommt ganz gewiss. Er ist zudem die zentrale Figur; er ist der «Bräutigam», also die wichtigste Person in der Geschichte. Es geht um ein Fest großen Stils. Wir sind «eingeladene Gäste», also Menschen, zu denen Jesus eine intensive Beziehung hat. Allerdings gibt es ein «Ticket» zu diesem Fest: Wir müssen «leuchten»; dazu brauchen wir das Öl der Liebe, eine große Menge – siehe Babyzimmer! – an Wachheit, Gefühl, Wärme, Bereitschaft, Zuvorkommenheit, innerer Stärke, Entschiedenheit, Selbstlosigkeit und praktischer Klarheit. Es genügt nicht, für Jesus ein gewisses Interesse oder grundsätzliche Sympathie aufzubringen. Es genügt auch nicht das Strohfeuer jugendlicher Begeisterung, das ausgerechnet dann Asche ist, wenn er kommt. Sie brauchen jede Menge «Öl», nämlich ihre ganzen psychischen und emotionalen Ressourcen für diese Liebe, der nach Benedikt *nichts* vorzuziehen ist.

Als Jugendlicher habe ich mich an der Forderung, man müsse Jesus *lieben,* gestoßen. Ich konnte mir vorstellen, Cornelia, Gabriele und Susi zu lieben – aber Jesus war für mich eine historische Figur aus ferner Vorzeit. Bis ich eines Tages verstand: Entweder ist Jesus wahrer Mensch und wahrer Gott zugleich – dann ist er über alle Lieben hinaus zu lieben, dann ist die Liebe zu ihm gleichzeitig *Gottes*-Dienst, oder er ist irgendein jüdischer Rabbi – dann stelle ich ihn zu den anderen in den Bücherschrank.

Ich sehe nur diese Alternative: Entweder man kommt zur Überzeugung, dass er ein menschlicher Superlativ war, eine Tugendlehre auf zwei Beinen, eine Art Gandhi-Vorläufer, Super-Goethe oder Ober-Freud (auf diese pathetischen Nummern kann ich verzichten) – oder dass in einem jüdischen Mädchen namens Maria einmal und nie wieder in der gesamten Weltgeschichte *Gott selbst Mensch wurde,* dass er am Kreuz für uns gestorben ist und uns erlöst hat, dass er sich nach seiner Auferstehung und bis heute ungezählten Menschen als lebendig erwiesen hat, dass er also auch jetzt noch *lebt,* Wunder vollbringt, mich hörbar ruft und sich mir zeigt – solange ich lebe: in unterschiedlich intensiven Zeichen; wenn ich sterbe: offen und unverhüllt.

Das übrigens ist die übereinstimmende Erfahrungsauskunft von Millionen von Menschen aus allen Kulturen und Zeitaltern – man könnte auch sagen: Das ist der Glaube der Kirche, der Glaube, der orthodoxe, katholische und evangelische Christen in der Wurzel verbindet.

Immer wieder bin ich Menschen begegnet, die es toll fanden, gegen diesen Mainstream anzugehen: Das sei doch eine leicht durchschaubare kirchliche Zubereitung Jesu! Man müsse Jesus quer zur Tradition lesen; Paulus schon habe ihn vergöttlicht und damit seines menschlichen und sozialen Charismas beraubt. Jesus sei nur ein Mensch gewesen wie wir alle, aber eben ein ganz besonderer! Der quersten einer unter den Querdenkern. Franz Alt sah in ihm gar den «ersten neuen Mann», eine Vorstellung, die mir offen gestanden Ekzeme bereitet.

Enthusiasten solchen Schlages habe ich wiederholt kühl entgegengehalten, ich interessiere mich nicht für die Antike und schon gar nicht für *antike Gutmenschen.* Verständnislose Blicke: Hä? Aber dieser neue Jesus ist doch so toll! Sein Denken! Wenn man es nur mal richtig liest! Seine Lehren endlich mal beherzigt! Schulterzucken bei mir. Marc Aurel soll auch toll sein. Ich weiß gar nicht, wo der steht in meiner Bibliothek. Eines Tages werde ich ihn sicherlich herausholen und ganz bestimmt lesen.

Wenn Jesus nicht Gott ist, relativiert sich alles. Der Ertrag von Jesus minus Gott ist Null. Dann stehen die Worte Jesu neben denen von Ringelnatz in Büchmanns «Geflügelte Worte», die Briefe des Paulus neben den Lehrgedichten von Empedokles und die vier Evangelien irgendwo zwischen Thukydides und Herodot. Markus – wenn es ihn denn als Schriftsteller überhaupt gab und sein Evangelium nicht ein Flickerlteppich aus vorhandenen Überlieferungsfetzen ist – wird garantiert nicht unter den Top Ten der antiken Autoren landen. Wenn Jesus nicht Gott ist, dann ist die Theologie viel Lärm um nichts, die Kirche ein Apparat von Funktionären und das Neue Testament eine Fundgrube für die Webseiten von Aphorismenliebhabern.

Hätte ich irgendwelche Informationen, dass Jesus nicht Gottes Sohn ist, ich würde auf der Stelle aus der Kirche austreten, alle Kreuze, Ikonen und frommen Bücher auf den Hänger laden, sie auf der Wertstoffsammelstelle entsorgen und nie wieder in meinem Leben auch nur einen einzigen Gedanken auf diesen «ersten neuen Mann» verschwenden, der sich da hinstellt und die Chuzpe hat zu verkünden: «*Ich* bin der Weg und die Wahrheit und das Leben!» (Joh 14,6). *Ich!* ... Was bläst der sich auf! Was für eine Angeberei! Geschmacklos, unerträglich – das darf man selbst einem antiken Rabbi nicht durchgehen lassen! Das ist wider die geistige Hygiene! Vergleichbar abgedrehte Selbststilisierungen kennt die Geschichte von Stalin, Hitler und Mao. Große Literatur und Philosophie ist bescheiden. *«Ich weiß, dass ich nichts weiß»*, lässt Platon Sokrates, den großen Weisen der Antike, sagen.

Aber wie kommt man nun zu der Überzeugung, diese «zufällige» antike Gestalt Jesus sei *Gottes Sohn* – man müsse sich ihm im Leben und Sterben verschreiben und das Letzte an Liebe und Hingabe, was unser Herz zu bieten hat, für ihn aus uns herausholen?

Dazu müssen wir einen Blick in die Gründerjahre einer Religion werfen. Dass es in Israel Wanderprediger gab und dass sie in Hinsicht auf das offizielle Judentum gelegentlich Dissidenten waren, ist nicht überraschend. Auch dass der Wanderrabbi namens Jesus Jünger um sich scharte, war Standard, insofern nicht weiter aufregend. Dass dieser Jesus aber (neben anderen Delikten) die Frechheit besaß, *Sünden* zu vergeben, das war für die Tempelleute und Theologen der Skandal schlechthin, eine unerträgliche Provokation. Das war Gotteslästerung – ein todeswürdiges Verbrechen. Sünden zu vergeben, das war *Gottes* Sache.

Die Jünger und einfachen Leute in Jesu Umkreis erkannten das vermutlich nicht in dieser Schärfe. Sie sahen die Wunder, die er wirkte (ich glaube, dass er wirklich Wunder gewirkt hat, dass es weder «Tricks» waren noch märchenhafte «theologische Erfindungen» der Evangelisten); sie sahen die Zeichen, die er in den Raum stellte. Sie waren fasziniert von der Kraft seiner Worte und konnten sich seiner Persönlichkeit nicht entziehen.

Noch bei der Geschichte vom Emmausgang – also nach der Katastrophe von Golgatha (Golgotha) – erzählt ein desillusionierter Jünger einem Ahnungslosen etwas von den hilflosen Erwartungen, die sie an ihren gescheiterten Leader hatten: «Er war ein Prophet, mächtig in Wort und Tat vor Gott und dem ganzen Volk. Doch unsere Hohenpriester und Führer haben ihn zum Tod verurteilen und ans Kreuz schlagen lassen. Wir aber hatten gehofft, dass er es sei, der Israel erlösen werde» (Lk 24,19–21). Das war die Schublade: ein Prophet, ein politischer Herrscher, der die Besatzungsmacht vertreibt.

Als «Gott» hatte ihn eigentlich niemand auf dem Monitor. Die Fischer vom See Genezareth (Gennesaret) nicht, nicht die Sadduzäer und Pharisäer – niemand. Erst nach der Auferstehung begann das große Erinnern: Hatte er nicht gesagt: *«Ich bin der Weg, die Wahrheit und das Leben?»* Hatte er nicht mit seinem Vater im Himmel gesprochen wie mit seinesgleichen? Hatte er nicht unerklärliche Machttaten und Wunder vollbracht? Hatte er nicht Sünden vergeben? Die Jünger und Apostel *erinnerten* sich und *erfuhren* ihn als lebend.

Das ist seither die Architektur des Christseins – sie ruht auf den Säulen *Erinnerung* und *Erfahrung.* Christen sehen, dass ihnen Jesus aus zwei Quellen entgegenkommt. Die erste Quelle ist die *Erinnerung,* konkret: das Lesen in der Heiligen Schrift. Wer sie mit offenem Herzen liest, wird angesteckt für Jesus. Wie auch immer es geschieht: Die Lektüre führt in die Tiefe, verwandelt diejenigen, die sie lesen. Jesus nimmt durch die Zeilen und Zeiten hindurch gefangen durch das Aroma der Wahrheit, das ihn umgibt.

Das durfte selbst der Nichtchrist Gandhi wahrnehmen, der ein großer Bewunderer Jesu war und ihn über alle Menschen stellte. Seine Liebe basiert auf dem, was der Theologe Hans Urs von Balthasar in den klassischen Satz goss: «Jesus leuchtet ein!» Jesus hat eine Art natürlicher Evidenz. Er ist da – und es kann nicht anders sein. Es ist nichts Falsches an ihm; er ist der Mensch schlechthin: *«Ecce homo!»* – «Seht den Menschen» (Joh 19,5).

Kann er ein Betrüger sein? Ein «Fake» der frühen Gemeinde? Ein kirchliches Konstrukt zur Erhaltung der eigenen Macht? Diese Frage wird jeder für sich beantworten. Wer in den Evangelien liest, muss allerdings aufpassen. Er wird in der zweiten Person Plural in die Frage einbezogen. *«Ihr aber, für wen haltet ihr mich?»* (Mt 16,15). Und dann muss man Hü oder Hott sagen, entweder: *«Du bist der Messias, der Sohn des lebendigen Gottes»* (Mt 16,16) – oder: «Du bist ein anmaßender und verlogener Aufschneider! Ich glaube dir kein Wort».

Das ist die *Erinnerung.* Und wie geht *Erfahrung?* Erfahrung gewinnt man durch Vertrauen. Ich vertraue einem bestimmten Plan und werde sehen, ob er mich an mein Ziel führt. Ich vertraue einem bestimmten Menschen, dass er in einer schweren Zeit zu mir hält. In beiden Fällen mache ich eine Erfahrung mit dem Vertrauen. Glauben bedeutet nun nichts anderes als Vertrauen in Gott haben. Ich muss aber nicht ins Blaue hinein glauben, einem ungreifbaren, in kosmischen Weiten schwirrenden Gott vertrauen. Gott hat sich in Jesus ein menschliches, ein liebenswertes Gesicht gegeben. So wie Jesus, so ist Gott. Seitdem heißt Glauben: Vertraue Jesus! Sieh die Welt durch seine

Brille! Lass dich von seinem Wort führen! Nichts ist erforderlich außer diesem sehr persönlichen Vorschuss an Vertrauen in ihn. Alles andere zeigt sich durch Erfahrung.

❖ Suchen Sie sich im Neuen Testament ein einziges Wort Jesu aus, leben Sie es und schauen Sie, wohin Sie das führt.
❖ Suchen Sie in der Kunst ein Bild Jesu aus, das sie anspricht; hängen Sie es an einer wichtigen Stelle auf und lassen Sie sich anschauen.
❖ Sprechen Sie oft das «Vaterunser»; es sind Worte Jesu.

Tool 22
*Den Zorn nicht
zur Tat werden lassen*

Gegen den Zorn kann man und soll man nichts machen. Sehr zurecht gibt es den «heiligen» Zorn. Er steigt aus der Tiefe unserer Seele auf, wenn uns etwas von Grund auf zuwider ist. Insofern ist der gerechte, heilige Zorn ein Indikator von Wahrheit. Gerechter Zorn ist der Notfallschalter der Seele. Wer ihn ausbaut, zerstört das System. Ein Mensch, der seinen Zorn immer nur herunterschluckt, leugnet, wegdrückt, überspielt und maskiert, macht sich künstlich dumm, wird krumm und krank. Er verliert das Verhältnis zur Wirklichkeit. Der Zorn, der nicht aus Mund und Augen heraus darf, verschafft sich andere Wege. Er wird zur kleinen Intrige, zur gezielten Bosheit, zur hinterhältigen Strategie, zum Ressentiment.

Im 19. Jahrhundert meinte man, Christentum sei identisch mit zornfreier Sanftmut. Alle starken Gefühle wanderten aus dem Glauben aus; dem Zorn erging es nicht anders als der Lust und dem Hunger. Wenn es fromm wurde, trat man in eine kalmierte, überaus leise Welt ein. Ein weichgespülter Jesus wandelte umgeben von Schäfchen durch ländliche Idyllen – sanft, wissend, mitleidig, segnend. Lautes, Heftiges, Starkes war von dieser Gestalt nicht zu erwarten – und so degenerierte die Welt des Glaubens zu Seufzern, Spitzendeckchen, Heiligenbildchen und neurasthenischen Chorälen.

Der wilde Philosoph Nietzsche hatte recht, als er diesem un-erotischen Abziehbild einer echten Religion «Erkrankung, Müdigkeit, Missmutigkeit, Erschöpfung und Verarmung an Leben» vorwarf. Nietzsche hatte die Schönheit griechischer Plastiken vor Augen und träumte vom (willens-)starken Menschen. Dass ihn dann die Nazis unter Berufung auf ihn ins Werk setzten, ist nicht seine Schuld.

Inzwischen ist der Zorn rehabilitiert; er hat als elementare vitale Kraft wieder Platz im Glauben. Schließlich ließ Jesus selbst den heilenden Zorn zu, als er mit einer Geisel die Geldwechsler aus dem Tempel trieb. Unbedacht ging Jesus jedoch nicht vor. Denn mit dem Zorn hat es eine schwierige Bewandtnis: Er trübt manchmal das Auge. *«Ein vom Zorn getrübtes Auge sieht nicht mehr, was recht oder unrecht ist»* (Bernhard von Clairvaux). Das spontane Dreinschlagen im eruptiv aufbrechenden Zorn hat ungeheures Unheil über die Welt gebracht, im Großen wie im Kleinen, ob nun Herrscher einen Krieg vom Zaun brachen, Ehepartner im Zorn voneinander schieden oder Eltern ihre Kinder im Zorn schlugen und schlagen. Die Lebensregel Benedikts setzt den richtigen Akzent: «Den Zorn nicht zur *Tat* werden lassen». Wenn man zornig ist, sollte man mindestens eine Nacht darüber schlafen, bevor man Tatfolgen in die Welt setzt, die man hinterher bitter bereut.

Zorn darf überhaupt nicht die Quelle unserer Entscheidungen sein. Es gibt nur eine Quelle: Abwägende, kluge, auch mit dem Herzen sehende Vernunft. Der Zorn ist nur ein Anzeigeinstrument, ein Indikator, dass etwas nicht in der Balance ist.

Mehr um Gottes willen nicht.

- ❖ Lassen Sie Ihren Zorn heraus, aber reagieren Sie sich nicht an Menschen ab – hacken Sie lieber Holz.
- ❖ Wenn Sie zornig sind, schlafen Sie eine Nacht darüber, bevor sie «Krieg» anfangen.
- ❖ Strafen und maßregeln Sie nicht im Zorn.

Tool 23
*Der Rachsucht nicht
einen Augenblick nachgeben*

Hollywood lebt davon, tiefe Gefühle zu bedienen. Der erste amerikanische Superheld war nicht etwa Tarzan, sondern ein gewisser «Zorro», der den Beinamen «der schwarze Rächer» trug. In den Stummfilmen der frühen zwanziger Jahre verwandelt sich nachts der unscheinbare mexikanische Landedelmann Don Diego durch einen schwarzen Umhang und eine Augenbinde in Zorro, den Rächer des Volkes. Sich zu rächen, dreinzuschlagen, gerechte Vergeltung zu üben – das scheint tief im Menschen verankert. Diesen Urwunsch im Kinosessel abzuleiten, ist nicht die schlechteste Methode. Leider ist es nur *Psychologie* – und keine Antwort auf die prekäre Frage: Gibt es nicht doch ein Urrecht des Menschen auf Rache? Muss man sich in gerechter Sache nicht rächen dürfen, angesichts von Umständen, die zum Himmel schreien; Umstände, für die es sonst keinen Richter und Vergelter gibt? *«Auge um Auge, Zahn um Zahn, Hand um Hand, Fuß um Fuß, Brandmal um Brandmal, Beule um Beule, Wunde um Wunde»* (2 Mo 21,24–25; Lutherbibel)?

Es ist mehr als ein «Cool down!», wenn Paulus seinen Freunden in Rom schreibt: *«Rächt euch nicht selber, liebe Brüder, sondern lasst Raum für den Zorn (Gottes); denn in der Schrift steht: Mein ist die Rache, ich werde vergelten, spricht der Herr»* (Röm 12,19). Die Christen in Rom hatten allen Grund zur Überlegung, ob sie nicht sinnvoller Weise zur Selbstjustiz greifen sollten. Sie hatten es mit einem Kaiser Claudius (regierte 41–54) zu tun, der sich als veritabler Juden- und Christenfresser aufführte: «Wenn sie meinen Anordnungen nicht folgen [es ging um die kultische Verehrung von Kaiserbildern, d. Aut.], werde ich sie mit allen Mitteln verfolgen als Leute, die eine Seuche einschleppen, die sich über die ganze Welt verbreitet.» Paulus, der viel mit Soldaten zu tun gehabt hatte und sicher mit dem Schwert umzugehen wusste, hält die Christen in Rom davon zurück, eine militante Untergrundtruppe zu werden. Paulus macht vier interessante Feststellungen:

1. Rachegefühle sind legitim. Paulus weist Rachegelüste nicht einfach ab. Sie sind da, und sie sind in vielen Fällen zu Recht da. Was wäre das für eine Welt, in der die großen und kleinen Spitzbuben, die Menschenschinder, Ausbeuter und Mörder am Ende besser davonkommen als ihre Opfer? Was wäre das für eine Gerechtigkeit, in der das letzte Wort über einen Dissidenten seine Erschießung im GULAG und das letzte Wort über den Massenmörder Stalin ein Staatsbegräbnis ist? Es wäre eine Welt, in der Menschen, die ihr Geld mit Zwangsprostitution, Menschenhandel, Drogenschmuggel oder Kinderarbeit verdient haben, durch Yachten im Südpazifik belohnt werden und satt und zufrieden den Löffel abgeben können im Gefühl, es gut gemacht zu haben und vom Leben reich beschenkt worden zu sein. Es wäre eine Welt, in der ein Kind, das in der Sahelzone an Auszehrung stirbt, für immer um Leben, Liebe und Freude betrogen ist. Nein, Ausgleich, Vergeltung muss sein, oder die ganze Veranstaltung namens Welt ist ein zynisches Tollhaus.

2. In Gott ist «Zorn über alle» Ungerechtigkeit. Landauf, landab ist häufig nur noch die Rede vom «lieben Gott». Zweifellos zeigt uns die Bibel Gott eindeutig als Liebe (*«Gott ist die Liebe»*, 1 Joh 4,8 und viele andere Stellen), aber Liebe – das wissen alle Menschen mit Kindern – ist keine Liebe, wenn sie wie eine klebrige Süßmasse über alles und jeden gegossen wird. In der Liebe ist auch Leidenschaft, Verlangen, Strenge, ja, Zorn. *«Der Herr brüllt vom Zion her»*, heißt es in Amos 1,2 wegen der Verbrechen Israels. Jede dritte Predigt kommt mir mit dem Satz: «Das Christentum ist eine Frohbotschaft und keine Drohbotschaft!» – aber das ist wohl doch eher der Kitsch landläufiger Verkündigung, die es sich partout nicht nehmen lässt, ihren Gott aus Süßholz zu schnitzen.

«Gott sei Dank gibt es nicht», sagte Karl Rahner einmal, *«was 60 bis 80% der Zeitgenossen sich unter Gott vorstellen.»* Natürlich ist in Gott ein Element der Drohung zu erkennen! In Gott ist Zorn, Wut, Toben, Brüllen über das Unrecht in der Welt: *«Ich hasse eure Feste; ich verabscheue sie. Ich kann eure Feiern nicht*

riechen» (Am 5,21). Es hat dem Ernst und der Kraft des christlichen Glaubens nur geschadet (und Gott obendrein zu einem obsoleten Trottel gemacht), dass seit Mitte des letzten Jahrhunderts ein Heer von Softtheologen mit dem Ziel antrat, den Allmächtigen zum Allesversteher und Allesverzeiher zu stilisieren – gegen das explizite Zeugnis der Heiligen Schrift.

3. Vergeltung wird stattfinden. Wie Gott die Dinge und Menschen eines Tages richtet, also richtig macht, in Balance bringt, wissen wir nicht. Wir wissen nicht einmal, ob Gott dazu eine «Hölle» braucht, als letzten Ort derer, die auch im Moment des Todes und im Angesicht Gottes noch Nein sagen zur Liebe und zum Guten. Die katholische Kirche, die so manches in dogmatische Lehrsätze gegossen hat, hat keine Aussage darüber getroffen, ob die Hölle (außer vom Teufel) überhaupt bevölkert ist – und wenn ja, von wem. Die Dinge bleiben in der Schwebe; es ist, wie es Papst Benedikt XVI. einmal sagte, als er noch der Theologe Josef Ratzinger war, eine «reale Möglichkeit». Wenn denn die Maos, Pol Pots, Hitlers und Stalins dieser Welt im Feuer braten, dann gewiss nicht, weil Gott in letzter Instanz Rache wäre und nicht auch das Schlimmste verzeihen könnte – nein, in letzter Instanz ist er, nach allem, was wir wissen, Liebe; wenn denn jemand in der Hölle sein sollte, dann aus Achtung vor der *absoluten* Freiheit des Menschen, deren Nein ernstgenommen werden muss, selbst wenn es das Paradies in Gott ausschlägt und der Evidenz der Liebe auch im letzten Augenblick noch ins Angesicht spuckt.

Wofür sich der christliche Glaube allerdings verbürgt, das ist der Satz aus dem Credo: «*Er sitzt zur Rechten Gottes, des Vaters; von dort wird er kommen, zu richten die Lebenden und die Toten.*» Übersetzt heißt das: An Jesus wird alles gemessen werden. Er ist kein antiker Gutmensch fürs Lesebuch. Er ist in keiner Vergangenheit begraben. Er ist für immer «da» (denn nichts anderes bedeutet es, wenn wir sagen: «Er ist im Himmel»). Er lebt bei Gott und ist Gottes Masterplan für den Menschen.

So wie Jesus muss der Mensch aussehen, wenn er Liebe ist. Darum ist er der Herr über Leben und Tod. Er ist es, der permanent von vorne auf uns zukommt, an dem wir uns ausrichten können, an dem wir endgültig richtig werden – jetzt, mitten im Leben, mit größter Deutlichkeit aber im Tod. In jedem Leben ereignet sich das «Gericht», das Richtigmachen Gottes. ER blickt uns an – und uns fällt von allein der Satz ein, um den es in der Stunde der Wahrheit geht: «Ich war hungrig, und ihr habt mir nichts zu essen gegeben; ich war durstig, und ihr habt mir nichts zu trinken gegeben; ich war fremd und obdachlos, und ihr habt mich nicht aufgenommen; ich war nackt, und ihr habt mir keine Kleidung gegeben; ich war krank und im Gefängnis, und ihr habt mich nicht besucht» (Mt 25,42–43). Dann wird es uns wie Schuppen von den Augen fallen. Wir werden auch die Liebe sehen, die immer nur gut machen will, *uns* gut machen will, auch noch im letzten Augenblick, damit wir Gott unter die Augen treten können. Es sei denn, wir sagen für immer Nein …

4. Rache ist ein Hoheitsrecht Gottes; für uns Menschen ist Rache tabu. In Sizilien wie in Anatolien gibt es Dörfer, in denen noch die alte Blutrache in Geltung ist. Familien bringen sich gegenseitig um, weil es zum Teil vor Jahrhunderten einmal ein Unrecht gab, das gesühnt werden muss. Und so sterben noch heute Menschen, deren Angehörige wiederum verpflichtet sind, sie zu rächen. Man sollte diese Mechanismen der Rache und Vergeltung aber nicht als sizilianisches Gefühl abtun, mit dem «kultivierte Menschen wie wir» nichts am Hut haben. In sublimierter Form ereignet sich Rache täglich, und zwar im Nahbereich – in Büros, Ehen, Beziehungen, an Partnern, (Ex)-Freunden, Kindern, Eltern, Nachbarn. Wir schießen zurück, zahlen mit gleicher Münze heim, lassen am ausgetrockneten Arm verhungern etc. Da der andere genauso denkt, ist jeder Akt der Rache die Initialzündung für eine unendliche Geschichte. Jeder zahlt es jedem heim.

Der einzig denkbare Unterbrecher dieses Spiels ist der Glaube. Der Glaube befreit von der Notwendigkeit des Gegenschlags. Einer, der glaubt, weiß, dass Gott in diesem oder in einem anderen Leben die Dinge zurechtrückt. *«Gottes Mühlen mahlen langsam, aber trefflich»* (Friedrich von Logau). Ein Christ muss sich nicht nachts in Zorro verwandeln. Er würde dem Richter über Gut und Böse nur ins Handwerk pfuschen. *«Mein ist die Rache, ich werde vergelten, spricht der Herr»* (Röm 12,19). Darum heißt es bei Benedikt: *Der Rachsucht nicht nachgeben,* auch nicht für einen Augenblick, auch nicht in bestimmten Fällen! Einfach niemals. Ein Christ braucht seinen gerechten Groll nicht in aggressive Taten zu verwandeln. Er kann die Fäuste entkrampfen und in gelassener Freude (für eine Weile noch) auf der Verliererseite sein – im Vertrauen, dass ein anderer es richtet.

❖ Schlafen Sie nicht ein, bevor Sie Ihren Groll nicht an Gott abgegeben haben.
❖ Seien Sie der Unterbrecher im wechselseitigen Spiel der Vergeltungen.
❖ Drücken Sie sich nicht vor Konflikten, und suchen Sie in ihnen die Versöhnung.

Tool 24
Keine Arglist im Herzen tragen

«Arglist» ist ein aus der Mode gekommenes Wort, das fast nur noch Juristen benutzen. Bei der Arglist handelt es sich um eine Täuschung in böswilliger Absicht – wenn etwa dem Käufer eines Gebrauchtwagens verschwiegen wird, dass der Kaufgegenstand bei Licht besehen ein frischlackierter Totalschaden ist. Das Wort mag aus der Mode gekommen sein, die Sache ist es nicht. Arglist ist an der Tagesordnung. Man zwinkert sich zu: «Merkt doch keiner!» Und wenn's wirklich keiner merkt, klopft man sich anerkennend auf die Schultern.

Das lateinische Zitat aus dem Spätmittelalter: «Die Welt will betrogen sein, also betrügen wir sie», hat eine ziemlich gute Halbwertzeit. Man kauft Produkte, die bei der ersten Anwendung auseinanderfallen; man geht in ein Restaurant und kann sich nicht sicher sein, was da in der Sauce schwimmt; und den

Kindern muss man am Wahlabend erklären, wieso die vierzehn Tage davor geführten Reden den Tatbestand der arglistigen Täuschung erfüllen. Die Glatten, die Cleveren, die Trickser, sie haben Konjunktur.

Bei Christen hat man oft das Gegenteil von Arglist vermutet, nämlich *Einfalt,* Naivität – schlicht: Blödheit. Die Welt hat den Nachfolgern Jesu damit ungewollt ein gewisses Kompliment gemacht. Vor gar nicht so langer Zeit übersetzte man noch die *pauperes in spiritu* aus Jesu Seligpreisung Nummer 1 im Matthäus-Evangelium mit «Selig sind die *Einfältigen,* denn ihrer ist das Himmelreich» (Mt 5,3). Das klang nach «trutschigen Herzchen». Die in den siebziger Jahren des letzten Jahrhunderts entstandene Einheitsübersetzung wollte die Nachfolger Jesu nicht gar so direkt als die Lieschen Müllers dieser Welt inszenieren; sie wählte das gestelzte: *«Selig, die arm sind vor Gott, denn ihnen gehört das Himmelreich.»* Sei es, wie es sei – in Jesu Augen zählt Einfalt jedenfalls so viel, dass man sich damit das Himmelreich – und das ist nun mal das Größte – erobern kann.

Was ist denn Einfalt im Gegensatz zu Arglist? Eins ist eins – und nicht zwei. Eins ist ungeteilt, von welcher Seite man es auch betrachtet. *«Euer Ja soll ein Ja sein und euer Nein ein Nein, damit ihr nicht dem Gericht verfallt»* (Jak 5,12), fordert der Brief des aufrechten Mannes Jakobus aus dem Neuen Testament. Ein Mensch ohne Arglist, das ist ein eindeutiger, herzlicher, unzweideutig guter Mensch, auf den man sich in jeder Lage verlassen kann. Der Arglistige, der seinen Widerpart als «Gutmensch» verspottet, ist ein Mensch der Zahl zwei. Er hat zwei Gesichter, ist vorne nicht wie hinten, dreht sein Fähnchen nach dem Börsenkurs, redet heute so, morgen so, kann mit zwei Wahrheiten leben, lästert über alles – außer die eigene Person.

«Sitze nicht, wo die Spötter sitzen, denn sie sind die Elendsten unter allen Kreaturen», hat Matthias Claudius seinem Sohn empfohlen und ihn vor der Ironie gewarnt. Der Ironiker ist aus dem Spiel; er lebt in Deckung, verschanzt sich. Man kann ihn nicht treffen; er ist weniger verletzlich. Aber Jesus wollte wohl, dass seine Leute Verletzliche in einer verletzenden Welt sind, wenn er die Aufforderung zur Arglosigkeit auch durch die

Empfehlung der Klugheit moderiert: *«Seht, ich sende euch wie Schafe mitten unter die Wölfe; seid daher klug wie die Schlangen und arglos wie die Tauben!»* (Mt 10,16). Jesus bedient also gerade *nicht* das Lieschen-Müller-Schema. Er redet nicht Dummheit und Blindheit das Wort, wohl aber einer Schafgeduld im Glauben an das Gute im anderen: *«Da trat Petrus zu ihm und fragte: Herr, wie oft muss ich meinem Bruder vergeben, wenn er sich gegen mich versündigt? Siebenmal? Jesus sagte zu ihm: Nicht siebenmal, sondern siebenundsiebzigmal»* (Mt 18,21–22).

Wenn Christen Christen sein wollen, steht es ihnen gut an, ein wenig naiv zu sein, ein wenig das Kind zu bleiben, das noch an das Gute glaubt. Selbst ein Gandhi, der kein Christ war, aber hinreißende Dinge über Jesus schrieb, hat als einen der fünf Wege zur Lebenskunst den Satz empfohlen: *«Ich will in jedem zuerst das Gute sehen.»* Das hätte auch Jesus sagen können. Aber wo kommen wir denn damit hin?

In den Himmel!, würde Jesus sagen.

❖ Seien Sie einfältig – vertrauen Sie anderen Menschen, auch wenn Sie dabei auf die Nase fallen.
❖ Spielen Sie nicht über Bande.
❖ Seien Sie hinten wie vorne.

Tool 25
Nicht unaufrichtig Frieden schließen

Es gibt einen feinen Unterschied zwischen Menschen, die den Frieden suchen, und solchen, die bloß harmoniesüchtig sind. Man kann sie gut unterscheiden: Die Frieden als «Abwesenheit von Krieg» definieren, sind in aller Regel Harmoniesüchtige, denen es um einen konfliktfreien Status quo geht; sie wollen keinen Stress, keine Auseinandersetzung, keinen Ärger, keinen Aufwand. Sie wollen ihre Ruhe. Aber Frieden ist mehr. Bloß was?

Da Frieden glücklicherweise nicht nur in der großen Politik, sondern beispielsweise auch im Mikrokosmos einer Ehe stattfindet, kann man ihn gut studieren. Ehen und Freundschaften, in denen hin und wieder gestritten wird, dass die Fetzen fliegen, sind nicht die schlechtesten. Sie haben eine größere Haltbarkeit als solche Beziehungen, in denen immer nur gelächelt wird. «Bei denen fällt nie ein böses Wort», sagen bewundernd die Leute. Irgendwann kommt – scheinbar wie aus heiterem Himmel – das Ende, und keiner kann es verstehen. Es fiel halt nie ein böses Wort.

Wo gestritten wird, da erträgt es zumindest einer von zwei Partnern nicht, dass man nebeneinander herlebt und insgeheim seinen eigenen Intentionen und Obsessionen nachgeht. Wenn das Level der Beziehung sinkt, liegt Blei in der Luft. Ein Streit wird vom Zaun gebrochen. Und es ist wunderbar so: Da ist Leben, Ringen um Konsens, leidenschaftliche Suche nach dem Verbindenden. Wenn das Gewitter vorüber ist, können beide wieder etwas *fühlen* füreinander, können sie das Kostbare fühlen, das sie verbindet.

Auf Christen liegt ein starker, manchmal überstarker Friedensdruck. Kaum ein Wort kommt in der Bibel so häufig vor wie das Wort «Frieden». Frieden ist am Anfang, und Frieden ist am Ende. Frieden ist die Eigenschaft des Paradieses (der gewaltfreien Welt vor der großen Flut, wie sie Gott haben wollte, in der sich Mensch und Tier gegenseitig noch nicht auffraßen) wie auch der himmlischen Wohnungen. «Suche Frieden und jage ihm nach», mahnt der Psalmist (34,15). Zweimal (Röm 16,20; Phil 4,9) nennt das Neue Testament Gott den «Gott des Friedens». Was Jesus brachte, ist «das Evangelium vom Frieden». In den Seligpreisungen heißt es: *«Selig, die Frieden stiften; denn sie werden Söhne Gottes genannt werden»* (Mt 5,9). Frieden, Frieden, Frieden – wohin man in der Bibel blickt!

Das hat Christen nicht nur motiviert, sondern auch deformiert. Es hat einen Typus des *Friedensapostels* hervorgebracht, der einem gehörig auf die Nerven gehen kann. Er ist ja auch mit einem Persönlichkeitsprofil an der Grenze zum Pathologischen ausgestattet. Der Friedensapostel lächelt. Er muss lächeln; Lächeln ist sein Markenzeichen. Das ist seine Mission. Er ist ja der Versöhner, der Verbindliche, der Nette, der unermüdliche

Harmonisierer. Aber das Lächeln ist ihm zur Maske geworden, ist ihm auf dem Gesicht festgefroren. Der Friedensapostel erblickt das Böse nicht in den Gründen eines Konflikts, sondern in der Tatsache, dass man sich darüber streitet; der *Streit* selbst ist vom Teufel, nicht die *Ursache* des Streits. Sein Standardsatz lautet: «Hauptsache, ihr streitet euch nicht!» Der Friedensapostel ist wie ein Arzt, der an den Symptomen herumkuriert – wenn man das Geschwür nicht mehr sieht, ist der Patient okay. Der Friedensapostel ist versöhnt, bevor er versöhnt ist.

Nun ist der Friedensapostel ein selektiver Bibelleser. Es ist beim System Frieden wie bei allen intakten Systemen. Wenn man nur ein Element herausnimmt, weil man es für das Ganze hält, kollabiert es. In Jesus kulminiert zwar die biblische Friedensvision – er ist der lange verheißene «Friedefürst» (Jes 9,5), und der Epheserbrief (2,13–14) sagt bündig: «Jesus Christus … ist unser Friede» – dennoch war der historische Jesus einer der größten Unruhestifter und Aufmischer der Geschichte.

Er hat keine Friedensapostel gewollt; das Anforderungsprofil an seine Jünger passt eher auf Leute, die auf Krawall gebürstet sind, als dass es nach Leuten sucht, die ins landläufige Friede-Freude-Eierkuchen-Schema passen: «Denkt nicht, ich sei gekommen, um Frieden auf die Erde zu bringen. Ich bin nicht gekommen, um Frieden zu bringen, sondern das Schwert. Denn ich bin gekommen, um den Sohn mit seinem Vater zu entzweien und die Tochter mit ihrer Mutter und die Schwiegertochter mit ihrer Schwiegermutter; und die Hausgenossen eines Menschen werden seine Feinde sein» (Mt 10,34–36). Kein Wunder, wenn Jesus seinen Leuten dann auch noch jede Menge Ärger prophezeit: *«Und ihr werdet um meines Namens willen von allen gehasst werden»* (Mt 10,22). Derart in öffentlichen Verschiss gerät man nicht, wenn man sich unauffällig im Mainstream bewegt.

Da fällt etwas auf Jesus zurück. Wie kann er denn «unser Friede» sein und gleichzeitig die Lunte an menschliche Verhältnisse legen – einen Keil zwischen Vater und Sohn, Mutter und Tochter treiben? Ist das nicht schizophren? Es ist nicht allein dies, dass Jesus wohl kein besonders bequemer Zeitgenosse war, an dem sich die Geister schieden. Wenn Jesus von «Frieden» spricht, dann meint er keinen Goodwill- und Konsensfrieden, sondern er hat einen Frieden eigener Art im Sinn: «Frieden hinterlasse ich euch, *meinen* Frieden gebe ich euch; nicht einen Frieden, wie die Welt ihn gibt, gebe ich euch» (Joh 14,27). Der Frieden, von dem Jesus spricht, meint die Überwindung der grundsätzlichen Kluft zwischen Gott und der Welt. Der Frieden, von dem Jesus spricht, meint den Frieden, für den er am Kreuz sterben wird. Der Friede Jesu ist der Friede der endgültigen Distanzüberbrückung zwischen Gott und Mensch.

In Bachs Matthäuspassion gibt es nach der Kreuzigungsszene ein überirdisch schönes, noch vom Schmerz des Todes verklärtes Bass-Rezitativ, in dem es heißt: *«Am Abend kam die Taube wieder und trug ein Ölblatt in dem Munde, o schöne Zeit, o Abendstunde! Der Friedensschluss ist nun mit Gott gemacht; denn Jesus hat sein Kreuz vollbracht.»*

Bach schlägt einen kühnen Bogen von der Arche Noah zum Berg Golgatha. Wegen der Frevel der Menschen hatte Gott beschlossen, alles Leben von der Erde zu tilgen. Aber seine Barmherzigkeit ist größer als seine Gerechtigkeit. So lässt er, angeführt von dem Gerechten Noah (Noach), einen Teil der Schöpfung die große Flut überleben. Als Noah spürt, dass die Flut zurückgeht, lässt er eine Taube frei. Die Taube kommt zurück und trägt einen Olivenzweig im Schnabel. Ein wunderbarer Moment zwischen *schon jetzt* und *noch nicht!* Noch sieht Noah nur auf die tödliche Wasserwüste, aber er ahnt es schon: Das ist das Zeichen, dass wieder Frieden ist zwischen Gott und Mensch, dass es auf der Erde weitergehen wird, dass neues Leben möglich ist.

Bach überträgt diesen Moment der Ahnung auf das Begräbnis Jesu: Noch sind die Freunde dabei, den Leichnam ihres Herrn in die Erde zu legen. Aber in drei Tagen wird aus dem toten Weizenkorn neues Leben hervorgehen: *«Amen, amen, ich sage euch: Wenn das Weizenkorn nicht in die Erde fällt und stirbt, bleibt es allein; wenn es aber stirbt, bringt es reiche Frucht»* (Joh 12,24). Die reiche Frucht, das ist der Friede Gottes. Gottes Sohn starb am Kreuz, um die Sünde und die Macht des Todes, die uns von Gott trennen, aus der Welt zu schaffen.

Dieser Friede ist es, den Jesus seinen Jüngern anvertraut hat. Und es ist klar: Wer diesen Frieden bringen will, muss einen Aufstand für das Leben und eine Rebellion gegen die Mächte des Todes, die «Kultur des Todes» (Johannes Paul II.) entfachen. Dieser Friede ist der Gegensatz zum faulen Frieden, der den Konsens mit den falschen Verhältnissen sucht, dieser Friede wird Vater und Sohn, Mutter und Tochter entzweien.

Wegen dieses Friedens, der sich als radikale Gegnerschaft gegen die Sünde artikuliert oder auch nur durch das Hinhalten der anderen Wange Anstoß erregt, wird man Christen, wenn sie denn Christen sind, auch *hassen*. Niemals werden sich richtige Christen vereinnahmen und vor den falschen Karren spannen lassen. Wegen dieses Friedens wird man Martin Luther King ermorden, Alfred Delp hinrichten, Edith Stein vergasen, Dietrich Bonhoeffer erhängen und Johannes Paul II. auf dem Petersplatz zusammenschießen lassen. Sie alle haben das Tool «Nicht unaufrichtig Frieden schließen» beherzigt.

Zu Friedensstiftern sind Christen nicht etwa berufen, weil sie so sanft und wenig aggressiv sind oder weil sie besonders tauglich oder heroische Friedensaktivisten wären, sondern weil sie den Geist Jesu, den Heiligen Geist, empfangen haben, der sie mit Gott versöhnt hat, und weil sie *deshalb* einen überirdischen, von Menschen nicht herstellbaren Frieden im Herzen tragen («Meinen Frieden gebe ich euch»). Der trägt auch dann noch, wenn die Welt schon längst zu den Waffen greift und die Dinge mit Gewalt in Ordnung bringen will.

Versöhnte können versöhnen; Befriedete können Frieden schenken. Dazu müssen Sie Ihre eigene Tiefe erkunden. In größeren Tiefen als jene, in welche die Psychologie hinlangt, wohnt Gottes Friede. Sie sind ja gefirmt/konfirmiert. Ihnen wurden die Hände aufgelegt. Man hat Gottes Geist, der alles Begreifen übersteigt, auf Sie herabgerufen. Öffnen Sie Ihr Herz für Gott – und vom Grund Ihrer Seele wird der Frieden Gottes in Ihnen aufsteigen, der Sie stark macht und Ihnen Ausstrahlung verleiht, die Ihnen und anderen Menschen leben (und manchmal auch herzhaft streiten) hilft.

- ❖ Schließen Sie persönlichen Frieden mit Gott; übergeben Sie ihm aufrichtig Ihre Fehler, Sünden und Schwächen.
- ❖ Beten Sie häufig, damit der Friede Christi in Ihr Herz einkehrt; Sie sollen Frieden ausstrahlen.
- ❖ Gehen Sie im Umgang mit anderen keine faulen Kompromisse ein, wenn Sie von der Wahrheit einer Sache überzeugt sind.
- ❖ Seien Sie hart in der Sache, aber verbindlich und freundlich im Ton.

TOOL 26

Von der Liebe nicht lassen

Alles hat ein Ende. Sagen wir. Unsere Geduld hat ein Ende. Unsere Gefühle haben ein Ende. Unsere Liebe hat ein Ende. Uns rutscht die Hand aus. Wir verpassen dem Kind eine Ohrfeige. Wir machen Schluss mit dem Krampf und schicken den Partner in die Wüste; er hat es nicht gebracht, Zeitverschwendung. Wir haben die Nase voll von dem Problembären, der drei nicht gerade sein lassen kann, von dem dickfälligen Mitarbeiter, der sich partout nicht an das Tempo im Team gewöhnen will. Weg mit ihm! Draußen warten hundert Bessere auf seinen Job. Jetzt ist Schluss – *bei aller Liebe*. Sagen wir.

Wir stellen uns die Liebe nach Art einer Batterie vor. Eines Tages sind die Ressourcen erschöpft. Wir haben nicht unendlich viel Liebe im Gepäck. Eines Tages glauben wir nicht mehr an die große Liebe. «Unsere Gefühle haben nicht mehr gereicht», lese ich in der E-Mail eines Paares, das sich nach nur wenigen Jahren einer äußerlich intakten Ehe getrennt hat. Das will mir nicht in den Kopf. Haben die regelmäßig den Wasserstand ihrer Gefühle füreinander gemessen («Diesmal bekommst du aber ein *gerade noch befriedigend*»)?

Bei der Hochzeit hatte sich das Paar das «Hohelied der Liebe» aus dem Korintherbrief gewünscht: *«Wenn ich in den Sprachen der Menschen und Engeln redete, hätte aber die Liebe nicht ...»*

(1 Kor 13,1). Die kleine Schwester der Braut hatte damals den Text vorgelesen. Alle waren ergriffen: *«Die Liebe ist langmütig, die Liebe ist gütig. [...] Sie erträgt alles, glaubt alles, hofft alles, hält allem stand»* (1 Kor 13,4.7). Und nun dieser Scherbenhaufen der Gefühle – alles zusammengebrochen; nichts hielt stand! Ist Liebe vielleicht doch nur ein flüchtiges Gefühl, das kommt und geht und uns zeitweise vorgaukelt, wir seien im Himmel? *«Die Liebe»*, hatte die Kleine andererseits vorgelesen, *«hört niemals auf»* (1 Kor 13,8).

Die Menschen und die Bibel – passen sie einfach nicht zusammen? Sollten wir die hehre Liebe aus der Bibel nicht einfach ein Stück relativieren, sie auf menschliches Maß zurückschneiden? Liebe – ja, aber realistisch bitte! Ein bisschen Liebe – Liebe, solange es gutgeht – Liebe mit Verfallsdatum – Liebe mit Einschränkungen – Liebe unter Beachtung des Kleingedruckten – Liebe mit vertraglicher Absicherung?

Benedikt hat das apodiktische Tool «Von der Liebe nicht lassen» keineswegs unbedacht in sein Regelwerk für Mönche aufgenommen. Nicht nur in Ehen und Partnerschaften ist Liebe gewissermaßen alles. Seit es das Mönchtum im Christentum gab, bezog man den Vorwurf in der Offenbarung an die Gemeinde von Ephesus, *«Ich werfe dir aber vor, dass du deine erste Liebe verlassen hast»* (Offb 2,4), mit Nachdruck auf die Mönchsgemeinde. Wo nicht Liebe der Treiber ist, wird die «Möncherei» (Luther) hart und bitter, ein geistloses Befolgen von Rubriken, eine sinnleere Quälerei. Trotzdem lag es Benedikt wohl fern, seinen Mönchen ein appellatives «Reißt euch zusammen, Leute!» an die Hand zu geben. Er wollte sie an Jesus erinnern, an die Art, wie er liebte, und an den Begriff von Liebe, der durch ihn in die Welt kam.

Im Evangelium des Johannes gibt es eine faszinierende Stelle, in der einmal explizit die Rede von der Art ist, wie Jesus liebte; sie lautet: *«Da er die Seinen, die in der Welt waren, liebte, erwies er ihnen seine Liebe bis zur Vollendung»* (Joh 13,1). Johannes leitet damit eine bestimmte Szene ein, von der gleich die Rede sein wird. Er holt vorher aus, als wollte er sagen: Seht euch das an –

hier ist Liebe in Perfektion; hier seht ihr das Meisterstück in Sachen Liebe!

Und was erwartet uns nun? Hat Jesus eine gefühlvolle Rede gehalten? Hat er seine Freunde umarmt, sie in Tränen beschworen, sie geküsst? Nichts von alledem. Die Szene bei Johannes ist dunkel timbriert: Verrat steht im Raum, Gefahr liegt in der Luft. Mit Jesus und seinen Jüngern geht es dem Ende zu. Es ist Abend, vielleicht einer der letzten. Man will noch einmal gemeinsam essen. Das Kartenhaus der Hoffnungen wird zusammenbrechen. Die realen Mächte in Jerusalem werden dem kleinen Frühling des galiläischen Spinners ein gewaltsames Ende bereiten. Das alles ist absehbar. In dieser Situation macht der Rabbi mit den Fischern und Bauern, die er hinter sich hergelockt hat, etwas vollkommen Verrücktes:

«Jesus … stand vom Mahl auf, legte sein Gewand ab und umgürtete sich mit einem Leinentuch. Dann goss er Wasser in eine Schüssel und begann, den Jüngern die Füße zu waschen und mit dem Leinentuch abzutrocknen, mit dem er umgürtet war» (Joh 13,3–5). Das ist es also, was uns Johannes zeigen möchte, um die vollkommene Liebe zu demonstrieren.

Gehen wir tiefer in die Szene! Ein «Meister», zu dessen Status es gehört, dass er bedient wird, verrichtet den niedrigsten Sklavendienst, und das ohne Not. Für uns klingt die Stelle bei Johannes so selbstverständlich, so *clean*. Doch stelle man sich einmal die Straßen im damaligen Jerusalem vor: Es gab keine Kanalisation; Unrat und Fäkalien wurden einfach auf der Straße entsorgt; Federvieh und Schweine suhlten sich im Dreck. Entsprechend sahen auch die Füße der Jünger aus, die sich barfuß oder mit Sandalen durch die stinkende Suhle in den Abendmahlssaal begeben hatten. Vor dem Essen wusch man sich tunlichst die Füße – oder man ließ sie waschen.

Ausgerechnet diesen Dienst übernahm nun Jesus. Zu Deutsch: *Er wusch ihnen die Scheiße von den Füßen.* Für die Antike, in der es nur Oben und Unten, nur Herr oder Diener gab, muss die Selbsterniedrigung des Meisters ungefähr so *shocking* gewesen sein wie die öffentlichen Schamlosigkeiten der griechischen Kyniker. So etwas machte man nicht. Dienen erniedrigte. Bedient werden machte zum Herrn. Verständlich, dass Petrus gegen den aberwitzigen Stilbruch protestierte: *«Niemals sollst du mir die Füße waschen!»* (Joh 13,8a). Aber Jesus ließ nicht locker: *«Wenn ich dich nicht wasche, hast du keinen Anteil an mir»* (Joh 13,8b). Also ließ Petrus es zu. Er liebte seinen Meister doch. *«Und wenn alle an dir Anstoß nehmen – ich niemals!»* (Mt 26,33), das war so einer der Sätze dieses Mannes.

Mit der Liebe des Petrus war es nicht ganz so weit her. Nach dem Mahl begab sich Jesus mit den Jüngern in einen Garten am Ölberg. Während Jesus Todesangst hatte, schlief Petrus – wie die anderen. *«Konntet ihr nicht einmal eine Stunde mit mir wachen?»* (Mt 26,40), fragte sie Jesus mit spürbarer Enttäuschung. Petrus wird rote Ohren bekommen haben. Als später in der Nacht die Häscher kamen, war es zwar Petrus (Joh 18,10), der Jesus mit dem Schwert und unter Einsatz seines Leben verteidigen wollte. Aber schon während Jesus drinnen im Hohepriesterlichen Palast verhört und misshandelt wurde, druckste draußen Petrus auf Nachfrage herum: *«Ich kenne den Menschen nicht!»* (Mt 26,72). Die Liebe war wohl nicht stark genug. Auch Petrus hätte bilanzieren können: «Meine Gefühle haben nicht gereicht.»

Wir haben von der Liebe eine kitschige Vorstellung. Sie soll uns glücklich machen, uns herzerwärmende Gefühle der Freundschaft und Schmetterlinge im Bauch bescheren. Liebe soll uns immer in einen Himmel bringen, in dem tausend Geigen spielen. Das alles kann passieren, es gehört unteilbar zu diesem großen Wort hinzu. Die Liebe ist so weit wie das Leben. Vielleicht aber ist sie eines Tages gefordert als Treue in einer schwierigen Beziehung, als Verlässlichkeit in der Verlassenheit von allen, als Opfer des Lebens in der Not. Liebst du – oder liebst du nicht? Immer, wenn man der Liebe den kleinen Finger gibt, will sie die ganze Hand. Ganz oder gar nicht, so ist ihre Devise. Die Liebe ist absolut – und wir fragen, wie wir sie zu einem beherrschbaren Sektor (Abteilung Herz) machen können und ob wir dabei auf unsere Kosten kommen.

Ich kenne eine Frau, die ein Wunder an Liebe ist. Ich weiß nicht, warum das so ist: weil sie die Liebe verstanden hat oder weil sie gläubig ist (vielleicht ist beides ja auch dasselbe). Seit zehn Jahren pflegt sie ihren bettlägerigen, schwerstkranken Mann, wäscht ihn, rasiert ihn, schiebt ihm täglich die Bettpfanne unter und wischt ihm den Hintern ab. Geld wäre da für ein Pflegeheim. Der Mann hat sie mehrfach gebeten, ihn in einem guten Haus unterzubringen. Die Frau will nicht. Seit zehn Jahren hat sie keinen Urlaub gemacht, und sie wird vielleicht die nächsten zehn Jahre keinen Urlaub machen. Die Frau, die ihren Mann liebt, hat ihm einen Blankoscheck ausgestellt, bei dem sie nicht wusste, ob sie auf ihre Kosten kommt. Die beiden haben gute Tage gesehen. Nun löst sie den Scheck auch in bösen Tagen ein. Man muss es gesehen haben, wie der Mann immer wieder versucht, die liebevollen Dienste seiner Frau abzuwehren – er könne das doch selber machen, das Waschen (er kann es definitiv nicht), oder man könne dafür jemanden anstellen ... Die Frau lächelt nur. Ich denke dann an das Wort Jesu zu Petrus: «Wenn ich dich nicht wasche, hast du keinen Anteil an mir» (Joh 13,8b). Dann *lässt du nicht zu, dass ich dich liebe.*

Bringen wir es auf den Punkt:

1. Unsere Liebe reicht nicht weit. Wer sich auf menschliche Gefühle und eigene Kraft verlässt, ist verlassen.
2. Trotzdem gilt: Wer die Liebe verrät, zerstört das Ganze. Ohne Liebe geht gar nichts. Die Liebe ist alles.
3. Es gibt absolute Liebe. Es ist die Liebe Gottes, die bis zum Kreuz für uns ging. Liebe ist eine *göttliche* Tugend, keine menschliche; sie ist eine längst erbrachte Vorleistung Gottes.
4. Liebe nach der göttlichen Art Jesu ist: sich der Sonne von Gottes Liebe aussetzen. Ist: Zulassen von Liebe. Ist: grenzenloses Vertrauen in die richtige Instanz. «*Nicht darin besteht die Liebe, dass wir Gott geliebt haben, sondern dass er uns geliebt und seinen Sohn als Sühne für unsere Sünden gesandt hat*» (1 Joh 4,10).

Darum musste Jesus Petrus und uns allen die Füße waschen. Wir sollten sehen, dass der Gott Jesu einer ist, der aus Liebe zu uns gewissermaßen im Staub vor uns liegt. Liebe macht das Letzte und Verrückteste – auch göttliche Liebe. In Jesus zeigt sich Gott als einer, der sagt: Darf ich Dir den Dreck von den Füßen (und der Seele) waschen? Das ist die eigentliche Revolution in der Geschichte der Gottesbilder. Darum musste Petrus (und muss ich) durch seine (und meine) kläglich scheiternden Versuche, ein Liebender zu sein, hindurch, um zu verstehen, dass Liebe nicht aus unseren eigenen Ressourcen aufspringt, dass sie uns vielmehr von Gott her *begegnet*.

Liebe ist: Was Gott an uns tut. Da Petrus sah, dass Jesus sterben würde, meinte er, die Liebe würde sterben, sie sei schwächer als die Verhältnisse. Da meinte auch er, Abstriche an seiner Liebe machen zu können. Er wollte nur ein bisschen an sich denken, ein bisschen danach sehen, wo er blieb und wie er im einstürzenden System auf seine Kosten kam. Petrus verstand nicht, dass Jesus aus Liebe, *für ihn* und um ihn zu erlösen starb. Er wusste nicht, dass es sich rentiert hätte, den Weg der Liebe und Treue bis zum Ende zu gehen. Er wusste nicht, dass die Liebe überleben würde. Er ahnte nichts von der Auferstehung.

«Von der Liebe nicht lassen» – was wäre ein besserer Kommentar zu diesem Tool als das Leben der Agnes Gonxha Bojaxhiu, die man seit 1948, als sie den blaugeränderten Sari der Toilettenputzerinnen-Kaste anlegte, nur noch «Mother» rief – Mother Teresa. Ihre Liebe ist nicht aus ihrem Heroismus zu erklären. Es war eine rein re-aktive Liebe; Liebe, die sich täglich ihre Kraft aus der morgendlichen Anbetung Jesu holte.

Von Mutter Teresa stammt das berühmte Wort vom *«Lieben, bis es weh tut»*. Sie hat es in Oslo geprägt, damals im Jahr 1978, als man ihr den Friedensnobelpreis verlieh. Da sagte sie: «Ich vergesse nie ein kleines Kind, einen Hindujungen von vier Jahren. Er hatte irgendwie gehört: ‹Mutter Teresa hat keinen Zucker für ihre Kinder.› Er ging nach Hause zu seinen Eltern und sagte: ‹Ich will drei Tage lang keinen Zucker essen, ich schenke ihn Mutter Teresa.› Nach drei Tagen mussten seine Eltern ihn zu mir bringen, und er schenkte mir ein kleines Gläschen Zucker. Wie sehr liebte das kleine Kind! Es liebte, bis es weh tat. Vergessen Sie nicht, dass es viele Kinder, viele Frauen, viele

Männer auf dieser Welt gibt, die das nicht haben, was Sie haben, und denken Sie daran, dass Sie auch jene lieben, bis es weh tut.»

Mutter Teresa, wie der kleine Hindujunge, wie die Frau, die ihren kranken Mann pflegt, wie Petrus, der in Rom gekreuzigt wurde, wie Maximilian Kolbe und Janusz Korczak, die für andere in die Gaskammer gingen, wie Millionen andere, die so viel Liebe besaßen, dass sie nicht auf ihre Kosten kamen – sie alle haben geliebt, bis es weh tat. Und sie alle hatten das Wesen der Liebe verstanden: «*Wir wollen lieben, weil er uns zuerst geliebt hat*» (1 Joh 4,19).

❖ Arbeiten Sie täglich mit Langmut an Ihrer Liebe und geben Sie die Hoffnung auf sie nicht auf.
❖ Geben Sie den Input der kleinen Zeichen und fragen Sie nicht, was von den (dem) anderen zurückkommt und was Sie davon haben.
❖ Lesen Sie den 1. Johannesbrief unter dem Aspekt: «Wie liebt Gott?»

Tool 27
Nicht schwören, um nicht falsch zu schwören

Ehrenworte, Eidbezeugungen und Schwüre haben keine gute Konjunktur mehr, seit sie im politischen Raum inflationär auftraten und das Papier nicht wert waren, auf dem sie gedruckt wurden. Die drei Begriffe sind inhaltlich kaum voneinander zu unterscheiden. Es geht um archaische Bekräftigungen der Wahrheit einer Aussage. «So wahr mir Gott helfe», ist eine klassische Eidformel. Das besagt: Meine Absichten sind so lauter, dass ich Gott selbst zum Zeugen anrufe. Mitgesagt ist: Sollte es nicht wahr sein, möge Gott mich strafen.

Der Eid des Hippokrates, der auch heute noch ein wichtiges Element ärztlicher Ethik darstellt, aber den jungen Ärzten (leider?) nicht mehr abverlangt wird, ist ein solcher Eid. Nachdem dort die Götter angerufen werden, versichert der eidleistende Arzt: «Meine Verordnungen werde ich treffen zu Nutz und Frommen der Kranken, nach bestem Vermögen und Urteil; ich werde sie bewahren vor Schaden und Willkürlichem. Ich werde niemandem, auch nicht auf seine Bitte hin, ein tödliches Gift verabreichen oder auch nur dazu raten. Auch werde ich nie einer Frau ein Abtreibungsmittel geben.»

Auch im Schwur – «Ich schwöre bei Gott, dass ...» – genügt menschliche Glaubwürdigkeit nicht; ein Hauch von Frevel liegt darüber, dass Gottes Existenz zum Pfand einer Aussage genommen wird. Einer, der schwört, sagt: Ich nehme das äußerste Risiko auf mich, durch Gott verflucht zu werden und seiner Rache zu verfallen, wenn ich seinen heiligen Namen für meine unlauteren Zwecke missbrauche. Das Ehrenwort ist vielfach die säkulare, Gott aussparende Variante des Schwurs. Magisch ist es trotzdem: Ich will keine Ehre mehr haben, wenn meine Rede nicht wahr ist.

Der Schwur ist ein Mittel, das uns gewissermaßen mit dem Fahrstuhl in die Frühzeit (nicht nur) der allgemeinen Religionsgeschichte bringt. Gottes Macht erwies sich unmittelbar in den Naturgewalten, sein Zorn in Donner und Blitz, seine Huld in Sonne, Regen und reichen Fruchtfolgen. Wer Gott durch einen Schwur ins Spiel brachte, spielte mit dem Frevel und musste damit rechnen, dass ihn im Fall unwahrhaftiger Aussage ein Blitz von der Erde vertilgte.

Im Alten Testament wird oft geschworen. Interessanterweise schwört sogar Gott selbst: «Ich habe bei mir geschworen – Spruch des Herrn: Weil du das getan hast und deinen einzigen Sohn mir nicht vorenthalten hast, will ich dir Segen schenken in Fülle und deine Nachkommen zahlreich machen wie die Sterne am Himmel und den Sand am Meeresstrand. Deine Nachkommen sollen das Tor ihrer Feinde einnehmen» (1 Mo 22,16–17). Immer wieder wird im Alten Testament die Treue Gottes beschworen. Man könnte geradezu eine Theologie des Gottesschwurs erfinden, die darauf hinausläuft, dass Gott die Wahrheit seines Treueversprechens beweist, indem er sich selbst in Jesus Christus zum Pfand ausliefert.

Jesus selbst nimmt eine ausgesprochen kritische Haltung zum Schwur ein: «Ihr habt gehört, dass zu den Alten gesagt worden ist: Du sollst keinen Meineid schwören, und: Du sollst halten, was du dem Herrn geschworen hast. Ich aber sage euch: Schwört überhaupt nicht, weder beim Himmel, denn er ist Gottes Thron [...] Euer Ja sei ein Ja, euer Nein ein Nein; alles andere stammt vom Bösen» (Mt 5,33–34.37).

Merkwürdigerweise hat dieses scharfe Verdikt Jesu das Schwören nicht ein für allemal in der Jesustradition ausgelöscht. Paulus schwört: «Gott ist treu, er bürgt dafür, dass unser Wort euch gegenüber nicht Ja und Nein zugleich ist. [...] Ich rufe aber Gott zum Zeugen an und schwöre bei meinem Leben, dass ich nur, um euch zu schonen, nicht mehr nach Korinth gekommen bin» (2 Kor 1,18.23). Paulus schwor weiter. Die christlichen Kirchen schworen weiter. Nur die Mennoniten und die Quäker lehnen den Schwur bis heute kategorisch ab. Benedikt hält sich eher an Jesus. So viel Freiheit muss sein.

- ❖ Machen Sie, dass Ihr Wort mehr wert ist als ein allseitig unterzeichneter Vertrag.
- ❖ Machen Sie Gott keine Gelübde und Versprechungen, die Sie dann nicht einhalten können.
- ❖ Weisen Sie Ehrenworte anderer Menschen zurück.

Tool 28

Die Wahrheit mit Herz und Mund bekennen

In Hans Christian Andersens Märchen ist unter allen Untertanen des großen Kaisers nur ein einziger, der den Mut zur Wahrheit besitzt: «Der Kaiser ist ja nackt!» Ausgerechnet ein Kind besitzt die Zivilcourage zur Äußerung der Wahrheit. Alle mussten doch gesehen haben, dass der Kaiser Kleider aus Luft trug. Aber keiner rückte mit der Sprache heraus. Nur das Kind. Es steht im Märchen ganz zu recht in der Mitte. Hans Christian Andersen hat es wie den fernen Nachklang zur Geschichte geschrieben, in der ein paar Interessierte von Jesus wissen wollten, wer denn der Größte sei. *«Er rief ein Kind herbei, stellte es in ihre Mitte und sprach: Amen, das sage ich euch: Wenn ihr nicht umkehrt und wie die Kinder werdet, könnt ihr nicht in das Himmelreich kommen»* (Mt 18,2–3).

Der vorherige Papst Benedikt XVI. hat etwas Kindliches, Naives an sich. Er besitzt das verwegene Charakterprofil, in der Postmoderne von «Wahrheit» zu sprechen. Am Vorabend des Konklaves, in dem ihn die Kardinäle zum Papst wählten, sagte er ein paar Dinge, die aufhorchen ließen: «Einen klaren Glauben nach dem Credo der Kirche zu haben, wird oft mit dem Etikett des Fundamentalismus belegt; während der Relativismus, also das Sichtreibenlassen von jedem Widerstreit der Meinungen, als die einzige Haltung erscheint, die auf der Höhe der heutigen Zeit ist. Es entsteht eine Diktatur des Relativismus, die nichts als endgültig anerkennt und als letzten Maßstab nur das eigene Ich und seine Wünsche gelten lässt.»

Benedikt ließ in seiner Amtszeit keine Gelegenheit aus, um vor dem Relativismus zu warnen und Orientierung an der Wahrheit einzufordern, so auch im Januar 2006: «Der Mensch kann die Wahrheit erkennen. Und der Mensch will sie kennen. Aber die Wahrheit kann nur in der Freiheit erlangt werden. Das gilt für alle Wahrheiten, wie aus der Geschichte der Wissenschaften hervorgeht; aber es trifft in außerordentlicher Weise auf die Wahrheiten zu, in denen der Mensch als solcher auf dem Spiel steht, die Wahrheiten des Geistes: jene Wahrheiten, die das Gute und das Böse, die großen Lebensziele und -perspektiven, die Beziehung zu Gott betreffen. Denn man kann sie nicht erlangen, ohne dass sich daraus tiefgreifende Konsequenzen für die eigene Lebensführung ergeben!»

Zwanzig Jahre zuvor hätte er sich einer wiehernden Meute von Intellektuellen gegenübergesehen, die ihn nach allen Regeln der Kunst «dekonstruiert» hätten. Wahrheit! Was für ein kindisches Wort! Aber nun bekam er Beifall auf breiter Linie. «Endlich sagt es mal einer!», stimmten ihm die Leute zu.

Einer der großen Vordenker der philosophischen Moderne, Jürgen Habermas, beklagte plötzlich die «Schwäche der Vernunft»; auch er suchte nach Werten, die den Niedergang unserer politisch-gesellschaftlichen Kultur aufhalten könnten, fand sich freilich hilflos, sie zu begründen. Sollte der Urvater der Postmoderne, Friedrich Nietzsche, recht behalten mit seiner merkwürdigen Prophezeiung: «Durch die Abschaffung der Wahrheit geht, daran ist kein Zweifel, die Moral zugrunde, jenes große Schauspiel in hundert Akten, das den nächsten zweihundert Jahren Europas aufgespart bleibt, das furchtbarste, fragwürdigste Beispiel ...»?

Nun wäre es mit der Wahrheit einfacher, wenn wir immer wüssten, wer sie hat. Wer sich in den Streit um die Wahrheit begibt, positioniert sich auf gefährliche Weise. Jan Hus hätte nicht auf dem Scheiterhaufen landen müssen, hätte er sich auf dem Konstanzer Konzil ein bisschen konzilianter verhalten. Doch er war ein notorischer Wahrheitsfetischist: «Darum, frommer Christ, suche die Wahrheit, höre auf die Wahrheit, lerne die Wahrheit, liebe die Wahrheit, sprich die Wahrheit, halte die Wahrheit fest, verteidige die Wahrheit bis zum Tode, denn die Wahrheit befreit dich von der Sünde, vom Teufel, vom Tod der Seele und schließlich vom ewigen Tod.» Ob Hus nun für einen Irrtum oder für die Wahrheit starb – nach Thomas von Aquin musste er seinem Gewissen folgen. Papst Johannes Paul II. würdigte im Dezember 1999 den «sittlichen Mut» des Jan Hus und bat im Namen der Kirche um Vergebung für die Leiden Hus' und seiner Anhänger.

Manch einer betrachtet frühere Zeitalter, in denen man sich für die Wahrheit den Löwen zum Fraß vorwerfen ließ oder auf den Scheiterhaufen ging, mit Unverständnis. Du hast recht, und ich hab meine Ruhe. Wir sind stolz auf Toleranz, und dass in unseren Breiten niemand mehr für die Wahrheit hingerichtet wird. Dabei haben wir das Kind mit dem Bad ausgeschüttet: Weil uns Toleranz wichtig ist, haben wir der Wahrheit den Abschied gegeben, ohne zu ahnen, was wir da mit leichtem Sinn entsorgt haben. Der Nazi-Richter Freisler, der Moltke, Delp und tausende andere Hitlergegner in den Tod schickte, die Juristen der Moskauer Prozesse – sie alle hatten sich von «Wahrheit» emanzipiert. Papst Johannes Paul, der kurz zuvor in Sachen Jan Hus um Vergebung bat, bemerkte wenige Monate später: *«Der Mensch, der sich nicht von der Wahrheit leiten lässt, ist sogar bereit, einen Unschuldigen schuldig zu sprechen.»*

Wir mögen den Abschied von der Wahrheit weniger dramatisch, dafür umso deprimierender erfahren: Wo die Wahrheit zum Unwort geworden ist, versinkt alles in Banalität und Egalität, im weißen Flimmern der immer gleichen Pegelausschläge. Wo es kein Unten und Oben, kein Richtig und kein Falsch, kein Wertvolles und kein Nichtiges mehr gibt, ist alles bedeutsam und gleichzeitig gar nichts. Die Erde ist ein Ort ohne Geist und Schönheit. Sie ist nicht länger Abglanz der Ewigkeit mehr; sie ist gerade noch der Spiegel unserer Interessen und das Spielfeld unserer Lüste und Vorlieben. Darum sieht sie auch so aus, wie sie aussieht. 1943, kurz bevor Antoine de Saint-Exupéry – auch er ein Prophet – seinen letzten Flug in die Wüste antrat, schrieb er in einem berühmt gewordenen Brief: «[…] es gibt nur ein Problem, ein einziges, in der Welt. Dem Menschen eine geistige Bedeutung geben. Geistige Verunsicherung abbauen. Auf sie etwas herabregnen lassen, was dem gregorianischen Gesang ähnelt. […] Wir können nicht mehr von Kühlschränken, Politik, Skat und Kreuzworträtseln leben, verstehen Sie. Das geht nicht mehr …»

Aber was ist Wahrheit? Das fragte schon Pilatus, wusch seine Hände in Unschuld und hielt sich aus der Sache heraus. Dass es hier nicht um die Evidenz von 2 x 2 = 4 geht, liegt auf der Hand. Der Philosoph Josef Pieper hat Wahrheit einmal folgendermaßen definiert: «Wahrheit bedeutet das Offenbarsein und Sich-Zeigen der wirklichen Dinge.»

Der Punkt ist, ob wir in den entscheidenden Fragen unseres Lebens etwas sicher wissen können – oder ob jeder, der in Sachen Wahrheit den Mund aufmacht, letztlich nur Theorien zum Besten gibt, die so gut sind, wie sie die Dinge pragmatisch regeln und allen Beteiligten Spaß machen. Das meinte Nietzsche, wenn er von der «Abschaffung der Wahrheit» sprach. Wenn alles nur eine perspektivische Theorie über etwas ist und eine Behauptung genauso «wahr» ist wie ihr diametrales Gegenteil, lassen sich natürlich keinerlei normative Forderungen ableiten. Moralgesetze («Kein Erwachsener darf Sex mit einem

Kind haben») sind dann Geschmackssache, Werturteile («Menschliches Leben ist heilig, darum unantastbar») Ansichtssache, historische Urteile («Hitler war böse») Ermessensfragen.

Im Alten Testament versammelte Mose das Volk, um ihm (5 Mo 27,11ff.) einige unumstößliche Wahrheiten vor Augen zu halten, sie mit einem «Verflucht sei ...» zu bewehren und durch ein «Amen, so sei es!» des Volkes bekräftigen zu lassen: «Verflucht sei, wer einen Götzen oder ein gegossenes Bild macht ... wer seines Nächsten Grenze verrückt ... wer einen Blinden irreführt ... wer das Recht des Fremdlings, der Waise und der Witwe beugt ... wer bei der Frau seines Vaters liegt ... wer bei irgendeinem Tier liegt ... wer bei seiner Schwester liegt ... wer Geschenke nimmt, dass er unschuldiges Blut vergieße» (Lutherbibel). Bei der Schwester liegen? Hmm – gäbe einen interessanten Filmstoff ab!

Würde uns Mose heute am Berg versammeln, er bekäme nur auf eine einzige «Wahrheit» ein vielstimmiges «Amen, so sei es!» zu hören: «Verflucht sei, wer da nicht glaubt, dass jeder nach seiner Fasson selig werden soll!» Da stimmen sogar Päderasten zu. Aber der Satz steht nicht in der Bibel. Dafür ein anderer, an dem wir zu kauen haben: *«Es ist dir gesagt, Mensch, was gut ist und was der Herr von dir erwartet: Nichts anderes als dies: Recht tun, Güte und Treue lieben, in Ehrfurcht den Weg gehen mit deinem Gott»* (Mi 6,8). Wir tun so, als könnten wir die ethischen Maßstäbe unseres Lebens durch Experimentieren herausfinden. Da möchte auch der Päderast probieren, ob es für alle Beteiligten spaßig ist. Dann ist es doch gut, oder?

Die Menschen der Bibel waren der Auffassung, dass es Dinge gibt, die gut sind, weil sie Gott gefallen – und böse, weil sie Gottes Zorn erregen. Der Spaßfaktor oder die experimental erprobte Funktionalität waren noch kein ethisches Kriterium. Natürlich sind die Gebote Gottes nicht vom Himmel gefallen. Es gab eine Achtung vor überkommener Erfahrung, vor dem über Jahrtausende gewachsenen Kanon an sittlichen Mustern des Tun und Lassens. Diese Überzeugungen gruben sich so tief in die Seele ein, dass sie als «heilige» regulative Prinzipien erfahren wurden: «Es ist dir *gesagt*, Mensch ...» Von dem Satz «Verflucht sei, wer das Recht des Fremdlings beugt» wusste man mit *absoluter* und nicht bloß *relativer* Sicherheit, dass es himmelschreiend böse war, einen Fremden als rechtloses Wesen zu begreifen. Israel war oft genug in der Situation des Fremdseins und überdies so klug, dies zu verallgemeinern, lange bevor das Graffito «Jeder ist Ausländer – fast überall» erfunden wurde.

Gut und böse war eben gerade keine pragmatische Frage. Gut und Böse geschah unter den Augen Gottes. Der Prophet Jesaja lässt Gott sprechen: *«Hört auf, vor meinen Augen Böses zu tun! Lernt, Gutes zu tun! Sorgt für das Recht! Helft den Unterdrückten! Verschafft den Waisen Recht, tretet ein für die Witwen!»* (Jes 1,16b.17). Die Frage war deutlich verschoben. Nicht: Macht es *uns* Spaß? Sondern: Macht es *Gott* Spaß?, das war das Kriterium. Gottes Vorlieben, die waren bekannt, durch langes, trautes Beisammenleben, durch Erfahrungen seiner Nähe, seines Schutzes, aber auch seines Zornes über die offenkundigen Frevel des Volkes Israel, die nicht durch leere Rituale aus der Welt zu schaffen waren: *«Wenn ihr eure Hände ausbreitet, verhülle ich meine Augen vor euch. Wenn ihr auch noch so viel betet, ich höre es nicht. Eure Hände sind voller Blut»* (Jes 1,15).

Christen, die es mit der Wahrheit halten, tun gut daran, sich weniger an abstrakten Sätzen zu orientieren als an dem, der von sich sagt: *«Ich bin dazu geboren und in die Welt gekommen, dass ich für die Wahrheit Zeugnis ablege. Jeder, der aus der Wahrheit ist, hört auf meine Stimme»* (Joh 18,37). Nichts hat die Evidenz der Gestalt Jesu. Niemand kann ihn lauteren Herzens anschauen, ohne ihm zu attestieren, dass an ihm kein Falsch ist. Jesus ist nicht der *Bringer* von Wahrheiten, die man katalogisieren und ins Archiv aufnehmen kann. Jesus *ist* die Wahrheit.

Seit es Jesus Christus gibt, lautet die erste Frage nicht mehr: «*Was* ist Wahrheit?», sondern «*Wer* ist Wahrheit?». Christen sagen: *Er* – der von sich gesagt hat: *«Ich bin der Weg und die Wahrheit und das Leben»* (Joh 14,6). Das ist entweder die größte Geschmacklosigkeit der Weltgeschichte, nämlich die unverzeihlich überhebliche, gotteslästerliche Unverschämtheit eines größenwahnsinnig gewordenen Landrabbis – oder es ist die demütige Selbsterkenntnis des Sohnes Gottes. Ein Drittes gibt es nicht. Und so sagt Benedikt XVI.: «Am Anfang des Christseins steht nicht ein ethischer Entschluss oder eine große Idee, sondern die Begegnung mit einem Ereignis, mit einer Person, die unserem Leben einen neuen Horizont und damit seine entscheidende Richtung gibt. Jesus Christus ist die Person gewordene Wahrheit, die die Welt zu sich hinzieht. Das von Jesus ausstrahlende Licht ist Glanz der Wahrheit. Jede andere Wahrheit ist ein Fragment der Wahrheit, die er ist, und weist auf ihn hin. Jesus ist der Polarstern der menschlichen Freiheit; ohne ihn verliert sie ihre Ausrichtung, denn ohne die Erkenntnis der Wahrheit entartet die Freiheit, sie isoliert sich und wird zu steriler Willkür. Mit Jesus findet sich die Freiheit wieder; sie erkennt, dass sie für das Gute gemacht ist, und kommt in Handlungen und Verhaltensweisen der Nächstenliebe zum Ausdruck.»

Die Erkenntnis der Wahrheit hat demnach zwei Aspekte, man kann auch sagen Geheimnisse. Das erste Geheimnis lautet: Die Wahrheit ist eine Person – und keine Lehre. Das zweite Geheimnis lautet: Die Wahrheit ist ein Tun – und kein Kopfprojekt. Wer Jesus anschaut, wird hingerissen, in ein Tun hineingenommen. Der Glanz der Wahrheit zieht ihn zu sich herüber. Max Scheler: *«Der Kern der Person Jesu ist nur einem gegeben: seinem Jünger.»* Wer Jesus versteht, archiviert nicht in seinem Kopf irgendwelche objektivierbaren Weisheiten. Er begibt sich in die Gemeinschaft dessen, der sein Leben, seine Liebe, seine Wahrheit mit denen teilt, die mit ihm gehen. Und er geht weiter – ist «mit Herz und Mund» Wahrheit – und teilt wahres Leben. So verbreitet sich Wahrheit – und nicht in Proseminaren oder in der Volkshochschule. Ein Christ weiß, dass er mit dem Kopf nur auf Fragmente von Wahrheit stößt und dass das größte Hindernis der Wahrheitserkenntnis die eigene menschliche Schwäche ist, die Inkongruenz mit dem Erkannten, die ausbleibenden Taten.

«Wer die Wahrheit *tut,* kommt zum Licht» (Joh 3,21).

❖ Lesen Sie in den Evangelien – und suchen Sie das «Aroma der Wahrheit».

❖ Lassen Sie sich in Ihren Werturteilen nicht erschüttern: Es gibt gut und böse, wahr und falsch, erlaubt und verboten. Das Böse, Falsche, Verbotene hat kein Existenzrecht.
❖ Arbeiten Sie daran, ein authentischer Mensch zu werden.

TOOL 29

Böses nicht mit Bösem vergelten

Von Christian Morgenstern, dem Dichter, gibt es einen bedenkenswerten Spruch: «*Was du anderen zufügst, das fügst du dir zu.*» Das würde ja heißen: Wenn ich dem anderen seine Bosheit mit einer eigenen Bosheit vergelte – dann verletze ich mich selbst, dann füge ich mir selbst eine Wunde zu? In der Tat entspricht das einer oft zu machenden menschlichen Erfahrung: Das Austeilen von Bosheit, das Üben von Vergeltung, ist *doppelt destruktiv*. Es versetzt dem Aggressor einen Schlag, der diesen wiederum zu neuen Varianten von Gegenschlägen animiert. Es verändert aber auch mich selbst: Ich kann keine Bosheit inszenieren, ohne dass sie ein Teil von mir wird. Bosheiten austeilen ist immer eine Art von Selbstmordattentat, bei der man in der Absicht, andere zu schädigen, sich selbst mit in den Abgrund reißt.

Das Neue Testament ist ganz weit entfernt von der finsteren Mentalität des Austeilens. Paulus versucht bei den ersten Christen einen ganz anderen Geist zu installieren. Auf einem Grundklang der Dankbarkeit und der Freude soll man sich von jeder Versuchung zur Destruktion fernhalten. In der schönen Lutherübersetzung lautet die berühmte Stelle aus dem 1. Thessalonicherbrief so: «Seht zu, dass keiner dem andern Böses mit Bösem vergelte, sondern jagt allezeit dem Guten nach untereinander und gegen jedermann. Seid allezeit fröhlich, betet ohne Unterlass, seid dankbar in allen Dingen; denn das ist der Wille Gottes in Christus Jesus an euch» (1 Thess 5,15–18).

- ❖ Ersetzen Sie destruktive Gedanken über andere Menschen durch konstruktive Gedanken.
- ❖ Vertreiben Sie aus Eigeninteresse jede Form von Bosheit aus Ihrem Herzen. Bosheit vergiftet.
- ❖ Seien Sie fröhlich und dankbar; das vertreibt den inneren Groll.

TOOL 30
*Nicht Unrecht tun,
vielmehr Erlittenes geduldig ertragen*

Zur Weisung «Nicht Unrecht tun» muss man nichts sagen, wohl aber zur zweiten Hälfte dieses Tools. Wenn Psychologen von *erlittenem Unrecht* sprechen, haben sie gleich einen Fachterminus zur Hand. Sie nennen das *Trauma*. Es sind Traumata, die Menschen oft ein Leben lang verfolgen. Oft ist es eine in der Kindheit erlittene sexuelle Verfehlung eines nahen Verwandten, die aus der seelischen Software eines Menschen scheinbar nicht mehr zu tilgen ist. Es muss nicht die Sexualität sein; es kann auch das Gefühl sein: Mich hat niemand gern gehabt. Ich war nicht erwünscht. Oder: Ich wurde permanent übersehen. Oder auch: Ich musste nur den Willen eines anderen erfüllen; ich hatte keine Freiheit.

«Aufarbeiten!» heißt die Devise aller, die seelisch helfen wollen. Es ist schon viel, wenn man ein Trauma ans Licht des Bewusstseins heben, es anschauen und beschreiben kann. Dennoch bleiben die Mittel, einen seelisch traumatisierten Menschen wirklich heilen zu können, seltsam begrenzt.

Als ich vor vielen Jahren als Jugendlicher zum ersten Mal die Brüder der ökumenischen Communité von Taizé in Frankreich besuchte, fiel mir auf, wie häufig Frère Roger, der im August 2005 ermordete Prior der Gemeinschaft, von den «Wunden der Kindheit» sprach. Bei mir löste das eine tiefe innere Unruhe aus. Ich sprach mit anderen und stellte fest, dass ich mit meinem Gefühl nicht allein war. Heute scheint es mir, als gäbe es kaum einen Menschen, der in seiner Kindheit nicht verwundet worden ist und vor der Frage steht: *Wie gehe ich mit erlittenem Unrecht um?*

Seit meine Frau und ich Kinder haben, wissen wir, dass es auch in der wohlmeinendsten Erziehung nicht ohne Wunden abgeht. Wir wollten unseren Kindern kein Unrecht tun – und haben es doch getan. Wir wollten nicht verletzen und haben doch Verletzungen zugefügt und solche von unseren Kindern empfangen. Wie oft sind wir unseren Kindern nicht gerecht geworden, haben sie aus Angst irgendwo hingetrieben, ihnen mit mehr oder weniger sanfter Gewalt zu ihrem «Glück» verholfen – oder zu dem, was wir dafür hielten.

Wenn wir heute gemeinsam mit unseren Kindern nach Taizé fahren, ist noch immer die Rede von den «Wunden der Kindheit». Wir fragen unsere Kinder nicht danach, was sich in ihrer Seele tut, wenn sie das hören ...

Von einem heißt es, er habe kein Unrecht getan: Jesus. Trotzdem wurde gerade er zum Opfer einer dramatischen Zusammenballung von Unrecht. Auch im Leben Jesu gab es ein großes *Trauma*. Der Garten von Gethsemane, schließlich die Hinrichtungsstätte auf dem Berg Golgatha, sie wurden zu singulären Orten des Anschauens und der Aufarbeitung erlittenen Unrechts. Das Prekäre daran: Es ist eine Vater-Sohn-Geschichte. Der Sohn kann sich seine Lage, in die er unverschuldet hineingeraten ist, nicht erklären. Er adressiert sein Dilemma an den Vater. Was denkt der sich? Jesus fragt sich, ob er diesen Weg wirklich gehen muss: «*Mein Vater, wenn es möglich ist, gehe dieser Kelch an mir vorüber*» (Mt 26,39b). Wie nach einer Weile der Besinnung fügt er dann hinzu: «*Aber nicht wie ich will, sondern wie du willst*» (Mt 26,39c). Es ist in Jesus ein Grundwissen von der Güte des Vaters, das er nur erprobt, aber nicht erschüttert sieht. Aber es braucht das Gebet unter Blutschwitzen, um sich dieser Erfahrung auch jetzt, am Vorabend seines Todes, gewiss zu werden. Der Kelch wird *nicht* an ihm vorübergehen.

Als Jesus dann am Kreuz hängt, scheint die Gewissheit von der Gleichzeitigkeit erlittenen Unrechts *und* der Güte des Vaters noch einmal zusammenzubrechen. Jesus spricht das unglaublichste, erschreckendste Wort in der gesamten Religionsgeschichte der Menschheit aus: *«Eli, eli, lema sabachtani? ... Mein Gott, mein Gott, warum hast du mich verlassen?»* (Mt 27,46). Gott von Gott verlassen – was das heißt! Es ist, als wäre Jesus für einen Moment zum A-Theisten geworden. Jesus musste an den Bodensatz menschlicher Erfahrung rühren. Er musste dort sein, wo Menschen unschuldig in realen und psychischen Gefängnissen sitzen. Gott konnte nicht im Himmel bleiben; er musste in Jesus Christus wohl auskosten, wie das ist – in den GULAGS und Psychohöllen dieser Erde. Gott musste auch dorthin, wo man nicht mehr an Gott glauben kann, weil man die Faust gegen ihn erhebt. Jesus musste an diesen Punkt gehen, wo es buchstäblich un-erträglich ist, um dort wieder in den Glauben einzusteigen und schließlich wieder das letzte und größte Vertrauenswort zu sprechen: *«Vater, in deine Hände lege ich meinen Geist!»* (Lk 23,46).

Zu den letzten Worten Jesu am Kreuz gehört aber auch dieses *«Vater, vergib ihnen, denn sie wissen nicht, was sie tun»* (Lk 23,34). *Erlittenes Unrecht geduldig ertragen,* wie es Benedikt in seinem Tool fordert, ist also kein Aufruf zu stoischer Apathie. A-Pathie heißt übersetzt Unempfindlichkeit, Leidlosigkeit. Die Menschen haben sich Techniken der Leidverdrängung zurechtgelegt: Von Vergessen über Zähnezusammenbeißen bis zu Augen zu und durch.

Das Christentum empfiehlt ausgerechnet Geduld – und ist doch keine Verdrängung. Die Geduld der Christen mit dem, was ihnen bis an den Rand ihrer Möglichkeiten zusetzt, ereignet sich auf dem Tiefengrund des Leidens Christi. Jesus nimmt den Schmerz an, indem er sich mit seinem Verursacher versöhnt und bei Gott für ihn um Verzeihung betet. Darum darf auch in seinen Nachfolgern nicht Groll gegen unsere Peiniger das Letzte sein, sondern ihre Annahme in der Perspektive Gottes – also ein Ja zu meinem Feind im Licht Gottes. Dem eigenen Vater vergeben, der eigenen Mutter vergeben, das mag das Schwierigste sein, was einem Menschen aufgetragen ist. Feindschaft ereignet sich ja meist in der größten Nähe. Vergebung und geduldiges Gottüberlassen ist die einzige fundamentale Maßnahme für Frieden in der Seele.

Die Wunden der Kindheit werden immer noch schmerzen, aber sie verwandeln sich von einem Geschwür, das regelmäßig in Verzweiflung aufplatzt, zu einer Quelle der Kraft. *«Vergiss nicht»,* sagte Frère Roger einmal, *«dass aus derselben Wunde, in die die Unruhe eindringt, auch schöpferische Lebenskräfte erwachsen.»* Meine Wunden gehören zu mir. Sie haben mich gequält. Aber was ich bin und zu was ich in der Lage bin, habe ich in dieser Schule der Schmerzen gelernt.

Ich kannte einen, der in der Kindheit die Erfahrung der Verlassenheit und des Alleingelassenwerdens gemacht hat. Er hat viel Geduld gebraucht, viele Gespräche und viele Gebete, bis er das wurde, was er heute ist: eine reife, mit sich, seiner Geschichte und seiner Kindheit versöhnte Persönlichkeit. Mehr noch: ein Genie der Achtsamkeit, ein liebevoller, aufmerksamer Mensch.

❖ Halten Sie Gott die «Wunden ihrer Kindheit» hin.
❖ Versuchen Sie nichts festzuhalten; lassen Sie es in Gott hineinbluten.
❖ Empfehlen Sie Ihre Gegner, Peiniger und Unterdrücker Gott an.
❖ Lesen Sie die Passionsgeschichte Jesu und lernen Sie von seiner Geduld im Angesicht erlittenen Unrechts.

Tool 31

Die Feinde lieben

Als es um die «Rache» ging, haben wir dazu bereits Wichtiges gesagt. Benedikt legt außerordentlichen Wert darauf, dass Christen notorische «Unterbrecher» im normalen Abfolgeschema menschlicher Reaktionen sind. Vergeltung ist *normal.* Krieg ist *normal.* Es dem anderen heimzuzahlen ist *normal.* Jesus verlangt von seinen Nachfolgern, dass sie das Gesetz der Normalität brechen, zu Störern im Dominospiel der Gewalt werden. Für diese Störfunktion gibt es seit Jesus ein Wort: Feindesliebe. *«Liebt eure Feinde; tut denen Gutes, die euch hassen»*, sagt Jesus im Lukas-Evangelium (Lk 6,27).

Die Feindesliebe, sooft sie auch in der Geschichte verraten wurde, ist zum großen Markenzeichen des Christlichen geworden. Jesus muss den Zuhörern seiner Feldrede ordentlich eingeheizt haben: «Wenn ihr nur die liebt, die euch lieben, welchen Dank erwartet ihr dafür? Auch die Sünder lieben die, von denen sie geliebt werden. Und wenn ihr nur denen Gutes tut, die euch Gutes tun, welchen Dank erwartet ihr dafür? Das tun auch die Sünder. Und wenn ihr nur denen etwas leiht, von denen ihr es zurückzubekommen hofft, welchen Dank erwartet ihr dafür? Auch die Sünder leihen Sündern in der Hoffnung, alles zurückzubekommen» (Lk 6,32–34). Das also ist die geniale Intuition Jesu: Es geht auch andersherum; Domino geht nicht nur in eine Richtung. Wie man durch böses Handeln böse Folgehandlungen provoziert, so kann man durch unerwartete positive Intervention auch eine Kettenreaktion des Guten auslösen.

Mit diesem Gedanken wäre Jesus in die Geistesgeschichte der Ethik eingegangen, selbst wenn die *Feindesliebe* keine göttliche Eingebung wäre. Eltern haben schon immer gewusst, was Sozialpädagogen in der Arbeit mit sozial scheinbar nicht integrierbaren Jugendlichen praktizieren: Sie investieren Vertrauen, wo Vertrauen nicht angebracht ist. Sie übertragen Verantwortungslosen Verantwortung. Sie schenken Liebe, wo sie strafen müssten. Sie geben Freiheit, wo sie besser fesseln würden. Nur so durchbricht man die Spirale der Gewalt und löst man destruktives Verhalten auf.

Feindesliebe ist übrigens eine Alltagstugend. Sie fand nicht vor allem zwischen 1914 und 1918 statt, und sie ereignet sich auch nicht im Wesentlichen zwischen Deutschen und Franzosen. Sie ist eine Tugend aus dem Nahbereich. Sie gilt für Ehen, Eltern-Kind-Beziehungen, Partnerschaften, Geschäftsbeziehungen, die Zusammenarbeit im Büro. Der kleine verbale Ausrutscher, die Stichelei, das bewusste Übersehen – all das sollen Christen nach dem Willen Jesu *nicht kontern*. Als Christ hat man jeden Tag die Chance, Profil zu gewinnen, indem man sich dezidiert von *normalem* Handeln absetzt. Keiner wird einen deshalb für einen Frömmler halten. Aber alle werden sich fragen: Warum macht der das? Ebendies ist das Göttliche an der Geschichte. Im System Jesu soll eben das Ethische, das wir vollbringen, «Licht» sein und eine Verweisfunktion auf Gott haben. Christen sollen durch ihr ethisches Handeln vor anderen Menschen leuchten: «... *damit sie eure guten Werke sehen und euren Vater im Himmel preisen*» (Mt 5,16). Was heißt das?

Bevor wir auf die Idee kamen, jemandem Böses mit Gutem zu vergelten, hat Gott das zur Maxime seines Handelns gemacht. Er fängt permanent neu mit uns an. Jeden Tag schenkt er uns Lieblosen neu seine Liebe. Jeden Tag vertraut er uns, die ihn so oft verraten haben. Der wunderbare Römerbrief des Paulus kommt immer wieder auf diesen Gott zu sprechen, der sich für uns entschieden hat «... *da wir noch schwach und gottlos waren*» (Röm 5,6), «... *als wir noch Sünder waren*» (Röm 5,8), «... *als wir noch (Gottes) Feinde waren*» (Röm 5,10).

Die Feindesliebe ist also zuerst eine Eigenart Gottes. Gott und Sünde – das ist inkompatibel. Das stößt sich ab. Zwischen Gott und dem Bösen kann nur Feindschaft sein. Trotzdem vernichtet er den Sünder nicht, sondern lässt ihn leben und vor sein Angesicht kommen. Die große Überraschung ist die *voraussetzungslose* Liebe Gottes. Wir müssen nicht erst Wohlverhalten zeigen, um dann angenommen und belohnt zu werden. Selbst im Status der Feindschaft zu Gott wendet er sich uns zu. Wir sind jeden Tag die Objekte der «Feindesliebe» Gottes. *Darum* sollen wir dieses Tool anwenden.

❖ Setzen Sie neue Anfänge, wo Brücken abgebrochen wurden.
❖ Setzen Sie sich dem Verdacht aus, «vertrauensselig» zu sein.
❖ Investieren Sie Liebe und Vertrauen, ohne auf Dankbarkeit und Anerkennung zu spekulieren
❖ Setzen Sie sich im Gebet der Feindesliebe Gottes aus.

Tool 32
*Die uns verfluchen, nicht auch verfluchen,
sondern – mehr noch – sie segnen*

Viele sonst rational durchorganisierte Menschen glauben in einem exotischen Winkel ihres Herzens ein bisschen an Magie, mit der man Fluch oder Segen herbeiführen kann. Sie verschlingen Bücher über Voodoo oder über Liebeszauber, und sie denken über Puppen nach, die man an Stelle von Zeitgenossen, denen man in herzlicher Abneigung verbunden ist, mit Nadeln durchbohrt, um es ihnen auf magische Weise heimzuzahlen.

Die Worte «Fluch» und «Segen» dürften zum ältesten Bestand menschlicher Kultur gehören. Ich will gestehen, dass ich sie keineswegs für Unsinn aus der Menschenfrühzeit halte. Die heute weit verbreitete Ansicht, Gedanken seien weniger als Luft, sozusagen fast nichts, sie hätten keinerlei Auswirkungen auf die Realität – ist eine relativ neue, kaum ein paar hundert Jahre alte und durchaus törichte Ansicht. Natürlich ist das Geistige eine ebensolche Realität wie das Materielle, wie Stuhl, Lampe, Tisch, die ohne Geist (als Formprinzip ihrer Gestalt) nicht wären. Und natürlich durchdringt unser menschlicher Geist die fassbare Welt. Es ist per se nicht auszuschließen, dass der Geist eines Menschen – sein Wünschen, Wollen, Sehnen, Segnen und Fluchen – real auf die Dinge einwirkt.

Damit wären wir also mitten im Herzen der Esoterik angekommen! Richten Sie Ihre Bestellungen ans Universum! Segen und Fluch liegen in Ihrer Hand! Gehen Sie in den Schneidersitz und konzentrieren Sie sich! Lassen Sie im «Feinstofflichen» (was immer das sein mag) die Wellen schwingen! Durchdringen Sie mit Ihrem Geist die Materie! Die Welt wird Ihnen gehorchen! Wünschen Sie mit aller Kraft – und Reichtum und Glück laufen Ihnen hinterher!

Um ehrlich zu sein: Obwohl ich durchaus an die Kraft des Geistes glaube, halte ich diese Praktiken aus den Regionen der «Wellness-Religion» (Karl Lehmann) für Bauernfängerei, für einen Rückfall in die heidnische Welt von Asterix und Obelix, wo man noch Zaubertränke braute und wo böse Sprüche die Römer verhexen konnten.

Nun könnte man lange und beispielreich darüber streiten, ob man mit Mentaltraining und fit gemachter Wunschkraft tatsächlich Geldflüsse zu sich und die Pest zu den anderen leiten kann. Gehen wir den Dingen lieber auf den Grund! Worin unterscheidet sich die jüdisch-christliche Ansicht über Segen und Fluch von den esoterischen Bestellungen ans Universum? Das eine ist ein *Gebet* – das andere ist *Magie*. Ein magisches Weltbild geht davon aus, dass es dem «Magier» – er kennt den Spruch, die Tricks, den Code – möglich ist, die Dinge nach seinem Willen zu lenken. Diese Ansicht setzt voraus, dass es keinen anderen «Lenker aller Dinge» gibt, dass Gott also nicht existiert oder – für den Fall, dass es ihn doch irgendwo geben sollte – er jedenfalls jenseits von Gut und Böse ist und die Welt vergessen hat.

Magier möchten Herren der Welt sein, sie *beherrschen*. Christen glauben, dass die Welt schon einen Herrn hat: *«Du bist es, der die Welt erschaffen hat, durch deinen Willen war sie und wurde sie erschaffen»* (Offb 4,11). Täglich betet der gläubige Jude das berühmte *Schma Jisrael*: *«Höre, Israel, der Herr ist unser Gott, der Herr allein»* (5 Mo 6,4; Lutherbibel). Wir sind nicht *masters of the universe*. Wir haben die Welt nicht erfunden. Wir halten sie nicht in Gang. Wir spielen nur gerne Gott. Schon Gregor der Große, ein weiser Kirchenvater aus dem 6. Jh., wusste: *«Sobald die Seele den Aufblick zum Lenker aller Dinge verloren hat, sucht sie sogleich ihr eigenes Lob und beginnt alles Gute sich selbst zuzuschreiben, das sie doch nur zur Ehre des Gebers empfangen hat.»*

Kehren wir zu «Fluch» und «Segen» zurück. Im Jüdisch-Christlichen, so sagten wir, sind das *Gebete*. Um genau zu sein: Bittgebete. Gibt es denn negative Gebete? Ja, die gibt es; sie sind sogar in der Bibel dokumentiert (die sogenannten «Fluchpsalmen», in denen Israel seine Feinde unter der Anrufung Gottes verflucht), und es bereitet den Theologen einige Kopfschmerzen, dass da und dort Menschen in der Bibel beten, Gott möge die Bösen dem Bösen übergeben:: *«... dann sollen sie verflucht sein vor dem Herrn»* (1 Sam 26,19). Nun – Gott wird wissen, wen er wohin zu stecken hat.

Und das ist eben gerade der Unterschied zwischen einer magischen Praxis und einer Fluch- oder Segensanrufung. Letzteres ist nämlich eine *Bitte* an den, der die Macht hat, die Dinge zu lenken, kein Befehl ans Universum, keine zauberische Überlistung der Realität. Ob ich sage: «Ich verfluche dich!» oder «Ich segne dich!» – immer ist darin unausgesprochen eine Bitte an Gott, er möge doch herbeiführen, was außerhalb meiner Macht ist. Da die Bibel ja auch die Dokumentation einer 1500 Jahre alten internen Lerngeschichte ist, sollte man sich an Paulus halten, der von negativen Gebeten nachhaltig abrät: *«Segnet eure Verfolger; segnet sie, verflucht sie nicht! Freut euch mit den Fröhlichen und weint mit den Weinenden!»* (Röm 12,14–15).

Trotzdem wird man mit der Möglichkeit rechnen müssen, dass es Menschen gibt, die uns aus tiefstem Herzen heraus verfluchen. Lebten wir in einer magischen Welt, müssten wir von der Angst ausgehen, es könnte tatsächlich möglich sein, dass wir gebannt, verflucht, verhext, dem Bösen preisgegeben werden. Wir müssten damit rechnen, dass einer uns durch Liebeszauber die Freundin/den Freund ausspannt und das Geld aus meiner in seine Tasche herüberzieht, einfach weil er besser wünschen kann. So ist das in vielen magischen Kulturen – und so kommt das bei uns im selben Maß wieder, wie der Glaube an den lebendigen Gott abnimmt.

Im Juden- und Christentum weiß man sich in Gottes Hand, also der Bannkraft des Bösen entzogen: «Herr, du hast mich erforscht und du kennst mich. Ob ich sitze oder stehe, du weißt von mir. Von fern erkennst du meine Gedanken. Ob ich gehe oder ruhe, es ist dir bekannt; du bist vertraut mit all meinen Wegen. […] Du umschließt mich von allen Seiten und legst deine Hand auf mich» (Ps 139,1–3.5). Man kann mit diesem Gott sprechen; nach der großen Mystikerin Teresa von Ávila ist Beten ein *«Verweilen bei einem Freund, mit dem wir oft und gern allein zusammenkommen, weil wir sicher sind, dass er uns liebt»*. Dieser Gott hat ein Ohr (*«Ruf mich an am Tag der Not; dann rette ich dich»* Ps 50,15), und er zeigt in Jesus Herz (*«Kommt alle zu mir, die ihr euch plagt und schwere Lasten zu tragen habt. Ich werde euch Ruhe verschaffen. Nehmt mein Joch auf euch und lernt von mir; denn ich bin gütig und von Herzen demütig»;* Mt 11,28–29a). Man kann da also hinkommen und darf damit rechnen, dass die Bitte auch angenommen wird. («*Oder ist unter euch einer, der seinem Sohn einen Stein gibt, wenn er ihn um Brot bittet?»,* fragt Jesus in Mt 7,9, wo es um die Erhörung des Bittgebetes durch Gott geht.)

Man *darf* also segnen als Christ, man *soll* segnen, man *muss* geradezu segnen, wo man steht und geht. Gott hat uns ein wunderbares Instrument an die Hand gegeben, von dem wir reichlichsten Gebrauch machen sollten. Fluchbitten wird Gott abschmettern, aber gegen Segensbitten ist er geradezu wehrlos. Es ist, als würde Gott uns inständig darum bitten, dass wir durch Segnen immer neue Kanäle seiner Güte in die Wüste unserer Verhältnisse legen.

Wen können wir segnen? Unseren Partner, unsere Kinder, unsere Kollegen (man muss ihnen ja nicht gerade ein Kreuz auf die Stirn zeichnen), mein Gegenüber in der U-Bahn, den Menschen, der mich auf der Autobahn überholt. Nichts Wichtigeres, als der Mutter in der Zeit vor der Geburt ein ebenso zärtliches wie tief gedachtes Segenszeichen auf den Leib zu malen! Nichts Schöneres, als das Kind zu segnen, wenn es zum ersten Mal die Augen aufmacht. Nichts Menschlicheres, als den geliebten Menschen zu segnen, wenn er – für eine Weile oder für immer – geht.

Mein Vater starb im Krankenhaus, während ich weit weg war; meiner Mutter konnte ich in ihrer letzten Stunde ein Kreuz auf die Stirn zeichnen. Meine Frau Elisabeth meinte einmal: «Man hat ja immer Angst um die Kinder. Wenn ich ihnen, bevor sie das Haus verlassen, ein Kreuz auf die Stirn zeichne, dann kann ich sie wirklich in Frieden loslassen. Ich gebe sie damit in Gottes Hände. Einem Besseren könnte ich sie nicht anvertrauen. Und dann gehe ich an die Arbeit und verschwende keinen Gedanken mehr an die Angst.»

Zuletzt ist der Segen ein Panzer gegen alle negativen Einflüsse. Es packt sie nämlich bei der Wurzel. Wenn Ihnen jemand

Böses will – segnen Sie ihn einfach. Wenn man gegen Sie hetzt und intrigiert, hinter Ihrem Rücken geifert und tobt – segnen Sie. Es ist nicht einmal infam.

❖ Kontern Sie die destruktive Strategie Ihrer Gegner, indem Sie sie heimlich segnen.
❖ Zeichnen Sie einem lieben Menschen am Abend oder beim Abschied ein Kreuz auf die Stirn.
❖ Versuchen Sie, ein «Segen» für Ihre Mitwelt zu sein
❖ Versuchen Sie, «segensreich» zu wirken.

Tool 33
*Verfolgung leiden
um der Gerechtigkeit willen*

Die klassische Definition des Begriffs Gerechtigkeit ist uralt und wird schon vom römischen Redner Cicero erwähnt. Denkbar knapp gefasst, lautet sie: *suum cuique* – Jedem das Seine. Ausgerechnet diese drei Worte prangten über dem Eingangstor des Konzentrationslagers Buchenwald. So höhnisch die Inschrift gemeint war, so klar bringt sie zum Bewusstsein, dass Gerechtigkeit entweder religiöse Wurzeln hat oder das ist, was Rassisten, Sexisten, Nationalsozialisten, Kommunisten und andere Ideologen gerade dafür halten. Entweder Gerechtigkeit ist ein *absoluter* Wert, dann geht es um die Ableitung einer Qualität Gottes (denn hier auf der Erde gibt es nichts Absolutes, schon gar keine absolut gültige Gerechtigkeit) – oder Gerechtigkeit ist *relativ,* dann dürfen wir uns nicht beklagen, wenn sie mit wechselnden Mehrheiten alle naselang neu definiert wird: Jedem das Seine! Die Juden ins KZ! Sie verdienen es nicht anders!

«Gerechtigkeit» ist ein großes Wort – und «Verfolgung leiden» klingt noch einmal ein Stockwerk edler. Man denkt da gleich an die wenigen Aufrechten in den Folterkammern der Nazis, die ihr Haupt nicht vor dem «großen Tier» beugten und deshalb in aller Regel tragisch endeten. Es mag sein, dass Benedikt tatsächlich an tragische Konfrontationen dachte, als er dieses Tool den jungen Mönchen in seiner «Schule des Glaubens» verordnete. Die letzten blutigen Christenverfolgungen unter den Kaisern Diokletian und Galerius, bei denen ganze Gemeinden von Christen ausradiert wurden, lagen ja nur ein bis zwei Menschenalter zurück.

Da keiner von uns weiß, ob und wann ihm die Zeiten die *große Gerechtigkeit* eines Mahatma Gandhi, eines Alfred Delp oder eines Dietrich Bonhoeffer abverlangen, empfiehlt es sich, die Gerechtigkeit als Alltagstugend ins Auge zu nehmen. Wer sie lebt und einfordert, kann ebenfalls mit «Verfolgung» rechnen – und sei es die, bei anstehenden Beförderungen geflissentlich übersehen zu werden. Menschen in Betriebsräten, auch Engagierte in Bürgerinitiativen, Lebens- und Umweltschützer sowie aufrechte Journalisten können ein Lied davon singen, besonders wenn sie auch noch religiös motiviert sind. Dann ist Gerechtigkeit nämlich keine Diskussionsmasse. Sie ist einfach zu vollbringen.

Man kann es sich vorstellen, dass Verfechter dieser absolut (also unabhängig von der Person und ihrem Status) geltenden Gerechtigkeit steif und störend durch eine Welt der Smarten laufen. «Störungen haben Vorrang», sagt die Themenzentrierte Interaktion, sagen auch die Gerechten in unseren Büros, Parlamenten, Gerichtssälen, Schulen und Handelshäusern. Sie leisten sich den Luxus, Ecken und Kanten zu zeigen. Leittugenden sind aber gerade Flexibilität, Mobilität, Anpassungsfähigkeit, Kreativität, Pragmatismus. Der Gerechte ist dazu das Störprogramm. Er lässt über seine Erkenntnis: «Das ist ungerecht», nicht diskutieren. Er steht den Lösungsorientierten im Weg. Er blinzelt nicht und ist zu keinerlei kreativen Modifikationen und kostenorientierten Lösungen bereit. Sonst mag er Humor haben; wenn es darum geht, dem Unterdrückten zu seinem Recht zu verhelfen, verzieht er keine Miene.

144.000 nennt die Offenbarung des Johannes als die Zahl jener, die an der geheimnisvollen «Hochzeit des Lammes» am Ende aller Zeiten teilnehmen werden. Gemeint sind die Gerechten aus allen Zeiten und Völkern: *«Es sind die, die aus der großen Bedrängnis kommen»* (Offb 7,14b). Es ist, als würde Gott selbst das Patronat für diejenigen übernehmen, die sich hier aufreiben lassen, weil sie der unbedingten Geltung der Gerechtigkeit zum Durchbruch verhelfen möchten – und deshalb vorhersehbar unter die Räder kommen. Schon in Psalm 34 heißt es: *«Der Gerechte muss viel leiden, doch allem wird der Herr ihn entreißen»* (Ps 34,20). Gerechtigkeit hat dieselbe Wortwurzel wie «Gericht». So lange – nämlich bis zum Jüngsten Tag – werden wir warten müssen, bis sich Gerechtigkeit allgemein durchsetzt und jeder das Seine bekommt. Damit wir daran glauben können, braucht es hier schon die 144.000, die so tun, als sei es *absolut nicht egal,* ob – sagen wir – einem Kind Recht widerfährt oder nicht.

❖ Stören Sie Sitzungen mit der Frage: «Finden Sie das gerecht?»

❖ Engagieren Sie sich (durch Spenden oder mehr) bei einem Hilfswerk, das sich um den Ausgleich der ungerechten Lebensverhältnisse auf dieser Erde bemüht.

❖ Seien Sie grundsätzlich erst einmal auf der Seite des schwächeren Parts; geben Sie der schwächeren Position einen Vorschuss an Vertrauen.

Tool 34

Nicht stolz sein

Jahrelang habe ich nicht einmal ansatzweise verstanden, warum die Bibel und die alten geistlichen Meister – die Wüstenväter zum Beispiel – den Stolz so in Grund und Boden verdammten, ihn geradezu als das Grundhindernis auf dem Weg zu Gott bezeichneten. Das Wort «Stolz» war und ist bei mir positiv besetzt. Wenn ich von einer schönen Frau träume, muss es eine «stolze», selbstbewusste Frau sein. Wenn ich mir die Leute in unserem Land vorstelle, wünsche ich sie mir so glücklich und stolz wie in Jürgen Klinsmanns Fußballmärchen vom Sommer

2006. Menschen, die keinen Stolz und keine Selbstachtung haben, mag ich nicht anschauen.

Und dann schlage ich die Bibel auf und lese: *«Sechs Dinge sind dem Herrn verhasst, sieben sind ihm ein Gräuel: Stolze Augen, eine falsche Zunge …»* (Spr 6,16–17a). Oder: *«Wohl dem Mann, der auf den Herrn sein Vertrauen setzt, sich nicht zu den Stolzen hält noch zu treulosen Lügnern»* (Ps 40,5). Oder: *«Gott tritt den Stolzen entgegen, den Demütigen aber schenkt er seine Gnade»* (Jak 4,6b). Und dann schlage ich die Kirchenväter auf und finde das gleiche Herumhacken auf dem Stolz: Keine Sünde wird unnachgiebiger gegeißelt als Stolz und Hochmut; der Stolz ist die schlimmste aller Sünden, geradezu die Inkarnation des Bösen. Jähzorn, Habgier, Unzucht, Ausschweifung, Trunksucht? Lappalien gegen den Stolz. Niemand ist abgewandter und ferner von Gott als der Stolze. Bloß – warum?

Ich weiß noch Ort und Stunde, wo ich schließlich entdeckte, warum es so ist, warum die Bibel recht hat, warum die alten Mönche recht haben. Es war in der 10. Reihe, Platz Ich-weiß-nicht-mehr einer weltbekannten Münchner Bühne. Meine Frau und ich hatten sündhaft teure Karten erstanden, um zwei Weltstars des klassischen Liedgesangs zu erleben. Einmal würden wir uns dieses Vergnügen leisten! Und dann traten sie auf. *Er* sang, die Legende. Ich schaute meine Frau an. Meine Frau schaute mich an. Na ja – vielleicht das erste Lied, dachten wir beide. Dann sang sie, die große Primadonna. Dann sangen sie beide zusammen. Sie holten alles heraus – *aus sich,* leider nicht aus der Musik. Von Lied zu Lied steigerte sich unser Missvergnügen – und es lag gewiss nicht am Klangmaterial dieser wohl zu recht gerühmten Stimmen. Wir fühlten uns im falschen Film. Die Lieder bildeten nur die abgestandene Kulisse für ein irgendwie obszönes Suhlen im eigenen Klang.

In der Pause gingen wir – trotz der teuren Karten. *«Die können nicht»,* meinte meine Frau trocken, «die sind stolz!» Das war der Augenblick, in dem ich ein für alle Mal verstand, warum der Stolz der Tod für die Musik wie für die Religion ist.

Ich will es zunächst musikalisch erklären. Ein Konzert ist dann gut, wenn die Leute nicht einschlafen. Lassen wir den

Fall einmal vor der Tür, dass man vor Ärger kein Auge zutut, so verhindern zwei Momente das Einschlafen: a) Man könnte weinen, weil man so erschüttert wurde; b) man könnte jauchzen vor Glück, weil die Seele von der Gewalt der Musik gepackt und erhoben wurde. Dafür geht man in Konzerte. Ein Musiker, der gleichzeitig ein Künstler ist, muss durchsichtig wie Glas sein, damit man das Wesen der Musik erkennen kann. Oder, um ein anderes Bild zu gebrauchen: Er muss sein wie eine wunderschöne Harfe, durch die der Wind geht. Er muss ein Medium sein, auf dem die Musik spielt.

Nehmen wir den Fall eines technisch perfekten Musikers, deren es mittlerweile viele gibt; einer, der beispielsweise ein Rachmaninow-Konzert im Schlaf herunterspielen kann. Er wird grandios scheitern, wenn er sich nicht in den Dienst der Musik stellt. Immer dann, wenn Musiker nicht demütig sind, wenn sie sich aufblasen, sich zeigen wollen, ihr eigenes Ego in den Vordergrund schieben, zerstören sie die Musik, vernichten sie ihren Geist. Es ist schlimmer, als wenn sie überhaupt nicht spielen würden. An dieser Ecke gibt es wahre Musikertragödien.

Und dieser Art sind auch die Glaubenstragödien vieler Menschen. Sie stehen sich selbst im Weg. Sie haben die Religion entdeckt und können sie gebrauchen. Sie inszenieren sich geschickt in ihrem Milieu und schmücken sich mit ihren Insignien. «Sie stellen sich beim Gebet gern in die Synagogen und an die Straßenecken, damit sie von den Leuten gesehen werden» (Mt 6,5b). «Alles, was sie tun, tun sie nur, damit die Menschen es sehen: Sie machen ihre Gebetsriemen breit und die Quasten an ihren Gewändern lang, bei jedem Festmahl möchten sie den Ehrenplatz und in der Synagoge die vordersten Sitze haben, und auf den Straßen und Plätzen lassen sie sich gern grüßen und von den Leuten Rabbi (Meister) nennen» (Mt 23,5–7).

Das Wort Gottes möchte aber nicht besetzt, ergriffen, verwaltet und benutzt werden. Das Wort Gottes ist wie eine Musik, die durch die Menschen hindurchgehen möchte, wie Luft, die über die Stimmbänder weht und sie zum Schwingen bringt, wie eine Melodie, die einen Tänzer ergreift, der darüber sich selbst vergisst und schwerelos tanzt. Gott kann auf einem stolzen Instrument nicht spielen. Die Religion des Stolzes ist schwer und dumm und nicht mit anzusehen. Vernünftige Leute ergreifen die Flucht, weil es kaum etwas Abstoßenderes gibt als Menschen, die einem die Sicht auf Gott nehmen. Die Religion der Demut vibriert vor Geist, ist durchsichtig und ganz leicht. *«Engel sind leicht»*, sagte Gilbert Keith Chesterton, der Erfinder von Pater Brown einmal, *«Satan fiel wegen seiner Schwere.»* Das ist es.

Das Wesen einer Sünde ist, dass sie von Gott trennt. Der Stolz wird darum Ursünde und Mutter aller anderen Sünden genannt, weil er das Prinzip des Ausschlusses Gottes aus unserem Leben ist. Der Stolz stellt für den lieben Gott ein Schild vor die Tür: Du musst leider draußen bleiben. Der Stolz sagt: Ich gewähre dir keinen Einblick. Ich weiß schon selbst, was gut für mich ist! Du brauchst mich nicht erlösen; ich kann das sehr gut allein! Du brauchst mir nicht zu helfen, ich komme schon allein zurecht! Da muss es schon Matthäi am Letzten sein, dass dieses Gottverhinderungsprogramm zusammenbricht. Die Mauern unseres Stolzes fallen, wenn wir mit unserem Latein am Ende sind und in unserer Not zu Gott schreien. Wo wir am Ende sind, da hat Gott endlich eine Chance.

Ich mag immer noch stolze Frauen, stolze Fußballer und stolze Nationen (sofern sich ihr Stolz nicht gegen andere Nationen richtet). Dafür ist der Stolz gut, wenn er sich nur vor dem beugt, was größer ist, als dass wir es uns selbst bereiten könnten.

- ❖ Seien Sie stolz auf Ihr Leben und Ihre Lebensleistung, aber seien Sie demütig vor Gott.
- ❖ Geben Sie sich, Ihre Familie, Ihre Freunde und Ihre Arbeit täglich in Gottes Hand – Sie können nichts steuern.
- ❖ Seien Sie nicht traurig, wenn Sie nicht mehr weiterwissen: Geben Sie Ihre Sorge ab, übergeben Sie Gott den Fall.

TOOL 35
Nicht trunksüchtig sein

Das versteht sich. Süchte machen den Menschen unfrei. Alkohol ist eine Droge, wenn auch eine legale. Freiheit ist nach der Liebe ungefähr das größte Ziel im Glauben. Also wird man sich nicht haltlos betrinken. Nun wird man in der Bibel vergeblich ein generelles Maßnahmenpaket gegen die Droge «Wein» suchen. Hingegen findet sich in den Psalmen (und nicht nur dort) ein hymnisches Lob auf den Wein: *«Du lässt Gras wachsen für das Vieh, auch Pflanzen für den Menschen, die er anbaut, damit er Brot gewinnt von der Erde und Wein, der das Herz des Menschen erfreut, damit sein Gesicht von Öl erglänzt»* (Ps 104,14–15).

Wie steht es mit Jesus und dem Wein? Als Asket ist Jesus schlecht zu vereinnahmen. Weder war er Vegetarier, noch hat er sich zu übermäßigen Fastenübungen hinreißen lassen (danach sollte man besser bei Johannes dem Täufer suchen). Jesus muss sich sogar pharisäisches Naserümpfen gefallen lassen und sich gegen üble Nachrede verteidigen: «Johannes der Täufer ist gekommen, er isst kein Brot und trinkt keinen Wein und ihr sagt: Er ist von einem Dämon besessen. Der Menschensohn ist gekommen, er isst und trinkt; darauf sagt ihr: Dieser Fresser und Säufer, dieser Freund der Zöllner und Sünder!» (Lk 7,33–34).

Sein erstes öffentliches Wunder hat Jesus ausgerechnet auf einer Hochzeit gewirkt, auf der es trinktechnisch hoch herging – und zwar mit Wein: *«Als der Wein ausging, sagte die Mutter Jesu zu ihm: Sie haben keinen Wein mehr»* (Joh 2,3). Jesus ließ sich bitten, aber nicht lange, um dann – wenn schon, denn schon – einen Tropfen der Extraklasse hinzulegen. *«Jeder setzt zuerst den guten Wein vor und erst, wenn die Gäste zu viel getrunken haben, den weniger guten»*, muss sich der arme Speisemeister anhören. *«Du jedoch hast den guten Wein bis jetzt zurückgehalten»* (Vers 10). Jesus, darf man annehmen, wird sich auf der Normallinie allgemeiner Lebensfreude bewegt haben.

Zum Wein muss Jesus aber eine besondere Beziehung gehabt haben, denn Wein ist es, der beim letzten Abendmahl zum großen Zeichen seiner Lebenshingabe wird: «*Nehmt den Wein und verteilt ihn untereinander! [...] Dieser Kelch ist der Neue Bund in meinem Blut, das für euch vergossen wird*» (Lk 22,17b.20b). Daraus wurde nach der Auferstehung Christi die «Eucharistie» (= Danksagung), jene allsonntägliche Zusammenkunft, in der Wein und Brot den Mittelpunkt eines Rituals der Vereinigung mit Christus bilden.

Warum Jesus ausgerechnet den *Wein* dazu auswählte? Weil er so köstlich ist? Weil er – in Maßen genossen – Freude schenkt? Weil er in den Adern prickelt, wenn wir ihn zum Zeichen des neuen Lebens, das wir in der Vereinigung mit Christus gewinnen, genießen? Weil ein guter Wein, seiner anregenden und erhebenden Qualitäten wegen, der Inbegriff des Festes ist? All das ist wahrscheinlich. Das letzte Abendmahl sollte nach dem Willen Jesu ja das Vorauszeichen der großen wonnevollen Tischgemeinschaft werden, zu dem wir einmal berufen sind – da passt diese sinnliche Provokation der Hoffnung auf das Gottesreich, in dem das verlorene Paradies wiederhergestellt wird.

So sehr der Wein, «die Frucht der Erde und der menschlichen Arbeit», im Neuen Testament hochgeschätzt wird, so sehr finden sich auch Ermahnungen. «*Könnt ihr denn nicht zu Hause essen und trinken?*» (1 Kor 11,22), fährt Paulus die Korinther an, die wohl den Zeichencharakter des eucharistischen Weingenusses etwas falsch interpretiert hatten. Paulus ist durchaus kein Weinverächter; er empfiehlt sogar dem etwas wackligen Timotheus: «*Trink nicht nur Wasser, sondern nimm auch etwas Wein, mit Rücksicht auf deinen Magen und deine häufigen Krankheiten*» (1 Tim 5,23).

Eine Ansicht, der sich der gestrenge Vater Benedikt anschließt, gesteht er doch «*mit Rücksicht auf die Bedürfnisse der Schwachen ... für jeden täglich ein Hemina Wein*» (RB 40,3) zu. Freilich tut er es zögerlich – es waren schon die neuplatonischen Asketen über das Christentum gekommen: «Zwar lesen wir, Wein passe überhaupt nicht für Mönche. Aber weil sich die Mönche heutzutage davon nicht überzeugen lassen, sollten wir uns wenigstens darauf einigen, nicht bis zum Übermaß zu trinken, sondern weniger. Der Wein bringt sogar den Weisen zu Fall» (RB 40,6–7). Da sind wir wieder bei Paulus: *«Berauscht euch nicht mit Wein – das macht zügellos –, sondern lasst euch vom Geist erfüllen!»* (Eph 5,18).

Das Rauschhafte, Hingerissene hat durchaus Platz im Christentum. Es ist nur keine Frage önologischer Stimulation. Im Christsein kommt das Hingerissensein aus anderen Quellen: *«Du legst mir größere Freude ins Herz als andere haben bei Korn und Wein in Fülle»* (Ps 4,8).

❖ Trinken Sie Alkohol selten, dafür aber mit Genuss.
❖ Wenn Sie Zeichen der Abhängigkeit an sich feststellen (Sie brauchen Alkohol, um nicht mehr nervös zu sein, um einzuschlafen, um gut drauf zu sein), suchen Sie professionelle Hilfe auf.
❖ Verzichten Sie auf Alkoholgenuss in Gegenwart gefährdeter Menschen.

Tool 36

Nicht gefräßig sein

Die Fresslust ist so alt wie die Menschheit. Die Etymologie weist gleich auf das Religiöse an der Ess-Lust hin. Das Wort Nahrung bedeutet im Althochdeutschen so viel wie «Heil, Rettung, Unterhalt». Essen bedeutet Leben. Wir essen um unser Leben. Manchmal werden die Termini nur ausgetauscht: Dann setzen wir Leben ein, um zu essen. Der bekannte Schmecklecker Esau, dem angesichts eines Linsengerichts auf eine Weise das Wasser im Mund zusammenlief, dass er dafür sogar sein Erstgeburtsrecht verkaufte (1 Mo 25,27ff.), wurde zum Prototypen der Esslust und doch nicht zum Patron der Köche.

Von seiner Art müssten eigentlich die Leute sein, die den Gourmettempeln der Welt an die Angel gehen: «Ich könnte mich *wegschmeißen* für Ihr Kaninchen in Calvados ... und erst für Ihr Trüffelsoufflé!» Das tun die Junkies der Zunge nicht wirklich – höchstens in Raten; sie zahlen und gehen, nachdem sie wieder einmal den aussichtslosen Kampf um die finale Reizung der Geschmacksknospen geführt haben.

Es liegt eine leichte Melancholie über der Welt oraler Genüsse. Sie bezaubern die Sinne, reizen die Augen, betören die Nase und entführen für eine Weile ins Paradies. Aber das Paradies ist größer als unsere Augen, und die Welt, die wir uns mit Haut und Haaren einverleiben möchten, ist größer als unser Magen. Das Glück liegt nicht in den Dingen, auch nicht in der Häufung und Verbesserung der Dinge; Dinge sind nur *Verheißungen* von Glück. Die Erfüllung liegt jenseits von ihnen. Ist es das, was Dante meinte, als er von den «Tränen der Dinge» sprach – *sunt lacrimae rerum?*

Wenn es nur um den Braten ginge, wäre der Fall lösbar. Aber der Mund ist für die Bremer Soziologin Annelie Keil das «universale Werkzeug der Welterschließung», ein «multifunktionales Werkzeug und eine erotische Lustquelle zugleich». Sigmund Freud hatte uns aufmerksam gemacht auf die Tiefenschichten des Essens: *«An der Brust der Mutter kommen Hunger und Liebe zusammen.»* An Milch werden wir schon satt. Aber an Liebe? Den geliebten Menschen möchten wir am liebsten «auffressen» – und nicht nur ihn.

Essen symbolisiert unsere unbändige Lust nach Einverleibung, Einverleibung ohne Maß, ohne Ende, ohne Ziel. *«Ich bin, was ich habe und konsumiere»*, beschreibt Erich Fromm diese Art, in der Welt zu sein. Wir nehmen, was wir kriegen, auch wenn wir uns daran verschlucken. Wir kriegen den Hals nicht voll. Kinder wollen ihr Spielzeug verschlucken. Herrscher verleiben sich ganze Kontinente ein; einst stolze Firmen werden von internationalen Konzernen geschluckt. Hedgefonds sind wie Haie; sie haben das Maul weit aufgesperrt, vertilgen alles, was ihnen in den Weg kommt.

Mit dem Blick auf den Markt wissen wir heute durchaus, warum die Alten die «Gefräßigkeit» als Todsünde erkannten. Man stirbt daran. Ein amerikanischer Arzt, Dr. F. Lopez-Jimenez, hat herausgefunden, worin das Tödliche besteht: im Hormon Noradrenalin. Bei übermäßigem Genuss fetter Speisen bewirkt es eine Veränderung der Venen- und Arterienoberflächen; weil es zudem auch noch den Blutdruck steigert, kommt es zum tödlichen Herzinfarkt.

Nach biblischer Auffassung ist der Kult um das Fressen in seiner ganzen Bandbreite einfachhin *Idolatrie*, Götzendienst. Etwas Vorletztes, an sich Wunderbares, wird absolut gesetzt. Das ist einmal die Leugnung des wahren Gottes, zum anderen der bittere, zerstörerische Kult am falschen Gott: *«Viele Schmerzen leidet, wer fremden Göttern folgt»* (Ps 16,4). Und welchem fremden Gott wird hier gedient? *«Ihr Gott ist der Bauch»*, sagt Paulus (Phil 3,19). Er sagt es *«unter Tränen»*, denn er spricht zu Ex-Christen, zu Leuten also, die schon in der ersten Generation zurückgefallen sind in die alte irdische Denkweise und nun als *«Feinde des Kreuzes Christi»* (Phil 3,18) leben.

Paulus hält dagegen: *«Unsere Heimat aber ist im Himmel»* (Phil 3,20). Er will damit sagen: Das große Glück liegt jenseits der irdischen Dinge. Vollbringt man hingegen die «Werke des Fleisches», betet man also das Irdische götzendienerisch an – irgendetwas muss der Mensch ja anbeten –, kommt man genau da *nicht* hin, wo man durch Essen, Trinken, wahllosen Sex mit Gewalt und null Komma plötzlich hinwill, ins «Paradies»: «Die Werke des Fleisches sind deutlich erkennbar: Unzucht, Unsittlichkeit, ausschweifendes Leben. […] Trink- und Essgelage und Ähnliches mehr. Ich wiederhole, was ich euch schon früher gesagt habe: Wer so etwas tut, wird das Reich Gottes nicht erben» (Gal 5,19.21).

Das entwertet Essen, Trinken und Sex nicht. Essen ist Essen, Trinken ist Trinken, Sex ist Sex. Die Hinzufügung von divinisierenden Attributen braucht es nicht. Wohl klugen, dankbaren, ahnungsvollen Gebrauch. Denn alles Gute auf der Erde trägt ja einen Verweis in sich. Und so ist eine Scheibe frischen, duftenden Brotes eine Steilvorlage, um Jesus zu verstehen, wenn er sagt: «Müht euch nicht ab um Speise, die verdirbt […] Ich bin das Brot des Lebens; wer zu mir kommt, wird nie mehr hungern, und wer an mich glaubt, wird nie mehr Durst haben. […] Eure Väter haben in der Wüste das Manna gegessen und sind gestorben. So aber ist es mit dem Brot, das vom Himmel herabkommt: Wenn jemand davon isst, wird er nicht sterben.

[…] Und das Brot, das ich geben werde, ist mein Fleisch für das Leben der Welt» (Joh 6,27a.35.49–51).

Von diesem Punkt aus wird vielleicht verständlich, wieso Jesus auf diesen von außen gesehen so seltsamen Gedanken kam, seinen Leuten zu sagen, sie sollten ihn in Gestalt von Brot «essen» und in Gestalt von Wein «trinken»: Es ging ihm um *Einverleibung*. Wo jede andere Einverleibung der Horror ist – *hier ist sie die einzigartige Gnade, leben zu dürfen,* so viele Haie auch um uns schwimmen mögen, um uns zu verschlucken, zu vereinnahmen, ums Leben zu bringen.

Als der heilige Augustinus von Hippo noch nicht heilig, sondern ein suchender Mensch in ziemlich unordentlichen Verhältnissen war, setzte er sich auch mit dem Rätsel der Eucharistie (= Abendmahl) auseinander. In seinen «Confessiones», den «Bekenntnissen» (übrigens das Lieblingsbuch von Gérard Dépardieu) erzählt er von seinen Mailänder Erfahrungen vor der Bekehrung: «Es war, als hörte ich deine Stimme aus der Höhe: ‹Ich bin die Speise der Starken; wachse und iss dann von mir! Aber du wirst mich nicht wie eine leibliche Speise *in dich* verwandeln, sondern du wirst *in mich* verwandelt werden›» (Confessiones VII,10.16). Das ist der Dreh. Wenn man den verstanden hat, weiß man, warum wir eingeladen sind, Ihn zu essen. Statt uns an der ganzen Welt den Magen zu verderben.

- ❖ Essen Sie langsam, mit Genuss.
- ❖ Pflanzen Sie selbst ein paar Dinge an, und kosten Sie die Freude an den guten einfachen Dingen.
- ❖ Führen Sie das Tischgebet wieder ein (wenn Sie mit Geschäftsfreunden unterwegs sind, seien Sie einfach einen Moment still vor dem Essen).

TOOL 37
Nicht schlafsüchtig sein

Der Philosoph Arthur Schopenhauer hat über den Schlaf geschrieben: «Jeder Tag ist ein neues Leben, jedes Aufwachen und Aufstehen eine kleine Geburt, jeder frische Morgen ist eine kleine Jugend und jedes Zubettgehen und Einschlafen ein kleiner Tod ...» Müde sinken wir in die Kissen und wachen erfrischt auf. Manchmal aber sind wir todmüde von all den Herausforderungen im Alltag und suchen wie Süchtige das Vergessen und die Träume.

Wachsein und der Wirklichkeit ins Auge schauen erfordern Mut und höchste Konzentration. «Wenn ich nur daran denke, wird mir schon schlecht», lautet eine stehende Redewendung. Dabei ist das Vergessen und Verschlafen, das Sich-Fortträumen und bewusste Übersehen häufig eine geradezu tödliche Fertigkeit. Wir können die Augen nicht davor verschließen, dass wir in 20 Jahren eine vergreiste Nation sein werden und unseren Kindern heute Lasten aufgebürdet werden, die sie nicht tragen können. Wir können es nicht mit ansehen, dass in Afrika ganze Völker hingeschlachtet werden und Kinder noch immer an Hunger sterben. «Der Tod hat einen Bruder, das ist der Schlaf», sagt der Benediktiner Maurus Kraß, «und eine Schwester, das ist die Angst.» Wir haben Angst, die Augen aufzumachen und uns der Wirklichkeit zu stellen. Wir wissen genau, dass Rauchen zu Krebs führt, aber wir haben eine diffuse unterbewusste Angst, es könnte uns etwas tief Befriedigendes fehlen, wenn wir den Zug an der Zigarette nicht mehr haben.

Es gibt auch eine geistliche Schlafsucht – und sie ist nicht nur bei Mönchen bekannt –, die der Wirklichkeit Gottes nicht ins Auge schauen möchte. Ein Christ wohnt ja Tür an Tür mit dem Ungeheuerlichen. «Der Abgrund des Menschen ruft nach dem Abgrund Gottes», formulierte einmal Abt Clemens Schmeing OSB unter Berufung auf Ps 42,8: «Ein Abgrund ruft dem anderen zu». Mönche rezitieren tagaus, tagein die abgründigsten Verse, die unglaublichsten Neuigkeiten Gottes – und schlafen darüber ein. Sie müssten Heilige sein, wollten sie den Gehalt ihrer Gebete auch nur ahnungshaft realisieren!

Frère Roger drang Jahr um Jahr auf seine Brüder ein, sie sollten einfacher werden, weniger Worte machen. Wer heute nach Taizé kommt, wird nicht zugeredet mit 1000 biblischen Weisheiten. Es sind wenige (und immer die gleichen) Worte, die in

Stille wie in eine unendlich kostbare Fassung eingehüllt sind, damit wir Ihnen in unendlicher Bereitschaft des Herzens begegnen. Es ist ja in der Tat nicht zu fassen, nicht mit dem Verstand, nicht mit den Gefühlen, nicht mit der Seele einzuholen, dass Gott Mensch wurde, dass sich in jedem «Zufall» ein Brief Gottes an mich befindet, dass wir alles, was wir «einem dieser Geringsten» tun, in Wahrheit Christus tun (Mt 25,40). Wenn wir das wirklich wüssten ... dann würde kein Kind mehr an Hunger sterben, kein Einsamer würde einsam bleiben, kein Trauriger ungetröstet!

Mutter Teresa beschwor ihre 3000 vornehmen Gäste, die gekommen waren, um ihrer Nobelpreisrede zu lauschen: *«Dies ist es, was ich von Ihnen wünsche: Lieben Sie die Armen, und wenden Sie ihnen nicht den Rücken zu, denn wenn Sie den Armen den Rücken zuwenden, so wenden Sie ihn Christus zu.»* Wie vielen von denen, die diesen VIP-Termin wahrnahmen, werden die Augen aufgegangen sein? Wie viele von uns lügen sich über den Abgrund hinweg und sagen: Irgendjemand wird schon etwas tun? Der Theologe Karl Prümm schrieb in den dreißiger Jahren des vorigen Jahrhunderts ein Buch mit dem Titel «Christentum als Neuheitserlebnis». Wir gehen damit um, als seien es olle Kamellen: Uns schlafen die Füße ein.

Es gab eine Zeit, da glaubten die ersten Christen, das Ende der Welt stünde unmittelbar bevor. Sie warteten täglich darauf, dass Christus kommen würde und sie ihm von Angesicht zu Angesicht begegnen würden. *«Wacht über euer Leben. Eure Lampen sollen nicht ausgehen und eure Lenden nicht schlaff werden, sondern seid bereit! Denn ihr kennt nicht die Stunde, in der unser Herr kommt»,* heißt es in der frühchristlichen Zwölfapostellehre (16.1). Das brachte eine ungeheure Dynamik, eine letzte Wachsamkeit und Konzentration in ihren Alltag. Mit der Zeit verstanden sie, dass Christus *tatsächlich kommt,* aber nicht in einem übermorgen stattfindenden apokalyptischen Showdown, sondern jeden Tag und jede Stunde. Ankunft (lat.: *adventus*) ist *jetzt.*

Darum hat das Tool «Nicht schlafsüchtig» die gleiche Brisanz wie im Urchristentum. Christen dürfen die Arbeiterfrage nicht verschlafen und nicht die modernen Naturwissenschaften – die großen Schlafsünden der letzten 200 Jahre –, aber sie müssen vor allem eine persönliche Kultur der Wachsamkeit entwickeln. Sie brauchen Stille, um die Gewalt des Wortes zu hören. Sie brauchen Liebe, um den Anruf des Nächsten nicht zu überhören. Sie brauchen Mut, um einer scheinbar unrettbaren Wirklichkeit ins Auge zu blicken und kleine Schritte der Veränderung anzugehen. «Wacht und betet, damit ihr nicht in Versuchung geratet. Der Geist ist willig, aber das Fleisch ist schwach» (Mt 26,41).

Was die Mönche selbst betrifft, so hat ihnen die Schweizer Benediktinerin und Dichterin Silja Walter ein paar wunderbare Verse ins Stammbuch geschrieben: «Jemand muss zuhause sein, / Herr, / wenn du kommst. / Jemand muss dich erwarten, / unten am Fluss / vor der Stadt. / Jemand muss nach dir Ausschau / halten / Tag und Nacht. / Wer weiß denn, wann du kommst? / […] / Wachen ist unser Dienst, / wachen. / Auch für die Welt. / Sie ist oft so leichtsinnig, / läuft draußen herum, / und nachts ist sie auch nicht / zuhause. / Denkt sie daran, / dass du kommst? / Dass du ihr Herr bist / und sicher kommst? / […] / Komm, Herr! / Hinter unsern Mauern / unten am Fluss / wartet die Stadt auf dich.»

❖ Wenn Sie nachts nicht schlafen können, seien Sie dankbar: Sie bekommen Zeit für ein Gebet.

❖ Werden Sie nicht zum Vielleser, sondern wiegen Sie wenige Worte in ihrem Gewicht ab.

❖ Kehren Sie immer wieder zu einem Schriftwort zurück, das Sie schon einmal geweckt und in die Tiefe geführt hat.

TOOL 38
Nicht faul sein

«Johannes Gutenberg war zu faul, Bücher abzuschreiben, Karl Benz zu faul, zu Fuß zu gehen. Der Abakus, der Taschenrechner und der Computer wurden erfunden, weil intelligente Menschen zu faul zum Kopfrechnen waren», schreibt Dirk Maxeiner und singt das Hohelied auf die Faulheit. Mag sein. Aber Gutenberg und Benz waren nicht faul, sondern erfinderisch, und der Computer wurde erfunden, weil kluge Köpfe das Beste aus sich herausholten. Die wirkliche Faulheit, die Benedikt seinen Mönchen untersagt, ist – christlich gesehen – eine Sünde gegen den Schöpfer. Wie das?

Dazu müssen wir das 25. Kapitel aus dem Matthäus-Evangelium lesen. Jesus erzählt seinen Zuhörern eine Geschichte – die von den «Talenten». Das «Talent» (griech: *talanton* = Waage, Gewicht) war einmal eine babylonische Maßeinheit; später wurde daraus eine Währungseinheit. Wenn Jesus von «Talenten» spricht, meint er zunächst einmal Geld. 400 Jahre vor Christus konnte man für ein Talent ein komplettes Segelschiff erwerben. Es geht also bei Jesus um «richtig viel Kohle». Millionen werden verteilt. Die Geschichte geht so:

Ein Mann geht auf Reisen und gibt seinen Leuten «Talente», einem fünf, dem anderen drei, dem letzten eines «je nach ihren Fähigkeiten» (Mt 25,15). Was machen diese Leute nun mit dem vielen Geld? Der Erste – sagen wir: ein taffer Unternehmertyp – wirtschaftet nach Kräften mit dem Geld. Er geht ökonomische Risiken ein, arbeitet hart, hat Glück und Verstand und erwirtschaftet eine fantastische Rendite von 100%; am Ende hat er nicht fünf Talente, sondern zehn Talente in der Kasse. Der Zweite kann nicht so aus dem Vollen schöpfen wie die Nummer 1, aber auch er wird «Mister 100%». Der Dritte nun, der nur ein Talent erhalten hat, dreht den Pfennig zweimal um. Er ist angstbesetzt, möchte nur ja nichts falsch machen, nicht irgendein Risiko eingehen und dann mit leeren Händen dastehen. Sicher ist sicher, sagt er sich und vergräbt das Talent in der Erde. Der Chef kommt zurück, und bei der Bilanz-Pressekonferenz werden die Renditen verglichen: Zweimal 100 % und einmal 0 %. Wenigstens keine Minusrendite, sagt sich der Ängstliche. Aber die Unternehmensführung denkt da anders. Sein Umgang mit dem Talent wird mit «faul» qualifiziert: *«Hättest du mein Geld wenigstens auf die Bank gebracht, dann hätte ich es bei meiner Rückkehr mit Zinsen zurückerhalten»* (Mt 25,27). Die Faulheit bringt den Vorsichtigen *«in die äußerste Finsternis»* (Mt 25,30) und zum *«Heulen und Zähneknirschen»* (Mt 25,30).

Das Gleichnis ist sprichwörtlich geworden, wobei allerdings das Wort «Talent» eine Bedeutungsverschiebung erfahren hat; wenn wir davon sprechen, dass einer «sein Talent vergräbt», dann meinen wir, dass er nichts mit seinen *Begabungen* anfängt. Kann ich denn mit meinen Fähigkeiten nicht machen, was ich will? Christlich gesehen: nein. In dem schönen Wort *Begabung* steckt das Wort *Gabe*. Christen wissen, dass sie mit allem, was sie haben und sind, nicht sich selbst gehören. Sie sind von Gott geschaffen, von ihm be-*gabt,* mit Geschenken versehen, deren Eigenheit man genauer unter die Lupe nehmen muss.

Erst einmal sind wir mit allen unseren Eigenschaften und Talenten *Leihgaben* Gottes. Eine Weile verwalten wir uns selbst; aber eines Tages fallen wir an Gott zurück. Offenkundig genügt es nicht, das Paket mit «ungebraucht zurück» zu adressieren, wie es Stanislaw Lem, der geniale polnische Aphoristiker, einmal formulierte: «Sein Gewissen war rein. Er benutzte es nie.» Und dann hat es mit den Gaben noch eine weitere Eigenheit: Sie sind *Möglichkeiten*. Etwas Mögliches wird wirklich, in dem es realisiert wird. Vorher ist eine Möglichkeit wie etwas, das gar nicht da ist.

Es ist wie mit dem jungen Mann, der in einen Laden des Engels kommt und fragt: «Was verkaufen Sie?» – «Alles!» – «Okay. Dann hätte ich gerne das Ende aller Kriege, Liebe unter den Menschen, genug zu essen …» – «Sorry», sagt der Engel etwas knapp, «wir verkaufen hier Samen, nicht Früchte.» Gott will von uns mehr zurück, als er uns in die Wiege gelegt hat. Die Erschaffung der Welt endete nicht mit Adam und Eva; die Schöpfung geht weiter, und wir sind ihre Mitarchitekten. Das Neue, das entsteht und zu dem der Mensch beitragen kann, nennt die Bibel «Reich Gottes».

Nie zuvor wurde der Mensch derart aufgewertet; er ist nicht (wie Hans Henny Jahnn ihn schmähte) *«überflüssiges Kroppzeug der Materie … eine Anhäufung biologischer Apparate, die funktionieren oder auch nicht»;* und er lebt nicht nur, *«um seinen Bauch zu füllen, aus Pflanzen und Tieren Kot zu machen».* Der Mensch ist

Geschöpf Gottes und in seiner Freiheit dazu berufen, die Verlängerung der Kreativität Gottes zu sein. Es ist, als hätte Gott in der Welt eine Lücke gelassen, in der etwas Schönes nur dadurch aus einer Möglichkeit zu einer Wirklichkeit wird, indem ich diese Lücke ausfülle. Gott hat nicht den Buchdruck erfunden, er hatte ja Gutenberg, auch nicht den Motor, er hatte ja Benz. *«Ich bin berufen»*, sagte der englische Kardinal und Philosoph John Henry Newman einmal, *«etwas zu tun oder zu sein, wofür kein anderer berufen ist; ich habe einen Platz in Gottes Plan und auf Gottes Erde, den kein anderer hat.»*

Das Tool «Nicht faul sein» stößt uns also mit der Nase auf unsere Bestimmung: Im Leben kommt alles darauf an, dass ich *meinen* Weg finde, *meinen* Platz erkenne, *meine* Talente zur maximalen Entfaltung bringe – und unruhig zu bleiben, solange ich das nicht gefunden habe. Wenn es eine biblische Glücksregel gibt, dann die: *«Geh in das Land, das ich dir zeigen werde»* (1 Mo 12,1). Man *kann* seine Talente entdecken; man kann sie sich notfalls von anderen, die oft bessere Augen haben als wir, zeigen lassen. Und wenn wir wissen, wozu wir nach Gottes Willen da sind in der Welt, dann sollten wir nicht mehr nach rechts und links schauen, sondern *gehen*, wie Abraham ging, als Gott ihn schickte. Gehen im Übrigen ohne Angst vor dem Scheitern (denn natürlich werden uns die Grenzen aufgezeigt – wir sind ja keine Götter): «Sorgt euch nicht um euer Leben und darum, dass ihr etwas zu essen habt, noch um euren Leib und darum, dass ihr etwas anzuziehen habt. […] Euer Vater weiß, dass ihr das braucht. Euch jedoch muss es um sein Reich gehen; dann wird euch das andere dazugegeben» (Lk 12,22.30b–31).

- ❖ Schreiben Sie auf, wozu Sie gut sind, wofür man Sie schätzt, was Ihre Gaben sind, was Ihr besonderes Talent ist.
- ❖ Überlegen Sie, wohin Sie es entwickeln könnten.
- ❖ Lassen Sie sich von einem Coach dabei helfen, den Ort zu finden, an dem Sie sich optimal und angstfrei entfalten können.

TOOL 39
Nicht murren

Wenn es ein Signalwort bei den Benediktinern gibt, dann ist es das lateinische *murmuratio* (= Gemurmel). Kaum ein Mönch, der nicht eine wenig rühmliche Geschichte von der *murmuratio* zu erzählen wüsste, von unguten Zusammenrottungen, die sich meist gegen den Abt, schon einmal auch gegen seinen Stellvertreter, den Prior, sehr gerne auch gegen den Cellerar, den Herrn über Küche und Keller eines Klosters, richten. «*Man hört*», schreibt Erzabt Jeremias Schröder, «*aus dem lateinischen Wort schon das undeutliche Brummeln der nörgelnden Mönche heraus.*» Benedikt von Nursia hatte wohl selbst ungünstige Erfahrungen mit der *murmuratio* gemacht.

Worüber nörgeln Mönche? Sie nörgeln über dies und das, über das Menschlich-Allzumenschliche, über das, was ihnen im Alltag nicht in den Kram passt. Und wenn es den Wein betrifft, der schlecht ist oder am Ende – der Cellerar! – gar nicht auf den Tisch kommt, wo ihn Mönchsvater Benedikt doch ausdrücklich zugestanden hat. Benedikt baute also vor: «Wo aber ungünstige Ortverhältnisse es mit sich bringen, dass nicht einmal das oben angegebene Maß an Wein, sondern viel weniger oder überhaupt nichts zu bekommen ist, sollen Brüder, die dort wohnen, Gott preisen und nicht murren *(et non murmurent)*» (RB 40,8). Gott preisen und nicht murren – das ist viel verlangt!

Die *murmuratio* ist ausgewandert aus den Klöstern und hat in der Kirche Gottes eine neue Heimat gefunden. Wer von außen mit fröhlicher Miene die eine oder andere Kirchengemeinde betritt, glaubt, er ist im falschen Film: Der Pfarrer ist ein Ignorant, der Bischof eine Niete, die in Rom kapieren gar nichts. Die Welt ist schlecht, die Zeiten böse, auf den Trend ist kein Verlass und der liebe Gott … was der sich denkt! Gemurmel, Gemurmel, Gemurmel. «Zum Murren braucht es immer noch einen zweiten, der zuhört und mitmurrt. Zum an sich schon schlimmen Vorurteil kommt dann auch noch die vermeintliche Bestätigung durch den anderen hinzu. Und dadurch wird festzementiert, was oft im Kern nicht viel mehr als Denkfaulheit oder Furcht vor Neuem ist» (Erzabt Jeremias Schröder).

Murrende, wehleidige, sich gegenseitig im Negativen verstärkende Christen? Die trifft man leider überall. Und wenn unser von außen hereingeschneiter Besucher besonderes Pech hat, trifft er gar niemanden an. Er soll er sich an die Bürozeiten halten und nächste Woche wiederkommen. *Der Eifer für dein Haus verzehrt mich»* (vgl. Ps 69,10)? Jawohl, aber bitteschön im Rahmen der Tarifvereinbarungen.

Ich will nicht sagen, dass es die Regel ist und dass es nicht eine Mehrzahl von hinreißenden Priestern, tollen Laien und leuchtenden Gemeinden gibt, aber es gibt zu viele Beispiele, als dass man einen Menschen, der wieder Christ sein möchte, nicht warnen müsste: Pass auf, *es gibt das,* diese beschämende *murmuratio!* Es gibt das Ressentiment, die vergiftete Atmosphäre, den missmutigen Dienst nach Vorschrift, die Besserwisserei der Kleinpäpste, die enttäuschten Zusammenrottungen gegen «die da oben». Man reibt sich die Augen. *«So soll euer Licht vor den Menschen leuchten, damit sie eure guten Werke sehen und euren Vater im Himmel preisen»* (Mt 5,16)? Nein, es ist keine Zusammenrottung gegen «*die* da oben» – viel schlimmer, es geht gegen «*den* da oben».

Auch im Alten Testament gibt es eine klassische *murmuratio.* Das Volk Israel war von Gott aus dem Sklavenhaus Ägypten herausgeführt und auf einen langen, beschwerlichen Weg durch die Wüste gebracht worden. Doch das Gelobte Land ließ auf sich warten. Und als es die Kundschafter Israels schließlich entdeckt hatten, brachten sie aus lauter Angst vor der Zukunft eine gehörige Portion Ammenmärchen mit nach Hause: *«Das Land, das wir durchwandert und erkundet haben, ist ein Land, das seine Bewohner auffrisst; alle Leute, die wir dort gesehen haben, sind hochgewachsen»* (4 Mo 13,32b). Ui! Da wird man den Kürzeren ziehen! *«Alle Israeliten murrten über Mose und Aaron, und die ganze Gemeinde sagte zu ihnen: Wären wir doch in Ägypten oder wenigstens hier in der Wüste gestorben!»* (4 Mo 14,2).

Das kommt uns seltsam bekannt vor. Die Kirche ist im Vertrauen auf das Wort Gottes losgezogen – und nun weht ihr der

Wind ins Gesicht. Keiner mag uns! Wir werden aufgefressen! Die Gegner – lauter hochgewachsene Leute! «Wär'n wir doch in Düsseldorf» (4 Mo 14,2) geblieben. Murren ist Angst, zu kurz zu kommen. Angst zu verlieren. Unglauben pur.

Wie man das Problem löst, haben wir in jüngster Vergangenheit erlebt. In Russland wurden Kirchen niedergerissen, Priester in die GULAGS verfrachtet, bekennende Christen verfolgt. Es gab in diesem Land aber Babuschkas, das sind Großmütter, die sich von all dem Getöse der Riesen nicht einschüchtern ließen. Sie kamen zu Gebeten zusammen, tauften Kinder (wo es keine Priester mehr gab) und erhielten den Glauben an Gott am Leben. Als die Riesen fielen, zeigte sich: Gott hatte überlebt – dank zahnloser alter Frauen.

Das Gegenteil der *murmuratio* ist bei Benedikt der «Gute Eifer»: «Diesen Eifer sollen also die Mönche mit glühender Liebe in die Tat umsetzen, das bedeutet: Sie sollen einander in gegenseitiger Achtung zuvorkommen; ihre körperlichen und charakterlichen Schwächen sollen sie mit unerschöpflicher Geduld ertragen; im gegenseitigen Gehorsam sollen sie miteinander wetteifern; keiner achte auf das eigene Wohl, sondern mehr auf das des anderen; die Bruderliebe sollen sie einander selbstlos erweisen; in Liebe sollen sie Gott fürchten; ihrem Abt seien sie in aufrichtiger und demütiger Liebe zugetan. Christus sollen sie überhaupt nichts vorziehen. Er führe uns gemeinsam zum ewigen Leben» (RB 78).

Das Herzstück dieses guten Eifers ist der Gehorsam aus Liebe, den sich gute Mönche im Übrigen auch «gegenseitig» erweisen. Weil man Christus den Gehorsam nicht direkt zeigen kann und das Kloster eine Schule ist, in der es bewusst ein bisschen «eng» (das heißt konkret) zugeht, wird gerade die Beziehung zum Abt zum Prüfstein der Liebe. Gehorsam kommt übrigens von «Hören»; er hat nichts mit dem Kadavergehorsam Friedrichs des Großen zu tun. Ein Christ ist ein «Hör-Samer», einer, der die Lauscher aufstellt, um den Willen Gottes zu erkennen und – so er verstanden hat – im selben Handumdrehen darauf anspringt.

Die *murmuratio* ist der unfehlbare Indikator dafür, wie weit es christliche Gemeinschaft gebracht hat. Wo das Murren (das nicht mit konstruktiver Kritik verwechselt werden darf) «einfach unmöglich» ist, wird eine Gemeinde glaubhaft: *«An ihren Früchten werdet ihr sie erkennen. [...] Jeder gute Baum bringt gute Früchte hervor, ein schlechter Baum aber schlechte»* (Mt 7,16f.). Und was sind die guten Früchte? Die guten Früchte sind: *«Liebe, Freude, Friede, Langmut, Freundlichkeit, Güte, Treue, Sanftmut und Selbstbeherrschung»* (Gal 5,22f.).

- ❖ Murren Sie nicht, geben Sie Ihre Kritik an der Adresse ab, die gemeint ist.
- ❖ Sprengen Sie die Kreise der Murrer und Nörgler.
- ❖ Bringen Sie eine Grundstimmung der Freude in die Gemeinschaften ein, in denen Sie verkehren.

TOOL 40
Nicht verleumden

Die Verleumdung ist im Kern eine Lüge; wer verleumdet, verbreitet wissentlich die Unwahrheit über seinen Nächsten. Es raubt ihm die Ehre. Nun kann man «Ehre» nicht sehen, wie man «Liebe» nicht sehen kann. Ehre ist jedoch eine geistige Wirklichkeit, die konstitutiv für die Würde einer Person ist. Wenn man einem Menschen seine Würde raubt, rangiert das im weiteren Umfeld von Mord. Man kann mit Worten töten, und vielfach sind Menschen, die sich ihrer Ehre und Würde beraubt fühlten, freiwillig in den Tod gegangen. Sie konnten nicht leben ohne «Ansehen». Insofern muss man Verleumdung als ein sehr schwerwiegendes Vergehen betrachten.

Nicht zuletzt ist es Gott, der den Menschen ansieht; in Gottes «Ansehen» gewinnt der Mensch seine Würde. Darum tangiert die Verleumdung Gott, denn auch der Verleumdete hat von Gott die Versicherung erhalten: *«Ich habe dich eingezeichnet in meine Hände»* (Jes 49,16). Gott steht für die Würde und geistige wie physische Unantastbarkeit des Menschen ein: *«Wer euch antastet, tastet meinen Augapfel an»* (Sach 2,12b).

Die Verleumdung hat viele Stufen. Manchmal taucht sie in unverschämter Direktheit auf, mal verkleidet sie sich als Andeutung, als spitze Bemerkung, als verbreitetes Gerücht. Selma Lagerlöf hat einen wunderbar weisen Rat für Menschen, die achtsam mit der Würde ihrer Nächsten umgehen möchten: «*Erzähle ein Gerücht niemals weiter, bevor du es nachgeprüft hast. Und wenn es stimmt, halte erst recht den Mund.*»

- ❖ Verbreiten Sie keine Gerüchte.
- ❖ Weisen Sie andere in die Schranken, die Gerüchte verbreiten.
- ❖ Machen Sie es wie Gott: Schenken Sie den Menschen Ansehen.

TOOL 41
Seine Hoffnung Gott anvertrauen

Der marxistische Gelehrte Ernst Bloch hat ein gewaltiges, über tausend Seiten starkes Werk mit dem Titel «Das Prinzip Hoffnung» geschrieben. Man muss es, denke ich, nicht lesen, sollte aber vielleicht den letzten Satz zur Kenntnis nehmen, der mit einer genialen, oft zitierten Formulierung ausklingt. Dieser Schlusssatz ist Blochs Quintessenz; er lautet: «Die Wurzel der Geschichte ... ist der arbeitende, schaffende, die Gegebenheiten umbildende und überholende Mensch. Hat er sich erfasst und das Seine ohne Entäußerung und Entfremdung in realer Demokratie begründet, so entsteht in der Welt etwas, das allen in die Kindheit scheint und worin noch niemand war: Heimat.» Der atheistische Philosoph – was ist seine Hoffnung? Ich übersetze einmal: Hoffnung ist ... dass eines fernen Tages, wenn die blutigen Schlachten geschlagen, der Hunger besiegt, alle Sklaverei zerschlagen, die Entfremdung durch knechtende Arbeit aufgehoben und alle Gemeinschaften demokratisch durchstrukturiert sind, dass dann ... ja, was dann?

Dann, sagt Bloch, ist der Mensch «bei sich»; dann entsteht so etwas wie «Heimat». Bloch wählt bewusst dieses altertümliche, anstößige Wort. Heimat – das ist ein Ort, an dem man gelassen und glücklich zu Hause ist, an dem man Freunde hat und sich frei und sicher entfalten kann. Wenn man in der «Heimat» – dem Paradies? – angekommen ist, ist die Hoffnung erfüllt und obsolet geworden. Man kann das große Wort aus dem Wörterbuch streichen. Wir brauchen es nicht mehr. Die Verheißung, die «allen in die Kindheit scheint», ist eingelöst. Freilich gesteht Bloch ein, dass es sich um ein Land handelt, «worin noch niemand war». Doch Bloch ist überzeugt: Dieses Land ist herstellbar – durch Arbeit, durch Kampf, durch sukzessive Verbesserung der Verhältnisse.

Machen wir ein Gedankenexperiment: Nehmen wir einmal an, Blochs Traum hätte sich erfüllt. Die Schlachten seien geschlagen, die ökonomischen Probleme gelöst, überall sei Frieden und Demokratie eingekehrt, die Menschen könnten sich in einer Art Garten Eden frei selbst verwirklichen, ja, nehmen wir zu Blochs Gunsten sogar an, diese neue Generation sei *glücklich*. Was wäre dann mit all den Millionen Menschen vor der glücklichen Generation? Deren Sinn, würde Bloch sagen, besteht darin, dass sie an der Hoffnung gearbeitet haben. Waren sie der Treibstoff für den historischen Prozess?

Was aber, würden wir Bloch fragen, ist mit denen, die historischen «Fehlern» zum Opfer fielen? Sind sie nutzlos verpufft, während die dialektisch-materialistische Maschine gerade im Leerlauf war? Was ist mit den 30 Millionen ukrainischen Bauern, die Stalin verhungern ließ? Was mit den 6 Millionen Juden, die Hitler vergaste? Den Millionen von Kriegstoten, die sein Irrsinn forderte? Was ist mit den 70 Millionen Leichen, über die Mao, der skrupelloseste aller Völkerschlächter, schritt? Wir können abbrechen. Sie brauchen Blochs tausendseitiges Buch wirklich nicht zu lesen.

Grund 1: Der Verweis auf ein durch einen kollektiven Hoffnungsprozess herstellbares besseres Morgen ist schlimmere Vertröstung als sie je von Kanzelrednern verbreitet wurde, die den Geduckten den Himmel versprachen. Den Himmel könnte es geben, das bessere Morgen kommt nie.

Grund 2: Hoffnung ist letztlich nicht sozialisierbar. Gewiss,

Hoffnung hat mit der Gesellschaft zu tun; es gibt sie auch in der ersten Person Plural – *wir* haben Hoffnung. Dennoch ist es nicht mehr als die Summe einzelner Menschen, die Hoffnung haben und an die diese Summe unabdingbar gebunden ist. Dürfen *wir* Hoffnung haben? – Das heißt nur: Dürfen ich & du & er & sie & es Hoffnung haben? Es kann nicht sein, dass Hoffnung vom konkreten Menschen abgelöst, an eine überindividuelle Instanz delegiert wird und im Einzelnen nur insofern vorhanden ist, als dieser an diesem historischen Hoffnungsprozess teilhat. Es geht um *meine* Hoffnung, *ich* habe Hoffnung oder ich habe sie nicht, was immer um mich herum auch geschehen mag.

Mitten in den optimistischsten gesellschaftlichen Aufbrüchen gab es Menschen, die von der Brücke sprangen. Aber mitten in den KZs – der Wiener Psychotherapeut Viktor Frankl bezeugt es – gab es Menschen, die eine wahnsinnige Hoffnung ausstrahlten (und deshalb häufig überlebten).

Grund 3: Es ist eine menschenferne Vorstellung, sich einen historischen Zustand und eine schöne neue Welt zu erwarten, in der es so angenehm ist, dass keiner mehr hoffen muss. Der saturierte Mensch, der alles hat, von nichts mehr träumt und auf nichts mehr wartet, ist eine Horrorvision. Eher ist ein solcher Mensch eine psychische Zeitbombe als ein glückliches Wesen. Nein, auch in Blochs Garten Eden, der niemals kommen wird, werden Menschen noch hoffen, denn sie sind weiterhin sterblich und werden sich verzweifelt an ihr bisschen Leben klammern. Auch in Blochs Garten Eden sind Menschen ungleich; es gibt Tüchtige und Faulenzer, und die Faulenzer gönnen es den Tüchtigen nicht. Die Hässlichen werden bis auf weiteres hässlich bleiben, und sie beneiden die Schönen, die auf sie herabsehen. Auch in Blochs Garten wird das Herz des Menschen ein niemals ausfüllbarer Sehnsuchtskrater voller Wünsche sein. Blochs Denkfehler: Er erkannte nicht, dass die Abschaffung der Hoffnung die Abschaffung des Menschen ist. «*Völlig ohne Hoffnung*», sagt Fjodor Dostojewski, «*kann man nicht leben. Ohne Hoffnung zu leben ist aufhören zu leben.*»

Blochs marxistische Vision hat sich inzwischen gründlicher erledigt, als man es sich vor Jahren denken konnte. Immerhin war es die letzte große Vision von Hoffnung in der Moderne. Und jetzt? Dass die Welt nicht besser wird, haben wir verstanden. Dass Politik kein Ersatz für individuelle Hoffnung ist, auch. Jetzt, in der Postmoderne, sind wir der Konzepte und Philosophien müde: Wir wissen nichts, aber alles geht – wenn es geht. Wenn nichts mehr geht, geht eben nichts. *Et is noch immer joot jejange.* Pragmatische Lösungen sind gefragt. Die Hoffnung ist den Philosophen entlaufen und wird von den Schnäppchenjägern verfolgt. Eigentlich ist sie gar nicht mehr auf dem Markt, aber vielleicht findet man unter dem Plunder doch was Passendes. «*Wer heut' noch hoffen macht, der lügt!*», konstatiert der illusionslose Liedermacher Wolf Biermann, aber er fügt auch hinzu: «*Doch wer die Hoffnung tötet, ist ein Schweinehund.*»

Wer hoffen macht, lügt. Bloch log. Lügt auch die Kirche? Ihr ganzer Betrieb, ihre ganze geistige Integrität ruht auf einem einzigen Fundament, der Auferstehung Christi. Wenn die Kirche etwas zum Thema Hoffnung beizusteuern hat, tut sie es wegen der Auferstehung. Die christliche Hoffnung ist sozusagen auf den Leib des Gekreuzigten geschmiedet. Ist er nicht auferstanden, so modert auch das, was die Christen Hoffnung nennen, mit dem Skelett Jesu in einem unbekannten Jerusalemer Grab. Paulus lässt an Deutlichkeit nichts zu wünschen übrig: «Wenn aber Christus nicht auferweckt worden ist, dann ist euer Glaube nutzlos [...] Wenn wir unsere Hoffnung nur in diesem Leben auf Christus gesetzt haben, sind wir erbärmlicher dran als alle anderen Menschen» (1 Kor 15,17.19); und auch den Ephesern füllt er die Erinnerungslücken: «*Erinnert euch also, dass ihr einst Heiden wart ...*», hilft Paulus ihnen auf die Sprünge, «*ihr hattet keine Hoffnung und lebtet ohne Gott in der Welt*» (Eph 2,11–12).

Die Kirche lügt – davon sind 55% der deutschen Katholiken und 73% der deutschen Protestanten überzeugt, denn sie glauben nicht mehr an die Auferstehung. An die Auferstehung glaubt auch nicht mehr der ehemals evangelische Theologe

Gerd Lüdemann; er fand es deshalb nach und nach verlogen, sich noch Christ zu nennen (was konsequent ist), *nicht* verlogen hingegen, an seinem Lehrstuhl festhalten zu wollen.

Hier steht es also Spitz auf Knopf: Entweder Jesus ist wirklich auferstanden, das Grab war leer, es gibt keine Knochen von ihm und keine Reliquien; er hat sich seinen Jüngern gezeigt und ist auch heute noch der «Lebende». Oder er ist gestorben, wurde begraben, seine Knochen wurden bestattet und sind den Weg alles Irdischen gegangen; irgendwo müsste noch etwas von der DNA Jesu zu finden sein. Ein Drittes gibt es nicht. Dass Jesus zwar normal gestorben, aber «irgendwie geistig» auferstanden sei – geradewegs hinein in den wackeren Optimismus seiner Jünger, halte ich für Etikettenschwindel und halbseidenes Gewäsch, über das Menschen aus Gründen intellektueller Hygiene sich mit Recht lustig machen dürfen. Inspizieren wir kurz drei Argumente, die immer wieder *gegen* eine leibliche Auferstehung Christi ins Feld geführt werden:

Argument 1: Das leere Grab war nicht leer – das ist eine erfundene Geschichte, mit der man die Existenz der Urgemeinde «theologisch» rechtfertigen wollte. Antwort: Wenn es denn interessegeleitete Erfindung sein sollte, warum waren die Autoren dann solche literarischen Obertölpel, das leere Grab ausgerechnet durch drei Frauen (Mk 16,1–8), die nach jüdischem Recht gar nicht zeugnisfähig waren, entdecken und bezeugen zu lassen? Antwort: Weil es keine Erfinder gab und weil es historisch so war. Und noch etwas spricht für die Faktizität des leeren Grabes: Da sich die Dinge in einem öffentlichen Raum abspielten, zudem in Jerusalem, wo die Gräber der Propheten höchstes Ansehen genossen, konnte hier keine Stunde die Rede vom leeren Grab dieses gotteslästerlichen «Möchtegern-Propheten» (vgl. Lk 7,39) sein, wenn man Zweifler nicht durch Augenschein davon in Kenntnis setzen konnte. Das Grab war also leer. Jedermann wusste es in Jerusalem. Nur kann das ja Verschiedenes heißen.

Argument 2: Das Grab war leer, und zwar deshalb, weil die Jünger Jesu den Leichnam in einer Nacht-und-Nebel-Aktion beiseite schafften und so den Weg zu einer für sie vorteilhaften,

Jesus divinisierenden Legende frei machen wollten. Antwort: Firmengründung auf gefälschter Geschäftsgrundlage? Das nennt man heute Betrug; es wäre auch damals Betrug gewesen – und keine orientalische Art, mit der Wahrheit umzugehen. Wer jemand des Betruges anklagt, trägt die Beweislast, sonst macht er sich der Verleumdung schuldig. Womit hat es ausgerechnet das nächste Umfeld Jesu verdient, dass ein Kreis notorischer Skeptiker sie heute für kirchengründende Trickbetrüger bzw. trickbetrügende Kirchengründer halten? Blaise Pascal: *«Entweder waren die Apostel betrogen oder Betrüger. Beides ist schwierig anzunehmen, denn es ist unmöglich, dass man einen Menschen als auferstanden (nur) ausgibt»*, (wenn er es nicht ist. d.Aut.).

Argument 3: Das wäre ja ein Wunder; wir leben aber nicht in einem mythischen, sondern in einem naturwissenschaftlichen Weltbild. Da gibt es dergleichen nicht. Erste Antwort: Was der Bauer nicht kennt, das frisst er nicht. Zweite Antwort: Wenn es alles das nicht gäbe, wofür wir (noch) keine akademische Theorie haben, wäre die Welt so groß wie San Marino. Dritte Antwort: *«There are more things in heaven and earth, Horatio, than are dreamt of in your philosophy»* – Shakespeare zum Thema.

Und wie war es wirklich? Schwer zu sagen, da weder wir noch die Jünger Jesu dabei waren! Wie bitte? Nun – der Raketenstart vom Isenheimer Altar, den wir alle vor Augen haben, war es bestimmt nicht; der ist pure Fantasy – der Maler stellte sich das einmal so vor; Meister Mathis konnte sich auf keinen biblischen Bericht berufen, der die Auferstehung aus dem Grab live schildert. Schon das verwundert.

Wäre den Jüngern an einer saftigen Legitimationslegende gelegen gewesen, wäre ein Augenzeugenbericht das Mindeste gewesen – und zwar einer vor den richtigen Leuten! Petrus hätte auftreten müssen, Jakobus vielleicht, die Chefs eben. Stattdessen wenig Spektakuläres. Drei weibliche *Nichtzeugen* finden einen weggewälzten Stein (Mk 16,1–8), Petrus und «der andere Jünger» (Joh 20,3; damit meint Johannes wohl sich selbst) humpeln hinterher, entdecken in der Grabhöhle «Leinenbinden» (Joh 20,5) und *«das Schweißtuch, das auf dem Kopf*

Jesu gelegen hatte; es lag aber nicht bei den Leinenbinden, sondern zusammengebunden daneben an einer besonderen Stelle» (Joh 20,7); eine Bemerkung, die fast den Eindruck eines exakten Polizeiprotokolls macht («Verändern Sie nicht das Geringste am Tatort, bis wir alles aufgenommen haben!»).

Was da in der Nacht wohl wirklich passierte, wird die Fantasie der Jünger genauso beschäftigt haben, wie es unsere beschäftigt. Rein historisch gesehen, werden die Jünger Jesu kaum etwas mit dem leeren Grab anzufangen gewusst haben.

Viel wichtiger für ihren Osterglauben wurden ganz andere Erfahrungen, von denen Paulus berichtet: «Er ist am dritten Tag auferweckt worden, gemäß der Schrift, und erschien dem Kephas, dann den Zwölf. Danach erschien er mehr als fünfhundert Brüdern zugleich; die meisten von ihnen sind noch am Leben, einige sind entschlafen. Danach erschien er dem Jakobus, dann allen Aposteln. Als Letztem von allen erschien er auch mir, dem Unerwarteten, der ‹Missgeburt›» (1 Kor 15,4–8).

Das ist nun freilich ein aufregendes Dokument – ausgerechnet von einem, der in die Leeres-Grab-Affäre mit Sicherheit nicht verwickelt war! Man kann ziemlich das Datum und den Ort eruieren, an dem Paulus den 1. Brief an die Korinther schrieb; es dürfte der Herbst des Jahres 51 n. Chr. gewesen sein; Paulus befand sich zu dieser Zeit in Ephesus und hatte Gründe, an die Christengemeinde in der Hafen- und Vergnügungsmetropole Korinth zu schreiben. In Korinth ging es hoch her, alle paar Wochen durchspülten neue Kulte die Spaßstadt. Die Auferstehung Christi war wohl nicht mehr das Neueste, und Paulus musste sie an die Basics erinnern.

Auf welcher generellen Zeitschiene befinden wir uns? Das Jahr 51 – das ist ca. 20 Jahre nach Jesu Tod und ca. 17 oder 18 Jahre nach der Bekehrung des militanten Christenverfolgers Paulus, der wohl Blut an den Händen kleben hatte, bevor er durch eine bestürzende Erfahrung buchstäblich umgedreht wurde. *«Saulus»*, berichtet Apostelgeschichte 9,1, *«wütete ... mit Drohung und Mord gegen die Jünger des Herrn»;* er war der Mann, dem einst die blutigen Kleider des gesteinigten Stephanus zu Füßen gelegt wurden. *«Saulus aber»*, sagt uns wieder die

Apostelgeschichte, «*war mit dem Mord einverstanden*» (Apg 8,1). Und nun geht es nicht mehr um Fantasy! Jetzt wird Paulus knochentrocken; er nennt Augenzeugen, er gibt eine Reihenfolge an, er nennt die Menge der Zeugen, gibt Hinweise, dass sie noch leben, also befragbar sind. Es geht um etwa 520 Leute und eine «Missgeburt», denen allen das Gleiche widerfahren ist: Sie sind unmittelbare Zeugen der Auferweckung Jesu, und Paulus wird nicht fertig damit, dass ausgerechnet *er* dazugehört.

520 Leute – Fischer, Handwerker, Bauern – haben Jesus gekannt, sind mit ihm auf Augenhöhe gewesen, hielten zu ihm bis zur Pleite von Golgatha, bevor sie verschreckt, enttäuscht, bitter in alle Himmelsrichtungen auseinanderstoben, als ihr Prophet, ihre Hoffnung, unter die Räder geriet. Ungefähr 520 Leute waren es, die plötzlich wie von eiserner Faust gepackt wieder hineingerissen wurden in den Film. Der Grund: Sie «sahen» Jesus (Lk 24,31), erkannten ihn beim Brotbrechen (Lk 24,30), hörten ihn sprechen (Joh 21,5), beobachteten ihn, wie er aß (Joh 21,15), der Skeptiker Thomas durfte seine Wunden fühlen (Joh 20,27), und der Mann, der am wenigsten daran dachte, sich mit dem Idol der Christen einzulassen – er jagte die Renegatenbande ja gerade –, wurde durch die Erscheinung Jesu buchstäblich umgeworfen (Apg 9,4). Suggestion? Massenhysterie? Wer das für «gestrickt» hält, braucht die Fantasie eines Dan Brown und dessen Ignoranz für Wirklichkeit.

Das ist also die Hoffnung der Christen: der Auferstandene. Und wie soll das konkret gehen? Jesus hat den Hoffnungsfeind Nummer eins, den Tod, überwunden. Für ihn, der auf Golgatha unzweifelhaft zu Tode kam, waren kurz danach 520 Leute bereit, ihr Leben dafür zu geben, dass sie ihn *lebendig* gesehen hatten. Dieser Jesus sagt uns, er sei gekommen, dass wir «*das Leben haben und es in Fülle haben*» (Joh 10,10). Unser Leben könnte blühen wie Rebzweige, wenn wir an ihm, dem wahren Weinstock, blieben: «*Bleibt in meiner Liebe*» (Joh 15,9). Es kommt also alles darauf an, sich mit ihm zu vereinen. In seiner Nähe ist Leben, zuletzt ewiges Leben.

Wir «sind gerettet», sagt Paulus, «doch in der *Hoffnung*» (Röm 8,24a). Im berühmten achten Kapitel seines Römerbriefes führt er aus, was das ist mit der Hoffnung. Paulus ist mindestens so realistisch wie Ernst Bloch; er sieht *«Sklaverei und Verlorenheit»* (Röm 8,21) in der Schöpfung; aber er sieht auch einen Plan im Ganzen. Paulus hat eine Vision; er schaut die «Heimat», von der Bloch spricht. Was erwartet uns? Paulus: *«Freiheit und Herrlichkeit der Kinder Gottes»!* Frei und herrlich, das waren Adam und Eva im Paradies. Und warum geht es uns noch nicht paradiesisch? Weil das Böse wirksam ist, weil die Schöpfung noch nicht fertig ist, weil sie *«bis zum heutigen Tag seufzt und in Geburtswehen liegt»* (Röm 8,22).

Aber ist dieser Blick ins Paradies nicht eine ebensolche Chimäre, wie es das Land, «worin noch niemand war» von Ernst Bloch ist? Eben nicht. Es steht eine Wolke von Zeugen (und nicht nur die 520 aus der Bibel) auf, die um Glauben bitten für ihre Erfahrung, dass Jesus dieses Land gefunden und für alle geöffnet hat: *«In der Welt habt ihr Angst, aber seid getrost, ich habe die Welt überwunden»* (Joh 16,33; Lutherbibel).

Ein einziges Beispiel soll für das Potenzial an weltverändernder Hoffnung stehen, das aus eben diesem Glauben kommt: Im Jahr 1978 wurde ein Mann aus einem nahen Land Papst, der Pole Karol Wojtyła. Von der Veranda des Petersdomes rief er den Menschen zu. «Habt keine Angst! Öffnet die Tore weit für Christus!» Niemand ahnte, welches weltverändernde Erdbeben er auslöste, als er schließlich seine Heimat besuchte und in Warschau auf dem Siegesplatz die Worte sprach. *«Möge dein Geist herabsteigen und das Antlitz dieser Erde erneuern»* – kurz zögerte, um dann mit der Stärke der Klarheit ein *«… dieser Erde!»* nachzusetzen.

In diesem Moment ging es los. Bald hatte Solidarność zehn Millionen Mitglieder. Es gab keinen Tag, an dem der Papst nicht mit den Freiheitskämpfern in Kontakt war. Gut zehn Jahre und ein Geheimdienstattentat auf den Papst dauerte es noch, bis das Paradies der Werktätigen in sich zusammenstürzte. Das war die erste Predigt des Papstes über die Hoffnung.

Die zweite, tiefere, erwartete niemand von ihm. Es war die Art, wie er öffentlich litt und starb, während die Jugendlichen, denen er die Tür zu Christus aufgemacht hatte, zu Hunderttausenden unter seinem Fenster ausharrten. *«Die Hoffnung»*, spürten die jungen Leute auf dem Petersplatz, *«lässt nicht zu Grunde gehen, denn die Liebe Gottes ist ausgegossen in unsere Herzen durch den Heiligen Geist, der uns gegeben ist»* (vgl. Röm 5,5). Der Papst starb – aber nicht die Hoffnung. Denn für sie steht kein Papst ein, sondern Jesus selbst: *«Ich bin bei euch alle Tage bis zum Ende der Welt»* (Mt 28,20).

❖ Versuchen Sie für Ihre Umgebung ein Hoffnungszeichen zu sein: Haben Sie unerschütterliches Vertrauen in die liebende Führung Gottes.
❖ Gewähren Sie Menschen in Ihrer Nähe einen angstfreien Lebensraum.
❖ Feiern Sie jeden Sonntag das Fest der Auferstehung; es ist das Fest Ihres Lebens.

TOOL 42

Sieht man etwas Gutes bei sich,
es Gott zuschreiben, nicht sich selbst

Ein verwirrender Rat, den Benedikt hier gibt! Das klingt ja nach falscher Bescheidenheit, nach Licht-unter-den-Scheffel-Stellen – kurz: nach jener Bigotterie, die in einem Berliner Mundart-Witz so unnachahmlich zum Ausdruck kommt: An der katholischen Grundschule gibt die fromme Lehrerin ein Rätsel auf: «Was wird das wohl sein: Es ist braun, hat einen langen buschigen Schwanz und springt im Wald fröhlich von Ast zu Ast?» – «Wees ick», sagt der kleine Berliner, «müsste eijentlich det Eichhörnchen sein, aber wie ick den Laden hier kenne, ist es bestimmt das liebe Jesulein.» Muss man als Christ alles, was man mit Fleiß, Geschick und Tatkraft vollbracht hat, mit frommem Augenaufschlag dem lieben Jesulein zusprechen? Muss man nicht. Aber man sollte doch sehr nachdenklich werden, wem wir es eigentlich und zuletzt verdanken, wenn unter unseren Händen etwas Schönes entsteht.

Am einfachsten haben es die Künstler. Jeder wahre Künstler weiß, dass man Kunst nicht «machen» kann – dann wird es allenfalls Kunst*handwerk,* genauer gesagt: das Gegenteil von Kunst. «Kunst», hat jemand gesagt, «ist 1 % Inspiration und 99 % Transpiration.» Fehlt aber das zentrale eine Prozent jener mit aller Gewalt nicht zu zwingenden *Eingebung,* bleibt das Kunstwerk ein totes Machwerk. Darum gibt es so wenige wirkliche Künstler.

In meinem Leben hatte ich mehrfach das Geschenk der Begegnung mit klugen, alten Christen. Und immer wieder stellte ich denselben Grundzug an ihnen fest: Je besser sie waren, desto demütiger waren sie. Einer von denen, dessen Leben als groß und gelungen vor mir stand, vertraute mir einmal an: «Wissen Sie, mein Leben bestand nicht *auch* aus Krisen; es bestand *nur* aus Krisen! Von einer Krise tappte ich in die nächste.»

Ich rieb mir die Augen, bis ich mir das Wort «Krise» näher erläutern ließ. «Krise» bedeutet dem Wortsinn nach: *Wende, Chance.* Auch dieser tatkräftige, erfolgreiche alte Mann war zeit seines Lebens von einer Verlegenheit in die nächste gestürzt worden, fand freilich immer wieder die Möglichkeit (er nannte es «Gnade»), aus Kalamitäten, Nachteilen, «Zufällen» Bausteine eines starken, schönen Lebens zu machen: «Gott», meinte er, «hat mich geführt; er hat mir Kraft gegeben, wo ich keine mehr hatte; er hat alles zu meinem Besten gewendet.»

Und dann zitierte er – ich weiß es noch wie heute – auswendig seine Lieblingsverse aus den Psalmen: «Du, Herr, gibst mir das Erbe und reichst mir den Becher; du hältst mein Los in deinen Händen. Auf schönem Land fiel mir mein Anteil zu. Ja, mein Erbe gefällt mir gut. Ich preise den Herrn, der mich beraten hat. Auch mahnt mich mein Herz in der Nacht. Ich habe den Herrn beständig vor Augen. Er steht mir zur Rechten, ich wanke nicht. Darum freut sich mein Herz und frohlockt meine Seele; auch mein Leib wird wohnen in Sicherheit» (Ps 16,5–9).

Ich war damals so beeindruckt, dass ich zu Hause die Bibel aufschlug und mir die Verse herausschrieb. Ich lernte daraus, wie viel *Gnade* zu einem Leben gehört, um dann beglückt Ja dazu zu sagen, dass meine eigene Anstrengung, auf die ich stolz war und stolz bin, in ein unentwirrbares Gewebe mit göttlichen Impulsen einging.

Der französische Schriftsteller Georges Bernanos, ein leidenschaftlicher und schwieriger Mann, hat einmal im Alter bekannt: «Ich bilde mir nicht ein, mein Leben zu *führen*. Niemand, außer den Heiligen, hat je sein Leben geführt. Jedes Leben steht unter den Zeichen der Gier und der Furcht, es sei denn, es stünde unter dem Zeichen der Liebe.» Nehmen Sie diesen Satz – und blicken Sie auf Ihr Leben zurück. Haben Sie wirklich Ihr Leben *geführt?* Besaßen Sie die Freiheit, Ihre Geschicke jenseits Ihrer Getriebenheiten – Gier und Furcht – wirklich souverän zu führen? Hatten Sie das alles in der Hand, was Ihnen gelang? Oder war es nicht eine unendliche Kette von «Zufällen», die Sie letzlich dahin brachte, wo Sie heute sind? Und wenn Sie die Dinge einmal entschlossen in die Hand nahmen, wenn Sie glaubten, Sie hätten alle Eventualitäten im Griff – wurde Ihnen Ihr schönes «Plänchen» da nicht oft wie aus heiterem Himmel zerschossen? Anders herum: War nicht oft das, was Sie auf den ersten Blick als Katastrophe ansahen, Ihr größtes Glück?

Wir sind tatsächlich nicht die Meister unseres Lebens, auch nach dem siebten ZEN-Kurs nicht. Christliche Lebenskunst besteht darin, jeden Tag und jede Stunde und jede Begegnung mit anderen Menschen als eine Herausforderung Gottes an uns zu begreifen. Und haben Sie Vertrauen: Wem Gott Aufgaben stellt, dem gibt er auch die Kraft, sie zu lösen! Am Ende wird aus lauter Fragmenten ein wunderschönes Ganzes, wenn wir auch jetzt nur Halbheiten und unsere kleine Anstrengung erkennen können. *«Seht ihr den Mond dort stehen? Er ist nur halb zu sehen. Und ist doch rund und schön»*, dichtete Matthias Claudius – und beschrieb damit die christliche Hoffnung. Sie besteht darin, dass Gottes Gnade es ist, die uns vollendet über alles menschliche Schaffen, Wirken, Machen und Können hinaus. Dafür sagt man, wenn man weise ist, jetzt schon Danke.

- ❖ Versuchen Sie Gott mehr zu danken.
- ❖ Halten Sie gelegentlich im Gebet Rückschau auf Ihren Lebensweg.
- ❖ Begreifen Sie auch Widerstände als Botschaften und Anfragen Gottes an Sie.
- ❖ Seien Sie gut zu sich und geduldig mit sich, vollkommen macht Sie erst Gott.

TOOL 43

*Das Böse aber immer als eigenes Werk erkennen,
sich selbst zuschreiben*

Nun wird es anstößig. Das *Gute* im eigenen Leben Gott zuschreiben – dazu kann man sich mit etwas Goodwill verstehen. Aber das *Böse* sich selbst zuschreiben? Schließen wir einmal aus, dass der Mönchsvater Benedikt hier bloß ein Tool gegen den landläufigen Entschuldigungswahn vorsah (an allem ist meine Mama schuld, die frühkindlichen Traumata, die Gesellschaft, mein Chef im Besonderen und die Politik im Allgemeinen). Nehmen wir einmal an, Benedikt hat es so gemeint: Das Böse in meinem Leben hat *mit mir* zu tun, immer. Ich sehe schon, wie sich der Überpsychologe hinter uns aufbaut: Was für eine irre Hypothek wird den Menschen da aufgeladen! Das kann doch nur Neurotiker hervorbringen, zitternde, geduckte Lastenträger, die sich für alles und jedes verantwortlich fühlen und wie das Leiden Jesu durch die Welt laufen.

Fragen wir zunächst nach dem *Bösen*. Böses kann man *tun* und *erleiden*. Das Böse, das Menschen *erleiden*, ist der direkte Zugang zu einer der dramatischsten Fragen der Menschheit, der sogenannte Theodizee-Frage: «Wie kann es einen guten Gott geben, wenn (Tiere und) Menschen leiden müssen?» Wir werden sie im Anschluss behandeln.

Das Böse, das ich *tue*, heißt Sünde. Sünde ist Trennung von Gott. Da es nur in Gott Leben und jenseits von ihm *nichts* gibt, ist die Sünde ein Abbruch, eine Pervertierung, eine Ver*nicht*ung von Leben. Das Böse ist kein *Sein* von der Qualität des Guten –

es ist immer ein *Mangel an Sein,* die Abwesenheit von etwas Gutem. Wenn ich lüge, ist es die Abwesenheit und Ver*nicht*ung von Wahrheit; wenn ich die Ehe breche, ist es die Abwesenheit und Ver*nicht*ung von Liebe; wenn ich zu einer Abtreibung rate, lasse ich Leben nicht zu, trage sogar zu seiner Ver*nicht*ung bei. Keine Frage: Das getane Böse muss ich *mir* zuschreiben, denn es ist kein anderer Urheber in Sicht, es sei denn, ich wäre so unfrei, dass ich es unter innerem oder äußerem Zwang getan hätte. Nur ein freier Mensch kann sündigen (was manchmal ein Trost für Abhängige ist, die sich nicht auch noch als haltlose Sünder niedermachen, sondern Wege in die Freiheit suchen sollen).

Gott hat den Menschen frei erschaffen, so frei, dass er sich sogar gegen das Gute und in letzter Instanz gegen Gott wenden kann. Indem der Mensch sündigt, ist er es, der den Mangel in die Welt bringt, die Güte negiert, die Schöpfung zerstört, Leben raubt, Leid verursacht. Nicht Gott straft den Menschen dann; wir Menschen bestrafen uns selbst. «Die Hölle» sagte Sartre einmal, «das ist der andere». Wir leiden unter den Folgen unserer Sünde – und nicht nur wir, auch die anderen werden durch unseren falschen Freiheitsgebrauch in Tod und Verderben gestürzt. Den Hunger der Völker hat nicht Gott geschaffen; den haben tatsächlich Menschen auf der Kappe, die so frei waren und sind, dass sie dem anderen die Luft zum Atmen und das Brot zum Überleben nehmen. Man kann sich also einen frommen Mönch vorstellen, der sich Benedikts Weisung zu Herzen nimmt und in bösen Umständen, die ihm zuteil werden, sozusagen den *backlash* der eigenen Sünden erkennt. Es trifft schon den Richtigen, wird er sich sagen.

Warum aber ist in uns keine unbedingte Neigung zum Guten, zu Gott, warum finden wir das *Nichtige* häufig verlockender als das Gute? «*Ich weiß nicht, was ich tue»,* sagt Paulus – eine Stelle, die mich früher schockierte – «*Das, was ich will, tue ich nicht; und das, was ich nicht will, das tue ich»* (vgl. Röm 7,15).

Das Alte Testament drückt das im Mythos von der Sünde Adams und Evas und ihrer Vertreibung aus dem Paradies aus. Die ursprüngliche Harmonie, das zeitlich unbegrenzte, gute

Leben in einer heilen Schöpfung und in Freundschaft mit Gott ist dahin. Stattdessen leben wir sterblich, mühsam, bedroht und versucht. Natürlich schildert der Mythos keine historischen Ereignisse: Wo er eine Geschichte vom Anfang im Paradies und seinen bösen Folgen berichtet, will er nur einen Status feststellen, eine Erfahrung, die alle Menschen zu allen Zeiten machen: Solange wir Menschen sind, werden wir immer wieder sündigen, als wäre in uns eine Art Systemfehler, eine Neigung zur Selbst- und Fremdzerstörung. Nicht erst dadurch, dass wir etwas Böses *getan* haben oder tun, sind wir in einem bösen Kontext. Allein dadurch, dass wir Menschen sind, sind wir mit allem verwoben, auch dem Bösen.

Dafür prägte man den Begriff *Erbsünde;* man würde aber besser (wie Christoph Kardinal Schönborn es einmal in einer seiner Katechesen ausführte) von einem *Erbmangel* sprechen: «Etwas fehlt uns. Alle Menschen, vom ersten ... an, haben diesen Mangel mitbekommen. Wir kommen auf die Welt mit, so könnten wir sagen, dem Mangel an Gottesfreundschaft ... Kein Mensch kann sich von sich aus retten.» Nicht einmal vor sich *selbst* – möchte man hinzufügen. Die Bogumilen und Katharer probten den Ausstieg aus der schuldverfallenen Welt; sie wollten die «Reinen» sein und glaubten, dem verhängnisvollen Zusammenhang dadurch entgehen zu können, dass sie einen neuen Anfang der Liebe setzten. Sie entkamen sich ebensowenig wie alle anderen.

Das Präfix *Erb-* von Erbsünde suggeriert, dass wir hier kollektiv für eine Sünde bestraft würden, die wir gar nicht selbst begangen haben. *Für* die Erbsünde werden wir nicht bestraft, aber wir müssen *von ihr* erlöst werden.

Ein Beispiel aus der Geschichte: Niemand kann die Generation nach Hitler für die Sünden des «Führers» und seiner Vasallen haftbar machen; trotzdem heißt «Deutscher» sein noch für lange, einen nationalen Defekt zu erben und dazu zu stehen. Wir sind in einer besonderen Verantwortung und leben in einer Welt, die noch immer Spuren der Verwüstung des verheerenden Tyrannen an sich trägt. Wir wissen außerdem nicht, wie wir an Stelle unserer Eltern gehandelt hätten. Und wenn wir ganz kritisch in uns blickten, könnten wir sogar den «Hitler in uns» (Hans-Jürgen Syberberg) entdecken. Von uns aus können wir den Defekt nicht beheben. Solange andere Völker nichts mit «den Deutschen» zu tun haben wollen, können wir nicht Freundschaft mit ihnen schließen.

Als der jüdische Geiger Yehudi Menuhin schon bald nach dem Krieg wieder in Deutschland musizierte, als 1954 in Bern die deutsche Fußballnationalmannschaft Weltmeister wurde und Deutschland sportlich wieder in den Kreis der zivilisierten Menschheit aufgenommen wurde – da wurde diese *Annahme* der verlorenen Nation wie eine *Erlösung* empfunden.

«Das Böse aber immer als eigenes Werk erkennen, sich selbst zuschreiben!» – diese Forderung kann man gründlich missverstehen. Nimmt man sie in ihrem Wortsinn, passt sie nur auf einen Irren, der die ganze Last an Bosheit, Ausbeutung, Menschenschinderei, Mord und Betrug auf sich nehmen will. Oder auf einen, der aus anderen Gründen und mit anderen Mitteln die ungeheure Negation des Guten in der Welt ausgleichen will – durch Annahme und Erlösung. Die Annahme: *«Gott aber hat seine Liebe zu uns darin erwiesen, dass Christus für uns gestorben ist, als wir noch Sünder waren»* (Röm 5,8). Die Erlösung: *«Er hat unsere Krankheit getragen und unsere Schmerzen auf sich geladen»* (Jes 53,4).

Im Hohelied der Liebe heißt es: *«Die Liebe hört niemals auf»* (1 Kor 13,8). Bezogen auf Menschen ist das Kitsch; bezogen auf Gott ist der Satz unauslotbar. Ist Gottes Liebe wirklich endlos? Macht sie nicht vor Auschwitz halt, kehrt sie bei Treblinka nicht um, macht sie bei den Mordlagern eines Pol Pot nicht die Augen zu? Katharina von Siena, eine mittelalterliche italienische Mystikerin, beschwört die Endlosigkeit der Liebe Gottes: *«Es gibt nur eine Schuld, die Gott nicht vergeben kann: zu glauben, dass unsere Schuld größer ist als seine Barmherzigkeit.»*

Was mochte die Liebe, die Gott selbst ist, erfinden, um die Liebe auch dort noch zu bewähren, wo niemand sie vermutet – in der Hölle? Wir sollten aufhören, sie zuerst auf Bildern von Hieronymus Bosch oder in den Tiefen des Universums zu suchen; die Hölle kann – siehe Ingmar Bergman – ein Eheschlafzimmer sein; sie kann ein GULAG sein; sie kann ein Filmstudio sein, ja sogar ein Kloster. Die irdischen Höllen sind überall dort, wo scheinbar un-endlich gelitten wird. In Wahrheit sind es doch endliche Leiden, so grausam sie sind.

Unendliche, für immer gültige Absage an die Liebe, an das Gute an Gott – ist eine solche letzte Entscheidung eines Menschen im Angesicht der Güte Gottes möglich? –, das ist die Verewigung der irdischen Höllen, ist jene Hölle, von der wir im Glaubensbekenntnis sprechen. Den Satz aus dem Credo, «hinabgestiegen in das Reich des Todes [die Hölle]», überlas man vor Jahren gerne.

Der große Schweizer Theologe Hans Urs von Balthasar musste erst darauf hinweisen, was das heißt. Wenn Gott seinen eigenen Sohn in die Welt schickte (*«Er war Gott gleich, hielt aber nicht daran fest, wie Gott zu sein, sondern er entäußerte sich [...] er erniedrigte sich»*, Phil 2,6–8a), um die Endlosigkeit der Liebe wiederherzustellen, musste er an das äußerste Ende ihrer Leugnung gehen – die Höllen, die wir uns zubereiten und worin wir rufen: «Mein Gott, warum hast du mich verlassen?» (Mk 15,34).

Gott kann nicht Gott sein, ohne dass die Leiden dieser Erde heimgeholt werden in das Innerste Gottes selbst. Bei der Menschwerdung Jesu im Stall zu Bethlehem wird uns das Herz warm; es sollte brennen, wenn wir sehen, wie die Linien des Lebens Jesu ausgezogen werden bis zum Verbrechertod am Kreuz. *«Die Liebe deckt viele Sünden zu»* (1 Petr 4,8) – wenn das schon bei Menschen so ist, so deckt die Liebe Christi *alle* Sünden zu. Er hat das Böse auf seinen Leib gezogen; er hat die Folgen auf sich umgeschrieben. *«Er hat den Schuldschein, der gegen uns sprach, durchgestrichen und seine Forderungen, die uns anklagten, aufgehoben. Er hat ihn dadurch getilgt, dass er ihn an das Kreuz geheftet hat»* (Kol 2,14).

1490 zeichnete Leonardo seine Proportionsskizze der menschlichen Anatomie, die unter dem Namen «Mensch von Vitruv» bekannt wurde. Nackt und stolz steht ein athletischer, schlanker Mann in der Mitte eines Kreises; er hat die Arme ausgebreitet und schaut fordernd in die Welt. «Der Mensch ist das Modell der Welt», hatte Leonardo hinzugefügt, damit in Wort und Bild das Lebensgefühl der Renaissance getroffen und den großen Abschied von Gott in der Moderne eingeläutet.

Ein halbes Jahrtausend später stellt sich die Frage, ob dieses Bild noch die Wahrheit vom Menschen ist, oder ob es nicht ein anderes sein müsste, das mit dem *Menschen von Vitruv* deckungsgleich ist: das christliche Kreuz. «Wenn da ein Mensch sich vor einen anderen Menschen stellt und ihn ganz und gar mit seinem Leibe deckt, so dass niemand, niemand den zu Gesicht bekommt, der dahinter versteckt ist: Ebenso bedeckt Jesus Christus deine Sünden mit seinem heiligen Leib» (Søren Kierkegaard).

Der am Kreuz hängt, versammelt alle Leiden, die dem Menschen je widerfahren sind, in sich. Er ist gebunden, doch er ist der freieste Mensch. Er ist stark, weil er schwach ist. Er ist im Herzen getroffen, und doch an der Liebe nicht verletzt. Er ist zum Tode verurteilt, doch der Tod hat keine Macht über ihn. *«Er hat unsere Sünden mit seinem Leib auf das Holz des Kreuzes getragen, damit wir tot seien für die Sünden und für die Gerechtigkeit leben. Durch seine Wunden seid ihr geheilt»* (1 Petr 2,22–24).

❖ Erforschen Sie Abend für Abend kurz, aber genau Ihr Gewissen.

❖ Bitten Sie Gott, er möge die Schuld von Ihnen nehmen.

❖ Machen Sie begangenes Unrecht wieder gut und setzen Sie sich dafür einen Zeitrahmen.

❖ Hängen Sie sich ein Kreuz in die Wohnung und gehen Sie niemals vorüber, ohne den Glauben zu erneuern, dass Christus am Kreuz auch Ihre Schuld angenommen hat.

Exkurs: Gott und das Leid

Die Theodizeefrage (vom Griechischen *theós* = Gott und *díkē* = Gerechtigkeit) ist die brennendste Frage aller Menschen, nicht nur der Christen, die einen gütigen Gott gegen das offenkundige Leid seiner Schöpfung verteidigen. Alle großen Philosophen haben sich an ihr versucht, meist mit kläglichem Ergebnis, zunehmend ganz ohne Ergebnis. Keine Antwort zu geben auf die Tränen der Kinder, das Leid der Unschuldigen und die Schmerzen der Tiere, ist eben auch eine Antwort.

In unüberholbarer Schärfe – nämlich als ein echtes Dilemma, als logische Zwickmühle – wurde die Theodizeefrage bereits in der Antike durch Epikur (341–270 v. Chr.) vorgetragen: «Entweder will Gott die Übel beseitigen und kann es nicht: dann ist Gott schwach, was auf ihn nicht zutrifft, oder er kann es und will es nicht: dann ist Gott missgünstig, was ihm fremd ist, oder er will es nicht und kann es nicht: dann ist er schwach und missgünstig zugleich, also nicht Gott, oder er will es und kann es, was allein für Gott ziemt: Woher kommen dann die Übel und warum nimmt er sie nicht weg?»

Georg Büchner, der deutsche Dichter und Revolutionär, hat die Theodizeefrage als «Fels des Atheismus» bezeichnet und den Christen zugerufen: «Schafft das Unvollkommene weg, dann allein könnt Ihr Gott demonstrieren ... Man kann das Böse leugnen, aber nicht den Schmerz ... Warum leide ich? Das ist der Fels des Atheismus. Das leiseste Zucken des Schmerzes, und rege es sich in einem Atom, macht einen Riss in der Schöpfung von oben bis unten.» Umgekehrt könnte man Büchner und anderen Atheisten zurufen: «Schafft die Welt fort, dann könnt ihr das Nichts demonstrieren ... Warum leide ich? Das ist der Fels des Glaubens. Das leiseste Zucken des Schmerzes, und rege es sich in einem Atom, ist ein Schrei der Schöpfung von unten nach oben, ein Schrei nach Vollendung in der Liebe, die Gott ihr zugesagt hat.»

Auch die konsequent atheistische Position hinterlässt mehr Fragen als Antworten. Ein solcher A-Theismus kann Schmerzen, Tränen und Tod genauso wenig aus der Welt schaffen wie ein Theismus, aber er verabsolutiert das Leid noch und macht es zu einem Endpunkt ohne Hoffnung. Der konsequente Atheismus zementiert das Leid als endgültig. Er verweigert dem Leiden jeglichen denkbaren Sinn und lässt den Leidenden im Schatten einer glücklicheren Welt vergessen sein. Er entschuldigt sich mit Wissenschaft, mit heroischem Kampf gegen Leiden schaffende Verhältnisse und für glückliche Zustände in einer anderen Zeit und für andere Menschen – aber wenn einem Leidenden nicht zu helfen ist, ist ihm nicht zu helfen. Ende. Der Zynismus, die Eiseskälte, ist die uneingestandene Crux der atheistischen Logik. Die Theodizeefrage ist also offen. Es gibt im Grunde fünf Positionen.

a) Die theistische: Gott ist, und Gott ist gut. Das Leid ist böse. Leid kann gemildert, aber nicht abgeschafft werden. Leid ist vorübergehend.
b) Die deistische: Gott ist, hat aber mit der Welt und ihren Leiden nichts zu schaffen.
c) Die polytheistische: Es gibt gute und böse Götter, Gott ist (auch) böse. Das Leid ist böse, aber es ist ein natürliches Vorkommnis in einer bösen Welt, man kann sich dagegen mit Weisheit immunisieren.
d) Die atheistische: Gott ist nicht. Das Leid ist böse. Es ist teilweise abschaffbar. Der Rest muss als sinnlos hingenommen werden.
d) Die stoisch-agnostische: Von Gott kann man nichts wissen. Leid ist böse. Von einer Hoffnung kann man nichts wissen. Ein Sinn ist nicht erkennbar. Man muss eben sinnlos leben und sinnlos, doch möglichst erträglich leiden.

Mir selbst haben die Antworten der Philosophen wenig Licht gebracht; sie sind alle mehr oder weniger von der Art wie die von Christian Wolff (1679–1754), des großen deutschen Aufklärers, der in der Nachfolge von Gottfried Wilhelm Leibniz (1646–1716) die Verteidigung Gottes darin suchte, dass er die «beste aller möglichen Welten» geschaffen habe: «Er brauchet es [sc. das von ihm zugelassene Böse] als ein Mittel zum Guten und machet, dass dadurch in der Welt alles besser mit einander zusammen stimmet, folgends größere Vollkommenheit in die Welt kommet, als sonst darinnen seyn würde.» Ein Schmerzpatient wird sich dafür bedanken, dass durch ihn größere Vollkommenheit in die Welt kommt. Selbst der ansonsten von mir verehrte Blaise Pascal (1623–1662) hat mich nicht wirklich überzeugt durch sein Argument, das Leiden sei gewissermaßen aus pädagogischen Gründen in der Welt: *«Man bessert sich oft gründlicher durch den Anblick des Bösen als durch das Vorbild des Guten.»*

Bleibt die Antwort der Religionen. Die buddhistische Antwort ist, genauer betrachtet, keine religiöse, sondern ebenfalls eine philosophische Antwort. Nach Siddhartha Gautama kommt das Leid durch die Gier des Menschen in die Welt, nämlich aus der verzweifelten Sucht des Menschen, leben und «haben» zu wollen. Die Lösung, die im Übrigen den Lösungsmodellen des Stoizismus ähnelt, ist ernüchternd und bedrückend, eröffnet sie doch für das schuldlose Leiden der anderen, vor allem der Kinder und Tiere, keine Denkmöglichkeit. Der Mensch müsse ablassen von seinem Verlangen, sich in heiliger Gelassenheit üben und so den Weg zu einem leidfreien Leben finden. Versteinerung und A-Pathie (= Unfähigkeit, Leid zu empfinden) als Indikation? Auch Buddha bietet – sehr zum Erstaunen derer, die glauben, es handle sich um eine Gotteslehre – eine atheistische Leidbewältigung an. Aus der Sicht der Leidenden dürfte es sich eher um eine Kontraindikation handeln.

So weit man auch blickt: Es sind allein noch die Christen und Juden, die gleichzeitig an der Realität des Leidens *und* an Gott festhalten. Gegen allen Zynismus und gegen alle Negation suchen sie nach einem Weg, die hart aufeinanderprallenden Momente der Wirklichkeit beieinanderzuhalten. Dass sie auf keine fixfertigen theoretischen Lösungen verweisen können, sollte ihnen zumindest die Achtung eintragen, keine Ideologie zu sein, die für alles eine Schublade hat.

Walter Dirks hat in seinen Erinnerungen auch über den großen deutschen Theologen Romano Guardini geschrieben, einen Mann, der bis in seine letzten Tage voll schmerzlicher Unruhe blieb und alle wohlfeilen «Lösungen» von sich wies. Dirks erzählt von den Wochen vor dem Tod Guardinis und dass er gesagt habe: «Wenn ich in die Ewigkeit komme, dann werde nicht nur ich mich vor Gott verantworten müssen, sondern dann werde auch ich fragen, wieso denn so viel unbegreifliches Leid, Schmerz, Sinnlosigkeit in der Welt sein kann», und dann, so Dirks, «müssten ihm die Engel und Gott antworten.»

Eines ist klar: Die Frage nach dem Leid führt in Gott selbst hinein. Einen a-pathischen Gott, wie ihn der Deismus (= Gott hat die Welt geschaffen, sich aber zurückgezogen) postuliert, kann es nicht geben. Lieber Atheist als Deist! Ich gebe Peter Henrici recht, wenn er sagt: «Die einzig wahre Theodizee» bestehe in der Rechtfertigung des Leids «auf Grund des von Gott selbst getragenen Leids».

Wir stehen also wieder vor dem Kreuz Christi, dessen kosmische, in Gott selbst hineinweisende Dimension wir nur erahnen, aber nicht fassen können. Das Kreuz Christi wird uns kein schlüssiges, logisch unwiderlegbares «Warum» geben – da müssen wir auf den Tag des Gerichts warten, der nicht nur ein Tag des Gerichts über den Menschen, sondern auch ein Tag des Gerichts über Gott selbst sein wird – aber vielleicht gibt uns das Kreuz den einzigen in der Welt existierenden Hinweis auf das «Wie» des Leidens. Paul Claudel sagte einmal: *«Gott ist nicht gekommen, um das Leiden zu unterbinden. Er ist nicht einmal gekommen, um es zu erklären, sondern er ist gekommen, es mit seiner Gegenwart auszufüllen.»*

Letztlich liegt die Wahrheit über das Leiden bei den Leidenden selbst. Nicht in Büchern müssen wir nachschauen, sondern in Quarantänen, Intensivstationen, Dürrezonen, Gefängnissen und Sterbehäusern. Auschwitz und Birkenau – übrigens durch und durch atheistische Erfindungen – haben die Theodizeefrage nicht entschieden; die Konzentrationslager haben Gottesflüche und ergreifende Gotteszeugnisse hervorgebracht, wie auch die GULAGs – auch sie eine Erfindung von Atheisten auf dem Weg in eine schöne neue Welt – abgründige Absagen an einen guten Gott und erschütternde Zeugnisse von Heiligen und Gottesheroen hervorgebracht haben.

Es gibt eine Legende aus Auschwitz, wonach es in den Gräueln der Verwüstung zu einem Tribunal gegen Gott kam. Gott wurde schuldig gesprochen, und der Rabbi sagte: «*Nun ist es vollbracht! Gott ist ausgestoßen aus unserem Volk; er ist nicht und gehört nicht mehr zu uns. So lasset uns nun beten! …*»

Ernsthafter ist jener erschütternde Fund aus den letzten Tagen des Zweiten Weltkriegs; in einem Keller, in dem sich einige Juden während des Krieges versteckt hielten, konnte man an der Wand die Aufschrift lesen: «*Ich glojb in der Sunn, afile [= auch wenn] sie scheint nit; ich glojb in der Liebe, afile wenn ich fihl ihr net; ich gloib in Gott, afile wenn er schweigt.*» Dieses Wort ist kein Einzelfall absurder Verzweiflung; lesen Sie nur Zvi Kolitz' erschütterndes Zeugnis «Jossel Rakovers Wendung zu Gott»!

Mit tiefer Achtung stehen wir also vor den Leidenden und ihren existenziellen Antworten auf die Gottesfrage, fallen sie in der Mühle ihres Geschickes nun für oder gegen Gott aus. Ich selbst habe immer wieder Menschen erlebt, die unsägliches Leid trugen, es aber im Blick auf das Leiden Christi am Kreuz annahmen, statt in Verbitterung und mit erhobener Faust Menschen, Welt und Gott zu verfluchen. Ich kann die Beobachtung von Jean Marie Vianney, des Pfarrers von Ars, bestätigen: «Die weder Kämpfe noch Leiden auf dieser Welt zu bestehen haben, sind wie tote, faule Gewässer. Aber die ihre Leiden, ihre Schmerzen und Kämpfe ertragen, gleichen reißenden Wassern, die an Schönheit gewinnen, wenn sie über Felsen fließen und als Wasserfälle herabstürzen.»

Mir ist die Leidbewältigung einer Mutter Teresa immer unendlich sinnvoller erschienen als alle verbale Protestation. Ich lebe gelassen, in Zuversicht und ständigen Versuchen, Leid zu mindern, und richte mich an den Worten von Frère Roger auf: «Manche fragen sich, wie man sich freuen kann, wo doch das Leben einem Menschen hart zuzusetzen vermag. Wir tragen in uns eine große Freude, aber sie macht uns nicht gefühllos für das Leiden der anderen. Im Gegenteil, sie macht uns noch feinfühliger, und wir können gleichzeitig tief in uns diese große Freude des auferstandenen Christus tragen und uns ganz auf die Not und das Leid des Nächsten einlassen. Die Freude steht dem Mitleiden nicht entgegen, sie nährt es. Es gilt die Traurigkeit zu durchleben und zugleich in sich die Freude zu haben, weil man weiß, dass schließlich die Auferstehung das letzte Wort hat. Wenn wir nicht Zeugen der Freude sind, versinkt die Menschheit in Traurigkeit. Wir haben zu kämpfen, und wir können es, weil wir in uns die Freude tragen: Diese Freude gibt uns die Kraft für den Kampf.»

TOOL 44
Den Tag des Gerichtes fürchten

Jeder Staat lebt davon, dass es in ihm Recht und Gerechtigkeit gibt. Ich muss wissen, wohin ich gehen kann, wenn mir mein Nachbar das Grundstück, die Frau oder die Ehre wegnimmt. Ein Richter ist dazu da, die Verhältnisse wieder in einen gerechten Zustand zu bringen; erlittener Schaden muss wiedergutgemacht werden, der Täter seiner gerechten Strafe zugeführt werden.

Dass es auch in göttlichen Dingen eine Art Gericht geben muss, ist eine Urahnung der Menschheit. Sie basiert auf einem tiefen Gerechtigkeitsempfinden, das dem Menschen quasi angeboren ist. Die Menschen sagen sich: Ist das denn gerecht, dass Drogen- und Menschenhändlern, Kriegstreibern und Ausbeutern ein ungeschorenes Leben auf Yachten und Golfplätzen beschieden ist, während Heilige geschoren und nackt in die Gaskammern wandern?

Die Frage geht noch tiefer und wird zur Frage an Gott selbst, an die Gerechtigkeit seiner göttlichen Schöpfung: Ist das denn gerecht, dass die einen in Hungerhütten, die anderen in Traumvillen hineingeboren werden? Ist das gerecht, dass die einen klug auf die Welt kommen, und die anderen beim besten Willen nicht auf fünf zählen können? Dass es den einen in den Schoß fällt, während die anderen wie gegen Windmühlenflügel kämpfen? Dass die einen schön sind und ihnen die Augen und Herzen zufliegen – und die anderen so hässlich, dass man bestürzt den Kopf wegdreht? Nein, das ist nicht gerecht. Zumindest in dieser Welt ist Gott *nicht gerecht*. Aber auch ohne Gott ist die Welt nicht gerecht – es stinkt in ihr zum Himmel.

Wieder bleiben zwei Alternativen: *Entweder* es gibt *keinen* Gott und damit auch *keine Gerechtigkeit;* dann ist die Bilanz dieser Erde, wie sie ist. Dann sind Verbrecher die Triumphatoren und Anständige die Gelackmeierten. Dann geht das «Plus», das brutale Geschäftemacher erwirtschaftet haben, für immer als Ergebnis in die Buchführung ein – und ebenso das «Minus» derer, die einfach nur gut waren, ohne zu bedenken, wohin sie das führt. Wenn es Gerechtigkeit nicht gibt, ist das ein Freibrief, sich allein am mir Nützlichen und nicht länger am «Guten» zu orientieren. «Gut» und «böse» sind dann nur Etiketten ohne Wert. «Wenn es Gott nicht gibt», lässt Dostojewski in «Die Brüder Karamasow» den Iwan sagen, «ist alles erlaubt.» Dann lohnt es sich nicht, die Wahrheit zu sagen, auf Leben und Integrität des Nächsten zu achten, schon gar nicht selbstlos zu sein; dann sollte man besser sehen, dass man sich eine Smith & Wesson besorgt und in die nächste Bankfiliale geht, bevor dieses einzige Leben, das wir haben, verspielt ist, ohne dass man die Yacht gesehen hat.

Es bleibt noch die andere Alternative: Es gibt Gott. Es gibt die Gerechtigkeit; aber es gibt sie eben hier nur «regional», meist in den Anfängen gerechter Verhältnisse, welche Menschen durchsetzen und leben, die an die absolute Gerechtigkeit glauben und auf das Richten, Geradewachen, Ausgleichen der Dinge in einer anderen Welt hoffen. Sonst wäre ihr irdischer Kampf für Gerechtigkeit ebenso grund- wie sinnlos. Wenn es nicht irgendwann wirkliche Gerechtigkeit ausnahmslos für alle gibt, muss man sich auch nicht für das inhaltsleere Wort verkämpfen, es sei denn, man hätte das Gefühl, selbst an irgendeiner Stelle zu kurz zu kommen. Wir sind beim Jüngsten Tag, den man sich am besten nicht am letzten Tag einer irdischen Zeitskala vorstellt, sondern als einen permanenten Prozess. Der Jüngste Tag ist jetzt. Das große Gericht ist jetzt. Worauf gründet sich diese Hoffnung?

Gehen wir zurück in den Sommer des Jahres 48 nach Christus, etwa 18 Jahre nach dem Tod Jesu. Paulus befindet sich mit seinem Begleiter Silas nach einer abenteuerlichen Reise nun in einer Stadt, die einmal das Herz der Welt war und jetzt noch immer das Zentrum des antiken Denkens und der Philosophie ist: Athen. Die beiden sind nicht wegen Sightseeing dort. Paulus ist in der verwegenen Hoffnung da, er könnte Athen umdrehen in Richtung Christus.

Einige «epikureische und stoische Philosophen» (Apg 17,18), mit denen Paulus diskutiert, nehmen ihn auf den Areopag mit: *«Können wir erfahren, was das für eine neue Lehre ist, die du vorträgst?»* (Apg 17,19). Bestens – das genau will Paulus: Neugier. Paulus hält ihnen eine lange, geniale, zu Beginn etwas schmeichlerische Rede, deren Herzstück der Satz ist: *«Als ich umherging und mir eure Heiligtümer ansah, fand ich auch einen Altar mit der Aufschrift: EINEM UNBEKANNTEN GOTT. Was ihr verehrt, ohne es zu kennen, das verkünde ich euch.»*

Eine Rede also nach dem Schema: Ihr klugen Athener wisst ja schon alles – ich bringe euch nur ein paar Implikationen dessen, was euch bereits bekannt ist. Paulus redet so eindrucksvoll wie nie, wobei er zunächst alles vermeidet, was diesen diskursgestählten Köpfen komisch vorkommen könnte; er spricht über die Art, wie Gott den Menschen erschaffen hat, und die Chancen einer allgemein-philosophischen Gotteserkenntnis: «Sie [die Menschen] sollten Gott suchen, ob sie ihn ertasten und finden könnten; denn keinem von uns ist er fern. Denn in ihm leben wir, bewegen wir uns und sind wir, wie auch einige von euren Dichtern gesagt haben: Wir sind von seiner Art» (Apg 17,27–28).

Die athenischen Philosophen werden beifällig genickt haben. So konnte man die Dinge sehen. Aber irgendwann ist es

Schluss mit den allgemeinen Schulweisheiten; Paulus muss mit der Sprache heraus: «[Gott] hat einen Tag festgesetzt, an dem er den Erdkreis in Gerechtigkeit richten wird, durch einen Mann, den er dazu bestimmt und vor allen Menschen dadurch ausgewiesen hat, dass er ihn von den Toten auferweckt» (Apg 17,31).

Das ist *too much* für die Athener Intelligentia. Dass der Allmächtige die Welt richtet, mochte eine tolerable Ansicht sein, aber dass die Welt nicht an irgendwelchen höchsten Prinzipien und allgemeinen ethischen Maximen gerichtet werden soll, sondern an einem *«Mann»,* das demaskierte diesen Paulus: Er redete Nonsens. Wodurch sollte der Mann legitimiert sein? Hatte er etwas geschrieben? Nein, er war *dazu bestimmt.* Von wem? *Von Gott!* Beweise? *Dass er ihn von den Toten aufweckte.* Die Philosophen, so sie nicht ihren Spott mit ihm trieben, ließen Paulus stehen: *«Darüber wollen wir dich ein andermal hören»* (Apg 17,32b). Und wurden nicht mehr gesehen.

Das ist in der Tat das schockierend Neue am Christentum, dass nicht das *Allgemeinste* (die besten logischen Deduktionen) zum Maß aller Dinge werden, sondern das *Konkreteste:* ein Mensch. Gott hat keine Lehrsätze Fleisch werden lassen, sondern seinen eigenen Sohn. An ihm können wir uns jetzt schon ausrichten, an ihm werden wir im Tod gerichtet werden.

Das heißt aber gerade nicht, dass wir mit ihm verglichen und wegen der eklatanten Abstriche gegenüber dem unerreichbaren Muster bestraft werden. Gott wird uns mit der vollkommenen Liebe anschauen, mit der er den liebevollen Menschen anschaut, der Christus ist, und an uns vollenden, was uns fehlt. Das heißt: Er wird uns aufbauen, uns stärken, uns bereichern, uns schön machen, uns schmücken. Dazu muss von uns aber auch alles abfallen, was Sünde, Hass, Neid, Gier, Mordlust und Selbstverachtung ist, bis wir nach dem Bild Christi geläutert sind. Wie das geschieht – etwa in dem, was die Tradition «Fegefeuer» nennt – entzieht sich vorerst dem menschlichen Auge.

Wonach soll man sich *richten?* Die Wahrheit des Menschen ist, was man dem anderen Menschen tut – so, als wäre er Gott (Mt 25,31–46). In einem geistlichen Lied mit dem Titel «Jetzt ist die Zeit» wird diese aufregende Mitteilung meditiert: «Der Herr wird nicht fragen: Was hast du gespart, was hast du alles besessen? Seine Frage wird lauten: Was hast du geschenkt, wen hast du geschätzt um meinetwillen? [...] Der Herr wird nicht fragen: Was hast du beherrscht, was hast du dir unterworfen? Seine Frage wird lauten: Wem hast du gedient, wen hast du umarmt um meinetwillen?»

- ❖ Richten Sie sich täglich an Christus aus.
- ❖ Lesen Sie das Neue Testament.
- ❖ Studieren Sie Jesu Präferenzen.
- ❖ Nehmen Sie seine Worte so, als wären sie an Sie gerichtet.

Tool 45
Vor der Hölle erschrecken

Dort, wo die Hölle los ist, auf dem Münchner Oktoberfest, kann es einem schlagerunkundigen Zeitgenossen passieren, dass er sich plötzlich inmitten ausgelassener Horden befindet, die den Bierkrug schwenkend aus Leibeskräften «Hölle, Hölle, Hölle» brüllen. Im Bierzelt ist es heiß. Das ist gesucht so – wie das Versinken im Rausch des Augenblicks. Passt da was zusammen? Oscar Wilde: «Die klimatischen Bedingungen in der Hölle sind sicher unerfreulich, aber die Gesellschaft dort wäre von Interesse.» Bei dem Hölle-Lied handelt es sich nicht um eine spontane Massenbekehrung, was einem dann klar wird, wenn man im Internet nachliest, warum der Schlager ausgerechnet den Orkus beschwört. Der Text des Barden Wolfgang Petry führt uns in die Abgründe der Liebe: *«Wahnsinn – warum schickst du mich in die Hölle? – Hölle, Hölle, Hölle – Eiskalt lässt du meine Seele erfrieren! ...»* Das ist nicht einmal so fern von der Theologie, weiß doch Georges Bernanos: «Nichts lieben, das ist die Hölle.»

Im Christentum hat die Hölle einen ziemlichen Karriereknick erlebt. Waren es einst die Kapuziner und andere Predigermönche, die den Gläubigen die Hölle heiß machten, um sie auf Linie zu bringen und bei der Stange zu halten, so findet das Wort heute kaum mehr den Weg in irgendeines Predigers Mund. Die Hölle verstaubt als Metapher, zumal ihre reale Befüllung mit konkreten Menschen nicht einmal zu den festgestellten Lehren der Kirche gehört. Mit anderen Worten: Man muss nicht einmal glauben, dass Hitler dort ist. Mit der Hölle ist ein solcher Missbrauch getrieben worden, dass man den Gegnern des Glaubens die Sache leicht machte.

Bündig befand der aufgeklärte französische Philosoph Alain (eigentlich Émile Chartier; 1868–1951): «Um die Menschen zum Beichtstuhl zu bringen und sie wieder ruhig zu machen, dazu hat man Gott, den Teufel und die Hölle erfinden müssen.» Die Kirche, dachten diese Kritiker, ist eine Institution, der es vornehmlich um die Macht geht, um direkten Einfluss auf das Millionenheer der Seelen und um den Schlüssel zu ihren materiellen Besitztümern. Dazu müssen sich die Menschen freiwillig dem Instrument der Steuerung nach vorheriger Gedankenwäsche ausliefern – das ist der Beichtstuhl. Im Beichtstuhl aber regieren die Priester mit dem Medium der Angst.

Das ist gewiss ein Zerrbild; es hat jedoch ziemlich reale Fundamente. Der Missbrauch, der im Beichtstuhl mit der kirchlichen Sexualmoral getrieben wurde, ist nicht erfunden. Die Drohung mit der «Hölle» war durchaus üblich, eine Religion aus Angst war an der Tagesordnung.

Der Missbrauch mit der Angst war aber keine Sonderpathologie der katholischen Kirche. Auch in evangelischen Kirchen hat man mit der Hölle gedroht. Statt mit Liebe zur Liebe zu bewegen, hat mancher Bekehrungsprediger die Angst vor der ewigen Verderbnis bemüht.

Nun muss man nicht an die Hölle glauben; von der Hölle kann man *wissen*. Im selben Maß, wie sie in den Kirchen versteckt wurde, erlebte sie eine Renaissance in der Psychologie, der Literatur, der Philosophie und der Wirklichkeit. Freud beschrieb die innerseelischen Höllen, Thomas Mann führte in seinem «Doktor Faustus» die Hölle als Metapher der apokalyptischen Gräuel der Nazizeit ein, Jean-Paul Sartre sah die Hölle «im Anderen» – und die reale Geschichte tat alles, um die Schilderungen des Infernos bei Dante Alighieri an Detailfreude und Grausamkeit zu überbieten.

Strukturell ist es das Gleiche: Das Böse als das Nein zum Guten führt letztlich in den Ort der äußersten Nichtanwesenheit Gottes, den man traditionell «Hölle» nennt. Es wird auch in christlichen Texten nicht gesagt, dass sich die Hölle hinter den Siebenbergen befindet. Die Hölle ist uns gleichzeitig; sie ist überall. Benedikts Tool *Vor der Hölle erschrecken* hat eine neue, sehr aktuelle Bedeutung bekommen. An der Hölle bauen wir selbst mit – und sie hat eine abgründige Drift: Wir könnten uns für immer von der Liebe verabschieden, an nichts mehr glauben, Gott, der Güte und dem Leben für immer den Rücken zukehren.

Auch das «Mach mich fromm, dass ich in den Himmel komm!» könnte man einer neuen Lesart zuführen: Verschone mich, o Herr, vor unseren und allen Höllen, und lass mich dazu beitragen, dass viele ihnen entrinnen! Wie gelingt es, dass uns der Himmel wieder leuchtet? Indem wir der Kälte, dem Nein, der Vernichtung den Rücken zukehren. «Ubi caritas et amor, deus ibi est», singt man in der Liturgie des Gründonnerstages, ein 1300 Jahre altes Lied von Mönchen aus St. Gallen: Wo die Güte und die Liebe ist, da ist Gott. Durch Liebe entkommen wir der und den Höllen, durch *unsere* Liebe, in letzter Instanz aber durch Gottes Liebe: *«Denn Gott hat die Welt so sehr geliebt, dass er seinen einzigen Sohn hingab, damit jeder, der an ihn glaubt, nicht zugrunde geht, sondern das ewige Leben hat»* (Joh 3,16).

Gott hat ein vitales Interesse daran, dass wir *nicht* zugrunde gehen, uns *nicht* vernichten. Gott ist fair. Er hat uns Spuren in den Sand gesetzt, in denen zu gehen den Weg finden heißt. Unsere Eltern haben gesagt: In den Himmel kommt man, wenn man den Willen Gottes tut. Das ist so. Der Wille Gottes für mein Leben – das sind die Spuren im Sand. «Gleicht euch nicht dieser Welt an», setzt uns Paulus auf die Spur, «sondern wandelt euch und erneuert euer Denken, damit ihr prüfen und erkennen könnt, was der Wille Gottes ist: was ihm gefällt, was gut und vollkommen ist» (Röm 12,2).

C.S. Lewis, der geniale Schöpfer von «Narnia», sagte einmal, es gäbe nur zwei Sorten von Menschen, die einen, die zu Gott sagen: «Dein Wille geschehe! – und die anderen, zu denen Gott (!) sagt: «Dein Wille geschehe!» Die einen bereiten den Himmel vor, die anderen arbeiten am Projekt Hölle.

Im 3. Gesang von Dantes «Divina Commedia» findet sich die Beschreibung eines Volkes, das in der Hölle besonderen Qualen ausgesetzt ist; das sind diejenigen, *«die weder Rebellen wider Gott, noch auch ihm treu waren, sondern für sich neutral blieben»* – gemeint sind die Zuschauer. *«Wir haben von nichts gewusst»*, hört man häufig von Zeitzeugen des Dritten Reichs. Es gab andere, das Ehepaar Donata und Eberhard Helmrich zum Beispiel. Unter Lebensgefahr retteten sie jüdische Mitbürger. Nach dem Krieg fragte man sie, warum sie damit ihr Leben und das Leben ihrer vier Kinder aufs Spiel setzten. Ihre Antwort: «Nach einer Woche, in der wir mit uns gerungen hatten, kamen wir zu der Erkenntnis, dass unsere Kinder besser tote Eltern als feige Eltern hätten … Wir haben die Rechnung gemacht, dass wir schon nach zwei Menschen, die wir gerettet hatten, bei Hitler schuldig sind, wenn wir erwischt werden. Daher war jeder zusätzliche Mensch, den wir retteten, ein reiner Gewinn.»

- ❖ Schauen Sie niemals zu, wenn Sie Unrecht sehen.
- ❖ Seien Sie sensibel, wenn sich Kälte in Ihrer Umgebung ausbreitet, lassen Sie es nicht zu.
- ❖ Helfen Sie Menschen aus ihren selbstfabrizierten Höllen heraus; schenken Sie ihnen Nähe, geben Sie ihnen die richtige Adresse in die Hand.

Tool 46

Das ewige Leben mit allem geistlichen Verlangen ersehnen

Einen Pfarrer kannte ich – eine ebenso eindrucksvolle wie monströse Gestalt. Er war die Tatkraft in Person, war rastlos, permanent überarbeitet, bewegte – wie man so sagt – «Welten», galt als geschickter und geschmackvoller Bauherr und gewaltiger Prediger. Dennoch wurde ich als Jugendlicher Zeuge, wie dieser glanzvolle Mann eines Tages vor versammeltem Volk eingestand, dass er keinen Glauben besaß – und es obendrein nicht einmal merkte. Es ging gerade um den Himmel und das, was man sich darunter vorzustellen habe, als jener gewaltige Gottesmann plötzlich bemerkte, wenn er mal tot sei, brauche er «den Zauber» nicht. Wie er das denn meine, wollten die Umstehenden wissen. «Ich bin froh», sagte der Priester, «wenn das ganze Theater vorbei ist!» – «Und dann?» – «Dann will ich Ruhe, sonst nichts!» Inzwischen ist der Mann verstorben. Ich hoffe nicht, dass Gott sich dezent zurückgezogen hat, um nicht zu stören. Ich hoffe, er hat ihn in den Arm genommen und ihn überrascht nach seiner Art.

Ein anderer Pfarrer – gleichzeitig ein origineller Maler und dafür bekannt, dass er selbst schmutzigeren Witzen nicht gänzlich verschlossen war – machte diesen Fall von Atheismus im Pfarramt wieder gut. Ich versuche den kuriosen Dialog aus der Erinnerung nachzuzeichnen. Ich fragte ihn also nach dem ewigen Leben: «Sagen Sie mir: Was ist der Himmel?» – *«Was du willst!»* – «Wie? Was du willst?» – «Na, wie ich dir sage: Was du willst! Was du dir ganz tief innen wünschst!» – «Und wenn ich meiner Mutter die Pest an den Hals wünsche?» – «Dann wünschst du in Wahrheit Gerechtigkeit.» – «Und wenn ich etwas *unkeusche* Wünsche habe?» – «Dann wünschst du dir zu lieben und geliebt zu werden und vor Seligkeit zu vergehen.» – «Und wenn ich davon träume, Fußball zu spielen, immer nur Fußball, so genial und trickreich wie sonst keiner auf der Welt?» – «Dann wünschst du dir Vollkommenheit, Stärke, Schönheit, Souveränität, Gemeinschaft, Glück …»

Ich musste seither oft an dieses Gespräch im Atelier des Malerpriesters denken und habe mir manchmal gewünscht, die biblischen Autoren hätten etwas deutlicher von Fußball, Sex, Rock'n'Roll und anderen himmlischen Dingen geschrieben. Immerhin schreibt Paulus: *«Kein Auge hat es gesehen, kein Ohr hat es gehört, und in keines Menschen Herz ist es gekommen, was*

Gott denen bereitet hat, die ihn lieben» (vgl. 1 Kor 2,9). Im Evangelium des Johannes sagt Jesus: *«Ich bin gekommen, damit sie das Leben haben und es in Fülle haben!»* (Joh 10,10). Und in der schwer ergründlichen Offenbarung lesen wir: *«Er wird alle Tränen von ihren Augen abwischen: Der Tod wird nicht mehr sein, keine Trauer, keine Klage, keine Mühsal»* (Offb 21,4). Aber wir müssen uns begnügen, dass hier «Gott» steht, der uns beglücken möchte, und nicht differenziert wird, wie das geschehen könnte bei einem Jungen, der jede Nacht von Fußball träumt.

Wenn eine Mutter ihrem vor wenigen Tagen geborenen Kind in die Augen schaut und zwischen beiden ein Lächeln entsteht, ist darin auch keinerlei Differenzierung – es ist für beide der Himmel ohne Worte. Mehr kann die Mutter nicht sagen, mehr kann das Kind nicht sagen. Wenn die Mutter sprechen könnte und ihre Hingabe an das Kind in 1003 Akte und Absichten aufspaltete und bewies, so würde sie die Liebe nur kleinreden. Und könnte das kleine Kind sprechen, sein Vertrauen artikulieren und es aufspalten in 1003 Akte und Absichten, so würde die Rede über das Vertrauen nur kleiner sein als das Lächeln.

Ebenso dürfen wir den Himmel nicht kleinrechnen, der eine nach oben offene Erfüllung sein möchte, und dürfen wir daher nicht weniger begehren als Gott selbst, so schön Ruhe, Sex, Gerechtigkeit und Fußball sonst sind. Die Liebe weiß das Beste für uns. Wir dürfen uns mit Sehnsucht und «geistlichem Verlangen» – wie Benedikt formuliert – auf Überraschungen gefasst machen: *«Das Maß der Liebe ist die Liebe ohne Maß»*, hat Franz von Sales unübertrefflich präzise formuliert. Es soll übrigens vorkommen, dass fanatische Gourmets im Zustand der Verliebtheit und angesichts der Augen ihrer Liebsten das Essen kalt werden lassen.

❖ Bereiten Sie anderen Menschen gelegentlich den «Himmel auf Erden».

❖ Schenken Sie, kochen Sie, machen Sie Musik für andere, schreiben Sie Briefe.

❖ Üben Sie sich im Gebet des Vertrauens: «Du, Herr, weist den Weg, du wirst mich zum Leben führen.»

TOOL 47
Den unberechenbaren Tod täglich vor Augen haben

Der Vater meines Freundes war Banker und obendrein ein Frankfurter Schlappmaul. Es kam häufiger vor, dass ältere, kinderlose Menschen an ihn herantraten, um sich über längerfristige Anlagestrategien für ihr Geld zu informieren. «Da haben Sie», pflegte der Mann mit bierernster Miene zu sagen, «im Grunde genommen die Auswahl zwischen zwei Möglichkeiten ...» – «Aha?» – «Entweder ‹Caritas› oder ‹Brot für die Welt›.» Es ist nicht überliefert, wie die Ratsuchenden auf die Bank mit dem lösungsorientierten Ansatz reagiert haben.

Bevor im Mittelalter die sogenannte «Ars moriendi» (= die Kunst vom richtigen Sterben) entstand, von der gleich noch die Rede sein wird, gab es in der Antike schon ein beeindruckendes Ritual rund um den lateinischen Ruf «Memento mori!» (= Erinnere dich, dass du sterben musst!). Zog ein siegreicher Feldherr im Triumphzug in die Stadt ein, so war es üblich, dass ein Sklave unmittelbar hinter dem Triumphator einherging, um ihm einen Lorbeerkranz über das Haupt zu halten, aber auch ihn und die Zuschauer mit lauten Memento-mori-Rufen an seine Sterblichkeit zu erinnern.

Nicht weniger eindrücklich ist das «Memento mori» Jesu. In einer Szene bei Lukas wird Jesus gebeten, sich in eine Erbschaftsangelegenheit einzumischen. Man kennt das, es geht ans Eingemachte. Jesus reagiert unwillig; die bitterernste Fixierung auf das Materielle läuft ihm gegen den Strich. Ein einziges Mal und sonst nie im Neuen Testament spricht Jesus vom «Sinn des Lebens» (Lk 12,15) – und zwar in einer abgrenzenden Formulierung: Sinn des Lebens ist nicht, dass ein Mensch «aufgrund seines großen Vermögens in Überfluss lebt» (Lk 12,15). Dann erzählt Jesus das berühmte Gleichnis von diesem Glückspilz von Bauern, der in unverhofften Ernteerträgen ertrinkt. Er hat nur noch einen Gedanken: Wohin mit dem Segen? In seinem Kopf wälzt er einen kühnen Plan: Nicht anbauen! Die Scheunen werden abgerissen! Komplett! Wir ziehen das ganz neu auf! In den richtigen Dimensionen! Der Mann lehnt sich im Vorgefühl der klugen Entscheidung zurück: *«Dann kann ich zu mir selber sagen: Nun hast du einen großen Vorrat, der für viele Jahre reicht. Ruh dich aus, iss und trink und freu dich des Lebens!»* (Lk 12,19). Sehr menschlich!

Nur – Jesus fährt ihm brutal in die Parade: *«Du Narr! Noch in dieser Nacht wird man dein Leben von dir zurückfordern. Wem wird dann all das gehören, was du angehäuft hast?»* (Lk 12,20). Ist Jesus ein Spaßverderber, würde er in unsere Neidgesellschaft passen? Ganz im Gegenteil. Jesus ist *für* Reichtum, *für* Genuss. Die Kritik Jesu geht gegen einen Typ Mensch, der in seinem Projekt Reichtum zu kurz greift, der nur *«für sich selbst Schätze sammelt, aber vor Gott nicht reich ist»* (Lk 12,21).

Das Leben hat eine doppelte Dimension, eine sichtbare und eine unsichtbare. Das hier auf der Erde ist nicht alles. Es gibt das ewige Leben – und für diese Dimension qualifiziert man sich nicht mit Barvermögen, Aktiendepots und Anteilscheinen. Der Tod ist der Zusammenbruch unseres irdischen Währungssystems. Im Tod stehen wir plötzlich als Bettler da – und *haben* nur noch, was wir *verschenkt* haben. Das ist die neue Währung; sie ist paradox, ebenso paradox wie das Jesuswort: «Wer sein Leben retten will, wird es verlieren; wer aber sein Leben um meinetwillen und um des Evangeliums willen verliert, wird es retten. Was nützt es einem Menschen, wenn er die ganze Welt gewinnt, dabei aber sein Leben einbüßt? [and. Übers.: an seiner Seele Schaden nimmt]» (Mk 8,35–36).

Heute leben viele, als ginge alles immer so weiter. Sie verdrängen den Tod, bürgern ihn aus den Häusern und Biografien aus. Im Mittelalter hatte menschliches Leben sehr nahe mit dem Tod zu tun. Sterben fand mitten unter den Menschen statt, die ständig in greifbarer Todesgefahr lebten: Hunger, Krieg, Seuchen konnten über Städte und Landschaften hereinbrechen und oft in wenigen Tagen ganze Bevölkerungsgruppen auslöschen.

Da die Menschen gläubig waren, fühlten sie sich wie auf einer beständigen Gratwanderung. Morgen oder übermorgen mochte ein unvorhersehbares Geschick auch über sie hereinbrechen. Innerhalb weniger Stunden würden sie sich auf der anderen Seite der Wirklichkeit und vor dem Richterstuhl Gottes wiederfinden.

In diesem Umfeld schrieb der französische Scholastiker Johannes Gerson (1363–1429) einen Traktat über das richtige Sterben und wie man sich darauf vorbereitet. Ein Erfolgs-Genre war geboren. Ungezählte Autoren versuchten sich in der Folge an dem Thema *Ars moriendi*. Die letzten Ausläufer dieser Kunst konnte ich noch bei meinen Großmüttern studieren (die Großväter ließen sich auch in dieser Hinsicht spirituell «verwalten»). Bei beiden Großmüttern erlebte ich, dass sie Tag für Tag für sich und ihre Familien um eine «gute Sterbestunde» beteten. Außerdem befanden sich in ihren Nachttischen neben dem Lavendelflakon und diversen Tüchlein zwei geheimnisvolle Gerätschaften: Das *Sterbekreuz* und der *Sterbe-Rosenkranz*. Nicht ohne leichtes Gruseln betrachtete ich mir diese Dinge, die ein bestimmtes Corporate Design hatten – Silbermetall mit schwarzer Holzeinlage – und sich von den anderen Kreuzen und Rosenkränzen im Haus unterschieden.

Als eine meiner Großmütter dann wirklich starb, sah ich, was man mit den geheimnisvollen Dingen tat. Auf dem Nachttisch hatte meine Mutter eine weiße Decke ausgebreitet; darauf stand das Sterbekreuz und rechts und links brannten feierlich und still zwei Kerzen, in merkwürdigem Kontrast zum Todeskampf meiner Großmutter. Es war alles bereitet für den Priester, der nun kam, um der Sterbenden ein letztes Mal die heilige Kommunion («Wegzehrung», sagte man) und das Sakrament der Krankensalbung zu spenden. Die adrigen Hände meiner Großmutter schlossen sich fest um den Sterbe-Rosenkranz, an dem sie sich hielt, bis man ihn der Toten aus der Hand nahm, als alles vorbei war.

Natürlich waren wir Kinder nicht dabei, als der Leichnam gewaschen und eingekleidet wurde, aber wir durften wieder in das Zimmer, als Großmutter aufgebahrt war. Frische Kerzen brannten und tauchten das Zimmer in ein sanftes, friedliches Licht. Meine Großmutter war da – und doch nicht mehr da. Ich spürte, sie gehört jetzt einer anderen Welt an. In ihren Händen sah ich das Sterbekreuz und den Sterbe-Rosenkranz, den man ihr später auch ins Grab mitgab. Sie starb, wie sie lebte – im festen Glauben, dass der Tod eine Geburt ist und dass diese beiden Dinge sie gut hinüberführten in ein anderes, größeres Leben bei Gott.

Sterben – und doch nicht sterben? Nachdenklich gemacht hat es mich, als ich jüngst einen Bericht über die Exhumierung der Bernadette Soubirous las, jenes 1933 heiliggesprochenen Hirtenkindes, dem die Entstehung des südfranzösischen Wallfahrtsortes Lourdes zu verdanken ist. Die Öffnung des Sarges geschah am 14. Juni 1925 – öffentlich und vor Kameras. Damals war Bernadette 46 Jahre tot, nachdem sie im April 1879, nur 35 Jahre alt, an Atemnot und Herzbeklemmung gestorben war. Das Tuch, in das man ihren Leichnam gebettet hatte, fand man vermodert, das Sterbekreuz, das man auch ihr ins Grab mitgegeben hatte, war von Rost zerfressen. Der Leichnam hingegen war unverwest. Er ist – warum auch immer – auch heute noch unverwest. Man kann es nachprüfen, muss sich nur nach Nevers an der Loire begeben und nach dem Kloster Saint-Gildard fragen, wo Bernadette in einem Glasschrein aufgebettet zu sehen ist. Der Autor und Historiker Paul Badde, Spezialist für Grenzfälle, den ich mit meiner Irritation konfrontierte, zuckte nur mit den Schultern: «Halb Italien ist voll von unverwesten Leichen!» – «Und?» – «Interessiert keinen ...»

Es wäre gewinnbringend, würde aber zu weit führen, hier die Elemente einer klassischen Ars moriendi auszubreiten, etwa «Die fünf großen Versuchungen im Angesicht des Todes» zu bedenken. Ich will sie wenigstens nennen: die Versuchung im *Glauben,* die Versuchung durch *Verzweiflung,* die Versuchung durch *Ungeduld,* die Versuchung durch *Hochmut* und die Versuchung durch *zeitliche Güter.*

Lieber möchte ich bei meinen Großmüttern bleiben und bei dem, was ihre Ars moriendi war. Davon habe ich nämlich eine konkrete Anschauung. Beide Großmütter – Evchen im Rheinhessischen und Katharina im Westerwald – hatten ein Lieblingsgebet, das sie tagaus, tagein (ich weiß nicht wie oft) für sich rezitierten, ohne deshalb Frömmler zu sein. Es war in dem Milieu üblich: der Rosenkranz.

Evangelische Leser, die daran Anstoß nehmen, möchte ich bitten, nicht vorschnell zu urteilen. Kein Katholik muss den Rosenkranz beten. Es gab sogar Heilige, die ihn einfach links liegenließen. Für andere ist der Rosenkranz nach wie vor eine Methode, jeden Tag einen halbe Stunde bei Jesus zu sein – in guter Gesellschaft, mit der Mutter Jesu nämlich. Jeden Tag betrachtet der Rosenkranzbeter nach einem rituellen Schema andere Jesus-Geheimnisse; mal heißt es: «Jesus, der für uns Blut geschwitzt hat», dann heißt es: «Jesus, der für uns geboren worden ist», dann wieder: «Jesus, der uns den Heiligen Geist gesandt hat».

Innerhalb einer einzigen Woche hat der Rosenkranzbeter alle wesentlichen Jesus-Geheimnisse meditiert. Man sollte also vorsichtig sein mit der Annahme, das Rosenkranzgebet müsse notwendig von Jesus wegführen. Übrigens kenne ich evangelische Christen, die sich einen Rosenkranz besorgt haben, weil sie ein Hilfsmittel gut finden, mit dem sie einen gewissen Zeitraum im Gebet (und damit am heißen Herzen des Glaubens) dran sein können. Statt der Ave Marias beten sie Anrufungen Jesu. Absolut in Ordnung. «An ihren Früchten also werdet ihr sie erkennen» (Mt 7,20).

Für meine Großmütter war der Rosenkranz ein Gebet für das Leben – und wie ich später erst merkte, vor allem auch eine Art Gebet gegen den Tod – das *Ave Maria*. Dieses Gebet besteht in seiner ersten Hälfte fast ausschließlich aus einer Aneinanderreihung biblischer Zitate (Lk 1,28.42) und wurde seit dem 11. Jahrhundert in der gesamten westlichen Christenheit auch in dieser kurzen Form gebetet, bevor es im 15. Jh. zu jenem Anhang kam, der den Reformatoren zum Anstoß wurde, das Ave Maria abzuwerten (nicht abzuschaffen), während das katholische Volk die Erweiterung begierig aufgriff: «Bitte für uns, jetzt und in der Stunde unseres Todes!» Das Ave Maria lautet:

Gegrüßet seist Du, Maria,
voll der Gnade, der Herr ist mit Dir.
Du bist gebenedeit unter den Frauen,
und gebenedeit ist die Frucht Deines Leibes, Jesus.

*Heilige Maria, Mutter Gottes,
bitte für uns Sünder, jetzt
und in der Stunde unseres Todes.*

Ich will versuchen zu erklären, warum das Ave Maria meiner Großmütter tägliches *Memento mori* war. Lassen wir die Diskussion, ob «Maria» den Blick auf Jesus verstellt, oder ob man im Gegenteil durch Maria auf dem unmittelbarsten Weg zu Jesus hingeführt wird – ob die endlosen Ave Marias im Rosenkranz nicht heidnisches Herunterrasseln von Worten waren/sind oder ob es im Gegenteil nicht ein durch Gebrauch geheiligtes rituelles Einschwingen in die Präsenz Gottes war/ist. Ich will nur von meinen Großmüttern berichten, von denen ich weiß, dass sie vitale, starke Bauersfrauen von einer gesunden, keineswegs exaltierten Frömmigkeit waren. In sie versuche ich mich hineinzuversetzen.

Die beiden hatten gewiss keine besonders entwickelte *Jesus*-Frömmigkeit; vermutlich weniger aus weiblicher Vorliebe für Maria, die eine Frau wie sie war, auch nicht, weil sie nicht um den kategorialen Unterschied zwischen Jesus und Maria gewusst hätten – wohl eher aus Ehrfurcht. Maria war ein Mensch wie sie selbst, keine Gebildete, ein einfaches Mädchen vom Land und doch top unter allen Frauen; Maria war «die Mutter», so etwas wie eine Freundin auch, jedenfalls jemand von *ihrer* Seite, wenn auch mit exzellenten Kontakten zur *anderen* Seite – Jesus hingegen war ein Mysterium Gottes, dem man sich am besten in Begleitung anderer, Würdigerer näherte, ein bisschen versteckt, der leeren Hände wegen und der schmutzigen Kleider. Warum nicht leicht versetzt hinter der Freundin da sein, hinter Maria, von der es heißt, «der Herr ist mit dir», sie sei *voll der Gnade*? Sie muss der Herr mit Liebe anschauen, warum dann nicht auch die Leute in ihrem Gefolge?

So kommt das Wort «Jesus» natürlich auch im Ave Maria vor; es kommt sogar zentral vor, scheint als die eigentliche Adresse durch, aber es steht nicht am Anfang; der Beter fällt nicht mit der Tür ins Haus, sondern bewegt sich in vorsichtiger Annäherung zum staunenswerten Herzen der Dinge, zum Wohnort der Gnade auf Erden, der seltsamerweise der Leib einer Frau ist. Da ist er nun, der menschgewordene Sohn Gottes! Was für eine Entdeckung! Es ist wie mit den Fassaden im Orient: Je schlichter sie sind, desto prächtiger entfaltet sich ihr Innenleben, desto edler der Besitzer des Hauses! Das Wort «Jesus» ist im Ave Maria gefasst wie eine kostbare Perle in der denkbar schönsten Brosche. Und wo man im Herzen der Dinge ist, und wo Gelegenheit ist, seine größten Sorgen loszuwerden, auch da geschieht es nicht direkt, sondern *with a little help of the friends,* wie es sich für Sünder schickt: «Heilige Maria, bitte für uns Sünder, *jetzt und in der Stunde des Todes.* Amen».

Ich habe mich oft gefragt, warum es denn ausgerechnet das Ave Maria und der Rosenkranz waren, die in der Stunde des unberechenbaren Todes so sicher und gelassen machten. Ich glaube, es war im Grunde etwas sehr Banales, das wir heute vielleicht mit «Connections!» oder «Vitamin B» zum Ausdruck bringen würden. Bitte! – höre ich die Doctores rufen. Andererseits (vernehme ich mit flüsternder Stimme die Gottesklugen, höre Josef Weiger zu Romano Guardini sagen): *«Wir können uns Gott nicht menschlich genug vorstellen.»*

So mögen die Aufgeklärten einmal weg- und die Einfältigen einmal hinschauen, wenn sich ein armes Menschlein nun *die Stunde seines Todes* so vorstellt, dass er sich in die letzte Reihe der «Freunde» drückt, die ihn kennen, ihn mit Namen begrüßen und ihm nun vor dem Thron der Herrlichkeit ein wenig Platz machen, wie es sich unter Freunden gehört, und wenn sich dieses arme Menschlein nun vorstellt, dass ihn Maria, die ganz vorne ist in der Liebe, immer dran ist und immer dran war, nicht vergessen hat und ihn ein bisschen unterhakt bei der Begegnung mit dem Herrn des Himmels und der Erde – so ist dies gewiss ganz naiv, so naiv, dass es fast schon wieder zu Jesus passt: *«Ich preise dich, Vater, Herr des Himmels und der Erde, weil du all das den Weisen und Klugen verborgen, den Unmündigen aber offenbart hast»* (Mt 11,25). Und wenn es ans Sterben geht, hat Jesus nicht auch für diese, die schwerste Stunde gesagt: *«Kommt alle zu mir, die ihr euch plagt und schwere Lasten zu tragen habt. Ich werde euch Ruhe verschaffen»* (Mt 11,28)? Kommt man denn da allein?

- Leben Sie so, dass Sie sterben können mit reinem Gewissen, ohne Lasten, die Sie anderen aufgebürdet haben, ohne vergessene Bereinigungen.
- Beten Sie täglich um eine gute Sterbestunde.
- Üben Sie gegen den Tod – sagen Sie sich: Beim Sterben falle ich nicht in den Tod, sondern in die Hände Gottes!

TOOL 48

*Das eigene Tun und Lassen
jederzeit überwachen*

«We don't need no education, we don't need no thought control» höre ich noch «Pink Floyd» die Hymne einer ganzen Generation singen, verstärkt um einen sich die Seele aus dem Leib schreienden antiautoritären Kinderchor. Es ging um den Protest gegen die Väter, ihre äußere und innere Macht, bis hinein in die Kontrolle der Gedanken. Die neue Generation dürstete nach Freiheit, nach fröhlicher Anarchie, nach Erfahrungen aus erster Hand, nach Regelverstößen und selbstgesteuerten Kontrollverlusten. In einer Welt, in der alles schon vorgestanzt war, fanden sich plötzlich junge Leute in Paris, Berlin, London und dann überall nicht mehr bereit, in Fußstapfen zu treten und vorgesehene Muster zu erfüllen.

«Lass dich gehen!», wurde zur stehenden Redewendung. Gedankenkontrolle und Hände auf der Bettdecke waren das Letzte, was die neue Lust an der Freiheit gebrauchen konnte. Es ging gerade darum, das Hirn (und damit die mahnenden Einsprüche der Väter) abzuschalten; «Bewusstseinserweiterung» war das Ziel, um dessentwillen man Normen lustvoll verletzte und karikierte, sich «enthemmte», um Erfahrungen zu machen und dafür sogar mit Drogen und Psychopharmaka experimentierte und kokettierte.

Es lag viel Sympathisches und Verständliches im wilden Aufbruch dieser Leute, die das Leben wieder *fühlen* wollten, auch wenn der Aufbruch sich schließlich einen Seitenpfad in den

Drogenkonsum, einen anderen in den Hedonismus (= Lust als höchstes Ziel sittlichen Handelns) und einen dritten in den Irrationalismus der Esoterik bahnte. Prinzipiell ist es richtig, dass man nicht nach fremden Mustern leben kann, sondern Erfahrungen machen muss, um seinen ganz individuellen Weg zu finden.

Auf der Suche nach dem «Leben in Fülle» (Joh 10,10) kann man nicht mit den Regeln anfangen, ohne die Süße der Verheißung geschmeckt zu haben. Das wilde, brausende Leben ist das Erste, die anwohnerfreundliche, gezielte, aber nicht zerstörerische Eindämmung des Sturzbaches das Zweite. Wenn Benedikt der Kontrolle in dieser Schärfe das Wort redet, dann ist er sich bewusst, dass er es mit lebenserfahrenen Leuten zu tun hat, die sich aus freien Stücken einer herausfordernden «disciplina» unterwerfen wollen, wie es Leistungssportler tun, die nicht ewig in der 2. Liga spielen wollen.

Man muss diese Dinge so ausführlich sagen, weil es eben einmal wirklich eine Zeit gab, in der *Bravsein* alles war. In der Jugend drillte und brach man Menschen zu einem regelgerechten Leben und wunderte sich, wenn ihnen später die Gier nach dem wahren Leben aus allen Poren herausbrach. Man muss deshalb vorsichtig bei jungen Menschen sein; man soll ihnen helfen, ein Gewissen zu bilden, aber sie gleichzeitig davor bewahren, dass sie sich zu Kontrollfreaks und Skrupulanten entwickeln.

Insofern soll man bei dem Tool «Das eigene Tun und Lassen jederzeit überwachen» besser nicht an eine pedantische Rationalisierung und Verplanung des eigenen Lebens denken; man soll sich vielmehr in der Tat einen Sportler vorstellen, der hohe Ziele hat und deshalb eine Stoppuhr, einen Pulsmesser und einen Ernährungsplan besitzt. *«Wenn einer von euch einen Turm bauen will, setzt er sich dann nicht zuerst hin und rechnet, ob seine Mittel für das ganze Vorhaben ausreichen?»*, heißt es (Lk 14,28) beim Evangelisten Lukas. Genauso kann man an Paulus und seine Vorkehrungen für den Sieg im Wettkampf denken: *«Lauft so, dass ihr [den Preis] gewinnt. Jeder Wettkämpfer lebt aber völlig enthaltsam; jene tun dies, um einen vergänglichen, wir aber, um einen unvergänglichen Siegeskranz zu gewinnen»* (1 Kor 9,24b–25).

Wie soll man sich christlich gesehen denn nun «überwachen»? Die Regel lautet: 1. regelmäßig, 2. kurz, 3. heftig. In der Lebenspraxis von Christen ist eine Gewissenserforschung einmal am Anfang einer heiligen Messe vorgesehen (dort soll es eine kurze Stille geben, darauf das «Ich bekenne ... dass ich gesündigt habe»), ein Reflex auf Jesu Forderung, nicht unversöhnt Liturgie zu feiern: «... *geh und versöhne dich zuerst mit deinem Bruder, dann komm und opfere deine Gabe*» (Mt 5,24). Dann war es in den Klöstern Brauch, zur Mittagszeit und vor dem Essen einen kurzen Break, eine Zwischenbilanz, zu machen. Schließlich hat die Gewissenserforschung natürlich am Abend ihren Platz, wenn man Rückschau auf den Tag hält.

So regelmäßig sie sein soll, so *kurz* muss sie sein. Als Christ soll man sich nicht manisch mit seinen Sünden beschäftigen – man käme an kein Ende und würde sich ewig nur mit Selbstvorwürfen quälen und klein machen – man soll sich mit dem Lobpreis Gottes beschäftigen, ihm danken und ihn loben. Es gibt Christen, die eines Tages erschrocken feststellen, dass sich ihre Gebete nur um sie selbst drehen. Dafür sind Gebete nicht da. Gott kennt unsere Bilanz; wir müssen ihm nicht haarklein erklären, welche Loser wir sind und warum wir schon wieder ... Es langweilt ihn. Die Gewissenserforschung ist keine Infoveranstaltung für Gott; sie ein knapper Check dessen, wo wir im Augenblick in Hinsicht auf unsere Ziele stehen. Und dann soll man sich in die liebenden Arme des barmherzigen Gottes werfen. Natürlich kann man ihn um Kraft bitten! Sollten Sie aber feststellen, dass Ihr Gebet sich in der Spirale «Wie war ich wieder blöd ... Herr, gib mir Kraft» dreht, ist daran etwas faul. Dafür sollten Sie keine Zeit haben.

Aber *heftig* soll sie sein, die Gewissenserforschung. Heftig nicht im Sinn von Selbsterniedrigung und Daueranklage, sondern heftig in ihrem Realismus und ihrer Zielorientierung. Es nutzt nichts, sich täglich anzuklagen, dass man den eigenen Mann nicht liebevoll annimmt. Dann sollte eine Gewissenserforschung schon zu konkreten Entschlüssen und vielleicht in ein Coaching oder eine Paartherapie führen.

Und was ist mit Sünden, derer man sich immer wieder anklagen muss, weil man sie täglich begeht? Nehmen wir einen konkreten Fall: Jemand ist internetsüchtig; er konsumiert am laufenden Band Pornografie oder Wettspiele, vernachlässigt dafür sogar seinen Beruf. Es erniedrigt ihn, und seine Gebete kreisen nur noch um dieses Thema. Er denkt sich, Gott wird mir helfen, wenn ich ihm nur demütig genug komme.

Hier hilft eine erste Unterscheidung: Sucht ist eine Krankheit und keine Sünde; vielleicht war sie einmal eine Sünde, aber jetzt, wo sie den freien Willen des Süchtigen dominiert, ist sie mehr eine Krankheit denn eine Sünde. Natürlich hilft in diesen Fällen auch das Gebet zu Gott, der in Jesus auch als Arzt (Lk 5,31) gekommen ist. Aber der Arzt Jesus würde diesem Mann empfehlen, fachliche Hilfe zu suchen, sich einer Therapie zu unterziehen und ihm dazu seine Kraft und seinen Segen mit auf den Weg geben. Nur auf diese Weise könnte, was jetzt eine Sucht ist, auch wieder eine normale Sünde werden, über deren Bekenntnis sich Gott freut – denn *Umkehr in Freiheit* ist nun einmal im Himmel das Allergrößte: «*Im Himmel herrscht mehr Freude über einen einzigen Sünder, der umkehrt, als über neunundneunzig Gerechte, die es nicht nötig haben umzukehren*» (Lk 15,7).

❖ Richten Sie sich einmal oder zweimal am Tag einen persönlichen Checkpoint ein.
❖ Machen Sie realistisch Bilanz, und überlegen Sie gleichzeitig, welche Maßnahmen sie ergreifen wollen.
❖ Zweifeln Sie niemals an der Barmherzigkeit Gottes, auch wenn Sie immer wieder mit den gleichen Sünden vor ihn treten.

TOOL 49
*Fest überzeugt sein,
dass Gott überall auf uns schaut*

Gott ist nicht Kilroy.

Sie kennen Kilroy nicht? Doch, Sie kennen Kilroy! Kilroy, das ist diese typische Karikatur, die mit der langen Nase und den großen Augen über die Mauer schaut und sich an den unmöglichsten Stellen hingezeichnet findet. «Kilroy is watching you» oder «Kilroy was here!» liest man dann und fühlt sich etwas beobachtet. Kilroy gab es wirklich. James J. Kilroy war Schiffbauinspektor der Firma «Fore River Shipyard» in Quincy, Massachusetts. Mister Kilroys Aufgabe war es, die Arbeitsleistung beim Nieten von großen Schiffsrümpfen zu kontrollieren. Die Schweißer wurden im Akkordsystem entlohnt; da kam es darauf an, wie viele Nieten jeder von ihnen schaffte. Kilroy zählte also den ganzen Tag Nieten. Und damit es gerecht zuging, machte er an der Stelle, wo er abends seinen Dienst unterbrach, mit einem gelbem Stift einen Vermerk: «Kilroy was here».

Als die Schiffe im Zweiten Weltkrieg dann im Kriegseinsatz standen, entdeckten GIs den rätselhaften Vermerk – und machten ihren Spaß damit. *Kilroy was born*. Nach glaubhaften Berichten soll sich Kilroy mittlerweile flächendeckend nicht nur in nahezu allen Hygieneanstalten dieser Erde gezeigt haben. Man hat ihn schon auf dem Mount Everest gesehen, ebenso auf der Unterseite des Pariser Triumphbogens, ebenso auf der Fackel der New Yorker Freiheitsstatue.

So stellen sich viele Gott vor – als einen, der den ganzen Tag Nieten wie uns zählt. Alles, was wir tun, beobachtet er minutiös. Seinen Adleraugen entgeht nichts. Seine Datenbank speichert alles. Sein Computerhirn vergisst nichts. Gott ist wie ein Controller, der nur darauf wartet, uns kalt lächelnd nach einem fehlenden Beleg über Zweieurofuffzig zu fragen – *aber den müssen Sie doch haben!*

Meistens ist die religiöse Erziehung, genauer gesagt die Angst der Mütter, daran schuld, dass sich ein solches Gottesbild in der Seele festsetzt. Mütter – Väter natürlich auch – haben Angst, dass ihre Kinder verloren gehen, unter die Räder kommen und vom rechten Pfad abkommen. Elternaugen können nicht überall sein. Wie gut, dass es Gottes Augen gibt, die auf das Böse und Schmutzige herunterbrennen! Die gute Absicht trägt meist nicht weit. Beim Kungeln, Ködern, Kiffen, Küssen & Kuscheln möchte der Nachwuchs unbeaufsichtigt sein. Sollte der Kilroy-Gott bis hierhin getragen haben, so wird er spätestens jetzt vor die Tür gewiesen.

Der französische Philosoph J.-P. Sartre (1905–1980) geht noch einen Schritt weiter. Er weist dem Kilroy-Gott, der in der Freiheit der Menschen herumschnüffeln möchte, nicht nur die Tür – er erklärt ihn komplett für inexistent. Der Mensch hat nicht Freiheit, er *ist* Freiheit, erklärt Sartre; er hat kein vorgegebenes Wesen, keine Norm, der er entsprechen, keinen Plan, den er erfüllen muss. «Der Mensch ist, was er aus sich macht.» Wenn es einen Gott gäbe, wäre der Mensch nicht frei. Also kann er nicht sein. Weil der Mensch keine Würde als Freier hätte – Gott wäre ja die Grenze seiner Freiheit –, darf es Gott nicht geben.

Es ist, wie es häufig ist. Eine halbe Wahrheit ist eine ganze Falschheit. Man muss Sartre zugestehen, dass Gott nicht die *Entwürdigung* des Menschen sein kann. Wenn der Mensch klein sein muss, damit Gott groß ist, stimmt etwas nicht an der Theologie. Hat Gott den Menschen frei geschaffen, so muss diese menschliche Freiheit auch Raum in ihrem Schöpfer haben, ohne dass durch die Hintertür wieder ein Türpfostenhorcher eingeführt wird, der darauf achtet, dass nur ja keine Fehler passieren. Für Sartre gibt es keine «Fehler». Wenn ein Mensch in seiner Freiheit sich als Transvestit entwirft (und dabei keinen Schaden an der Freiheitsgrenze des anderen anrichtet), so ist es gut. Ein «Wesen» des Menschen gibt es nicht. Gut und Böse gibt es nicht. Und wenn der Mensch ein Tier sein will und wenn der Mensch sein Leben wegwerfen will – nach Sartre geht alles, wenn es dem anderen nicht schadet.

Nehmen wir einmal an, es gibt Gut und Böse – und nicht nur Nützlich und weniger Nützlich, was (zwar Sartre nicht mehr, dafür aber) jedes Kind intuitiv und der gesunde Menschenverstand erst recht weiß. Dann liegt der Schlüssel im Begriff *Freiheit*. Die einfachste Vorstellung von Freiheit lautet: Freiheit ist, wenn ich tun und lassen kann, was ich will. Aber das ist eine ziemlich oberflächliche Vorstellung.

«Freiheit», führt Kardinal von Schönborn in seiner Katechese über die «Erbsünde» aus, «besteht ja nicht zuerst darin, dass ich das Gute oder das Böse tun kann, dass ich wählen kann zwischen Gut und Böse, sondern die tiefste Freiheit besteht darin, dass ich das Gute wähle. Wenn ich das Böse wähle – was ich auch kann, wozu ich frei bin –, dann beschränke ich eigentlich auch meine Freiheit, denn das Böse macht mich nicht glücklich, es wird im Grunde ein Irrweg. Ich bin zwar frei, den Irrweg zu gehen, aber er führt mich nicht in die Freiheit. Das Böse macht unfrei, und deshalb, wir erleben es selber, ist der Mensch am freiesten, der ganz und gar und mit ganzem Herzen Ja sagt zum Guten.» So haben wir es also mit einem Gott zu tun, der wünscht, dass wir maximal frei sind, d.h. die maximale Freiheit zum Guten in uns entfalten, wohingegen er die Freiheit zum Bösen nur toleriert bzw. ihre Folgen am Kreuz auf sich nimmt.

Bleiben wir bei Weiger/Guardini: *«Gott kann nicht menschlich genug gedacht werden.»* Wie würden kluge Eltern den Freiheitsraum eines Kindes gestalten, wo sie zwei Dinge wissen: 1. Das Kind muss absolut frei sein; sonst kann es das Gute (den Sinn der Freiheit) nicht vollbringen. 2. Wenn ich es freilasse, wird es womöglich seine Freiheit zum Bösen missbrauchen. Die Lösung kann nur ein in der *Liebe wachsendes Vertrauen* sein, nicht Druck, nicht Überwachung. Das Wesen der Liebe ist gerade, dass sie nicht fesselt (sonst wäre sie eine Gefangenschaft), sondern Freiheit zum Guten ist. Die Liebe, sofern sie Liebe ist, läuft immer blind vor Vertrauen durch die Welt. Die Vernunft sagt: Mach die Augen auf. Die Liebe sagt: Nein, ich möchte lieben.

Und so ist es auch mit Gott und unserer Freiheit: Gott *sieht* und ist zur Hilfe bereit – «Denn auf die Niedrigkeit seiner Magd hat er *geschaut*» (Lk 1,48): «Ich habe das Elend meines Volkes in Ägypten *gesehen* ... Ich kenne ihr Leid» (2 Mo 3,7) – und er wartet doch gleichzeitig, bis er gerufen wird. Er schenkt Freiheit, und er erlegt sich gleichzeitig auf, blind vor Vertrauen zu sein – ganz in der Art, wie gute Eltern ihre Kinder aus dem Haus entlassen. Und da ist auch die unendliche Diskretion eines Gottes, der so lange vor der Tür stehen bleibt, bis wir so *frei* sind, ihn hereinzubitten: *«Siehe, ich stehe vor der Tür und klopfe an. Wer meine Stimme hört und die Tür öffnet, bei dem werde ich eintreten und wir werden Mahl halten, ich mit ihm und er mit mir»* (Offb 3,20).

Sartre hat sich in der Person geirrt. Er hat Kilroy abgeschafft. Gott ist aber nicht Kilroy.

- ❖ Meditieren Sie die guten Augen Gottes, der uns aus Liebe freigibt.
- ❖ Befreien Sie sich von einem Controller-Gottesbild.
- ❖ Trainieren Sie Ihre Freiheit zum Guten: Schenken Sie Vertrauen – und prüfen Sie es nicht nach.

TOOL 50
Böse Gedanken,
die sich in unser Herz einschleichen,
sofort an Christus zerschmettern
und dem geistlichen Vater eröffnen

In Klöstern war und ist es üblich, dass jeder Mönch einen – wie Benedikt es nennt – «geistlichen Vater» hat. Zwei andere Worte bieten sich an: Coach und Beichtvater. Ich möchte hier an dieser Stelle einmal den Unterschied zwischen einem Coach und einem Beichtvater erörtern. Um es gleich zu sagen. Beide Einrichtungen finde ich gut und sinnvoll für jeden Christen, aber sie sind deutlich zu unterscheiden.

Vor Jahren noch konnte es Leitungskräften in großen Unternehmen durchaus passieren, dass sie auf sehr einsamem Posten standen. Zu ihren Untergebenen ließ sich ebenso wenig herzliches Einvernehmen herstellen wie zu ihren Vorgesetzten, die sie argwöhnisch auf ihre Effizienz hin beäugten. Nicht selten kam es vor, dass solche Führungskräfte unter der einsamen Belastung zusammenbrachen oder zu Medikamenten und Alkohol griffen. Von den Amerikanern lernte man: Diese Leute brauchen Coaching! Sie brauchen eine Vertrauensperson, die von außen kommt, die zuhört, die Rat gibt, die Selbstverpflichtungen entgegennimmt, die einfach da ist, wenn ein Mensch wie eine Maschine funktionieren muss und doch ein Mensch ist. Man hat in der Wirtschaft gute Erfahrungen gemacht mit dem Coaching, das die Kraft hat, böse Gedanken an ... ja, an was zu zerschmettern? An Einsicht, an Vernunft?

Und schon sind wir an dem Punkt, an dem sich das Coaching, das ein Christ einem anderen gewährt, von einem normalen Coaching unterscheidet. Hier kommt eine neue Größe in den Diskurs. Woran messen Christen, was gut, zuträglich, hilfreich, zukunftsweisend, menschlich, friedensstiftend ist? Wie gehen sie mit ihrer Aggression um, mit Hass, Neid, falschem Ehrgeiz und Stolz? Sie richten sich am Maß der Dinge: «Ecce homo» (Joh 19,5), und sie zerschmettern die bösen Gedanken, die sich in unser Herz einschleichen, sofort an Christus.

Auch hier ist es hilfreich, wenn man sich von außen sagen lässt, was jetzt auf der Agenda steht. Wenn man die Dinge bloß mit *sich* ausmacht, ist man allzu sehr in der Gefahr, sich den Weg nach persönlicher Interessenlage zu gestalten. Es geht aber darum, den Willen Gottes zu tun und mit Jesu Art und Person konfrontiert zu werden. In Mk 6,7, wo Jesus seine Jünger «jeweils zwei zusammen» ausschickt, darf man eine biblische Ermunterung erkennen, dass der eine dem anderen zum Coach fürs Christsein wird.

Von einem Coach, der einem menschlich und spirituell auf den Weg bringt, unterscheidet sich noch einmal der *Beichtvater*. Es gehört zu den geheimen Dramen des Glaubens, dass die Beichte so in Misskredit geraten ist. An ihrer biblischen Fundierung besteht kein Zweifel; bei Johannes heißt es: *«Wem ihr die Sünden vergebt, dem sind sie vergeben; wem ihr die Vergebung verweigert, dem ist sie verweigert»* (Joh 20,23). Diese Vollmacht, so nimmt man in der katholischen Kirche an, ging von den Aposteln auf die Priester der Kirche über, die sich heute wie zu allen Zeiten merkwürdige Blicke gefallen lassen müssen. *Sünden vergeben?* Was soll denn das? Man vermutet irgendeine fromme Rhetorik dahinter, irgendeinen belanglosen Segen über irgendwas.

Aber gehen wir zu den Quellen zurück, um eine brisante Entdeckung zu machen: Jesus selbst vergab Sünden (ein Beispiel unter vielen: Mk 2,5); und dieses Tun war für ihn von zentraler Wichtigkeit, viel wichtiger etwa als seine Lehre durch Wunder zu bekräftigen (Mt 9,1–8); ja, Jesus hielt das *Sündenvergeben* für das eigentliche Wunder: *«Was ist leichter, zu sagen: Deine Sünden sind dir vergeben!, oder zu sagen: Steh auf und geh umher?»* Aber nicht nur Jesus pries diesen Akt, bei dem es im Gegensatz zur Heilung eines Gelähmten nichts Äußerliches zu sehen gab; auch seiner unmittelbaren Umgebung blieb der Mund offen stehen: *«Wer ist das, dass er sogar Sünden vergibt?»* (Lk 7,49).

Wir mögen das aus heutiger Sicht kaum verstehen, aber Jesus verletzte mit diesem Anspruch ein ehernes Tabu im Judentum: Natürlich konnten Sünden vergeben werden, doch niemals von einem Menschen. Sündenvergebung war göttliches Vorrecht. Man kann sich also vorstellen, dass den Begleitern Jesu das Blut in den Adern gefror, wenn ihr Herr und Meister die Sündenvergebung für sich einforderte. Die Pharisäer, die Jesus kritisch beäugten, bringen es auf den Punkt: *«Er lästert Gott!»* (Mt 9,3; Mk 2,7). Dazu muss man das Alte Testament kennen: *«Wer des Herrn Namen lästert, soll des Todes sterben; die ganze Gemeinde soll ihn steinigen»* (3 Mos 24,16). Ich bin überzeugt: Nicht weil er politisch gefährlich war, nicht weil er rivalisierenden Machtinteressen im Weg war – nein, weil er Sünden vergab, wurde Jesus auf das Verbrecherholz geschickt.

Darum gehe ich zur Beichte, auch wenn es gerade nicht angesagt ist, auch wenn es mich Überwindung kostet, auch wenn die eigenen Kinder blöd gucken. Zweimal im Jahr – vor Ostern und vor Weihnachten – fahre ich nach O., gehe zu einem Priester und packe aus, je häufiger, desto hemmungsloser. Was der Mann zu hören bekommt, ist nicht erbaulich. Normalerweise würde ich mich sonst zu Tode schämen, müsste ich irgendeinem Zeitgenossen das Unterste zuoberst kehren. Aber ich glaube daran, dass diesem Priester X – den ich mir übrigens nicht auswähle, weil er psychologisch so gut drauf ist – die Vollmacht Jesu übertragen wurde, dass er insofern ein ebensolches Welträtsel wie sein Herr und Meister ist. Ich glaube, dass ich *mit Sünden* zu X nach O. fahre und *ohne Sünden* von X in O. nach Hause.

Warum ich das tue? Ich tue es freiwillig. Aus Gründen der Bestärkung, weil es guttut, einen neuen Anfang zu setzen, frisch und unbelastet, wie in einen neuen Morgen zu starten, neue Kraft von Gott zu erhalten. Ich *müsste* es tun, wenn ich eine Todsünde begangen hätte. Todsünden sind nach katholischem Verständnis gewissermaßen endgültige Absagen an Gott. Mord ist eine Todsünde, Abtreibung (auch wenn man das nicht gerne hört) ist eine Todsünde, wobei meist derjenige, der dazu rät/nötigt, derjenige ist, der auf den Knien und unter Tränen um Wiedervereinigung mit Gott flehen müsste (ich gebe mich immer noch dem naiven Glauben hin, dass es keine Mutter geben kann, die freien Willens und mit klarer Einsicht ihr Kind «wegmachen» möchte – ich verabscheue die Männer und Frauen, die dazu raten, die Abwiegler, Helfershelfer, Handlanger und Opportunisten, den Abschaum der journalistischen Schönredner, die wissenden Feigen, die zu dem fortdauernden Verbrechen den Mund nicht aufmachen). Doch verengen wir das Thema nicht! Schwerer Diebstahl ist eine Todsünde. Ehebruch ist eine Todsünde.

Wenn Leben nirgends als in Gott ist, wir aber freien Willens und Wissens dem Leben eine Absage erteilen, dann stürzen wir – metaphysisch gesehen – ins Bodenlose. Wir erleiden eine Art «zweiten Tod». Es mag uns vielleicht auch psychologisch piksen – psychosomatisch, in Albträumen und Gewissensbissen –, wenn wir einen anderen, den wir ins Leben hätten zurückholen können, zugrunde gehen ließen. Aber darum geht es in der Beichte nicht. Das ist Kosmetik, verglichen mit dem Drama unserer Existenz im Angesicht Gottes. Der uns gut geschaffen hat, der uns jeden Moment gewissermaßen scheibchenweise im Sein erhält – er kann nicht Ja zu uns «als Lebenszerstörer» sagen. Vor dem absolut Guten ist das absolut Böse ein Nichts; es hat keinen Bestand in sich. Insofern ist die Vergebung der Sünden, der wirklich schweren, die uns ver*nichten,* die Gnade aller Gnaden, die lebensrettende Maßnahme Gottes. Haben Sie keine Scheu davor, die Beichte zu suchen! Stellen Sie sich den armen Priester vor, der sich wöchentlich die Beichte des Papstes anhören muss. Und seien Sie sicher: Der Pontifex packt aus.

❖ Vergraben Sie sich nicht in sich selbst.
❖ Suchen Sie sich einen erfahrenen Coach, einen Christen, der glaubwürdig lebt, dem Sie sich vertrauensvoll öffnen können, der Sie auf die Fährte setzt.
❖ Versuchen Sie es mit der Beichte; geeignet sind besonders Klöster, die gerne weiterhelfen.
❖ Wenn Sie unsicher sind, lassen Sie sich vorher in die Praxis einer Beichte einführen.

TOOL 51
Seinen Mund vor bösem und verkehrtem Reden hüten

Schon im Altertum galt die Rhetorik, die Kunst der richtigen und kunstvollen Rede, als eine hohe Wissenschaft. Nahezu alle rhetorischen Mittel, die man heute noch im Germanistikstudium lernt, wurden bereits bei den Griechen entdeckt und mit Namen versehen. Die Griechen brachten sogar eine eigene Philosophenschule hervor, die das kunstvolle Spiel mit Worten auf die Spitze trieben: die Sophisten. Sie waren – kurz gesagt – dafür bekannt, dass sie alles, auch das Sinnwidrige, so in Worten kleiden und verargumentieren konnten, dass niemand fähig war, ihrem Witz und ihrer Logik zu widerstehen. Noch kürzer gesagt: Sie erfanden das Marketing.

Natürlich hatten die Sophisten auch schon im Altertum erbitterte philosophische Gegner, die darauf bestanden, dass Worte und Begriffe «wahr» sein müssen. Aber die Versuchung, Worte von den Dingen zu lösen und sie als schillerndes Spielgeld der Macht zu missbrauchen, sie zur Verführung, zur Verlockung, zum Mundtotmachen zu verwenden, war und ist groß. Auch in anderen Kulturen sah man diese Gefahr: *«Wenn Wörter ihre Bedeutung verlieren»*, sagt Konfuzius, *«verlieren die Menschen ihre Freiheit.»*

Der eigentliche Gegenschlag gegen den zunehmend dekadenten Umgang mit dem «Wort» in der Antike erfolgte über das Christentum. Der griechisch gebildete Evangelist Johannes muss ein Anti-Sophist reinsten Wassers gewesen sein. Der Prolog seines Evangeliums ist die nachhaltigste und kühnste Aufwertung des Wortes, die es überhaupt in der Geschichte der Wörter gibt: *«Im Anfang war das Wort, und das Wort war bei Gott, und das Wort war Gott. Im Anfang war es bei Gott. Alles ist durch das Wort geworden»* (Joh 1,1–3).

Johannes verlegt den Ursprung der Wörter in Gott hinein. Er sieht Gott selbst als «Wort». Das will sagen: In Gott ist ursprünglich etwas von Mitteilung. Wäre Gott nur reines in sich ruhendes Selbst, müsste er nicht Wort heißen, denn ein Wort hat nur Sinn im Hinblick auf einen anderen, der es hört und versteht. Schon hier bekommen wir eine Ahnung, warum es diesen «anstößigen» christlichen Gottesbegriff von der Trinität (drei Personen in einem Gott) gibt. Gott ist in tiefster Tiefe Dialog, Kommunikation, Gespräch, Austausch, Liebe, Geist. Die Mitteilsamkeit ist nicht etwas, das Gott gewissermaßen sekundär erworben hätte. Gott *ist* Mitteilung.

Von hier aus eröffnet sich eine frappierende Perspektive auf den Menschen: Wenn der Grund aller Wirklichkeit schon Dialog, Mitteilung, Liebe ist – was kann dann das Wesen des Menschen anderes sein als «Liebe»? Wir denken immer: Erst kommt das «Ich», dann kommt das «Du». Erst müssen wir einmal auf uns sehen, dann auf die anderen. Erst müssen wir einmal auf unsere Kosten kommen, dann können wir uns mitteilen. Das ist falsch, weil der Grund der Wirklichkeit nicht so ist, weil Gott nicht so ist. Der Mensch ist «Ich», indem er «Du» sagt. Er kommt ganz zu sich, ist ganz bei sich, wenn er liebt. Und er ist nie so total von der Rolle, sich selbst so fern und entfremdet, wie wenn er «Ich, ich, ich» sagt und den anderen (erst einmal) ausblendet.

Gott ist Mitteilung, hatten wir gesagt. Unsere Worte sind auch Mitteilungen. Freilich sind sie gerade so viel wert, wie sie wahre Mitteilungen sind. Sie sind Mitteilungen über etwas. Wenn Gott mitteilt, erschafft er. Gottes Worte sind Leben. Die Welt ist ein Sprachwunder Gottes. Was Gott sagt, das ist: *«Gott sprach: Es werde Licht. Und es wurde Licht»* (1 Mo 1,3). Die Schöpfung ist Gottes Mitteilung. Und plötzlich stehen wir vor dem Mysterium aller Mysterien:

«Und das Wort ist Fleisch geworden und hat unter uns gewohnt» (Joh 1,14).

Dieser Satz steht wie ein Fels in der Welt. Es gibt ein «vor ihm» – und ein «nach ihm». Nicht nur das Wort Gottes ist unendlich kostbar. Von dem einen absoluten Wort fällt Glanz, Wert und Würde auf alle menschlichen Worte. Worte können im Horizont des Christentums nie wieder belangloses Material, nie wieder bloß Blabla sein – und schon gar nicht darf man Worte zu «bösem und verkehrtem Reden» missbrauchen.

Deshalb hat Benedikt in seiner «Schule» ein besonderes Tool dafür eingerichtet. Man kann davon ausgehen, dass die Klöster des frühen Christentums, die auch zur Wiege einer Kultur des Schweigens wurden, wieder lernten, die Worte auf die Goldwaage zu legen. Ein besonders schönes Zeugnis über die neue Redekunst, mit welcher der Wortmissbrauch der Sophisten menschlich und spirituell überholt wurde, finden wir in den «Apophthegmata Patrum» (Sprüche der Väter, eine Schrift aus dem 4. Jh.): «An sieben Dingen erkennt man den Toren und an sieben Dingen den Weisen: Der Weise redet nicht vor dem, der ihn übertrifft an Jahren und Weisheit; er fällt seinem Nächsten nicht ins Wort; er antwortet nicht vorschnell; er fragt zur Sache und antwortet passend; am Anfang seiner Rede steht das Erste und das Letzte an ihrem Ende; er spricht: Ich weiß es nicht, wenn er etwas nicht weiß; er bekennt die Wahrheit. Das Entgegengesetzte findet man beim Toren.»

- ❖ Widerstehen Sie der Versuchung, Worte als Machtinstrument einzusetzen.
- ❖ Überreden Sie nicht, überzeugen Sie.
- ❖ Lesen Sie das erste Kapitel aus dem Johannes-Evangelium und versuchen Sie eine neue Einstellung zum «Wort Gottes» zu bekommen.
- ❖ Lesen Sie Ihr Lieblingsgedicht und versuchen Sie, den Glanz der Wahrheit, der in den Worten verborgen ist, zu verspüren.

TOOL 52
Das viele Reden nicht lieben

Wenn man durch die Provençe fährt und einem Geheimtipp folgt, gelangt man über Gordes in die Berge und in ein karges, stilles Tal, in dem die Zisterzienser-Abtei Notre-Dame de Sénanque liegt. Im Juni und Juli eines jeden Jahres wogt der Lavendel vor dem grauen Steingebirge, in dem heute wie vor 800 Jahren Mönche leben. Nähert man sich dem Kloster, findet man eine Hinweistafel, die von der Klugheit der Brüder zeugt: Der rechte Pfeil führt in buntes, quirliges Leben, in eine Buchhandlung nämlich, einen Schauraum, zu Führungen, Bildern, Musik, Lavendelprodukten. Der linke Pfeil führt ins Schweigen. Auf der Tafel steht nur «Gottesdienst». Die Menge strömt nach rechts; wenige gehen nach links. Sie erleben das Wunder. Ein paar Schritte nur, und man taucht in die Stille wie in eine wunderbare Musik.

«Aus dem Schweigen kommt alle Kraft», hatte der große Zisterzienser der frühen Jahre, Bernhard von Clairvaux, gesagt. Im Schweigen haben die ersten Mönche das karge Land urbar gemacht, im Schweigen die Steine behauen, im Schweigen eine Kirche und ein Kloster errichtet, und im Schweigen haben sie einen Ort geschaffen, an dem nichts ist, außer mildem Sonnenlicht, Kühle, Vogelstimmen und Raum für das Crescendo der Ewigkeit. Nachdem im Gefolge der revolutionären Wirren und des Kirchenkampfes der Lärm auch in dieses Refugium der Stille eingebrochen war, sind die Zisterzienser vor einigen Jahren wiedergekommen, um in einer immer lauter werdenden Welt diese heilige Leerstelle für Gott zu verteidigen. Ich sitze in der Kirche und sehe, wie achtsam die Mönche sind im schweigenden Umgang miteinander und mit den wenigen Dingen, die sie für den Gottesdienst zubereiten. Es tut mir buchstäblich unendlich gut. Ich setze mich der Stille aus wie einer Therapie der Seele.

«Der heutige Zustand der Welt, das ganze Leben», hatte Søren Kierkegaard (1813–1855) schon Mitte des vorletzten Jahrhunderts gesagt, «ist krank. Wenn ich Arzt wäre und man mich fragte, was rätst du – ich würde antworten: Schaffe Schweigen! Gottes Wort kann so nicht gehört werden. Und wenn es unter Anwendung lärmender Mittel geräuschvoll hinausgerufen wird, dass es selbst im Lärm gehört werde, so ist es nicht mehr Gottes Wort. Darum schaffe Schweigen!» Gott hat eine Sprache und ist Sprache. Indem er die Welt geschaffen hat, hat er sich ausgesprochen. Steine können «singen». In Bäumen, Blumen, Pflanzen, dem Wasser ist ein innerer Ton, eine Mitteilung ihres Schöpfers. In der Stille sprechen die Dinge. In der Stille spricht unser Herz. In der Stille spricht das Gewissen. In der Stille werden wir transparent auf Gott hin. Im Raum der Stille wird Gottes Wort unverwechselbar.

Weil es darum geht, Gott zu hören, seine Stimme von allen anderen Stimmen in der Welt zu unterscheiden, ist das Schweigen für den Glauben unerlässlich. Wir brauchen das Schweigen, weil wir die letzte Gewissheit gewinnen müssen, dass wir nicht gefangen sind im Ego-Käfig, in dem wir uns immer und immer wieder nur selber hören. Es gibt kein Christsein, ohne dass jemand die Erfahrung macht, wirklich von außen angesprochen zu werden, von einer Stimme, die nicht noch einmal die sublimere Verkleidung unserer eigenen Einflüsterungen ist.

- ❖ Suchen Sie immer wieder die Stille.
- ❖ Machen Sie sich leer für Gott.
- ❖ Werden Sie zu einem Hörenden.
- ❖ Setzen Sie sich Gottes «Anspruch» aus.
- ❖ Lesen Sie wenig oder gar nicht in der Stille – wenn, dann ein kleines Wort aus der Heiligen Schrift.
- ❖ Lassen Sie es in die Tiefe Ihrer Seele fallen.

TOOL 53
Leere oder zum Gelächter reizende Worte vermeiden

Benedikt legt in seiner Schule des Glaubens so großen Wert auf die Kommunikation, dass er gleich mehrere Tools für ihre richtige Gestalt vorsieht. Dass leeres Gewäsch eine Plage ist, kann man einsehen. Aber wieso sollen wir uns denn vor «zum Gelächter reizende(n) Worte(n)» hüten? Spielt Benedikt hier auf die heitere Bemerkung an? Vertreibt hier heiliger Ernst den Humor? Wohl kaum. In der Regula Benedicti sind so viel Heiterkeit und humane Wärme, dass es Benedikt nicht darum gegangen sein kann, das herzliche Lachen, die einfältige Freude zu verbannen. Ich vermute, Benedikt spielt hier auf Ironie an, auf die vielfältigen Formen von Karikatur, Sarkasmus, Satire, Parodie, auf die zynische Bemerkung, den witzigen Seitenhieb, mit dem man rasch die Lacher auf seiner Seite hat. Wenn wir unsere Alltagskommunikation untersuchen, fällt auf, wie sehr sie zunehmend geprägt ist von Ironie, dieser uneigentlichen Redeweise, die Kinder und einfache Menschen nicht verstehen können.

Was ist Ironie? Wenn ein Mensch ironisch redet, versteckt er seine wahre Meinung hinter einer Sprachmaske, oder er versteckt, dass er überhaupt keine Meinung hat, aber trotzdem eine Wirkung erzielen möchte. Wer ironisch spricht, muss sich mit dem Wort nicht identifizieren und kann doch «etwas» sagen. Er kann beispielsweise beiläufig verletzen und gleichzeitig die Urheberschaft der Verletzung verschleiern: selbst daran schuld, wenn der andere sich den Schuh anzieht. Im Horizont von Ironie und Satire kann jemand tun, als rede er in tiefem Ernst – und doch offen lassen, ob er durch die Blume ein erschütterndes Bekenntnis ablegt oder sich lustig macht über das ungeschützt Gesagte. Es soll in der Schwebe bleiben, ob er das Gesprochene insgeheim verwirft und es nur seiner Kuriosität halber vorträgt und karikiert.

Die Ironie war das große Stilmittel, der durchgehende Habitus, in dem Thomas Mann seine funkelnde, facettenreiche Literatur verfasste. In seinem Faustus-Roman findet sich die Harz-Wanderung einer Studentengruppe, die sich in tiefem Ernst über das austauscht, was die Welt «im Innersten zusammenhält». Die jungen Leute wollen wissen, was es mit dem Geheimnis des Bösen auf sich hat, und sie befassen sich mit der Theodizeefrage, also mit der Verteidigung Gottes angesichts des Leids in der Welt. Seitenweise referiert Thomas Mann theologisches Material und private Aufzeichnungen, die ihm der evangelische Theologe Paul Tillich zur Verfügung gestellt hatte.

Es bleibt offen, ob sich der Autor hier wirklich *mit* letzten Fragen auseinandersetzt, oder ob es ihm nur um die raffinierte Collage von Versatzstücken einer versunkenen Welt geht. Thomas Mann ist nicht zu fassen. Er legt sich nicht fest. Er weiß alles, fühlt sich ganz tief ein, trägt es möglicherweise besser und geschickter vor als die Urheber der Gedanken. Aber vielleicht ist alles nur ein gigantischer, metaphysischer Witz. Jedenfalls ist es interessant – und der Ironiker ist aus dem Spiel. Das ist das Teuflische an der Ironie. Im Evangelium heißt es: *«Eure Rede sei ein Ja, euer Nein ein Nein; alles andere stammt vom Bösen»* (Mt 5,37).

Es ist erschütternd, wenn man die Passion Jesu im Horizont der Ironie und der verbalen Distanzierungen der Protagonisten liest. Pilatus lässt Jesus geißeln. Die Soldaten machen sich einen Spaß daraus. Sie parodieren ein Hofzeremoniell. Sie «krönen» den letzten Dreck, einen zur Hinrichtung vorgesehenen Delinquenten, mit einer Krone aus Dornen, legen dem Geschundenen und Blutenden einen roten Mantel um und höhnen zynisch *«Heil dir, König der Juden!»* (Mt 27,29). Wächter misshandeln den gebundenen Jesus, dem sie ein Tuch über den Kopf gelegt haben: *«Du bist doch ein Prophet! Sag uns, wer hat dich geschlagen?»* (Lk 22,64).

Pilatus führt die Jammergestalt, die Satire auf den König, dem Volk vor und vollbringt eine verbale Leistung, um derentwillen Thomas Mann ihn bewundert haben könnte. Er sagt das berühmte: *«Ecce homo – Seht den Menschen!»* (vgl. Joh 19,5). Blitzt hier Erkenntnis auf? Oder will Pilatus das Volk mit einer dramatischen Demonstration des Elends berühren und zu Barmherzigkeit angesichts Jesu offenkundiger Unschuld bewegen? Oder macht er etwa einen abgründig grotesken Scherz? Es bleibt offen. Pilatus legt sich nicht fest. Am Kreuz Jesu kommen Passanten vorbei, die Jesu Rede nie glaubten, sich nun die Gelegenheit zu einer zynischen Demonstration des Rechthabens nicht nehmen lassen: *«Wenn du Gottes Sohn bist, hilf dir selbst, und steig herab vom Kreuz!»* (Mt 27,40). Auch die Hohenpriester, Ältesten und Schriftgelehrten machen mit: *«Er hat auf Gott vertraut, soll der ihn jetzt retten!»* (Mt 27,43).

Aber da ist doch auch der andere Schächer, der den Heidenspaß aus Hohn, Spott, Karikatur, Ironie und Zynismus durchbricht und zu dem großen letzten Wort findet, das zum Seufzer aller Glaubenden geworden ist: *«Jesus, denk an mich, wenn du in dein Reich kommst!»* (Lk 23,42). Und Jesus, der zu allem Spott geschwiegen hat, sagt das erlösende Wort: *«Amen, ich sage dir: Heute noch wirst du mit mir im Paradies sein»* (Lk 23,43).

Christsein hat eine letzte Unverträglichkeit mit der Welt der Ironie, der Kategorie des bloß Interessanten, angesichts derer man unentschieden und in der Rolle des Zuschauers verharren könnte. In Jesus Christus hat sich Gott absolut festgelegt. Sein Wort ist fern von jeder Zweideutigkeit. Die Dinge sind nicht mehr in der Schwebe. Darum hat Freude im Christsein Heimatrecht, Ironie aber ist u-topisch (ortlos) geworden. «Lebt nicht mehr wie die Heiden in ihrem nichtigen Denken», beschwört Paulus die Freunde in Ephesus, «ihr Sinn ist verfinstert. Sie sind dem Leben, das Gott schenkt, entfremdet durch die Unwissenheit, in der sie verfangen sind, und durch die Verhärtung ihres Herzens. [...] Über eure Lippen komme kein böses Wort, sondern nur ein gutes, das den, der es braucht, stärkt, und dem, der es hört, Nutzen bringt. [...] Jede Art von Bitterkeit, Wut, Zorn, Geschrei und Lästerung und alles Böse verbannt aus eurer Mitte!» (Eph 4,17–18.29.31).

- ❖ Beteiligen Sie sich nicht an ironischem Gerede, auch wenn Sie damit Ihre Unsicherheit kaschieren.
- ❖ Lachen Sie herzlich, aber nicht über andere.
- ❖ Lassen Sie sich beim Wort nehmen.

TOOL 54
Häufiges oder ungezügeltes Gelächter nicht lieben

«Don't worry, be happy!», sucht man vergebens in der Bibel. Dafür taucht immer wieder das Wort Freude auf, bis hin zur großen Ankündigung Jesu: *«Ich werde euch wiedersehen, dann wird euer Herz sich freuen, und niemand nimmt euch eure Freude»*

(Joh 16,22). Dennoch legt Benedikt großen Wert darauf, dass ein Christ in seinem Kern ein ernster Mensch ist. Noch ist das Christentum jung; ein «Neuheitserlebnis», wie es Karl Prümm nannte. Der einst so ferne Gott ist in die Nähe gekommen. Die Oberfläche unserer Welt ist brüchig geworden. Jeden Moment kann die Wirklichkeit umschlagen. Wunder sind möglich. Die Dinge vibrieren vor Intensität. *«Legt euren Gürtel nicht ab und lasst eure Lampen brennen»* (Lk 12,35).

Benedikt will, dass seine Leute in dieser erregenden Präsenz leben – in tiefer Freude, ständiger Erwartung, letztem Ernst. In jedem Augenblick geht es um Ja oder Nein, für oder gegen Gott. Benedikt verabscheut daher Oberflächlichkeit; er baut hundert Sicherungen ein, dass Menschen, die in seine Schule gehen, nicht verflachen, sich nicht verständeln, sich nicht leichthin über das dramatische «Jetzt» der Gegenwart Gottes hinwegsetzen. Für Zeitvertreib ist keine Zeit. Spaß ist der Feind der Freude. Gelächter verhindert Tiefe. Jedes Wort, jede Geste entwirft sich in die Ewigkeit hinein.

Leben findet auf einem schmalen Grat statt: «In der vergänglichen Zeit wird in uns etwas», schreibt Karl Rahner, «das nicht mehr vergeht. Wir sind nicht wie eine Straße, auf der der endlose Zug der Augenblicke einherzieht und die so leer wie vorher ist, wenn diese Augenblicke vorbeigezogen sind. Wir sind vielmehr gleich einem Schatzhaus, in dem jeder Augenblick bei seinem Scheiden das hinterlässt, was an ihm ewig war: die Einmaligkeit der freien Liebe und der Entscheidung eines Menschen für oder gegen Gott; denn diese ist jedes Mal ewig.»

Das heißt nicht, dass ein Christ humorlos ist, ja überhaupt sein dürfte. *«Humor»*, sagt Martin Buber, *«ist der Bruder des Glaubens.»* Bierernst ist nur die Bigotterie. Die Heiligen lachten oft herzerfrischend. Humor ist Distanz, Lachenkönnen sogar über sich selbst. Die Welt in der Nähe Gottes ist zum Lachen. Im Lächeln vergessen wir uns, verlieren wir unsere Erdenschwere. Humor ist das Signum des freien Menschen, ist Freiheit in der Zeit, die sich am Gestade der Ewigkeit bricht. Humor kann lachen, wenn er schon verloren hat.

Wenn irgendwo das Beieinander von Ernst und Freude, von tiefer Verankerung in Gott und herzlichem Lachen sichtbar wurde, dann bei Thomas More (dt. Morus). More war alles andere als ein Spaßvogel. Der nüchterne, brillante Jurist war Kanzler am englischen Königshof. Klug führte er die Geschicke des Landes, widersetzte sich jedoch illegitimen Überlegungen des Königs, was ihn letztlich in den Tower brachte. Weil er auch dort nicht zu korrumpieren war, wurde er hingerichtet. Die Kirche verehrt ihn als Heiligen und Märtyrer. Er, der gewiss nichts zu lachen hatte, betet: *«Schenke mir Sinn für Humor, Herr, gib mir die Gnade, einen Scherz zu verstehen, damit ich ein wenig Glück kenne im Leben und anderen davon mitteile.»*

Mit seinem Freund Erasmus von Rotterdam – er war wohl der klügste Mann seiner Zeit – muss es zu wunderbaren Begegnungen gekommen sein, bei denen beide von Herzen lachten. Ein liebenswerter Nachklang dieser Stunden findet sich im berühmten Büchlein «Lob der Torheit», das Erasmus sich auf langen Dienstreisen quer durch Europa auf dem Rücken eines Esels ausdachte, um seinen durch die Verhältnisse am englischen Königshof bedrückten Freund aufzuheitern. Das klügste Witzbuch der Welt wurde für einen Heiligen geschrieben, der freien Willens auf seine Hinrichtung zuging.

- ❖ Tändeln Sie nicht über Ihre Tiefe hinweg.
- ❖ Suchen Sie, über den Tag verteilt, immer wieder die Gegenwart Gottes.
- ❖ Schätzen Sie Momente der Stille, in der Sie an die Ewigkeit Gottes rühren.
- ❖ Verlieren Sie sich nicht in Zeitvertreib und Müßiggang.

Tool 55

Heilige Lesungen gern hören

Als der Ex-Augustinermönch Martin Luther 1521/1522 auf der Wartburg die Heilige Schrift in die deutsche Sprache übertrug, löste er innerhalb des Christentums eine Revolution aus, deren Auswirkungen ihm selbst kaum deutlich sein konnten.

«Man muss die Mutter im Haus, die Kinder auf den Gassen, den gemeinen Mann auf der Straße drum fragen und denselben auf das Maul sehen, wie sie reden, und danach dolmetschen. So verstehen sie es denn und merken, dass man deutsch mit ihnen redet.» Bis dahin redete der Himmel in der Tat vorzugsweise lateinisch mit der Christenheit. Der Inhalt der Heiligen Schrift wurde dem Laien in bestimmten, für zuträglich gehaltenen Dosen verabreicht. Zu lesen gab es nichts; die Leute waren darauf angewiesen, dass man ihnen während der Gottesdienste die heiligen Texte vortrug. Es ist einer der großen historischen «Zufälle», dass Luthers Bibelübersetzung in die deutsche Sprache, die übrigens keineswegs die erste war, mit der Erfindung des Buchdrucks zusammenfiel.

Im selben Maß, wie die kirchliche Autorität verfiel, von den Reformatoren auch zugunsten der Schriftautorität unterminiert wurde, trat die Bibel ihren Siegeszug an. Die Bibel wurde zugleich multipliziert, sozialisiert und säkularisiert. Sie wurde den Händen der Priester und Mönche entwunden und den Laien zu eigenem Gebrauch gegeben. Aus dem «*Hört* das Wort des Herrn!» (Jes 1,10) wurde ein «*Lest* das Wort des Herrn!». Seither gibt es vor allem in der reformierten Christenheit, aber auch weit darüber hinaus die große Tradition des Bibellesens. Alle schöpften und schöpfen sie nun aus dem Buch der Bücher, Männer und Frauen, Große und Kleine, Einfältige und Gescheite, Handwerker und Bauern – auch die Philosophen und Schriftsteller. Immanuel Kant hielt die Existenz der Bibel für «den größten Gewinn, den die menschliche Rasse je erfahren hat». Ihm schien es «ein Verbrechen gegen die Menschlichkeit» zu sein, würde man den Menschen die Bibel nehmen. Goethe, der Humanist, wollte, wenn er ins Gefängnis käme, die Bibel als einziges Buch mitnehmen, und selbst der wahrhaft unverdächtige Bert Brecht antwortete auf die Frage nach seinem Lieblingsbuch lapidar: «Sie werden lachen – die Bibel!»

Indem die Bibel allgemein zugänglich wurde, hat man das Schatzhaus der Gnade weit aufgerissen, es zugleich aber auch der Plünderung preisgegeben. Die Bibel wurde zum individuellen Trostbuch, Lernbuch, Lebensbuch der Massen, aber sie fiel auch den Ideologen in die Hände. Jede Irrlehre, jede Absurdität, jede Abspaltung, jeder Unsinn bemühte sich erfolgreich um seine biblische Herleitung. *«Um sein Ziel zu erreichen»*, bemerkte schon Shakespeare, *«zitiert selbst der Teufel aus der Bibel.»* Das große Schlagwort der Reformatoren «sola scriptura» (allein die Schrift!) kann jedenfalls nicht heißen, dass jedermann sich daraus nach eigenem Gusto ein Süppchen kochen kann.

Die Heilige Schrift des Alten und Neuen Testaments, wie wir sie kennen, ist im Herzen der Urgemeinde und der frühen Christenheit entstanden, von der Kirche immer als kostbarster, von Gott anvertrauter Schatz begriffen und als «Wort Gottes» verkündet worden. «Ich würde», sagt Augustinus, «selbst dem Evangelium keinen Glauben schenken, wenn mich die Autorität der katholischen [allgemeinen; hier nicht im konfessionellen Sinn gemeint; d. Aut.] Kirche nicht dazu bewegen würde.»

Mancher, der heute die Bibel gegen die Kirche ausspielt, würde sie nicht in Händen halten, wenn diese Kirche sie nicht durch alle Stürme und Katastrophen der Geschichte zu uns herübergetragen hätte. Mancher, der die Bibel lobt, würde seine private Selektion zum Maß aller Dinge machen, würde ihm die Kirche nicht die ganze Heilige Schrift vor Augen halten. So kommt das Wort aus der Gemeinschaft und führt in sie hinein: «Kein Mensch lebt allein», sagt der Kirchenvater Basilius von Seleukia, «kein Mensch glaubt allein. Gott spricht sein Wort zu uns, und indem er es spricht, ruft er uns zusammen, schafft er eine Gemeinde, sein Volk, seine Kirche. Nach dem Weggang Jesu ist die Kirche das Zeichen seiner Gegenwart in der Welt.»

Während die Laien die Bibel im Grunde genommen erst seit 500 Jahren im Ganzen kennen, spielte sie in den Klöstern, die der Regula Benedicti folgten, immer schon eine herausragende Rolle. Über 1000 Jahre waren es allein die Mönche, die Bibelhandschriften herstellten, sie Buchstabe für Buchstabe auf Pergament malten, sie mit kostbaren Illustrationen verzierten und das Buch der Bücher mit schönsten gold- und edelsteingeschmückten Kleidern versahen.

Die Bibel wurde in den Klöstern aber nicht nur abgeschrieben; sie wurde gehört, gelesen, in ihren Gebetsteilen (vor allem den Psalmen) immer wieder rezitiert. Am Ende eines langen Mönchslebens konnte (und kann) manch ein Mönch die halbe Bibel auswendig hersagen. Es ist anrührend zu sehen, mit welcher Akribie Benedikt für die Bibellektüre (und darüber hinaus die Lektüre geistlicher Schriften) in den Klöstern Sorge trug. Wer heute ein Benediktinerkloster besucht und zu Tisch geladen wird, muss sein Essen im Schweigen einnehmen, denn er wird Zeuge, wie ein Mönch vorliest: «Es herrsche größte Stille. Kein Flüstern und kein Laut sei zu hören, nur die Stimme des Lesers. Was sie aber beim Essen und Trinken brauchen, sollen die Brüder einander so reichen, dass keiner um etwas bitten muss» (RB 38,5).

Das Kapitel 48 der Regula Benedicti befasst sich ausschließlich und *en détail* mit der Ordnung von Handarbeit und «Lesung». Man hat fast den Eindruck, als versuche Benedikt Zeit zu schinden für sein Ideal *«frei sein für die Lesung»* (RB 48,4). Für die Fastenzeit ordnet er an, jedem Mönch einen Band der Bibel in die Hand zu geben, *«den er von Anfang bis Ende ganz lesen soll»* (RB 48,15). Weil der Mönchsvater dem spontanen Eifer seiner Leute wohl doch nicht traute, empfahl er, einen oder zwei ältere Brüder in den fraglichen Zeiten durch das Kloster zu schicken: *«Sie müssen darauf achten, ob sich etwa ein träger Bruder findet, der mit Müßiggang oder Geschwätz seine Zeit verschwendet, anstatt eifrig bei der Lesung zu sein»* (RB 48,18).

Wer heute Christ sein möchte, kommt nicht um eine leidenschaftlich gesuchte und betriebene Konfrontation mit der Heiligen Schrift herum. Die Urform ist gewiss das «Hören». Jeder Gottesdienst ist ein solches «Hören». Ein Mönch, den ich nach der Kunst des Hörens fragte, antwortete mir: «Gleite nicht ab in irgendwelche mystischen Höhen! Sei nüchtern! Sei konzentriert! Sei aufmerksam! Mach es so, als würdest du auf dem Sprung sitzen und müsstest im nächsten Moment irgendwohin eilen, um einen empfangenen Befehl mit größtem Eifer und absoluter Präzision auszuführen!»

Hören kann auch geschehen, indem wir einander aus der Heiligen Schrift vorlesen, dabei beten und danach suchen, was uns dieses Wort jetzt sagen soll. Denn das ist der Glaube, der uns dabei beflügeln darf. Biblische Worte sind niemals bloß Erinnerungen an eine historische Redesituation. Sie sind im Augenblick geschehende Anrede Gottes an uns. Darum ist nach dem *Hören* auch das intensive private *Lesen* der Heiligen Schrift für einen Christen unerlässlich. Es ist die langsame, nachdenkliche Suche nach einem Brief, einer Botschaft Gottes an mich.

Kaum eine Heiligenbiografie, in der es nicht dadurch zur entscheidenden Wendung zu Gott kam, dass ein Wort «traf» und alle Pläne über den Haufen warf. Augustinus wurde durch die Stimme eines Kindes berührt; er hörte ein: *«Tolle, lege!»* – «Nimm und lies!» Er nahm die Schrift, las ein Wort, das ihn bis ins Mark erschütterte, woraufhin er sein Leben um 100% veränderte.

Ähnlich erging es Franziskus, der, von einem Schriftwort berührt, so entflammt wurde, dass er seinem Vater auf dem Marktplatz von Assisi die Kleider vor die Füße warf und nackt in die Arme Gottes floh.

Nicht anders erging es einer in Indien tätigen albanischen Nonne, die eines Tages nichts ahnend in einem Zug saß, um in Darjeeling, am Fuß des Himalayas, an Exerzitien teilzunehmen: Sie las beiläufig ein bestimmtes Schriftwort und wusste im selben Moment, dass sie ihr ganzes Leben umkrempeln musste. Was sie danach beabsichtigte, hielten selbst wohlmeinende kirchliche Vorgesetzte für Spinnerei. Aber die Frau zog den weiß-blauen Sari an, verließ die geschützten Mauern ihres Klosters und wurde Mutter Teresa.

Aber man muss nicht auf die Heiligen verweisen. Für jeden Christen ist kaum etwas spannender, als «sein» Wort zu finden. Ich habe es für mich gefunden – und es geht mir immer wieder an die Substanz, wenn ich es unverhofft höre oder lese. Es steht im ersten Korintherbrief und lautet: *«Die Liebe hört niemals auf»* (1 Kor 13,8). Ein anderer mag darüber hinweglesen – mir geht darüber eine Welt auf.

Was kann man in Hinsicht auf die Heilige Schrift empfehlen? Mein Rat: Kaufen Sie sich eine schöne, handliche Ausgabe und legen Sie das Buch als «Zweitbuch» auf Ihren Nachttisch. Machen Sie es sich zur Angewohnheit, keinen Tag verstreichen zu lassen, ohne dass Sie nicht wenigstens einen Vers, einen kleinen Abschnitt aus der Heiligen Schrift gelesen haben. Halten Sie das Wort gegen Ihr Leben, Ihre Geschichte, Ihre Erfahrungen! Nehmen Sie das Wort in Ihr Gebet auf! Hören Sie es zusammen mit der inneren Stimme des Heiligen Geistes in Ihnen! Lassen Sie es in Ihre Träume sickern! Und seien Sie neugierig, was es mit Ihnen macht!

- ❖ Schaffen Sie die logistischen Voraussetzungen für eine tägliche Bibellektüre.
- ❖ Hören und lesen Sie das Wort Gottes, als würden Sie im Moment mit diesem Wort angesprochen.
- ❖ Lernen Sie bestimmte biblische Worte auswendig und gehen Sie damit um.

TOOL 56
Sich oft zum Beten niederwerfen

Welch ein Verlust! – habe ich mir oft gesagt, als ich wieder einmal einen frommen Muslim sah, der in der Öffentlichkeit seinen Gebetsteppich ausrollte, um sich vor Gott niederzuwerfen! Welch ein Verlust, dass wir das im Christentum so gründlich vergessen haben, wie man richtig betet – mit dem Leib nämlich, dem Geist, dem Herzen, der Seele, dem ganzen Menschen! Wie konnten wir das so vergessen, dass es uns eines Tages einfiel, es genüge, dem lieben Gott ein paar Gedanken aus der Sofakuhle zu funken oder in brenzligen Situationen auf der Autobahn ein Stoßgebet aus den Staubwinkeln der Kindheitserinnerung zu reaktivieren?

Wie habe ich selbst einen Weg gefunden, auf dem ich mein Beten weiterentwickeln möchte? Religionsunterricht empfing ich in den frühen siebziger Jahren des letzten Jahrhunderts. Die ihn an mir und anderen exerzierten, merkten bald, dass es uns an religiöser Erfahrung mangelte. Beten war, wie man damals sagte, nicht «in». Kein Mensch dachte jenseits der Elternhäuser daran, es uns zu vermitteln. Es war die Zeit, in der die politische Revolte umkippte in Hippie-Begeisterung, Flower-Power und Drogenexperimente zur Bewusstseinserweiterung. Die Beatles nahmen sich einen Guru. Bürgerlich sozialisierte Oberschüler lasen «ihren» Hermann Hesse, träumten von Indien und rauchten schlechten Gewissens eine Marihuana-Zigarette. Das neue Zauberwort hieß «Meditation», sie sollte dem Vernehmen nach mindestens so gut sein wie Marihuana (für indische Meister des Fachs gar wie Sex), auf jeden Fall aber das Bewusstsein erweitern und zur Vereinigung mit dem Göttlichen führen.

Keine Frage, dass uns unser Religionslehrer, den ich im Übrigen als träge Masse in Erinnerung habe, «Meditation» verordnete. Das ging so: Wir versammelten uns im Meditationsraum der Schule, setzten uns *freaky* auf niedrige Hocker im Kreis, auf welchen wir wie Kartoffelsäcke zusammensackten, während unser «Guru» (mit Religion im Nebenfach) an seiner mitgebrachten Hifi-Stereo-Anlage hantierte, bis eine exotischmonotone Klangkulisse aus Sitargezupfe und Panflötenklängen entstanden war, die unser Bewusstsein sprengen sollte. Das einzig Körperliche an dieser Vereinigung beschallter Couchpotatoes war die Hand des Religionslehrers. Sie kam aus den Tiefen der Meditation und tastete regelmäßig nach dem Regler, um die kosmischen Klänge nachzujustieren.

Später habe ich ernsthaft meditiert, mich in Zen unterweisen lassen und auch den relativen Wert solcher Verfahren schätzen gelernt. Mit christlicher Religion im engeren Sinn haben sie meines Erachtens nichts zu tun. Es sind Übungen im Vorraum, Übungen, um still zu werden, um hinhören zu lernen. Und es sind körperliche Übungen, was ich nach wie vor eindrucksvoll finde. Die Seele wirkt auf den Körper – der Körper wirkt auf die Seele zurück. Diese Lektion haben wir mittlerweile gelernt. Beeindruckt hat mich immer das Bild, wonach wir sitzen sollten wie ein Schilfrohr im Wind: fest verankert in der Tiefe, aber offen für jeden Windhauch des Geistes.

Die Couchpotato-Meditationen meiner Jugend hingegen verdankten sich gewiss nicht fernöstlicher Weisheit. Sie waren eher das triviale Spätprodukt des Deutschen Idealismus, in dem man noch glaubte, die Welt spiele sich im Kopf ab. Wenn man erst in die luftigen Höhen des Geistes aufgestiegen sei, spiele so etwas Banales wie der Körper keine Rolle mehr. Heute meditiere ich nicht mehr – oder höchstens dann noch, wenn ich sehr unruhig bin, nicht gesammelt sein kann und schlecht an meine Tiefe herankomme. Ich brauche die Zeit, die mir Job und Familie lassen, für das Gebet.

Gelernt habe ich es wahrscheinlich in Taizé. Wie? Durch Abgucken. Ich wurde gepackt vom Frieden dieses Ortes, vom Geist der Liebe zu Gott. Ich sah diese tollen Leute in meinem Alter, die sich buchstäblich eine halbe Nacht um die Ohren schlugen, um ihre Seele singen zu lassen, um vor dem Kreuz zu knien oder zu liegen, in stiller Andacht zu beten, sich segnen zu lassen. Ich fühlte ihre Hingabe, spürte ihr Feuer, sah mehr als einmal auch ihre Tränen. Ich wollte mitmachen, wollte Gott so nahe sein wie sie. Ich hörte diese Worte aus dem Evangelium. Man gab mir Stille, dass sie klingen konnten. Ich bekam Lust zum Beten. Es war plötzlich keine Last mehr. Ich fühlte mich mit einem Mal äonenweit entfernt von den «frommen Verrichtungen», wie sie mir noch aus dem Katechismus meiner Kindheit beigebracht wurden, fern aber auch von jeglicher esoterischer Gottesspürerei. Ich konnte es plötzlich glauben, dass Gott mir innerlicher ist, als ich es mir je selbst war. Ich fiel auf die Knie, sah das Kreuz und dachte: Wie richtig es ist zu knien, wie absolut richtig!

Was ist denn Beten? Meine Lieblingsdefinition stammt von Teresa von Ávila. Sie bezog sich auf das Jesuswort *«Ihr seid meine Freunde, wenn ihr tut, was ich euch gebiete»* (Joh 15,14). Freunde! Teresa griff dieses Wort auf, als sie das Gebet *«ein Gespräch mit einem Freund»* nannte, *«mit dem wir oft und gern allein zusammenkommen, um mit ihm zu reden, weil er uns liebt»*.

Wenn es tatsächlich möglich ist, mit Gott zu sprechen «wie mit einem Freund», wozu muss ich dann noch im Schneidersitz nach Erfahrungen schnuppern und auf irgendwelche kosmischen Beglückungen warten? Wenn Jesus uns gelehrt hat, den unbegreiflichen Gott mit «Abba, lieber Vater!» anzureden, mit ihm zu sprechen, in Kontakt mit ihm zu treten – woher nehme ich dann die Frechheit, um Jesus herum, an ihm vorbei, über ihn hinweg das Göttliche auf eigene Faust zu suchen? Bin ich der größere Gottesexperte? Da möchte ich lieber wie Charles de Foucauld *«mit oder ohne Worte zu Füßen Gottes verharren, im Willen, in der Absicht, ihn anzubeten»*. Dann habe ich so viel zu hören und selbst zu sagen, dass ich nicht durch Meditation davon abgelenkt werden möchte.

Freundschaft und *Anbetung,* das sind die beiden Pole, innerhalb deren sich christliches Gebet abspielt. Da ist einerseits dieses unerhörte Nahegekommensein Gottes, dass wir fast versucht sind, mit dem Allmächtigen wie mit Lieschen Müller beim Handyplausch auf dem Sofa zu verkehren. Da ist andererseits aber auch das Erschrecken davor, sich mit dem Heiligsten gemein zu machen, die Gottesfurcht, die Achtung vor der absoluten Andersheit Gottes zu verlieren, weshalb der Mensch im Angesicht Gottes wie Mose sein Gesicht verhüllt (2 Mo 3,6) oder sich zu Boden wirft.

Was Anbetung ist, wird mir Jahr um Jahr am Karfreitag klar. Das ist jener Tag, an dem ein kostbarer alter Ritus ausgeübt wird, sofern ihn die Borniertheit aufgeklärter Kleriker nicht unterschlägt. Priester und Ministranten schreiten zum Altar, und dann – wer zum ersten Mal dabei ist, erschrickt – werfen sich die Liturgen tatsächlich auf den Boden. Es gibt keine Ausnahme. Ob der Priester nun jung und athletisch oder greis und gebrechlich ist, dass man ihm mit Mühe wieder auf die Beine helfen muss, es geht vor Gott mit dem Gesicht in den Staub! Wer sich näher mit dem Gebet befasst, entdeckt, dass dies kein theatralisches Sonderzeremoniell für den Karfreitag, sondern ein normaler Gebetsgestus ist. Unverbildetere Zeitalter haben immer gewusst, dass der Körper mitbetet, und sie hatten nicht diese absurde Körperscheu, wonach jeder, der mit seinem Körper ausdrückt, was die Seele fühlt, als exaltierter Spinner belächelt wird.

Zum Beten gehört eine angemessene Körpersprache, gehören Liegen, Knien, Stehen, aufmerksam Sitzen, gehört die

Sprache der Hände und Arme, gehört das Gehen. Langsam dämmert uns, dass wir die Gattung Gebet nicht vom Händefalten auf der Bettdecke und dem alkoholbeförderten Hinüberdämmern unserer Nachtgebete her definieren können. Meine Großeltern väterlicherseits mit ihren acht Kindern beteten den Rosenkranz in der Wohnstube. Ich stelle in mir zunehmend ein Unbehagen daran fest, im Sessel zu beten, nach der Abendlektüre und gegen den Schlaftrieb. Ich möchte wieder auf die Knie. Im Kämmerlein (Mt 6,6) wohlgemerkt. Lassen Sie uns die Körpersprache des Betens betrachten:

a) SICH AUF DEN BODEN WERFEN: «Staub bist du, zum Staub musst du zurück» (1 Mo 3,19) heißt es im ersten Buch der Heiligen Schrift vom Menschen. Aus uns sind wir nichts. Aber der lebendige Gott, vor dem «niederfallen die Mächtigen der Erde» (Ps 22,30), hat eine seltsame Vorliebe für dieses Staubwesen, das er an sich zieht und aus dem Staub erhebt: «Was ist der Mensch, dass du an ihn denkst, des Menschen Kind, dass du dich seiner annimmst? Du hast ihn nur wenig geringer gemacht als Gott, ihn mit Herrlichkeit und Ehre gekrönt» (Ps 8,5–6). Die Ambivalenz von Niedrigkeit und Erhebung macht das vorbehaltlose Niederwerfen vor Gott, das Sichausliefern, Kapitulieren und Anbeten, zum Urgestus des Menschen. Anbeten ist nichts, was dem Menschen fremd ist. In ihm ist etwas, das bedingungslos verehren will. «Keiner kann Mensch sein», sagt Dostojewski, «ohne etwas anzubeten.» Der Gestus der Anbetung sagt: Du bist der Große, der Allmächtige! Ich bin nicht würdig, Dir vor die Augen zu treten und in Deiner Nähe zu sein. Du hast mein Schicksal in der Hand! Mach Du mit mir, was Du willst. Ich gehöre Dir. *Aus der Tiefe rufe ich, Herr, zu dir: Herr, höre meine Stimme! … Würdest du, Herr, unsere Sünden beachten, Herr, wer könnte bestehen?* (Ps 130,1–3).

b) SICH VERNEIGEN: In der Körpersprache der Tiere ist das Neigen des Kopfes das Zeichen der Unterwerfung im Kampf der Rivalen. Das unterlegene Tier hält dem Sieger den Nacken, die empfindlichste Körperstelle, hin, um sich symbolisch dem tödlichen Schlag oder Biss auszuliefern – und erfährt gerade so Verschonung. Wer sich vor einem anderen neigt, erweist ihm Achtung und Ehre als einem Größeren. Der Künstler verneigt sich vor dem Publikum, obwohl sich das Publikum vor dem Künstler verneigen müsste. In der Verneigung ist Erkenntnis, Gruß und Dank. Der Stolze in seiner Verblendung kann sich nicht verneigen, weil er nichts sieht, mit niemandem verbunden sein und sich niemandem verdanken will. Innerlich beugt er sich nur vor einem: sich selbst. Wieder ist es Dostojewski, der erkannt hat: *«Wenn der Mensch Gott verstoßen hat, so neigt er sich vor einem Götzen.»* Die Mönche verneigen sich mit einer tiefen, ehrfürchtigen Verbeugung bei jedem «Ehre sei dem Vater, dem Sohn und dem Heiligen Geist». Man verneigt sich vor dem Kreuz und vor dem Wort Gottes, wenn man es im Gottesdienst vorträgt. Neigen müssten wir uns vor den Kindern, Armen, den Geringsten und Unscheinbaren, in denen Christus in besonderer Weise anwesend ist.

c) STEHEN: Das Evangelium hören wir im Stehen, weil Stehen einerseits ein Ausdruck der Ehrfurcht ist (man steht auf, wenn eine höhergestellte Person den Raum betritt), andererseits Bereitschaft zum Aufbruch signalisiert. Im Stehen hat man festen Boden unter den Füßen. Im Stehen ist man stark. Im Stehen kann man kämpfen. *«Seid also standhaft: Gürtet euch mit Wahrheit, zieht als Panzer die Gerechtigkeit an und als Schuhe die Bereitschaft, für das Evangelium vom Frieden zu kämpfen»* (Eph 6,14–15). Auf dem Sprung sollen wir sein. Das Wort Gottes soll uns in die Glieder fahren, uns auf den Weg und in Bewegung bringen.

d) KNIEN: Knien ist eine Demutsgeste, die ursprünglich einmal ein altorientalisches Hofritual gewesen sein mag. Im Kniefall vor dem Herrscher entrichtete man im Gehorsam Tribut. Knien macht niedrig. Der Kniende verkürzt seine Beine. Er verschafft sich ein künstliches Handicap, legt sich eine Fessel an, kann nicht weglaufen. Die Körpersprache sagt: Du bist der Herr, Dir will ich dienen. Du bist oben, ich bin unten. Religiös sagt der Gestus des Kniens: Ich bin Dir ganz ergeben,

Herr. In Deiner heiligen Gegenwart, Gott, entdecke ich meine Unvollkommenheit, aber auch Deine Barmherzigkeit, die mich erhöhen will: «*Meine Seele*», singt Maria, «*preist die Größe des Herrn ... denn auf die Niedrigkeit seiner Magd hat er geschaut*» (Lk 1,46.48a). Das Knien ist keine katholische Erfindung. Es findet sich beispielsweise schon im Hymnus des Philipperbriefes, wo es von Christus heißt: «Er erniedrigte sich und war gehorsam bis zum Tod, bis zum Tod am Kreuz. Darum hat ihn Gott über alle erhöht und ihm den Namen verliehen, der größer ist als alle Namen, damit alle im Himmel, auf der Erde und unter der Erde ihre Knie beugen vor dem Namen Jesu und jeder Mund bekennt: Jesus Christus ist der Herr, zur Ehre Gottes, des Vaters» (Phil 2,8–11).

e) DIE HÄNDE FALTEN: Es gibt zwei Arten, im Gebet die beiden Hände miteinander zu verbinden. Einmal kann man die Finger beider Hände ineinander verschränken. Dann ist das ein Zeichen der Kraft und der Konzentration. Beten ist das Gegenteil von Chillen, Dämmern oder Dösen – es ist das Zusammenfassen aller emotionalen, psychischen und geistigen Elemente meiner Person, um ungeteilt vor meinem Gott zu sein. Wenn ich als Kind auf dem Bauernhof mit dem Beil Holz spaltete, schloss ich oft beide Hände um den Stiel, um größte Wucht zu erzielen. Das Ineinanderverschränken der Hände ist auch der Gestus der Sammlung. In seiner «Vorschule des Betens» hat Romano Guardini beschrieben, warum das notwendig ist: «*Gegenwärtig bin ich in Wahrheit sehr selten. Tatsächlich bin ich fast immer anderswo. Immerfort bin ich zerstreut, ausgestreut, ‹ausgegossen› in die Dinge. Also muss ich mich zurückholen, damit ich hier gegenwärtig sei.*» Der zweite Gestus der Hände, das Aneinanderlegen der Handflächen, ist ebenfalls ein Zeichen der Sammlung. Aber in ihm ist auch ein Moment von Bindung. Die Hände werden Gott hingehalten wie zur Fesselung: Nimm du mich gefangen, Herr! Führe mich! Die Imaginationskraft des französischen Schriftstellers Charles Peguy hat in diesem Gestus auch den Kiel eines Schiffes gesehen, das unfehlbar die Wellen der Zeit durchschneidet und in das Herz der Liebe vordringt.

f) DIE HÄNDE AUSBREITEN: Die so genannte Orantehaltung kennt man, wenn man einmal gesehen hat, wie ein katholischer Priester während der Liturgie betet. Er breitet die Arme aus, wobei die Handflächen leicht nach oben zeigen. Sie ist keineswegs Priestern vorbehalten, sondern kann von jedermann angewandt werden. In diesem Gestus der Offenheit sind mehrere körpersprachliche Akzente enthalten. Einmal steht man so da, wenn man einen anderen Menschen umarmen möchte. Dann ist es der Gestus des Empfangens. Stellen Sie sich einen wunderschönen Sommermorgen am Meer vor. Sie treten nach draußen, breiten die Hände aus und genießen es, wie die Kraft der Sonne auf ihre Haut trifft und sie bis in die Seele hinein erwärmt. So kann man auch beten: dem Himmel wie einer Sonne Haut, Herz und Hände hinhalten! *«Ich suchte den Herrn, und er hat mich erhört, er hat mich all meinen Ängsten entrissen. Blickt auf zu ihm, so wird euer Gesicht leuchten»* (Ps 34,5–6). Im Ausbreiten der Hände ist auch Freude, denken Sie nur an orientalische Tänzer, die sich mit erhobenen Händen bewegen: *«Ihr Völker alle, klatscht in die Hände; jauchzt Gott zu mit lautem Jubel!»* (Ps 47,2). Aber auch das Gegenteil lässt die Hände zum Himmel erheben: *«Ich rufe zu Gott, ich schreie ... unablässig erhebe ich nachts meine Hände»* (Ps 77,2–3). Und schließlich ist die Orantehaltung auch die ideale Weise, um Gott zu loben, ihn zu preisen und ihm zu danken: *«Lobe den Herrn, meine Seele, und alles in mir seinen heiligen Namen. Lobe den Herrn, meine Seele, und vergiss nicht, was er dir Gutes getan hat»* (Ps 103,1–2). Es ist etwas in diesem Gestus, das dem Beter das Gefühl vermittelt, er stünde jetzt für die ganze, sonst so stumme Schöpfung vor ihrem Gott, um ihr Sprache zu verleihen, ihr Mund zu sein.

g) SITZEN: Das Sitzen ist die Haltung des betrachtenden Gebetes. Im Sitzen ist man von nichts abgelenkt. Man kann alle Kräfte der inneren Wahrnehmung auf Gott, sein Wort und seine Wirklichkeit hin anspannen. Im Lukas-Evangelium gibt es einen wunderbaren Satz; da heißt es in der Weihnachtsgeschichte: *«Maria aber bewahrte alles, was geschehen war, und bewegte es in ihrem Herzen»* (vgl. Lk 2,19). Darum geht es: das

Wort Gottes tief in sich hinabsinken lassen, es mit Liebe bewegen, es umdrehen, von allen Seiten anschauen, es ansprechen und seine Resonanzen wahrnehmen. Dazu ist Sitzen gut.

h) GEHEN: Die größte religiöse Wiederentdeckung der letzten Jahre ist wohl die Wiederentdeckung des Pilgerns, der Wallfahrt. Hunderttausende ziehen alljährlich allein nach Santiago de Compostela. Sie entdecken im Gehen das Beten, entdecken, dass Gehen Beten sein kann. Nicht nur die Wahrheit und das Leben will Christus für uns sein, sondern explizit auch der *Weg* (Joh 14,6). Kein Psalm hat mehr Menschen getröstet als Psalm 23: «Er stillt mein Verlangen; er leitet mich auf rechten Pfaden, treu seinem Namen. Muss ich auch wandern in finsterer Schlucht, ich fürchte kein Unheil; denn du bist bei mir, dein Stock und dein Stab geben mir Zuversicht» (Ps 23,3–4). Glauben ist kein Annehmen von Lehrsätzen, sondern ein Fortschreiten in der Liebe, bei dem man auf der Reise vom Dunkel ins Licht nicht allein ist, wie es in der Geschichte vom Weg nach Emmaus beschrieben ist, an deren Ende der Satz steht: *«Da gingen ihnen die Augen auf, und sie erkannten ihn»* (Lk 24,31).

❖ Probieren Sie in der Stille einmal eine Ihnen unvertraute Gebetshaltung mehrere Minuten aus.
❖ Machen Sie ein Kreuzzeichen und denken Sie: Ich möchte jetzt mit Leib, Geist und Seele beten.
❖ Googeln Sie einmal zum Thema Pilgern & Jakobsweg.

TOOL 57

Seine früheren Sünden unter Tränen und Seufzern täglich im Gebet Gott bekennen

Die Neurobiologie hat uns gelehrt, dass alle tiefer gehenden Erfahrungen, die ein Mensch im Laufe seines Lebens macht, gespeichert werden und sich im Körper eines Menschen eingraben. Einiges davon äußert sich in muskulären Verhärtungen oder Verspannungen, anderes in «toten Zonen», Disbalancen oder Blockaden. Nicht zuletzt gräbt sich unser Leben in unsere Physiognomie ein. Wir bewundern ein schönes, altes Gesicht, das von Versöhnung und Selbstannahme spricht, und sind irritiert von einem Mienenspiel, das maskenhaft oder zerrissen ist.

«Mit 20», sagt Albert Schweitzer, «hat ein jeder das Gesicht, das Gott ihm gab; mit 40 das Gesicht, das ihm das Leben gab; mit 60 das Gesicht, das er verdient.» Auch wenn es längst in unterbewusste Schichten abgesunken ist: *Wir sind immer das, was wir gewesen sind, was wir getan, unterlassen und erlitten haben.*

Auch wenn wir vor das Angesicht Gottes treten, stehen wir keineswegs als flache Gegenwartswesen vor ihm, sondern in der ganzen Tiefe unserer gewachsenen Dreidimensionalität. Wie orientalische Lastkamele sind wir von unten bis oben beladen mit Geschichte und Geschichten, wobei die ältesten Geschichten oft die belastendsten sind. Gern würden wir sie verstecken, denn es beschämt uns, dass wir alt werden und noch immer der entgangenen Liebe durch die Mutter nachweinen, dass wir verheiratet sind und noch immer vergangenen erotischen Abenteuern hinterherfühlen, dass wir unseren alten Hass kultivieren und uns, statt in der Liebe Gottes, in längst vergangenen Erfolgen sonnen. Uns treiben Lebenslügen um. Uns quälen die großen Unterlassungen, denn sie sind die eigentlichen Sünden in unserem Leben: die Liebe, die wir nicht gegeben haben, die Hilfe, die wir kühl verweigerten, die Unterstützung, die wir aus Selbstsucht unterließen, der Blick, den wir abwendeten, die Chancen, die wir ungenutzt verstreichen ließen, die Talente, die wir vergraben haben.

«*Die bittersten Tränen, die über Gräbern vergossen werden*», erkannte Harriet Beecher-Stowe, die Autorin von «Onkel Toms Hütte», «*sind für Worte, die ungesagt, und Taten, die ungetan blieben.*» Und immer wieder ist es das große Misstrauen, sind es die alten Ängste, mit denen wir uns und andere quälten und in absurde Sicherungsmaßnahmen hineintrieben und die wir nun aufs Neue beschwören. Sie ziehen uns heute herunter und hindern uns an einem freien, kraftvollen Leben. Wir werden von uns selbst verfolgt. Der Feind sitzt in uns.

Das ist keine Erfahrung psychologisch übersensibler moderner Menschen: «Geh mit deinem Knecht nicht ins Gericht; denn keiner, der lebt, ist gerecht vor dir. Der Feind verfolgt mich, tritt mein Leben zu Boden, er lässt mich in der Finsternis wohnen wie längst Verstorbene. Mein Geist verzagt in mir, mir erstarrt das Herz in der Brust» (Ps 143,2–4), klagte schon vor 2500 Jahren ein israelitischer Psalmist angesichts des ungeheuren Materials, das sich in einem ganz normalen menschlichen Leben ansammelt. Gerne würden wir das alles ja von uns wegschieben, es zum Fremden, nicht zu uns Gehörigen erklären, aber es ist uns eingeschrieben. Wir sind das alles. Darum empfiehlt Benedikt, das ganze Material des Lebens täglich «unter Tränen und Seufzern» Gott zu unterbreiten. *«Durch das Weinen»*, sagt Thomas von Aquin, *«fließt die Traurigkeit aus der Seele.»* Weinen können ist ein Zeichen großer Kraft, und wahrscheinlich muss man sehr darum beten, dass einem die Gabe der Tränen geschenkt wird.

Benedikt nennt das Gebet als geeigneten Ort für das Ansichtigwerden unserer belasteten und beladenen Lebensgeschichte – nicht das Grübeln, das Sinnieren, das nächtelange Wachliegen, die Selbstvorwürfe. Das alles können wir uns sparen, wenn wir an dieser einen Stelle ganz offen werden. Während uns das Grübeln herunterzieht, erhebt sich (Ps 143,8) im Gebet die Seele zu Gott. Es ist erhebend, dass wir uns Gott im Gebet nackt hinhalten dürfen, ohne jede Verkleidung, ohne Schminke und Verstellung, in absoluter Objektivität. Gottes mildes und gutes Licht leuchtet alle unsere Ecken und Winkel aus, auch die unbewussten: *«Von unbewusster Schuld reinige mich, o Herr!»* (vgl. Ps 19,13).

Es ist sinnlos und töricht, Gott unsere Nachtseiten zu verweigern, sich seinem heilenden Licht zu verriegeln: «Würde ich sagen: Finsternis soll mich bedecken, statt Licht soll Nacht mich umgeben, auch die Finsternis wäre für dich nicht finster, die Nacht würde leuchten wie der Tag, die Finsternis wäre wie Licht» (Ps 139,11–12). Vor Gott darf ich nackt sein und muss mich nicht schämen. Wenn es in diesem Augenblick eine Sünde gibt, dann ist es eben das Schämen – das schützende Verhüllen einer Wirklichkeit, die ich nicht wahrhaben möchte. Vor Gott darf alles sein. Nichts muss ich festhalten. Wenn ich loslasse – und wenn es denn sein kann: unter der Gnade der Tränen –, entdecke ich, um wie viel größer die Wirklichkeit Gottes da war in meinem Leben als mein Versagen: «Ich denke an die vergangenen Tage, sinne nach über all deine Taten, erwäge das Werk deiner Hände. Ich breite die Hände aus und bete zu dir. Meine Seele dürstet nach dir wie lechzendes Land. Herr, erhöre mich bald, denn mein Geist wird müde. Verbirg dein Antlitz nicht vor mir, damit ich nicht werde wie Menschen, die längst begraben sind. Lass mich deine Huld erfahren am frühen Morgen, denn ich vertraue auf dich. Zeig mir den Weg, den ich gehen soll, denn ich erhebe meine Seele zu dir» (vgl. Ps 143,5–8).

❖ Verstecken Sie nichts vor Gott, lassen Sie Licht in jeden Winkel Ihrer Seele.
❖ Enthalten Sie ihm keine Geschichten vor, keine andauernden Abhängigkeiten, keine geheimen Passionen.
❖ Beten Sie, dass Gott Ihnen den Willen gibt, Dinge zu verändern, die Sie in seinem Licht verändern müssen.

TOOL 58

Und sich von allem Bösen künftig bessern

Die guten Vorsätze, die in der Nacht zu Neujahr gefasst werden, haben in der Regel eine Halbwertszeit von 24 Stunden. Es fehlt weder an der Einsicht noch an der guten Absicht, wohl aber an der Kraft, eine wirkliche Veränderung herbeizuführen. Dennoch geht es. Man kann sich fundamental verändern, sich neu einstellen, Freiheit vom Bösen und seiner zerstörerischen Macht über uns gewinnen. Ich habe es zuletzt an einem Menschen erfahren, der über Jahrzehnte hinweg Kettenraucher war und seiner Passion bis zum körperlichen Kollaps frönte.

«Letztlich wollte ich meine Sucht nicht beenden», sagte er mir, «tief in meinem Inneren, hinter den rationalen Gehirnlappen, dachte es in mir: Jeder braucht einen Kick. Du brauchst diesen Kick. Du kannst ohne diesen Kick nicht leben!»

Das Ende seiner Nikotinsucht war das Ergebnis eines inneren Weges: «Der Anfang war Resignation vor der Wirklichkeit, die Einsicht: Ich konnte mich nicht steuern. Ich habe also lange und intensiv darum gebetet, dass Gottes Heiliger Geist, von dem ich nach und nach entdeckte, dass er in mir ist, mir den Willen schickt, quasi von innen heraus. Es war meine persönliche Gottes- und Wunder-Erfahrung, dass dieser Wille eines Tages da war in mir – stark, unabweisbar, dauerhaft wirksam. Ich konnte dann frei werden, musste, was ich befürchtete, meine Sucht auch nicht substituieren. Meine Junkie-Kollegen hatten es mir prophezeit mit unserem Standardspruch: Die Summe aller Kicks bleibt immer gleich – wenn es nicht Nikotin ist, dann fängst du an zu saufen oder du tyrannisierst deine Frau.»

Über das so heftig vorgetragene Wort «Kick» musste ich lange nachdenken. Ich bin zu vier Einsichten gekommen: «Kick» meint a) etwas Elementares, das man braucht wie das tägliche Brot, wie die Luft zum Atmen. Dennoch ist er b) kein Gut, denn der «Kick» raubt uns ja das Leben, statt es zu erhalten. Seine erhaltenden Mächte sind c) scheinhafte, irreale Vortäuschungen. Buddhisten würden sagen, sie sind Maya, Verschleierung. Diese Mächte sind d) religiöser Natur, denn es geht um etwas Absolutes, dem man mit letzter Hingabe dient. Paulus drückt es im Kontakt mit den Galatern so aus: *«Ihr seid zur Freiheit berufen, Brüder»* (Gal 5,13); und er fragt sie: *«Wie ... könnt ihr jetzt, da ihr Gott erkannt habt ... wieder zu den schwachen und armseligen Elementarmächten zurückkehren? Warum wollt ihr von neuem ihre Sklaven werden?»* (Gal 4,9).

Das Wort Freiheit muss man gut meditieren. Es geht im Kampf gegen das Böse, dem man, wie Paulus an anderer Stelle sagt, «bis aufs Blut» widerstehen muss, nicht um die Bereinigung des Lebens von allen Spaßquellen. Das ist der Irrtum der Puritaner und Blaustrümpfe, die bei jedem Glas Wein, jedem Blick auf ein schönes Mädchen oder hübschen jungen Mann und jeder Zigarette nach dem Mittagessen den Teufel am Werk sehen. Es geht um «Freiheit»!

Wie geht der Weg in die Freiheit, wie kann man sich von Bösem lösen, sich, wie Benedikt es fordert, «künftig bessern»? Grundsätzlich: Falsche Religion kann nur durch richtige Religion ausgetrieben werden. Hingabe an falsche (weil knechtende) Götter kann man nur durch Hingabe an einen befreienden Gott ersetzen. Insofern ist ein Weg der Befreiung niemals nur ein Nein gegen etwas knechtend Negatives, sondern ein permanentes Ja-Sagen zu Gott. Man muss weniger vor dem Bösen flüchten als sich Gott, wo man geht und steht, in die Arme werfen. Manchmal muss man im Minutenabstand zu Gott schreien. *«Betet, damit ihr nicht in Versuchung geratet!»* (Mt 26,41). Ein anderes Bild: Das Gebet ist wie ein Rettungsboot in rauem Seegang. Im Boot kann uns nichts passieren. Ich versuche also den Weg zu beschreiben, wie man von guten Vorsätzen, mit denen bekanntlich der Weg zur Hölle gepflastert ist, zu einer realen Überwindung des Bösen gelangt.

1. SETZEN SIE DORT AN, WO SIE DAS BÖSE AM MEISTEN QUÄLT, UND VERSUCHEN SIE DIE STRUKTUR IHRES UNTERDRÜCKTSEINS DURCH DAS BÖSE GENAU ZU FASSEN: *«Unsere Vorsätze sollen nie ins Allgemeine gehen, sondern sie müssen immer auf etwas Bestimmtes gerichtet sein und vor allem gegen das, was uns am meisten im Weg liegt»* (Thomas à Kempis). Wenn Gewalt Ihr Problem ist, sagen Sie sich nicht: «Ich will nicht gewalttätig sein», sagen Sie sich lieber: «Ich will mein Kind nicht schlagen».

2. INTEGRIEREN SIE IHRE VORSÄTZE IN IHREN GLAUBEN: Nehmen Sie den Kampf gegen das Böse in den Dialog mit Ihrem Schöpfer, Erhalter und Erlöser hinein: «Dir zuliebe will ich ...» Möglicherweise ist das Böse sogar die Wunde, der Stachel im Fleisch, der Sie auf die Liebe zu Gott zurückwirft, Sie letztlich fromm macht. Sie haben sonst keine Kraft. Man kann nur aus Liebe verzichten. Nur die Liebe ist stark genug.

3. SONDIEREN SIE IHRE MÖGLICHKEITEN: Wenn Sie immer wieder an guten Vorsätzen scheitern, müssen Sie sich realistisch einschätzen und Ihre Schwäche begreifen. Aber das ist keine Niederlage;

darin liegt ein großer Trost: «Das Schwache in der Welt hat Gott erwählt, um das Starke zuschanden zu machen. Und das Niedrige und das Verachtete hat Gott erwählt: das, was nichts ist, um das, was etwas ist, zu vernichten, damit kein Mensch sich rühmen kann vor Gott» (1 Kor 1,27b–29). Zu sagen: «Ich kann nicht mehr» – genau das ist der Sprung in die Arme Gottes. Sie geben ihm die Steilvorlage, Ihre Dinge in die Hand zu nehmen. Nicht wir sind imstande, das Gute zu wirken, sondern Gott wirkt es in uns.

4. UNTERTEILEN SIE IHRE VORSÄTZE IN KLEINE SCHRITTE: Vermeiden Sie die beiden Worte «nie wieder»! Sagen Sie sich lieber immer und immer wieder: «Morgen will ich …», «Die nächste Stunde will ich …», «Das nächste Glas will ich …», «Die nächste Zigarette will ich …» Entwickeln Sie Stolz auf Ihre Fortschritte in Richtung Freiheit – und darauf, dass Sie eine Art Widerstandskämpfer gegen das Böse sind.

5. MACHEN SIE AUS VORSÄTZEN VERLOCKUNGEN: Stellen Sie sich immer wieder vor, wie sich Ihr Leben positiv verändert, wenn Sie frei sind. Vorsätze sind retro, daher oft Krampf und Zwang. Visionen sind schön. Sie verlocken, ziehen fast magisch nach vorne. Große Dinge entstehen aus großer Sehnsucht. *«Man sagt nichts Wesentliches über den Dom aus, wenn man nur von den Steinen spricht»,* sagt Antoine de Saint-Exupéry.

6. LASSEN SIE SICH BEIM WORT NEHMEN UND NEHMEN SIE ANDERE BEIM WORT: Veröffentlichen Sie Ihren Vorsatz. Lassen Sie mindestens einen anderen Menschen von Ihrem Vorsatz wissen. Setzen Sie Sozialkontrolle als Hilfsmittel ein. Seien Sie so demütig, als schwacher, versuchbarer Mensch dazustehen. Demut ist Stärke. Auf der Demut liegt eine große Gnade: *«Wer sich selbst erniedrigt, wird erhöht werden»* (Mt 23,12b). Wenn sich Ihnen gegenüber ein Mensch offenbart hat, dann leisten Sie ihm den Dienst, ihn an seinen Vorsatz zu erinnern: *«Dränge keinen Menschen zu guten Vorsätzen; wenn aber jemand nach freier Abwägung einen Vorsatz fasst, dann lass nicht zu, dass er ihn wieder verwirft»* (Mahatma Gandhi).

- ❖ Machen Sie den Freiheits-Check: Wo sind Sie beherrscht vom Bösen?
- ❖ Definieren Sie den Punkt, an dem Sie ansetzen müssen.
- ❖ Legen Sie Ihre Absichten schriftlich nieder, informieren Sie mindestens einen anderen Menschen darüber, und beten Sie so häufig, wie Sie Kraft brauchen, um dem Bösen zu widerstehen.

Tool 59
Die Begierden des Fleisches nicht befriedigen

Gemeint ist die Selbstbefriedigung. Nachdem sie in der Generation unserer Eltern noch geächtet war und sich manch ein Idealist oder eine Idealistin heroisch gegen die rasche Möglichkeit zur Triebabfuhr stemmte, erfreut sie sich seit der sexuellen Revolution zunehmender Wertschätzung und wird wärmstens empfohlen. Keine Ausgabe einer Frauenzeitschrift, in der sich nicht eine Kolumnistin daran abarbeiten muss, die Segnungen der Selbstbeglückung zu preisen. «Selbstbefriedigung», sagt Woody Allen, «ist Sex mit einem Menschen, den man wirklich liebt.» Das klingt plausibel. Wo ist das Problem?

Das Problem ist, dass Selbstbefriedigung menschlich gesehen *letztlich nicht stimmt*. Wenn ich das als Christ sage, muss ich gleich hinzufügen, dass ich damit nicht der altbekannten Hysterie das Wort rede, die die Selbstbefriedigung verfolgte wie den Leibhaftigen selbst. Die kontrollierte, ob nachts die Hände auf der Bettdecke blieben. Die von «Selbstbefleckung» sprach, kalte Duschen empfahl und mit Rückenmarkserweichung drohte, wenn man diesem «Laster» frönte. Das ist auch darum ein dunkles Kapitel, weil die Kirche damit den Blick auf Gott selbst verdunkelte. Junge Menschen mussten den Eindruck gewinnen, bei Gott handle es sich um einen indiskreten, lustfeindlichen alten Mann, der alles sieht. Dabei gab es doch Dinge, die man nicht einmal selbst anschauen sollte – Geschlechtsteile zum Beispiel. All das finde ich schauderhaft.

Obwohl es darüber auch in Zukunft keine Statistik geben wird, darf man annehmen: Jeder Mensch befriedigt sich zumindest phasenweise selbst. Die einen länger, die anderen kürzer; manche bleiben ein Leben lang dabei. Die Kalte-Dusche-Moral, in der sich Männer zusammenreißen und Frauen lieber auf Stickereien und Blumenpflege konzentrieren sollten, hat daran wenig geändert. Ja, sie hat manchen eher in die Fehlhaltung und den Selbsthass hineingetrieben, als ihn zu einem reifen und glücklichen Umgang mit seiner Sexualität zu ermutigen. Überdies hat diese Angstmoral zur allgemeinen Annahme geführt, das Christentum sei lustfeindlich. Nichts ist abwegiger. Gott hat die Lust erfunden und erschaffen, was die Christenheit immer noch zu wenig entdeckt und gefeiert hat in ihrem Bemühen, die regulativen Prinzipien aufzuzeigen und die Vergötzung der Lust zu verhindern. Der Mystiker Heinrich Seuse sagt: *«Gott will uns nicht der Lust berauben; er will uns Lust geben in Unendlichkeit.»*

Wenn man der Ansicht ist, dass Selbstbefriedigung letztlich nicht erfüllend ist, soll man sagen, warum, soll man weiterhelfen und eine Perspektive zeigen, in der sie tendenziell überflüssig wird. Dafür sind Menschen positiv offen. Denn seit man einigermaßen frei über seine eigenen Erfahrungen mit der Selbststimulation sprechen kann, erfährt man von den meisten auch, dass sie zwar einen ekstatischen Moment von Lust verschafft und zum kurzzeitigen Abbau von Triebdruck führt, aber doch nicht das reine Vergnügen ist. Selbstbefriedigung hinterlässt anders, als ihr Name sagt, kaum jemals Frieden in der Seele. Vielmehr fühlt man sich hinterher leer. Eine Frau, keine Christin, sagte mir einmal: «Die Welt schaut dich mit toten Augen an.» Spaß ja, aber auch innere Leere: Das ist die Formel, auf die viele ihre Erfahrung mit Masturbation bringen. Wie anders ist das, wenn man einen Orgasmus im Arm eines Menschen, den man liebt, ausklingen lassen kann.

Das Konstrukt der Sexologen, wonach der Mensch eine Maschine ist, in der sich permanent Triebdruck aufbaut, der rhythmisch (wie auch immer) abgebaut werden muss, ist arg simpel. Niemand ist je daran implodiert oder explodiert, dass er seinen

Triebdruck nicht durch eine sexuelle Handlung abbaute. Hingegen gibt es durchaus reife und glückliche Menschen, die sich nicht selbst stimulieren und trotzdem nicht zu asexuellen, antriebslosen Wesen degenerieren, vielmehr durchaus eine erotische männliche oder weibliche Ausstrahlung haben. Auch die zweite Annahme der Sexologen, wonach eben darin Glück bestehe, dass man sich gekonnt errege, um sich ebenso kunstvoll zu «entregen», ist hochproblematisch. Sie führt in eine Kultur der Gier, in der zwar permanent Lust produziert und alles der Lusterfahrung unterworfen wird, in der aber Freude seltener anzutreffen ist als Depression, Überdruss und Ausgebranntsein. Die Fratze der Lüsternheit ist keines der Gesichter von Glück.

Betrachten wir Selbstbefriedigung also nüchtern. Dass sie eine Entwicklungsstufe im Übergang zu einer reifen Sexualität ist – geschenkt! Dass im Spiel der Liebe zwischen Mann und Frau Elemente der Selbststimulation insbesondere zur Entfaltung der vollen weiblichen Sexualität dazugehören – geschenkt! Aber dass sie stillvergnügt allüberall da praktiziert werden kann, wo gerade kein Mann oder keine Frau zur Hand ist, oder dass «Sex mit sich selbst» kultiviert und idealisiert wird, weil er befriedigender, ungefährlicher, folgenloser sein könnte als Sex mit dem Partner, das ist menschlich gesehen gefährlicher Unsinn. Es geht hier nicht um den einzelnen Akt der Selbstbefriedigung, der lebensgeschichtlich und in der besonderen Situation seine Berechtigung haben kann, sondern um den Habitus, die Einstellung, die da sagt: Für Sex brauche ich niemanden. Den mache ich mir selbst, wie und wann ich ihn brauche.

Dazu müssen wir fragen, wozu die Sexualität da ist, welchen Sinn sie hat. Die Biologie gibt im Grunde zwei Antworten: zur Fortpflanzung und zur Partnerbindung. Damit Begehren entsteht und träge, selbstbezogene Einzelwesen zueinander finden und ihre Art erhalten, inszeniert die Natur eine gehörige Portion Spaß bei der Sache. Menschen sind zwar auch Säugetiere, aber ihre Sexualität ist noch einmal irritierend anders; sie erleben sie im Milieu der Liebe. Nicht Gier allein treibt Mann und Frau zusammen, sondern Liebe – ein tiefes, selig machendes wechselseitiges Erkennen. Parallel zum Erwachen der vollen

Sexualität entdecken wir die Liebe und empfinden wie Benjamin Disraeli, der einmal sagte: *«Wir sind alle zum Lieben geboren. Es ist der Sinn unseres Seins und sein einziger Zweck.»*

Zum Thema Liebe fällt den Biologen wenig ein, den Theologen dafür umso mehr. *«Die Liebe»*, sagt der erste Johannesbrief, *«ist aus Gott, und jeder, der liebt, stammt von Gott und erkennt Gott»* (1 Joh 4,7b). Die Liebe ist daher der Gipfel des Humanen, der Punkt, von dem aus man den Überblick über die Landschaft des Menschlichen gewinnt. Von hier oben können wir fragen: Wozu sind die Dinge da? Wie gehört alles zusammen? In den Niederungen der Biologie mag man mutmaßen, Liebe sei vielleicht so etwas wie eine abgeleitete chemische Funktion im sexuellen Triebgefüge. Vom Berg her sieht es anders aus: Sex ist ein Teil von Liebe, nicht Liebe ein Teil von Sex. Die Weisheit der sexuellen Revolution: Sex ist Sex, und Liebe ist Liebe, und beides muss nichts miteinander zu tun haben, ist von oben gesehen pure Verblendung, ein brutaler Rückfall in den Erkenntnishorizont der rammelnden Kaninchen.

Und wieso stimmt dann Selbstbefriedigung – von der Liebe aus gesehen – menschlich nicht? Weil Liebe das Gegenteil von Selbstbeglückung ist, *«sie sucht nicht das Eigene»* (vgl. 1 Kor 13,5), findet sie sich, indem sie sich im «Du» verliert. Glück ist immer Geschenk, Gnade, Zufall. Ob es Selbstbeglückung überhaupt gibt? Narziss, der bloß noch seine eigene Schönheit im Spiegel betrachten kann, ist nur scheinbar glücklich – in Wahrheit ist er allein und verblendet. Angewandter Egoismus isoliert. Exzessive, dauerhaft praktizierte Selbstbefriedigung bringt den Menschen nicht in einen Zustand liebevoller Offenheit, sondern macht ihn zur in sich verkümmernden, fensterlosen Monade. Das tiefste theologische Argument gegen die Selbstbefriedigung lautet: Wir werden erlöst; wir können uns nicht selbst erlösen. Das Sexuelle in uns hat ja immer auch eine religiöse Bedeutung: Unsere Unerfülltheit ist ein Schrei nach ekstatischer endgültiger Erfüllung.

Werden wir konkret: Wir sollten unsere jungen Leute zu liebevollen Menschen erziehen, sie für die Liebe vorbereiten, in der sich Mann und Frau ihre Befriedigung wechselseitig schenken. Sie sollen einmal Sex haben, indem sie im Liebesspiel «das Eigene» vergessen und es gerade darum finden. Wir sollten ihnen sagen: In der Liebe könnt ihr über die Phase der Selbstbefriedigung hinauskommen. Diese ist eine infantile Stufe. Es gibt mehr. Stattdessen macht unsere «Ruf-mich-an»-Medienwirklichkeit die jungen Männer zu Masturbanten vor dem Monitor. In einer Phase der Entwicklung, in der die Sexualität besonders gestaltungsoffen ist, hören junge Leute nur: Es macht überhaupt nichts, wenn ihr euch selbst befriedigt, es ist schön und lustvoll – zu welcher Erkenntnis sie ihre Lehrer nicht brauchen, was ihnen aber zu einer klassischen Fehlprägung verhilft, an der sie ein Leben lang zu leiden haben: Sie lernen, dass man für Sex nämlich keinen Menschen braucht, den man liebt, sondern ein paar geile Bilder und scharfe Downloads. Wir sollen doch nicht die Augen verschließen: Es gibt heute schon genug junge Männer, die ihren Laptop brauchen und sonst niemanden. Das ist Fetischismus – nicht Freiheit. Und wenn junge Menschen dann trotzdem zueinander finden, ist es oft zuerst einmal Selbstbefriedigung zu zweit – und ein ganz weiter Weg zur Liebe.

Und was ist mit Woody Allen? Hat er nicht doch ein bisschen recht? Gibt es nicht ganz viele Menschen, die allein sind, alleingelassen werden, verlassen wurden, nie einen Partner finden? Was ist mit den vielen Älteren und Einsamen, die doch auch ein Stück erotische Erfüllung haben möchten? Wäre nicht schon etwas gewonnen, wenn sie wenigstens zärtlich und liebevoll mit sich und ihrem eigenen Körper umgehen könnten? Wie hatte Woody Allen noch einmal gesagt? «Selbstbefriedigung ist Sex mit einem Menschen, den man wirklich liebt.» Zwei Dinge fallen mir dazu ein:

a) Die Selbstannahme und Selbstliebe ist ein göttliches Gebot, schließlich soll man nach Auskunft der Bibel den Nächsten lieben wie sich selbst (3 Mo 19,18). Wie soll man also den Nächsten lieben, wenn man sich selbst nicht ein bisschen gern haben kann? Dazu – und da hat Woody Allen im Ansatz recht – gehört auch die erotische Annahme seiner selbst und dass man sinnlich etwas anzufangen weiß mit sich – dass man sich also pflegt, schön macht, Sport treibt, gerne auch einmal nackt ist. Mancher, der keinen schönen Körper (mehr) hat, wird ihn trotzdem lieben dürfen im Glauben, dass Gott ihn mit unendlicher Liebe anschaut und eines Tages in größter Schönheit vollenden wird in der Auferstehung des Leibes. *«Weil du mich geliebt hast»*, sagt Augustinus, *«machst du mich liebenswürdig.»*

Trotzdem ist ohne Sex leben müssen, wenn man es eigentlich nicht will, bitter – ein Handicap, eine Behinderung, ein Schmerz, der einen in die Nähe anderer bringt, denen ebenfalls ein Stück Erfüllung schicksalhaft vorenthalten bleibt. Es ist wie nicht hören können oder nicht sehen können. Diese «Wunde» kann – nimmt man sie im Glauben an – heilsam sein. Sie kann uns tiefer auf den erlösenden Gott verweisen, uns mit nachhaltiger Gewalt auf seine Güte und Liebe werfen. Darum sind Menschen mit Handicap oft spirituell tiefer, menschlich liebevoller, stärker in der Hoffnung und sehnsüchtiger im Glauben als andere, denen hier auf der Erde scheinbar nichts fehlt. *«Es gibt erfülltes Leben trotz vieler unerfüllter Wünsche»*, sagt Dietrich Bonhoeffer. Es gibt Menschen, die allein sind und trotzdem auf permanente Selbstbefriedigung verzichten, weil sie Sex weder kaufen noch «sich machen» wollen.

b) Und doch bleibt die Frage: Was ist, wenn da niemand ist? Muss ich mir dann nicht selbst genügen, mir selbst meine Lust verschaffen? Leider hat Woody Allen in einem Punkt ganz und gar unrecht: Es gibt keinen Sex mit sich selbst; Sex mit sich selbst ist eine Fiktion. Es ist immer Sex mit einem anderen, einer anderen. Immer benötigt man dazu mindestens den virtuellen Partner, ein Traumwesen, eine Vorstellung. Na und?, sagen manche: Gönnt ihnen doch ein paar kleine Lügen und süße Träume, ein bisschen manuellen Trost und künstliche Stimulation! Ich gestehe, mir ist nicht wohl bei dem Gedanken, dass das alles sein soll als Antwort für ältere und einsame Menschen: Filme, Illusionen und der Vibrator im Nachtkästchen. Ich finde es unangemessen, unpassend, würdelos. Jedenfalls stelle ich mir so mein Leben nicht vor, sollte ich einmal allein leben und alt werden müssen. Infantilismus als Ersatz für gelebtes Leben? Das ist mir zu wenig.

Wahrscheinlich täte man besser daran, von der Liebe zu sprechen, in der alle Sexualität aufgeht, statt davon, dass man auch 90-Jährigen noch mit Viagra und Pornofilmen auf die Sprünge helfen kann. Jeder kann lieben. Das Kind kann lieben, der jugendliche Mensch, der reife Mensch, der alte Mensch. Jeder kann Liebe und Güte verschenken und darin Verbindung herstellen (übrigens ein biologisches Ziel von Sexualität) und fruchtbar werden (übrigens das andere biologische Ziel von Sexualität). Wir müssen, können und dürfen uns nicht selbst genügen. Wir sind auf die Liebe hin ausgespannt, werden darin im Heiligen Geist erlöst und «befriedigt». Wir müssen nicht das Letzte aus unserem Fleisch heraustreiben.

❖ Tun Sie alles, um Selbstbefriedigung als dauernden Habitus zu vermeiden!

❖ Arbeiten Sie an dem persönlichen Lernziel, ein in der Liebe offener Mensch zu sein!

❖ Lassen Sie nicht zu, dass Sex von Liebe abgespalten wird!

Tool 60

Den Eigenwillen hassen

Die Vorfahren des italienischen Autobauers Agnelli müssen ziemlich fromme Leute gewesen sein; als sie über einen Namen für ihr Unternehmen nachdachten, verfielen sie auf das Wörtchen «Fiat». Es entstammt einem lateinischen Bibelzitat: «Fiat voluntas tua!» (Lk 1,38), und bedeutet auf Deutsch: «Dein Wille geschehe!» Wahrscheinlich dachte sich irgendjemand in der Familie: «Es muss Segen auf der Sache ruhen, sonst hat alles keinen Zweck.»

Gehen wir für einen Moment in die Ursituation des Wörtchens «Fiat». Um das Jahr 7 vor Christi Geburt (Jesus wurde tatsächlich 7 v. Chr. geboren!) lebt in Nazareth, einem Bergdorf in Galiläa, ein 14- bis 15-jähriges Mädchen in armen Verhältnissen, dem per Engel eine höchst unpassende göttliche

Mitteilung zukommt: Sie würde bald Mutter eines Kindes werden, dessen «Herrschaft kein Ende» (Lk 1,33) hat. Normalerweise freut man sich, wenn man die Verheißung erhält, Mutter eines königlichen Kindes zu werden, aber im Fall der Mirjam (dt. Maria), so heißt das Mädchen, ist das die schiere Katastrophe. Mirjam ist verlobt mit einem Mann namens Josef, hatte aber – die Dinge wurden damals streng überwacht – noch keinen Sex mit ihrem zukünftigen Mann. Würde sie jetzt schwanger (was Katastrophe Nummer 1 wäre), dann jedenfalls nicht von Josef (was Katastrophe Nummer 2 wäre).

Mirjam, die sich bewusst ist, dass der Engel von ganz oben kommt, formuliert einen vorsichtigen Einspruch: *«Wie soll das geschehen, da ich keinen Mann erkenne?»* (Lk 1,34). Der Engel lüftet den Schleier etwas. Es wird auf eine wunderbare Weise geschehen: *«Der Heilige Geist wird über dich kommen, und die Kraft des Höchsten wird dich überschatten»* (Lk 1,35). Mirjam wird diese Auskunft nicht wirklich beruhigt haben. Nach dem grausamen Gesetz ihrer Ahnen konnte man für eine uneheliche Geburt schon einmal gesteinigt werden. Der Engel fügt noch hinzu: *«Für Gott ist nichts unmöglich»* (Lk 1,37). Da, in dieser schwierigen Situation, sagt das kleine jüdische Mädchen mit dem Löwenherzen dieses «Fiat voluntas tua!» – «Dein Wille geschehe!», das zum Urgebet der Christenheit geworden ist. Sie muss von tiefem Vertrauen erfüllt gewesen sein und das Gefühl gehabt haben, auf jeden Fall das Richtige zu tun, weil es von Gott gefordert wird, auch wenn die Zustimmung zu seinen Plänen in einer dramatischen Konstellation mündet. Aber man sieht: Wenn und wo Gott will, ist kein Ding unmöglich.

Mirjam bekommt dieses Kind. Sie wird von ihrem Verlobten nicht verstoßen. Sie wird nicht gesteinigt. Sie wird die Mutter des Menschensohnes. Sie wird die neue Eva sein, die Mutter eines großen Volkes.

Was ist da geschehen? Wieso hatte Mirjam dieses unglaubliche Vertrauen? Mirjam bewegte sich gewissermaßen in den Schuhen der Glaubenserfahrung ihres Volkes. Von den Urvätern an gab es immer wieder die Entdeckung, dass Gott da ist, dass er in seiner Liebe einen Menschen erwählt und ihn Dinge zu tun bestimmt, über die andere den Kopf schütteln:

«Der Herr sprach zu Abram: Zieh weg aus deinem Land, von deiner Verwandtschaft und aus deinem Vaterhaus in das Land, das ich dir zeigen werde. Ich werde dich zu einem großen Volk machen, dich segnen und deinen Namen groß machen. Ein Segen sollst du sein!» (1 Mo 12,1–2). Mit lapidarer Wucht heißt es dann von dem Mann, der von Abram zu Abraham («Vater vieler Völker») wurde: *Da zog Abram weg, wie der Herr ihm gesagt hatte* (1 Mo 12,4). Das war die erste und wichtigste Lektion, die Israel lernte: Wenn Gott es will, ruht Segen auf einer Sache. Wenn er es nicht will, können wir Tod und Teufel in Bewegung setzen: Es wird nichts! Mit einem leicht spöttischen Unterton am Ende heißt es im Psalm: «Wenn nicht der Herr das Haus baut, müht sich jeder umsonst, der daran baut. Wenn nicht der Herr die Stadt bewacht, wacht der Wächter umsonst. Es ist umsonst, dass ihr früh aufsteht und euch spät erst niedersetzt, um das Brot der Mühsal zu essen; denn der Herr gibt es den Seinen im Schlaf» (Ps 127,1–2).

An Gottes Segen ist alles gelegen, das kann man verstehen, kann es auch durch eigene Lebenserfahrung bestätigen. Aber warum muss Benedikt nun gleich so krass formulieren: den Eigenwillen hassen? Tatsächlich kann man über die Härte dieser Formulierung streiten. Sie ist aber der Versuch, mit großer Treue eine Ur-Intention Jesu einzuholen. Jesus, der Sohn der Mirjam, greift das «Fiat» seiner Mutter an den Engel auf eine überraschende Weise selbst auf, an der Stelle nämlich, an der ihn seine Jünger bitten: *Herr, lehre uns beten, wie schon Johannes seine Jünger beten gelehrt hat* (Lk 11,1b). Das Herzstück des richtigen Gebetes, das Jesus sie lehrt und das an Abba, den lieben Vater, gerichtet ist, lautet: *Dein Reich komme, dein Wille geschehe, wie im Himmel so auf Erden* (Mt 6,10).

Dahinter steckt ein Gedanke von der Einfachheit, die alle großen Gedanken und Dinge haben: Im Paradies war es so lange paradiesisch, solange dort allein Gottes Wille regierte, in dem das menschlich Wünschbare gut aufgehoben war. Der «eigenwillige» Griff nach dem Apfel beendete die himmlischen Zustände. Die mühseligen Verhältnisse auf der Erde entstehen durch permanente Kollision von Eigenwillen, die im Raum aneinanderstoßen, die wir nicht aneinander vorbeibringen. Jeder interessiert sich nur noch für «sein Ding». So ist kein Kloster zu managen, keine Familie, keine Firma, keine Gemeinschaft, kein Staat. Durch die Absicht, wieder nach Gottes Willen handeln zu wollen, kommt ein Perspektivenwechsel in die Welt. Bei jeder Handlung ist zu fragen: Wie würde Gott hier entscheiden? So oder so? Das Ergebnis sind Handlungen, die uns nicht automatisch in Vorteil bringen. Der Faktor Gott bringt Schwache nach vorne, bringt Bedürftige in Besitz des Nötigsten, lässt notorischen Verlierern den Vortritt. Plötzlich existieren Punkte in der Welt, von denen aus es geht, wie es sein soll, wie es objektiv gut ist, nicht wie es uns gerade ins subjektive Konzept passt. Es wird wieder «wie im Himmel, so auf Erden». Ein Kloster nun sollte nach der Idee Benedikts Raum für die «vita angelica» (engelgleiches Leben) schaffen – ein Stück Himmel auf Erden, ein Stück Vorwegnahme des Gottesreiches –, also musste der Eigenwille möglichst weitgehend ausgeschlossen werden. *«An dich also richte ich jetzt mein Wort, wer immer du bist»,* sagt Benedikt im Prolog seiner Regula, *«wenn du nur dem Eigenwillen widersagst»* (RB, Prolog 3).

Wer das für abseitige Spinnerei hält, hat es noch nicht ausprobiert, wie einfach die Dinge werden, wenn wir nicht mehr mit dem Kopf durch die Wand wollen. Ein Christ darf ruhig davon ausgehen, dass Gott für ihn einen Plan hat und ihm Mitteilungen gibt, wohin die Reise nach seinem Willen gehen soll. Wir kämpfen oft jahrelang an der falschen Stelle, für die falschen Sachen, in der falschen Intention. Es wird nichts, weil kein Segen darauf ruht. Wir klammern uns mit Gewalt an einen Job, verlieren ihn trotzdem und sehen dann, wozu es gut war. Oder wir suchen mit Gewalt nach einem anderen Job. Aber Gott möchte einfach, dass wir an diesem Platz sein sollen, wo man einen Menschen von dieser Art aus bestimmtem Grund braucht. Wir kämpfen uns ab, um reich zu werden. Gott möchte aber vielleicht, dass wir nützlich sind, ohne darüber auch noch wohlhabend zu werden. Nur wie findet man heraus, was Gottes Wille ist? Don Bosco, der fröhliche italienische Heilige aus dem 19. Jahrhundert, hat es auf eine kluge Formel gebracht: «*Um Gottes Willen zu erkennen, braucht man drei Dinge: beten, abwarten, sich beraten lassen.*»

❖ Immer, wenn Sie vor einer Entscheidung stehen, fragen Sie sich: Wie würde Gott hier handeln?
❖ Fällen Sie größere Entscheidungen in Ihrem Leben nie, ohne sie eine gewisse Zeit Gott im Gebet unterbreitet zu haben.
❖ Wenn Sie unsicher sind, lassen Sie sich das, was Gott von Ihnen fordern könnte, von einem weisen Menschen auslegen.

Tool 61

*Den Weisungen des Abtes in allem gehorchen,
auch wenn er selbst, was ferne sei, anders handelt;
man denke an die Weisung des Herrn:
«Was sie sagen, das tut; was sie aber tun, das tut nicht!»*

Kaum etwas liebt und empfiehlt Benedikt mehr als dieses Wort, das uns Modernen so gegen den Strich geht: Gehorsam.

«*Es ist die Haltung derer, denen die Liebe zu Christus über alles geht*» (RB 5,2). Es ist, als ob Benedikt einen Zeitsprung, eine Fantasiereise mit uns machen würde und uns fragte: Was wäre, wenn wir Jesus direkt hören könnten? Wir wären angespannt bis in die Fingerspitzen. Wir wären ganz Ohr. Wir würden auf jeden seiner Winke achten. Sein Wunsch wäre uns Befehl. Dann kehrt Benedikt wieder in die Gegenwart zurück: Wenn es jetzt eine Art Befehl gäbe, der so stark, so unmittelbar wäre, als käme er von Jesus selbst? Was müssen die Jünger tun? Die Antwort ist klar: Es darf für sie «*kein Zögern geben, sondern sie erfüllen den Auftrag sofort, als käme er von Gott*» (RB 5,4). Aber genau das ist nicht «Fantasy», sondern Realität. Der Abt «*vertritt im Kloster die Stelle Christi*» (RB 2,2).

Aber ein Abt ist doch nicht Jesus! Nein, sagt Benedikt, wer so denkt, hat das Evangelium nicht gelesen. Er zeigt auf die

Stelle, wo Jesus 72 Jünger aussendet, weil die Ernte so groß ist (Lk 10,2). Jesus gibt ihnen die ungeheuerlichste Vollmacht mit auf den Weg, die je Menschen verliehen wurde: *«Wer euch hört, der hört mich»* (Lk 10,16). Diese und keine andere Stelle ist die Angel jeder christlichen Gemeinde und jedes Klosters: dass da jemand ist, der mit der Unmittelbarkeit Christi zu mir spricht und mich mit göttlicher Vollmacht provozieren darf. Die Leitung einer christlichen Gemeinschaft ist nie die Summe der delegierten Macht durch die Vielen. Hier geschieht der Umschlag in eine andere Qualität: Die Autorität eines Priesters oder eines Abtes ist hinterfüttert mit dem «Wer euch hört, der hört mich». Wer gesendet ist, kommt mit einer schaudererregenden Vollmacht daher – freilich auch mit einer wahnsinnigen Verantwortung.

Auch der «Gehorsam» ist in diesem Kontext nie nur die notwendige Unterordnung unter einen demokratisch gewählten Kapo. Auch hier vollzieht sich der Sprung in eine andere Qualität: *«Der Gehorsam, den man den Oberen leistet, wird Gott erwiesen»* (RB 5,15).

Das hat konkrete Konsequenzen: «Daher verlassen Mönche sofort, was ihnen gerade wichtig ist, und geben den Eigenwillen auf. Sogleich legen sie unvollendet aus der Hand, womit sie eben beschäftigt waren. Schnellen Fußes folgen sie gehorsam dem Ruf des Befehlenden mit der Tat. Mit der Schnelligkeit, die aus der Gottesfurcht kommt, geschieht beides rasch wie in einem Augenblick: der ergangene Befehl des Meisters und das vollbrachte Werk des Jüngers» (RB 5,8–9). In der «Schule für den Dienst des Herrn» (RB, Prolog 45) muss alles so sein, als wäre Christus körperlich anwesend – als würde ein Ruf von ihm laut werden, um dessen Befolgung fast ein fröhlicher Wettstreit unter den Hörenden ausbricht. *«Die Jünger müssen ihn [den Gehorsam] frohen Herzens leisten, denn Gott liebt einen fröhlichen Geber»* (RB 5,16).

Wo die Instrumentarien der Befolgung des ergangenen Wortes so irrsinnig aufgeladen werden, muss es entsprechende regulative Prinzipien geben für den, der befehlen soll in der Perspektive des «Wer euch hört, der hört mich!». Das Kapitel 2 der Regula Benedicti – «Der Abt» – ist nicht nur ein oft beschriebenes Meisterstück in Management und Unternehmensführung; es ist auch die schönste mir bekannte Charta von «Herrschaft». Herrschaft ist Dienst, sonst nichts. Der Abt *«muss wissen, welch schwierige und mühevolle Aufgabe er auf sich nimmt: Menschen zu führen und der Eigenart vieler zu dienen»* (RB 2,31). Das muss man sich auf der Zunge zergehen lassen und es gegen die Machiavellismen aller Zeiten halten: «der Eigenart vieler zu *dienen»!* Denken wir immer daran, dass das Kloster nur das Spiegelbild jeder anderen christlichen Gemeinschaft ist. Wer darin also Leitung ausübt, ist als Diener dazu bestellt, dass der Einzelne, der sich frei für diese Gemeinschaft entschieden hat, in seiner Eigenart, seinen Gaben, seinem Charisma zur Entfaltung kommt! Immer wieder achtet Benedikt auf den Einzelnen; die Gemeinschaft ist kein Selbstzweck, sondern sie ist das Trägermedium, damit Individuen ihr individuelles Heil erlangen: *«Vor allem aber darf er [der Abt] über das Heil der ihm Anvertrauten nicht hinwegsehen oder es geringschätzen und sich größere Sorgen machen um vergängliche, hinfällige Dinge»* (RB 2,33).

Dieser Dienst am Einzelnen ereignet sich nicht nach Gefühl, ins Blaue hinein und Pi mal Daumen. Er gründet vielmehr auf dem Fundament des einmal ergangenen Willens Christi. So darf der Abt *«nur lehren oder bestimmen oder befehlen, was der Weisung des Herrn entspricht»* (RB 2,4). Und es ist eine zweite Sicherung eingebaut, die Willkürherrschaft und Missbrauch der Macht zu einem riskanten Unternehmen für den Befehlenden macht. Der Abt muss Bilanz erstatten, die strengste, die es gibt: beim Gericht Gottes wird *«in gleicher Weise über seine Lehre wie über den Gehorsam seiner Jünger entschieden»* (RB 2,6).

Vor Gericht steht nicht nur, was der Abt befohlen hat, sondern auch wie er es getan hat. Kühle Machtausübung, kaltes Einfordern sind zu wenig. Das Beispiel zieht. *«Erziehung ist Beispiel und Liebe, sonst gar nichts»*, hat der Erfinder des Kindergartens Friedrich Fröbel (1782–1852) gesagt. Das fordert auch Benedikt vom Abt: *«Er mache alles Gute und Heilige mehr durch sein Leben als durch sein Reden sichtbar»* (RB 2,12). Es geht auch gar nicht anders, wie das Bonmot jener Eltern zeigt, die vor dem

Scherbenhaufen ihrer pädagogischen Bemühungen stehen: *«Erziehung haben wir aufgegeben – die Kinder machen uns ohnehin alles nach.»* Vorbildlich zu leben, heißt befehlen, ohne zu befehlen, oder wie der heilige Philipp Neri sagte: *«Willst du, dass man dir gehorcht, so gib keine Befehle»* – sondern lebe so, könnte man hinzufügen, dass sich das Notwendige aus deiner mitreißenden Ausstrahlung heraus wie von selbst für deine Mitmenschen ergibt. *«In seinem Handeln zeige er, was er seine Jünger lehrt, dass man nicht tun darf, was mit dem Gebot Gottes unvereinbar ist. Sonst würde er anderen predigen und dabei selbst verworfen werden»* (RB 2,13).

Wer glaubt, dass die Egalité in der Ausübung von Herrschaft eine Erfindung der Jakobiner ist, muss sich eines anderen belehren lassen. In der 1500 Jahre alten Regula heißt es bereits vom Abt: *«Er ziehe nicht den Freigeborenen einem vor, der als Sklave ins Kloster eintritt, wenn es dafür keinen vernünftigen Grund gibt ... Denn bei Gott gibt es kein Ansehen der Person»* (RB 2,18.20). Und an anderer Stelle heißt es: *«Der Abt soll also alle in der gleichen Weise lieben. Ein und dieselbe Ordnung lasse er für alle gelten – wie es jeder verdient»* (RB 2,22). Zuletzt ist Leitung also Liebe, etwas zutiefst Menschliches – eine humane Kunst und keine Mechanik von Befehl und Gehorsam. Was jetzt erforderlich ist, steht oft in keinem Regelbuch, sondern muss erfühlt und erbeten werden. Der Abt, heißt es: *«... lasse sich vom Gespür für den rechten Augenblick leiten»* (RB 2,24a). Und an anderer Stelle wird vom Abt gefordert: *«Er zeige den entschlossenen Ernst des Meisters und die liebevolle Güte des Vaters»* (RB 2,24b). Diese Mischung aus Leitungskunst und Liebe ist gerade dann am Platz, wenn sich Gift in die Gemeinschaft einschleicht: *«Auf keinen Fall darf er darüber hinwegsehen, wenn sich jemand verfehlt; vielmehr schneide er die Sünden schon beim Entstehen mit der Wurzel aus, so gut er kann»* (RB 2,26).

So tut sich vor unserem Auge eine wunderbare Szenerie von Leitung und Gehorsam auf, und man möchte ein Benediktinerkloster fast für den Himmel auf Erden halten, wenn wir nicht alle «Der Name der Rose» gelesen und im Kino angeschaut hätten, und wenn wir nicht wüssten, dass kluge, gerechte, liebevolle, dienstbereite Priester, Bischöfe, Äbte und Päpste eher die Ausnahme, ein Geschenk des Himmels, als die historische Regel sind. Immer wieder bekommt man das um die Ohren gehauen, wenn man sich als Christ bekennt: *«Ihr und eure Doppelmoral!»* Und dann hagelt es Beispiele, warum man auf keinen Fall Christ sein könne: Dieser und jener Pfarrer, seine Freundin und ihrer beider heimliche Kinder, der Papst und seine goldene Badewanne, der Bischof in der S-Klasse, die verweigerte Hochzeit und, und, und.

Ich pflege mich in solchen Fällen als engagierter Anhänger von Doppelmoral zu outen. Doppelmoral, sage ich dann, ist, wenn man ein moralisches Gebot hochhält, obwohl man es selber nicht einhält und eingehalten hat. Wo kämen wir denn hin, sage ich weiter, wenn wir alle Gebote für aufgehoben erklären, die schon einmal gebrochen wurden? Da bliebe von den Zehn Geboten auch nicht eine Spur. Natürlich ist das ein bisschen Rhetorik, natürlich bin ich vehement gegen Heuchelei und Doppelmoral. Aber ich bin auch gegen die Instrumentalisierung des Wortes Doppelmoral im Mund von Leuten, denen es einfach darum geht, sich vom Wort Gottes nicht irritieren zu lassen, und die einfach bleiben wollen, wie sie sind.

Natürlich ist es ein Skandal, dass es ein Bodenpersonal Gottes gibt, von dem es heißt: *«Sie schnüren schwere Lasten zusammen und legen sie den Menschen auf die Schultern, wollen selber aber keinen Finger rühren, um die Lasten zu tragen»* (Mt 23,4). Jesus schleudert ihnen ein unverklausuliertes «Weh euch!» entgegen: *«Weh euch ... Ihr verschließt den Menschen das Himmelreich. Ihr selbst geht nicht hinein; aber ihr lasst auch die nicht hinein, die hineingehen wollen»* (Mt 23,13). Jesus war sich sehr bewusst, was er tat, als er das *«Wer euch hört, der hört mich»* in die Hände von Leuten unseres Kalibers legte. Er wusste, was passiert: *«... sie reden nur»* (Mt 23,3). Trotzdem hat er es getan. Mich hat selten ein Priester mehr beeindruckt als jener alkoholkranke Mann, von dem alle in der Gemeinde wussten, dass er soff und dass er oft genug getrunken hatte, wenn er die Kanzel betrat. Auch er wusste, dass es alle wussten. Und trotzdem stellte er sich hin und verkündete die ganze Botschaft. Ich kann mich nicht erinnern, einem demütigeren Mann begegnet zu sein.

- Suchen Sie sich eine Gemeinde oder eine geistliche Gemeinschaft, in der Ihnen das Christsein konkretisiert wird.
- Akzeptieren Sie «Leitung», kommen Sie ihr willig entgegen.
- Negieren Sie nicht, was Sie selbst (noch) nicht leben können, und entschuldigen Sie sich nicht mit der Schwäche anderer.

TOOL 62

Nicht heilig genannt werden, bevor man es ist, sondern es erst sein, um mit Recht so genannt zu werden

Im Bereich des Christlichen gibt es einen untergründigen Affekt gegen solche, die sich selbst als Lehrer, Meister, Gurus oder gar Heilige inszenieren. Die Ankunft des Gurus in der Stadt zu plakatieren, das Plakat mit dem lächelnden Konterfei des gottgleichen Meisters als Markenzeichen zu versehen, wie es bei manchen neobuddhistischen Stars gang und gäbe ist, mag in diesem Milieu möglich sein – im christlichen Umfeld wäre es einfach geschmacklos. Christsein ist keine Technik, in der man sich schulen kann wie in Säbelfechten, Freeclimbing oder Tiefenentspannung. Man kann zwar – fragwürdig genug – ein Diplom in Theologie erwerben. Es gibt aber kein zertifiziertes Christsein, das man dann – einmal gelernt – mit lockerer Hand praktizieren und mit etwas Geschick zur Meisterschaft ausbauen könnte. Es gibt keine Einweihungen in höhere Erkenntnisstufen. Es gibt keine Einteilung in Anfänger, Fortgeschrittene und Meister. Das Wort «Routine» hat im Christsein ebenso wenig verloren wie in einer Liebesbeziehung. Routiniers in der Liebe sind Gauner, die Frauen betrügen. Wo Routine ist, da ist keine Liebe. Wo Christsein als selbstbewusste Könnerschaft auftritt, ist es keines.

«Wer sich selbst erhöht, wird erniedrigt; und wer sich selbst erniedrigt, wird erhöht werden» (Mt 23,12), sagt Jesus, der für sich den letzten Platz suchte. Die Logik geht auf seine Jünger über: *«Seid*

untereinander so gesinnt, wie es dem Leben in Christus Jesus entspricht: Er war Gott gleich, hielt aber nicht daran fest, wie Gott zu sein, sondern er entäußerte sich ...» (Phil 2,5–7). Paulus sagt den römischen Christen: «*Seid untereinander eines Sinnes; strebt nicht hoch hinaus, sondern bleibt demütig! Haltet euch nicht selbst für weise!*» (Röm 12,16). «*Johannes*», pflegte der kleine, dicke Angelo Roncalli, der sich nirgendwo vordrängte und eben deshalb zu Papst Johannes XXIII. wurde, zu sich zu sagen, «*Johannes, nimm dich nicht so wichtig!*» In seinem Tagebuch notierte er: «*Das Bewusstsein meiner Unzulänglichkeit erhält mich in der Einfachheit und erspart es mir; lächerlich zu werden.*» Johannes Chrysostomus, einer der größten Lehrer der frühen Christenheit, grenzte die «neue Lehre» sogar auf diese Weise von anderen Lehren ab: «*Die Grundlage unserer Philosophie ist Demut.*» In der Tat hielten die stolzen Römer die Lehre Christi zunächst für eine Proletenreligion, eine Religion für Sklaven und andere «Underdogs». Eine Lehre, die nicht mit brillanten Könnern glänzte, was konnte das schon sein?

Und die Heiligen, sind sie denn keine Meister des Glaubens? Man könnte eine Legion von Beispielen aufführen, die alle dasselbe sagen: Heilige empfanden sich oft als die größten Sünder. Sie glaubten allen Ernstes (und wahrscheinlich mit Grund), zu den größten Untaten fähig zu sein. Sie hielten sich für blamable Anfänger im Glauben. Heilig wurden sie nicht durch Verfeinerung ihrer Religionstechnik. Das Einzige, was sie taten: Sie setzten Gott keinen Widerstand entgegen. Sie waren ehrlich niedrig – so niedrig, dass man von ihnen mit Sicherheit sagen kann: sie wurden erhöht. Franziskus von Assisi war ein solcher Anti-Meister, seine Freundin Clara von Assisi stand ihm darin kaum nach. Thérèse von Lisieux war ein Anti-Meister, ebenso Jean-Marie Vianney, der Pfarrer von Ars, mit ihnen tausend andere, deren Namen niemand aufgeschrieben hat.

Heilig kann man nämlich nicht aus eigener Kraft werden, wie ein unausrottbares Missverständnis immer wieder behauptet, das Heiligkeit für einen Weltrekord in Tugend hält. Heilig werden kann man nur durch Gott, dem wir in Freiheit das Material unseres Lebens hinhalten sollen, damit er in Gnade etwas daraus macht. Es gibt übrigens kaum eine größere Differenz als die zwischen Scheinheiligkeit und Heiligkeit. Scheinheiligkeit «zählt auf», dass es eine Lust ist. Sie ist der gottesferne Stolz, vollkommen zu sein aufgrund einer perfekten eigenen Leistungsbilanz. Heiligkeit hingegen tut erst einmal nichts. Sie ist Liebe, die sich in die Ewigkeit hinaushält, Bereitschaft, die auf Gott wartet. Dass Heilige – man sollte besser sagen: Geheiligte – dann und in zweiter Instanz doch noch effizient wurden, ja, die Massen bewegten und die geistige Physiognomie ganzer Kontinente veränderten, weil sie von der unerklärlichsten, stärksten Liebe berührt wurden, das steht auf einem ganz anderen Blatt.

- ❖ Lesen Sie immer wieder einmal in Heiligenbiografien: Sie befeuern Ihren Glauben.
- ❖ Entwickeln Sie immer tieferen Glauben daran, dass Gott Sie heil macht.
- ❖ Helfen Sie Menschen, die ihr Daseinsrecht daraus ableiten, dass sie immer wieder aufzählen, was sie schon geleistet haben.

TOOL 63
Gottes Weisungen täglich durch die Tat erfüllen

Wer Christ sein möchte (oder es wieder sein möchte), braucht eine Entscheidung. Er muss sich fragen, welchen Stellenwert in seinem Leben Gott und der Glaube haben sollen. Wer darauf antwortet: «Ich finde, es wäre eine nette Ergänzung», muss noch einmal auf Start oder ganz aus dem Spiel aussteigen. Er hat alles missverstanden. Wenn es Gott gibt und wenn er sich gezeigt hat, ja, wenn es auch nur das Gerücht gäbe, dass er sich gezeigt hat, hat das allererste Priorität – selbst für «religiös Unmusikalische» (Jürgen Habermas). Dann wüsste ich ja, wer es ist, der mich geschaffen und gewollt hat, der mich jede Sekunde mit Liebe anschaut, der mein Leben segnet und es erhält, der die Welt und die Menschen, die ich liebe, in seiner Hand hat, der sehnsüchtig auf mich wartet, der mich erfüllen und vollenden möchte und der mich für immer bei sich wohnen lassen wird. Das hat Priorität oder man fängt besser erst gar nicht an. Es gab einmal einen Kaufmann, der suchte schöne Perlen. *«Als er eine besonders wertvolle Perle fand, verkaufte er alles, was er besaß, und kaufte sie»* (Mt 13,46).

Priorität 1? Viele schrecken vor dieser Konsequenz zurück, weil sie sich sagen: Was lade ich mir da auf! Sie sollten besser sagen: Was lade ich mir da ab! Jesus hat gesagt: *«Kommt alle zu mir, die ihr euch plagt und schwere Lasten zu tragen habt. Ich werde euch Ruhe verschaffen [...] Mein Joch drückt nicht und meine Last ist leicht»* (Mt 11,28.30). Es ist in der Tat so: Das Leben wird nicht komplexer, sondern einfacher. Man muss sich nicht durch einen komplizierten Wust von Sonderregeln arbeiten, keine Vielzahl von Dingen beachten, bekommt nicht noch etwas auf den Buckel geschnallt. Vielmehr wird man entlastet, darf seine großen Sorgen in die guten Hände Gottes legen, darf sich von ihm getragen und geführt wissen. Das Leben, das man lebt, ist dasselbe – nur wird es tiefer, intensiver, schöner. Die Farben leuchten mehr. Die Sehnsucht bleibt Sehnsucht, aber sie sehnt sich nicht mehr vergebens. Der Schmerz bleibt Schmerz, aber er rührt bis in die Eingeweide Gottes hinab. Die Freude bleibt Freude, aber sie jauchzt in den siebten Himmel hinüber. Das Gute bleibt das Gute, aber ich weiß jetzt, warum ich es vollbringen soll. Wer so leben möchte, muss sich als Allererstes dafür entscheiden und sagen: Das ist für den Rest meines Lebens meine Priorität Nummer 1.

Und damit kommen wir an die Stelle, an der Benedikt ansetzt: «Gottes Weisungen täglich durch die Tat erfüllen». Wer Priorität 1 sagt, muss auch «täglich» sagen, muss den Glauben gewissermaßen in seine Zeit, seinen Raum, seine Gefühle, seine Gewohnheiten, sein Denken implantieren. Das sieht nach einer Großaktion aus. Aber auch hier werden wir nicht überfordert. Es geht schrittweise. *«Lebe das»*, sagt Frère Roger Schutz, *«was du vom Evangelium verstanden hast. Und wenn es noch so wenig ist, aber lebe es!»* Wenn man Glauben als lebendigen Impulsgeber haben oder behalten will, muss man ihn anwenden.

Wo man ihn anwendet, geht einem ein Licht auf. Man will mehr Licht, mehr Freude, mehr Trost, mehr Kraft. Ein neues Wort fällt einem vor die Füße – und wieder geht etwas auf. Und plötzlich ist man mittendrin in der Logik Gottes. Die Dinge stellen sich neu auf. Es kommt Friede und Gelassenheit in Ihr Leben. Aber wie gesagt: Man muss den Glauben täglich anwenden, sonst stirbt er. Ihn für Notfälle aufzubewahren, ihn in der Hinterhand zu haben, ihn ruhen zu lassen, heißt ihn verlieren. Plötzlich hat er keine Kraft mehr, dem Leben Farbe zu geben. Er wird abgestanden, wie altes Wasser. Man wendet sich neuen, vermeintlich vitaleren Dingen zu.

Wo findet man die Weisungen Gottes? Natürlich in der Bibel, und da vor allem in den Evangelien. Wenn Sie einen Crashkurs haben wollen und einen Schnelldurchgang brauchen durch das, was Jesus (von Ihnen) will, dann lesen Sie die Kapitel 5–7 des Matthäus-Evangeliums. Für die so genannte «Bergpredigt» brauchen Sie zwischen zehn Minuten und einer halben Stunde zum Lesen. Um sie zu leben, reicht Ihr Leben nicht. Wenn Sie einen Tag Zeit haben, um sich mit dieser «Magna Charta» Jesu auseinanderzusetzen, nehmen Sie sich einfach ein Heft und schreiben Sie sich alle Imperative Jesu heraus – und zwar so, als würde Jesus Ihnen das alles als Auftrag ins Gesicht sagen: *«Bete für deine Feinde!»* (nach Mt 5,44), *«Sorge dich nicht um dein Leben!»* (nach Mt 6,25), *«Bitte, dann wird dir gegeben!»* (nach Mt 7,7) ... Sie werden aus dem Staunen nicht mehr herauskommen. Aber auch alle anderen Teile der Heiligen Schrift sind faszinierend und wichtig. Herausheben möchte ich die Psalmen. Sie sind wunderschön und haben große Kraft. Ein paar Lieblingspsalmen von mir: 8, 23, 27, 30, 34, 63, 103, 139 (mein absoluter Favorit!). Auch die Paulusbriefe (etwa der 1. Korintherbrief) sind stark, nicht zu vergessen der innige erste Johannesbrief, in dem diese wunderbaren Dinge über Gott und die Liebe (1 Joh 4,7–16a) stehen. Sie sollten regelmäßig in der Heiligen Schrift lesen – nicht viel, weniges, aber das intensiv! Meine Frau und ich haben es uns zur Angewohnheit gemacht, jeden Morgen einen Vers aus der Heiligen Schrift miteinander zu bedenken und ihn mit in den Tag zu nehmen. Sie können sich einen solchen Vers selbst heraussuchen oder Sammlungen von Schriftversen erwerben (im evangelischen Raum heißen sie «Losungen»). Auf der Homepage von Taizé kann man sich einen Brief bestellen, in dem für jeden Tag eine Schriftstelle abgedruckt ist. Es ist übrigens ein wunderbares Gefühl, wenn man daran denkt, dass auch Freunde genau dieses Schriftwort mit in ihren Tag nehmen.

Wenn ich Ihnen einen Rat geben dürfte, wie Sie sich regelmäßig mit Gott konfrontieren sollen, dann sage ich Ihnen: Besuchen Sie jeden Sonntag den Gottesdienst. Eisern. Ohne Ausnahme. Ob es regnet oder schneit. Ob der Priester ein grottenschlechter, grenzwertiger oder fantastischer Entertainer ist. Ob Sie zu Hause oder gerade in Kroatien in Urlaub sind und kein Wort von dem verstehen, was der Mann am Altar sagt. Ob Sie Lust auf Gottesdienst haben oder ob Ihnen die Religion gerade zum Himmel stinkt. Es geht nicht um Ihre Unterhaltung, nicht darum, ob Sie etwas davon haben oder nichts davon haben, ob es Ihnen gerade etwas gibt – oder im Moment absolut nichts bringt. Es geht darum, dass es eine persönliche Einladung Jesu gibt – für Sie. Er möchte, dass Sie kommen. Es ist eine Weisung. Ihr Platz ist reserviert. Dass Sie kommen, ist das große Zeichen, dass Sie verstanden haben. Beim Letzten Abendmahl hat Jesus gesagt: *«Tut dies zu meinem Gedächtnis»* (1 Kor 11,24).

Wenn es eine Treue zu Jesu Wort gab, dann die Treue der Apostel, die sich seit den frühesten Zeiten am Sonntag, dem Auferstehungstag, versammelten, um diesen letzten Wunsch Jesu in die Tat umzusetzen und miteinander Eucharistie zu feiern. Es gibt eine ergreifende Geschichte aus ebenjenen frühen Tagen, in denen eine Gruppe von Christen aus Aniane verfolgt wurde, weil sie sich selbst durch Todesdrohung nicht davon abhalten ließ, zum großen Zeichen, dem Gottesdienst am Sonntag, zusammenzukommen. «Wir können ohne den Sonntag nicht leben», sagten sie – und gingen lieber in den Tod, als auf den Gottesdienst am Sonntag zu verzichten. Ein Christ, der Jesus nachfolgen möchte und nicht hingeht, wenn er sich verteilt und zu essen gibt – das ist einfach ein Unding. Gottesdienste besuchen hat übrigens einen grandiosen Nebeneffekt. Sie bekommen etwas vorgelesen und ausgelegt, was nicht Sie ausgesucht haben. Das ist ganz wichtig – dass Sie Ihren Glauben nicht nach den Selektionskriterien Ihrer Subjektivität gestalten, sondern sich regelmäßig vom Ganzen provozieren lassen. Ihnen wird gerade bei Schriftstellen, die Sie im Leben nicht gesucht hätten, ein Licht aufgehen.

Es gibt noch viele andere Möglichkeiten, den Glauben und die Weisungen Gottes in Ihren Alltag zu implantieren. Alles, was Sie an konkreten Maßnahmen dauerhaft einrichten, wird Ihnen weiterhelfen. Ob Sie ein Kreuz in Ihr Zimmer hängen oder Zeit für Gebet in Ihren Terminkalender eintragen – das alles sind Momente, die Sie auf ein größeres Leben hin öffnen und Sie bereit machen für das Ereignis Gottes in Ihrem Leben. Bei Ignatius von Loyola, dem Gründer des Jesuitenordens, kann man erfahren, was man davon hat: «*Die meisten Menschen ahnen nicht, was Gott aus ihnen machen würde, wenn sie sich ihm zur Verfügung stellten.*» Machen Sie aus dem Konjunktiv einen Indikativ!

- ❖ Entscheiden Sie sich, was Ihnen Gott wert sein soll.
- ❖ Definieren Sie Dinge des Glaubens, die Ihnen von nun an zur Gewohnheit werden sollen.
- ❖ Gehen Sie von jetzt an Sonntag für Sonntag zum Gottesdienst.

TOOL 64
Die Keuschheit lieben

Wenn mich in meiner Jugend etwas am Christsein abstieß, dann sein Umgang mit Sex. «Keusch» sollten wir sein, was – so musste ich es verstehen – a-sexuell heißen sollte. Es gab Dinge, die wir nicht sehen, Gedanken, die wir nicht denken, Wünsche, die wir nicht wahrhaben sollten. Der Gipfel dieser grausamen Ausblendungsstrategie fand in einem einsamen Haus im Wald von Mainz-Gonsenheim statt, wohin wir Pubertierenden eines Jungengymnasiums unter geheimnisvollen Verheißungen geschickt wurden, um von einem tapfer-fröhlichen Religionslehrer mit Gipskragen mit Details konfrontiert zu werden, die wir bereits kannten. Jetzt aber hörte der Spaß auf. Die zentrale Botschaft des Mannes war: Finger weg und beten! Irgendwann würde die Ehe kommen, aber selbst da müsse man keusch sein. Und wenn man dauerhaft rein und keusch sei, könne man vielleicht sogar Priester werden, wenn der Herr einen rufe.

Ich strengte mich an, keusch zu sein, aber es ging nicht besonders gut – ich war nicht a-sexuell veranlagt. Es war ein Dilemma, das mich an die Grenze meiner Zustimmung zum Glauben brachte. Konnte es sein, dass dieses Christentum, das uns von Eltern und Lehrern so glühend ans Herz gelegt wurde, einen echten Systemfehler besaß? Dass es an einer bestimmten Ecke nicht «wahr» war? Konnte es sein, dass es darin keinen Platz für die Lust gab? Denn die Lust war eine machtvolle Wirklichkeit; das spürte ich bis in die letzte Faser meines Körpers. Wenn die Lust böse war, dann war ich böse. Es gab da das Beichtstuhl-Spiel: Wenn «es» denn «passierte» in Gedanken, Worten oder Werken, sollte man zur Beichte gehen. Dort würde man vom Schmutz der Sexualität wieder rein werden. Das war leider kein Heilmittel, hatte nur den Effekt, uns das wunderbare Instrument der Beichte zu verleiden. Irgendwann kam ich an den Punkt, an dem ich mir sagte: Entweder man ist Christ und muss sich verbiegen – oder man steht zu sich; dann ist man freilich kein Christ mehr.

Diese Konsequenzen mochte ich nicht ziehen, zu tief hatte der Glaube in mir Wurzel geschlagen. Aber ich sagte mir: Es kann nur ein Missverständnis im Herzen des Christentums sein, wenn aus Lust ein negativer Popanz wird. Später, als ich die Dinge genauer studierte, entdeckte ich, dass die Kirche selbst im Begriff war, sich von einer Verirrung zu lösen, die sie fast 1500 Jahre unter dem Etikett «Platonismus im Christentum» mit sich und durch die Geschichte geschleppt hatte. Während es nämlich in der Bibel eine Abwertung des Leibes und der Lust nicht gibt, findet sich ein solches Denken sehr wohl im damals zeitgenössischen dualistischen Platonismus, in welchem Seele und Geist das höhere Prinzip waren, während der Leib und das Sinnliche sozusagen niedere, verachtenswerte, zu überwindende Stufen des Menschlichen darstellten. Neuplatonismus war die Modephilosophie während der frühchristlichen Zeit. Philosophen dieser Schule wollten Asketen sein: Heroen in der Überwindung des Ungeistigen. Das christliche Mönchtum nahm den Kampf mit ihnen auf, wollte sie auf ihrem ureigensten Gebiet schlagen, wollte geistiger als die Vergeistigten sein, was man auch in Benedikts «Die Keuschheit lieben» nachklingen hört. Selbst beim großen Augustinus, sonst der erste Vordenker des wahren Glaubens, gibt es diese unbiblische Abwertung des Leiblichen und Sinnlichen. Er, der bis zu seiner Bekehrung ausschweifend der Erotik huldigte, verstand sein neues Leben als ein Stück Abschied vom Leib, weshalb er die Bekehrung hinausschob und betete: *«Herr, gib mir Keuschheit und Enthaltsamkeit, aber noch nicht jetzt!»*

Heute bin ich der Auffassung, dass es «Keuschheit» überhaupt nicht gibt, es sei denn als Adjektiv von Liebe. Als für sich stehendes Substantiv ist es das verblasene Tugendideal einer falschen Philosophie. Keuschheit ohne Liebe macht krank, verlogen und dumm. Als Adjektiv von Liebe hingegen gewinnt es neuen, sogar aufregend neuen Sinn. Dem Wortsinn nach kommt es vom lateinischen *conscius,* das heißt «bewusst».

«Keusche Liebe» ist also kein abgedrehter Asketismus, sondern einfach «bewusste Liebe». Man darf noch andere Worte beiziehen, um den ganzen Bedeutungsgehalt zu erfassen: ungeheuchelt, herzlich, eindeutig, ohne Falsch, stark, ungeteilt, furchtlos, rein. «Keusche Liebe» ist also ungeheuchelte Liebe, herzliche Liebe, eindeutige Liebe, Liebe ohne Falsch, starke Liebe, ungeteilte Liebe, furchtlose Liebe, reine Liebe. Das Christentum denkt von der Liebe sehr hoch. Deshalb fasst sie dieses Zentralwort in die Kraft solcher Adjektive.

Im Namen der Realität wird immer wieder bestritten, dass es solche Liebe gibt. Neurologen, Psychologen, Biologen, Verhaltensforscher, Sexualwissenschaftler und Paartherapeuten machen uns weis, diese Liebe sei Fiktion. Sie unterminieren die Adjektive. Die Ehe? Heuchelei! Herzlich? Von wegen – alles nur materielles oder sexuelles Interesse! Eindeutig und ohne Falsch? Im Gegenteil: das Vieldeutige, Schillernde, die kleinen Lügen bringen den Spaß! Vollends zum wiehernden Vergnügen wird ihnen die Aussage, die Liebe müsse «rein» sein. Ihr ganzes Geschäft ist, sie in Kleingeld zu wechseln, sie ins Handliche herunterzureden, sie ein bisschen *dirty* zu machen. Es geht um die Befriedigung von Bedürfnissen, sagen sie – Liebe ist Kitsch. Wohin man blickt, sind es nur noch die Christen, die an der Liebe festhalten, als hätten sie zu viele Schlager gehört: Liebe, die kein «Stückwerk» (1 Kor 13,10) ist, Liebe, die «niemals» (1 Kor 13,8) aufhört. Ihre Berufung ist es, für die Existenz der Liebe einzustehen, denn *«Gott ist die Liebe»* (1 Joh 4,16b), und *«Wer nicht liebt, bleibt im Tod»* (1 Joh 3,14b).

Weil die Liebe christlich nicht groß genug gedacht und groß genug gelebt werden kann, weil sie alle Lebensbereiche – auch die Sexualität – umfasst und von oben her mit Sinn erfüllt, deshalb muss diese Liebe wehrhaft sein, deshalb stehen im Christentum mindestens 27 Wächter um die Liebe, dass niemand kommt, um auf sie zu spucken und sie zu zerstören, deshalb kann die christliche Liebe nicht anders als keusch sein. Würde sie sich nicht verteidigen, überließe sie das Heilige den Hunden. Liebe muss die Oberhand haben über Sex. *«Wo die Liebe auftaucht»*, sagt Bernhard von Clairvaux, *«fängt sie alle anderen Triebe ein und überführt sie in Liebe.»* Deshalb kann Benedikt durchaus fordern, dass man die Keuschheit lieben soll. Und wieder werden die Dinge ganz einfach: «Keusch» ist alles, was den erotischen Ausdruck der Liebe schützt, «unkeusch» alles, was die geschlechtliche Liebe der Zerstörung preisgibt, sie klein macht oder uneindeutig, sie schwächt, ihr falsche Zwischentöne beimischt, Elemente der Angst in sie einführt. «Unkeusch» sind auch alle Handlungen, die einen Menschen auf Zukunft hin falsch einstellen, die falsche Gewohnheiten, Fetischismen usw. in ihm anlegen. Betrachten wir sieben Phänomene im Detail.

1. Der Umgang mit dem eigenen Körper: Unkeusch ist weder der Körper, noch sind es einzelne Körperteile, noch sind es die

Lustempfindungen des Körpers. *«Denn alles, was Gott geschaffen hat, ist gut, und nichts ist verwerflich, wenn es mit Dank genossen wird»* (1 Tim 4,4). Unkeusch kann höchstens das Herz eines Menschen sein, das in falscher Gier den Körper und seine Möglichkeit zur Lustempfindung missbraucht. Ein Christ soll seinen Körper annehmen, ihn lieben und ihn pflegen, ohne ihn zu vergötzen. Nacktsein ist natürlich, wo es nicht Anstoß erregt oder in exhibitionistischer Weise (siehe unten) missbraucht wird. Für Nacktheit in der Öffentlichkeit gelten kulturelle Vereinbarungen, die bei Stammeskulturen andere sind als im viktorianischen England, die im Saunabad anderen Gesetzen folgen als auf dem Boulevard. Nacktheit in der Familie muss Rücksicht auf die natürlichen Schamempfindungen heranwachsender Kinder nehmen.

2. DER UMGANG MIT EINEM FREMDEN KÖRPER: Keusch ist es, dem anderen so viel «Körper» zu schenken, wie man ihm Liebe zu geben bereit ist. Freunde soll man umarmen und seiner Freundschaft auch körperlichen Ausdruck verleihen. Aber es ist eine Grenzüberschreitung, mit ihnen ins Bett zu gehen, bloß weil Sex unter erwachsenen Menschen (wie man ständig hört) «wie ein Glas Wasser trinken» sei. Der One-Night-Stand ist ebenso unkeusch wie alle anderen Formen jener fundamentalen Lüge, Sex sei von der Liebe abspaltbar, sei ein Genussartikel und habe seinen Wert in sich. Sex ist immer Ausdruck der Liebe – oder er ist Lüge. Volle sexuelle Gemeinschaft mit einem Partner aufnehmen sagt: Ich liebe dich für immer, ohne Widerruf, unter Ausschluss weiterer Sexualpartner und mit allen Folgen, die aus dieser Liebe erwachsen.

3. VOREHELICHER SEX: Es gibt nur zwei Arten von Sex: Sex mit Liebe – Sex ohne Liebe. Es klingt auf den ersten Blick menschlich und human zu sagen: Probiert erst einmal auch im Bett aus, ob ihr zueinander passt, dann könnt ihr euch ja immer noch entscheiden, ob ihr heiraten wollt. *«Man kann nicht nur auf Probe leben; man kann nicht nur auf Probe sterben, man kann nicht nur auf Probe lieben, nur auf Probe und Zeit einen Menschen annehmen»*,

sagte dazu Papst Johannes Paul II., als er Deutschland besuchte und die immer größere Zahl von jungen Menschen sah, die ohne Trauschein zusammenlebten. Volle sexuelle Gemeinschaft aufzunehmen, ohne die Linien der Liebe auszuziehen, «verspricht» körperlich und seelisch etwas, was man im Leben nicht unbedingt einzuhalten gewillt ist. Um nur das stärkste Beispiel zu nehmen: Beim Sex können immer noch Kinder entstehen, allen technischen Vorsichtsmaßnahmen zum Trotz. Das ist auch natürlich so, denn es gehört zur Liebe wesentlich dazu, dass sich Mann und Frau finden, um in einem Dritten, dem Kind, fruchtbar zu werden. Nun gibt es zwei Möglichkeiten: Entweder die beiden bleiben unverheiratet, trennen sich unter der ungeplanten Belastung sogar – dann wächst ein Kind ohne den schützenden Raum einer Familie aus Mutter und Vater auf. Ihm geschieht unabsehbares Unrecht. Oder die beiden heiraten, weil sie verantwortungsvoll denken und dem Kind Eltern sein möchten. Aber sie heiraten am Ende «nur wegen des Kindes» und nicht aus wirklicher Liebe, wodurch sie ein späteres Beziehungsdrama vorprogrammieren. Vielfach wird «das Problem» durch Abtreibung – Tötung also – «gelöst».

Ich weiß, vor welch ungeheurem Dilemma junge Menschen stehen, die mit 12 geschlechtsreif werden und mit 30 ihre Ausbildung abschließen, die vielfach auch in eine Beziehung flüchten, weil sie zu Hause kein «Nest» haben, in dem sie geborgen sind. Patentlösungen gibt es nicht. Auf Sex vor der Ehe zu verzichten, wird für die meisten eine Überforderung sein. Man muss ihnen trotzdem sagen: «Wahre Liebe wartet» ist kein leib- und sexfeindlicher Slogan von evangelikalen Fundamentalisten und keine abseitige Marotte von weltfremden Katholiken – es ist das Ideal, das der vollen Wahrheit der sexuellen Liebe entspricht.

Junge Leute, die jetzt schon Sex haben, weil sie für immer zusammenbleiben wollen, aber aus welchen Gründen auch immer noch nicht heiraten können, sind anders zu bewerten als ihre Alterskameradinnen und Alterskameraden, die aus der Disco ins Bett fallen – und das in häufig wechselnder Konstellation.

Jungen Menschen, die vorerst nur einen Teil vom Ganzen leben können, muss man helfen, dass sie ihr Leben von der Liebe her strukturieren, dass sie möglichst verbindlich leben, dass sie das Wesen der Liebe Stück um Stück einholen, damit ihre Biografie am Ende nicht aus einer Abfolge unverbindlicher Beziehungen (aus sukzessiver Polygamie also) besteht, was wir uns übrigens auch gesellschaftlich nicht leisten können. In solchen «Beziehungen» können keine Kinder aufwachsen, weshalb wir, nebenbei bemerkt, gerade eine sterbende Nation sind.

4. AUSSEREHELICHER SEX: Die Versuchung dazu gibt es in jeder Ehe, und vielfach (die Statistik sagt: in mehr als der Hälfte aller Ehen) wird ihr auch nachgegeben, nicht zuletzt, weil man Flankenschutz durch die Psychologie erhält: Fremdgehen sei prickelnd, könne eine eingeschlafene Ehe wieder vitalisieren und erotisch ausgehungerten Partnern neues Selbstbewusstsein verleihen.

Die Wahrheit ist: Fremdgehen ist unkeusch. Es verrät die Liebe, teilt sie, schwächt sie, schlägt eine tiefe Wunde in sie, ist Unglaube an ihre absolute Geltung, damit an ihre eigentlich göttliche Qualität. Deshalb gilt der Ehebruch unter katholischen Christen als Todsünde. Man muss ihn beichten, sagt die katholische Kirche, um von Gott wieder in der Wurzel geheilt und mit ihm, von dem man durch den Treuebruch getrennt ist, versöhnt zu werden.

Für Jesus ist diese Treue so wichtig, dass er das uralte Verbot des Ehebruchs noch radikalisiert: *«Wer eine Frau auch nur lüstern ansieht, hat in seinem Herzen schon Ehebruch mit ihr begangen»* (Mt 5,28). Zum Trost aller, die sonst tausendfachen Ehebruch begehen würden, weil ihnen Frauen oder Männer über die Maßen gut gefallen, sagen die Exegeten aber auch, man würde die Stelle besser übersetzen mit: «Wer eine Frau auch nur mit den Augen anmacht, um mit ihr die Ehe zu brechen ...» Immerhin: Die Anforderung ist hart. Wie tröstlich für alle, denen eheliche Treue nicht leichtfällt, dann aber zu sehen, wie zärtlich und barmherzig

Jesus mit der Ehebrecherin umgeht, die er vor der Steinigung bewahrt: «*Auch ich verurteile dich nicht. Geh und sündige von jetzt an nicht mehr!*» (Joh 8,11b).

5. PROSTITUTION: Die Definition von Prostitution ist denkbar einfach: «Liebe» für Geld. Sie findet im Rotlichtmilieu ebenso statt wie im Gewand scheinbar bürgerlicher Beziehungen, in denen einer der beiden Partner sich Zärtlichkeit und Sex nicht wegen Liebe, sondern um eines materiellen oder immateriellen Vorteiles willen erkauft. Prostitution ist christlich gesehen aufs Schärfste abzulehnen, weil sie den äußersten Gegensatz zum Wesen der Liebe bildet, die sich immer gratis herschenkt. Christen müssen besonders sensibel sein für den Graubereich der Prostitution. Der befindet sich dort, wo (ältere) Menschen mit Geld (jüngere) Menschen ohne Geld an sich binden und ausbeuten. Junge Frauen (zunehmend auch Männer) aus Osteuropa und Asien können ein Lied von dieser neuen Form von Sklavennahme singen. Sie ist ein Produkt der Irrlehre, es gebe ein Menschenrecht auf Sex. Das gibt es nicht. Sex ist wechselseitige, freie Hingabe im Rahmen end- und grenzenloser Liebe. Jede Form von Verdinglichung, von Geschäft, Handel oder Vorteilsnahme haben in ihr nichts verloren.

6. PORNOGRAFIE: Pornografie ist eine Unterart der Prostitution. Hier wird Liebe verdinglicht, in Flaschen abgefüllt und für Geld verkauft. Jeder, der pornografische Bilder und Filme konsumiert, unterstützt Menschen, die sich prostituieren, auch wenn es dabei nicht zu realen Körperkontakten kommt. Unterstützt werden vielfach ungerechte Produktionsbedingungen: Damit Millionen von zahlungswilligen, dekadenten Nordamerikanern und Westeuropäern ihren Spaß haben, stellen sich junge Osteuropäerinnen, Asiatinnen und Lateinamerikanerinnen intim aus oder praktizieren entwürdigenden, weil von Liebe abgespaltenen Sex vor der Kamera.

Die modische Akzeptanz von Pornografie gerade bei westlichen Intellektuellen ist so gesehen schamlos praktizierter Fetischismus (Befriedigung am Ding) von Reichen, der zur ekelerregenden, immerhin fließenden Erwerbsquelle ökonomisch abhängiger Armer wird, quasi zum Neokolonialismus. Anders gelagert ist der Fall bei literarischer, fiktionaler Pornografie. Hier wird auf der Produzentenseite niemand geschädigt, es sei denn, man dächte an die Seele des Autors, dem es gewiss nicht guttut, sein Geld durch die Erstellung von Masturbationsvorlagen für Leser zu verdienen. Aber auch hier wird aktiv Entfremdung betrieben, nämlich einer fetischistischen, damit unkeuschen Fehlform von Liebe Vorschub geleistet.

7. V̦oyeurismus und Exhibitionismus: In jeder Form von Sexualität und Erotik spielen die Augen mit, gibt es die Elemente von Sichzeigen und Sehen. Mit Scheuklappen durch die Welt zu laufen ist ebensolcher Unsinn, wie sich (damit nur ja niemand «guckt») als graue Maus zu kleiden. Es ist schön, wenn sich eine Frau ein bisschen «sexy» anzieht. Und Männer werden es noch schaffen, so zu schauen, dass ihre Blicke Freude darüber zum Ausdruck bringen, statt Belästigung zu sein. Auch in der Intimität ist der Sehsinn wichtig. Es ist eine wunderbare Lust, den Partner in den Zeichen seiner ungeschützten körperlichen Hingabe anzuschauen.

In der Bibel gibt es das schöne Wort «und er erkannte sie» für «miteinander schlafen». Die ekstatische, wonnevolle Vereinigung, die der Mensch einmal mit Gott erfahren soll, heißt *visio beatifica* – beseligende Schau. Trotzdem ist die Desintegration der Augen aus dem Ganzen der Liebe eine Fehlform. Wenn ein Mensch seine Lust nur oder vornehmlich über die Augen gewinnt, sagen wir: Er ist ein Spanner, ein Voyeur. Voyeurismus ist sicher unkeusche Liebe. Denn er löst Sex von der ganzheitlichen Liebe zwischen zwei Menschen, reduziert Liebe auf anonym gewonnene Befriedigung durch Erhaschen geiler Momente, macht Menschen vielfach unfrei und abhängig vom Konsum von Bildern. Eine ebenfalls unkeusche Form, seine Lust zu gewinnen, ist der Exhibitionismus, bei dem sich ein Mensch erotische Befriedigung dadurch verschafft, dass er den anonymen Anderen durch seine provozierende Nacktheit visuell erregt. Auch hier wird Erotik zum heimatlosen Allerweltsprodukt. Was in der Liebe zwischen zwei Menschen eine Lust ist, mutiert hier zum perversen Stimulans beziehungsloser Befriedigung.

Ich will an dieser Stelle die Betrachtung der Einzelphänomene abbrechen, um nicht vom Hundertsten ins Tausendste zu kommen. Wie schön die Liebe ist, wie schützenswert darum, wie stark auch und mit wie viel Selbstreinigungskräften versehen, sagt uns das Hohelied aus dem Alten Testament: «Leg mich wie ein Siegel auf dein Herz, wie ein Siegel an deinen Arm! Stark wie der Tod ist die Liebe, die Leidenschaft ist hart wie die Unterwelt. Ihre Gluten sind Feuergluten, gewaltige Flammen. Auch mächtige Wasser können die Liebe nicht löschen; auch Ströme schwemmen sie nicht weg. Böte einer für die Liebe den ganzen Reichtum seines Hauses, nur verachten würde man ihn» (Hld 8,6–7).

❖ Schützen Sie Ihre Liebe vor Einflüssen, die sie klein machen.
❖ Hüten Sie sich vor Verdinglichungen der Liebe.
❖ Konsumieren Sie keine Pornografie.
❖ Lassen Sie sich von Fachleuten helfen, wenn Sie an sich Fehlformen der Liebe feststellen.

TOOL 65

Niemanden hassen

Nach den Anschlägen vom 11. September 2001 hat mich wenig mehr erschüttert als die Tatsache, dass es Menschen in dieser Welt gibt, die bedingungslosen Hass predigen und die Vernichtung unschuldigen Lebens anderer in Kauf nehmen, gar positiv wollen. Im Gefolge dieser Ereignisse kam mir das Gefühl universaler religiöser Solidarität abhanden. Es starben für mich auch noch die letzten Reste jener Annahme, jede Art von Religion sei für den Menschen irgendwie gut – das Christentum vielleicht ein bisschen besser. Lieber keine Religion als die falsche, sage ich mir heute. Religionen liefern Letztbegründungen. Mit einem «Gott will es!» kann man die größten Beweise der Liebe und Hingabe einfordern – und sie werden erbracht. Man kann damit aber auch Selbstmordattentäter auf die Reise schicken, Kamikaze-Flugzeuge bestücken und junge Menschen mit leuchtenden Augen als Kanonenfutter an die Front schicken.

Keine Religion? Aber auch das ist nicht die Lösung des Gewaltproblems in der Welt. Hass – damit meine ich die zum puren Vernichtungswillen gesteigerte Antipathie gegen andere Menschen, Menschengruppen oder Völker – ist keine religiöse Erfindung. Hass ist tief in der menschlichen Seele verankert. Wahrscheinlich hat Georg Christoph Lichtenberg Recht, wenn er sagt: *«Ich bin überzeugt, man liebt sich nicht bloß in andern, sondern hasst sich auch in andern.»* Hass ist vertrackt umgebogener Selbsthass. Hass entsteht in Einzelnen und weitet sich zu kollektiven Hassorgien aus. Aus Krieg mit sich selbst wird Krieg mit anderen. Das alles hat mit Religion nichts zu tun. Im Effekt tritt Religion (richtige, hassfreie, für das Wohl aller Menschen sprechende Religion) dann aber notwendig auf den Plan, wenn der Erste fragt: *«Warum sollen wir die, die wir hassen, nicht einfach vernichten?»* Außerhalb richtiger Religion gibt es keine letztverbindliche Antwort auf die Frage: Why not?

Ich sauge seither die Anti-Hass-Stellen des Neuen Testaments mit wahrer Begierde in mich auf und habe dabei das Gefühl, in wahrer Religion zu Hause zu sein, bei allen Blackouts und fatalen Hassausfällen, die es auch in der Christentumsgeschichte gegeben hat: Gott will, heißt es im ersten Timotheusbrief, dass *«alle Menschen gerettet werden und zur Erkenntnis der Wahrheit gelangen»* (1 Tim 2,4). Von Jesus heißt es, er habe sich *«als Lösegeld hingegeben ... für alle»* (1 Tim 2,6). Gott liebt also jeden Menschen mit einer solchen letzten, absoluten Liebe, dass jede Zurücknahme oder Relativierung dieser Liebe durch Christen die Zerstörung ihrer christlichen Identität zur Folge hätte. *«Schon leuchtet das wahre Licht. Wer sagt, er sei im Licht, aber seinen Bruder hasst, ist noch in der Finsternis»* (1 Joh 2,8b–9).

Das will sagen: Er ist noch gar kein Christ. Er ist einer, der tut als ob: *«Wenn jemand sagt: Ich liebe Gott!, aber seinen Bruder hasst, ist er ein Lügner. Denn wer seinen Bruder nicht liebt, den er sieht, kann Gott nicht lieben, den er nicht sieht»* (1 Joh 4,20). Hassen ist lebensgefährlich – für den, der hasst: *«Jeder, der seinen Bruder hasst, ist ein Mörder, und ihr wisst: Kein Mörder hat ewiges Leben, das in ihm bleibt»* (1 Joh 3,15).

Benedikts Tool «Niemanden hassen» ist auch eine Ermahnung, den Frieden in der eigenen Seele zu suchen, damit sich innerer Unfriede nicht als Hass nach außen kehrt und gegen andere wendet – oder anders herum: Hassgefühle als Warnsignale wahrzunehmen, das Unversöhnte in uns Gottes heilendem Licht auszusetzen.

❖ Gehen Sie mit Hassgefühlen in sich «christlich» um.
❖ Suchen Sie die Quelle Ihrer Unversöhntheit in sich.
❖ Bitten Sie Gottes Heiligen Geist, dass er Ihnen die Gabe inneren Friedens schenkt, in der Sie den anderen als Gottes geliebtes Geschöpf annehmen können.

Tool 66

Nicht eifersüchtig sein

Die Eifersucht taucht bereits auf den allerersten Seiten der Heiligen Schrift in einer dunklen Geschichte auf, die jedermann kennt. Wir sehen den Schafhirten Abel und den Ackerbauer Kain, die beide Gott ein Opfer darbringen, weil sie sich seiner Liebe versichern wollen. Offenkundig schaut Gott auf das Opfer des Abel, während er Kains Opfer ignoriert. *«Da»*, heißt es, *«überlief es Kain ganz heiß und sein Blick senkte sich»* (1 Mo 4,5b). Ein klarer Fall von Eifersucht! Von Kain bis Shakespeares Othello führt der gesenkte Blick – also die Nichtwahrnehmung der Wirklichkeit – schließlich sogar zum Mord.

Trotzdem wird die Eifersucht nicht durchgehend negativ bewertet; es gibt darüber sogar sehr verschiedene Ansichten.

Manche halten sie schlicht für das einzig wahre Anzeichen von Liebe. So sagt Thomas von Aquin: *«Wer nicht eifersüchtig ist, liebt nicht.»* Sie verweisen darauf, dass Gott selbst «eifersüchtig» (Jos 24,19) über sein Volk wacht und voll Zorn ist, wenn es sich anderen Göttern zuwendet. Der Evangelist Johannes hat keinerlei Probleme, den Psalmvers *«Der Eifer für dein Haus hat mich verzehrt»* (Ps 69,10) auf Jesus zu beziehen (Joh 2,17).

Andere halten Eifersucht für das, was der Name schon sagt: für eine Sucht, ein süchtiges Misstrauen, der andere wolle nicht mir, sondern einem anderen die volle ungeteilte, einzige Liebe geben, die er mir versprochen oder auch nur angedeutet hat. Kurz: Eifersucht ist Habsucht im Gewand der Liebe. Der Eifersüchtige ist ständig bei sich. Er kann sich nur schwer herschenken und «zuvorkommend» sein. Das Urbild der Liebe ist ja ein Sichfinden im Sichverlieren in den anderen, ohne Buchführung darüber, was dabei herum- und zurückkommt. Liebe unter dem Diktat der Eifersucht aber schenkt nicht, sondern rechnet, kippt um in Kontrolle und Überwachung, zerstört so gerade, was sie beschützen will. *«Dinge, leicht wie Luft»*, sagt Shakespeare, *«sind für die Eifersucht Beweis, stark wie Bibelsprüche.»* Jedes Lächeln, jede Geste, jeder falsche Blick – alles gibt Anlass zu einem neuen Akt im Beziehungsdrama.

Was anfangs Liebe war, wird für den Eifersüchtigen und seinen Partner zur Hölle. Denn Liebe muss frei sein, auch von Angst: *«Furcht gibt es in der Liebe nicht, sondern die vollkommene Liebe vertreibt die Furcht»* (1 Joh 4,18a). Kain wollte Gottes absolute Liebe haben. Er verstand nicht, dass es Gott möglich ist, den Einzelnen absolut zu lieben, als wäre er das einzige Objekt seines Wohlgefallens im gesamten Kosmos, ohne deshalb die anderen auszugrenzen und ihnen nicht in gleicher absoluter Liebe entgegenzukommen.

Benedikt selbst hilft bei der Unterscheidung von krankhafter Eifersucht und gesundem Eifer: *«Wie es einen bitteren und bösen Eifer gibt, der von Gott trennt und zur Hölle führt, so gibt es einen guten Eifer, der von den Sünden trennt, zu Gott und zum ewigen*

Leben führt» (RB 72,1–2). Man könnte auch sagen: Es gibt eine böse Eifersucht, die aus Angst und einen guten Eifer, der aus «glühender Liebe» (RB 72,3) kommt. Dieser Eifer aus Liebe, der immer wieder einübt, nicht an sich zu denken, sich permanent auf den anderen hin zu überschreiten, wird zum wirksamen Heilmittel, das die tödliche Eifersucht bekämpft. Benedikt empfiehlt seinen Mönchen: «Sie sollen einander in gegenseitiger Achtung zuvorkommen; ihre körperlichen und charakterlichen Schwächen sollen sie mit unerschöpflicher Geduld ertragen; im gegenseitigen Gehorsam sollen sie miteinander wetteifern; keiner achte auf das eigene Wohl, sondern mehr auf das des anderen; die Bruderliebe sollen sie einander selbstlos erweisen» (RB 72,4–8).

❖ Verurteilen Sie sich nicht, wenn noch Furcht in Ihrer Liebe ist.
❖ Beten Sie täglich um Vertrauen und um die Gewissheit, dass Gott Ihnen seine volle Liebe schenkt.
❖ Versuchen Sie in der Liebe zu «geben», nicht zu «erwarten».
❖ Seien Sie zuvorkommend.

TOOL 67

Nicht aus Neid handeln

Der Soziologe Helmut Schoeck hat 1966 das Buch «Der Neid. Eine Theorie der Gesellschaft» geschrieben, das damals für Furore sorgte und noch immer aktuell ist. Schoeck beschrieb eine Gesellschaft der politischen Gleichmacherei, in der mit allem, was über Normalnull hinausragt, nach dem «Spargelprinzip» umgegangen wird: Wer seinen Kopf zu weit herausstreckt, wird geköpft. Individuelle Unterschiede durch Leistung, Erfolg, Größe und Verdienst – darf es nicht geben. Eine solche Gesellschaft, sagt Schoeck, ist totalitär; sie funktioniert, weil sie an die menschlichen Urinstinkte von Neid und Missgunst appelliert. Mit einem Schlag wurde deutlich, dass Neid nicht bloß eine individuelle Charakterschwäche, sondern vielmehr ein Faktor ist, der ganze Gesellschaftssysteme von innen heraus zerstört.

Während es bei der Eifersucht um Habsucht im Raum des Personalen geht, ist der Neid eine Habsucht, die sich auf Dinge und Eigenschaften bezieht. Seine Urfrage lautet: «Warum habe ich nicht, was dieser oder jener hat?» Es gibt in der Bibel den merkwürdigen Psalm 73, eine einzige lange und gewundene Meditation eines Menschen, den der Neid fast zerfrisst. Der Mann wälzt böse Gedanken und kommt an kein Ende damit. Er sieht, *«dass es diesen Frevlern so gut»* (Ps 73,3) ergeht: *«Sie sehen kaum aus den Augen vor Fett, ihr Herz läuft über vor bösen Plänen. [...] Immer im Glück, häufen sie Reichtum auf Reichtum»* (Ps 73,7.12). Er vergleicht sich mit dem Glück der Frevler und hadert mit Gott. *«Also hielt ich umsonst mein Herz rein und wusch meine Hände in Unschuld [...] Mein Herz war verbittert, mir bohrte der Schmerz in den Nieren»* (Ps 73,13.21). Es ist interessant zu sehen, woran der selbstzerstörerische Neid letztlich zerbricht – an nichts als an Glauben. An Glauben – muss man hinzufügen –, der über die Erde hinausreicht, der die menschliche Existenz als eine Ganzheit begreift, die sich in ewiges Leben hinein entwirft und dort erst vollendet wird. Der zentrale Satz, der Neid grundlos macht, lautet: *«Was habe ich im Himmel außer dir?»* (Ps 73,25). Die unersättliche Habsucht des menschlichen Herzens, die sich in Neid verkleidet, hat nur einen adäquaten Gegenstand: Gott. Dinge verstellen ihn nur. Beim Sterben kann man übrigens nichts mitnehmen. Wir werden nackt vor Gott stehen. Gott wird uns so viel schenken, wie wir von ihm erwarten. Wenn wir wollen, dass er unser alles ist, wird er alles für uns sein.

«Vergleiche dich nicht!», war einer jener Standardsätze, die Frère Roger über Jahrzehnte hinweg Mal um Mal wiederholte, sie jungen Leuten quasi eintrichterte: «Vergleich dich nicht!» Verschwende deine seelische Energie nicht auf den Abgleich der unterschiedlichen Verteilung der Güter, Gaben und Eigenschaften! Konzentriere dich lieber auf die Liebe Gottes. *«Er hat seinen eigenen Sohn ... für uns alle hingegeben»*,

erinnert Paulus die Römer, *«wie sollte er uns mit ihm nicht alles schenken? [...] Wer kann uns scheiden von der Liebe Christi?»* (Röm 8,32.35).

❖ Entwickeln Sie eine gelassene Einstellung zu materiellen Unterschieden.
❖ Meditieren Sie, womit Sie jenseits der Dinge beschenkt sind.
❖ Versuchen Sie den Faktor Neid nicht in Ihre Handlungen einfließen zu lassen: Seien Sie besonders großzügig, *wo der Neid Ihnen das Gegenteil empfiehlt.*

TOOL 68
Streit nicht lieben

Wo Menschen auf engem Raum zusammenleben, fliegen über kurz oder lang die Fetzen. «Streitkultur» ist gewiss ein hohes Gut: Im Streit findet man zu gemeinschaftlichen Lösungen; im Streit reibt man sich aneinander; Reibung erzeugt Wärme. Streit verursacht aber auch Wunden. Aus Berichten von Kommunen und Wohngemeinschaften wissen wir, dass die endlosen Diskurse und Streitigkeiten letztlich nicht zu friedlichen, demokratischen Gesellschaften führten. Oft genug setzten sich in ihnen dann doch wieder die Alphatiere durch. Schon manche Gemeinschaft begann enthusiastisch mit Idealen, um darin zu enden, dass sich nach kurzer Zeit die Beteiligten ins Gehäuse zurückzogen.

«Eine Gesellschaft Stachelschweine», schrieb der Philosoph Arthur Schopenhauer, «drängte sich an einem kalten Wintertage recht nahe zusammen, um durch die gegenseitige Wärme sich vor dem Erfrieren zu schützen. Jedoch empfanden sie die gegenseitigen Stacheln, was sie dann wieder voneinander entfernte. Wenn nun das Bedürfnis der Erwärmung sie wieder näher zusammenbrachte, wiederholte sich jenes zweite Übel, so dass sie zwischen beiden Leiden hin- und hergeworfen wurden, bis sie eine mäßige Entfernung voneinander herausgefunden hatten, in der sie es am besten aushalten konnten.»

Der Philosoph empfiehlt also die mittlere Distanz mit sporadischer Erwärmung bei Bedarf. Für ein Kloster nicht weniger als für eine Familie – kann das die Lösung nicht sein.

Hundert Jahre vor Benedikt von Nursia starb 399 in der ägyptischen Wüste der christliche Mönch Euagrios Pontikos als ein Anachoret, d.h. in der Einsamkeit lebender Wüstenmönch. Seine Schriften, in denen der Einsame auch über die Gemeinschaft nachdachte, gehören zu jenen Quellen der Weisheit, aus denen auch Benedikt schöpfte. Bei Euagrios lesen wir: *«Es ist unmöglich, dass du alle deine Brüder in gleicher Weise liebst. Aber du kannst mit allen im Frieden des Herzens leben, frei von der Erinnerung an Unrecht und frei von Hass.»* Das Codewort lautet «Frieden».

Frieden ist Wohlwollen und Achtung vor dem anderen in liebevoller Distanz. Er wird getragen vom «Frieden des Herzens», einem dauerhaften Gemütszustand, den man erreicht, wenn man sich a) mit der Vergangenheit in Gott ausgesöhnt hat (also empfangene Verletzungen nicht mehr nachträgt oder nachtragen muss) und b) frei von Hass ist, also den anderen nicht aus der Perspektive seiner eigenen ungeklärten Gefühle betrachtet, sondern die Perspektive des Wohlwollens Gottes übernimmt. So ist Frieden kein negativer Ausschluss von Streit, sondern eine von Gott her positive gespannte Haltung, die einen Raum schafft, in dem man gut miteinander leben (und achtungsvoll miteinander streiten) kann.

- ❖ Wenn Sie streiten, streiten Sie «in Frieden», versöhnt und ohne Hass.
- ❖ Streiten Sie nicht, damit Sie sich durchsetzen, streiten Sie immer für etwas objektiv Gutes.
- ❖ Lernen Sie verlieren, ohne dass ein Groll gegen andere in Ihnen zurückbleibt.

Tool 69
Überheblichkeit fliehen

Die Forderung Benedikts, Überheblichkeit zu fliehen, kontrastiert auf merkwürdige Weise mit seinem Gesamtprojekt. Als er seine Regel aufstellte, was war das anderes als die Einrichtung eines Traineeprogramms für eine Elite? Natürlich sammelte Benedikt die besten Köpfe und größten Idealisten seiner Zeit um sich, um diese Freiwilligen noch weiter zu schulen, um «exzellente Bedingungen für exzellente Leute» (Annette Schavan) zu schaffen und sie damit aus der Masse hervorzuheben. Dieses Elitekonzept ging auf. Benediktinerklöster humanisierten und kultivierten Europa. Mönche waren häufig die Ersten, die Wälder rodeten, Sümpfe trockenlegten, Wasserbautechniken entwickelten und quasi aus dem Nichts architektonische Wunderwerke errichteten. Um Klöster herum konnten sich Menschen ansiedeln. Mönche unterwiesen sie, zeigten ihnen, wie man baut, wohnt, lebt, sich ernährt und gesund und in Frieden lebt. In Klöstern wurde philosophisches und ganz praktisches Wissen tradiert, wurden Anbautechniken erprobt, Heilpflanzen gezüchtet und Medikamente entwickelt. Klöster waren häufig ein Segen für die Menschen, weil sie Elite waren. Wer anders sein will, hebt sich ab. Wer Überblick haben möchte, gewinnt ihn von oben.

Trotzdem war etwas an dieser Elite, ein spirituelles Moment, das sie vor den Gefahren normaler Eliten bewahrte. Eliten leben in der ständigen Versuchung, sich abzugrenzen, Zugangsschwellen zu erhöhen, Herrschaftswissen zu sammeln. Nachdem Benedikt im Prolog seiner Regel ein ausgesprochen ambitioniertes Elite-Programm für Mönche entworfen hat, holt er sie sofort auf den Boden zurück: *«Diese Menschen fürchten den Herrn und werden wegen ihrer Treue im Guten nicht überheblich; sie wissen vielmehr, dass das Gute in ihnen nicht durch eigenes Können, sondern durch den Herrn geschieht»* (RB, Prolog 29). Und dann verweist Benedikt auf Paulus, einen Mann, der ein typisches Eliteproblem hatte.

In nahezu allen seinen Briefen wollte Paulus lendenlahme

Fußtruppen mobilisieren, lau gewordene, schwankende, ins Heidnische zurückfallende Christen neu für den «Weg des Lebens» überzeugen und begeistern. Man spürt formlich, wie Paulus nach schlagkräftigen Argumenten rang. Das schlagkräftigste von allen fand er in sich: seine 1000%ige, ihn vom Kopf auf die Füße stellende Erfahrung des Auferstandenen. Das war sein ganzes Material, seine ganze Wissenschaft. Aber er konnte doch nicht von sich reden! Das würde doch die Dinge noch einmal verdreht auf den Kopf stellen, als wäre es ihm darum zu tun, sein Ego nach vorne zu spielen. Und darum ging es ihm zuletzt – er war doch von außen, von Gott her angestoßen worden. Und so kommen denn Sätze zustande, wie man sie in Paulusbriefen in immer neuen Varianten findet. *«Durch Gottes Gnade bin ich, was ich bin!»* (1 Kor 15,10) oder *«Wer sich also rühmen will, der rühme sich des Herrn»* (2 Kor 10,17). Paulus wusste, dass er sehr gut, dass er «Elite» (vom lat. *eligere* = auswählen, auslesen) war. Er wusste jedoch zugleich, dass sein Effizienzpunkt nicht darauf beruhte, dass er ein klasse Typ, ein brillanter Kopf, ein durchsetzungsstarker Mensch war. Mit diesen Qualitäten wäre er eine christenverfolgende Militärcharge im römischen Besatzersystem geworden. Paulus wusste genau: Seine Effizienz beruhte auf Erwählung und Berufung durch Gott. Gott hatte ihn gesehen, erkannt, ausgesucht, dorthin beordert, wo seine natürlichen Gaben mit einem Schlag exponentiell fruchtbar werden konnten.

Diese Struktur gilt im Christlichen immer. Christliche Eliten sind niemals Leistungseliten, können letztlich nicht aus Kaderschmieden hervorgehen, sind immer «Eliten» durch «eligere» – durch den Ruf Gottes. Man kann weder in ein Kloster eintreten noch sonst etwas Fruchtbares in seinem Christenleben ins Werk setzen, wenn man dazu nicht berufen ist, was immer auch man an natürlichen Eignungen zu einer Sache mitbringt. *«Man wählt seine Berufung nicht selbst aus, man empfängt sie, und man muss sich anstrengen, sie zu erkennen»*, sagt Charles de Foucauld, den seine radikale Suche nach seiner Berufung von Pariser Offizierscasinos bis in die algerische Wüste trieb. *«Man muss der Stimme Gottes sein Ohr leihen, um die Zeichen seines Willens zu erspähen. Und ist einmal sein Wille erkannt, so muss man ihn tun, was immer er sei, was immer es koste.»*

Ein Letztes kann man an denen sehen, denen die Überheblichkeit abhanden kam, weil sie ihr Erhobensein erkannten: Eine Erwählung durch Gott, ein Berufenwerden geschieht niemals *just for fun*. Menschen werden in eine Ehe berufen, um einander und ihren Kindern zu dienen. Menschen empfangen die Berufung zu einem bestimmten Beruf, damit sie darin anderen etwas bedeuten können. Menschen «können» etwas – malen, zeichnen, schreiben, singen, musizieren, gärtnern, kochen, reden, heilen, lehren, trösten, auch beten –, und wenn sie klug sind, lernen sie die Ergebnisse ihrer Kunst in tiefer Dankbarkeit gegen ihren Schöpfer und Erwähler zu unterzeichnen mit den fünf Buchstaben, die Johann Sebastian Bach häufiger unter seine vollendeten Werke setzte: OAMDG = *Omnia ad majorem Dei gloriam* = *Alles zur größeren Ehre Gottes.*

❖ Suchen Sie nach dem Punkt, an dem Sie mit Ihren Gaben und Eignungen maximal effizient werden können.

❖ Stellen Sie sich vor, Sie wären ein Instrument, «auf dem Gott spielen kann».

❖ Helfen Sie anderen Menschen, dass sie der Selbstverwirklichungsfalle entkommen und den «Dienst» finden, in dem sie sich sinnvoll verströmen können.

Tools 70/71

Die Älteren ehren, die Jüngeren lieben

Die wunderbare Doppelregel Benedikts «Die Älteren ehren, die Jüngeren lieben» verkehrt sich gerade in «Die Alten hassen, die Jungen beneiden». Die Alten, die jetzt schon in der Mehrheit sind, bestimmen die Politik und verteidigen ihre Besitzstände auf Kosten der Jungen. Sie beziehen die

Gehälter, bewohnen die Häuser und fahren die Autos, die eine jüngere Generation nicht mehr haben wird. Gleichzeitig möchten die neuen Alten mit Gewalt jung und knackig sein. Ihre Kleidung, ihr Paarungsverhalten, ihr Lifestyle ist oft die infantile Neidkopie der jungen Generation. Einen 70 Jahre alten Menschen «alt» zu nennen, ist eine Beleidigung. Altsein wird zur Farce, Jungsein zur Religion. Es ist schwer für jüngere Menschen, alte Menschen zu ehren, die ihr Altsein nicht angenommen haben, sich stattdessen mit Gewalt an eine Fiktion von Leben klammern, das ihnen definitiv nicht mehr gehört. Und es ist schwer für alte Menschen, die aus Angst vor dem Tod jung sein möchten, jüngere Menschen wirklich zu lieben und ihnen Leben zu gönnen, statt ihnen ihr Jungsein zu neiden und ihnen ihre Lebenschancen zu nehmen.

Was heißt denn «alt werden»? Die bedrückendste Deutung hat Franz Kafka in seiner Erzählung «Kleine Fabel» geliefert, in der eine Maus klagt, dass die Welt, die ihr früher beängstigend breit vorgekommen sei, immer enger wird. Schon nimmt die Maus am hinteren Ende der sich schließenden Mauern die Falle wahr, in der die Sackgasse mündet. Die Katze gibt ihr den Hinweis, die Maus solle doch einfach die Laufrichtung ändern – und frisst sie. Das Gegenmodell zu Kafkas Fatalismus heißt Christsein. Auch hier gibt es die Wahrnehmung, dass alles im Leben auf ein definitives Ende zuläuft. Hier ist dieses Ende aber keine Falle, sondern ein Tor – man könnte auch sagen: ein Kanal, ein Geburtskanal. Das Sterben des Menschen ist seine Geburt ins wahre Leben hinein – schmerzhaft wie jede Geburt, aber ein Durchgang, mehr nicht. *«Wenn die Frau gebären soll, ist sie bekümmert, weil ihre Stunde da ist; aber wenn sie das Kind geboren hat, denkt sie nicht mehr an ihre Not über der Freude, dass ein Mensch zur Welt gekommen ist»* (Joh 16,21). Der Mensch kommt aus dem Leben und geht ins Leben. Alt werden heißt für einen gläubigen Menschen: jünger werden. Denn mit jedem Tag, da ein Mensch auf seinen Tod zugeht, macht er in Wahrheit einen Schritt hin auf das Leben.

Und was ist mit den hohen Mauern, was mit der Verengung des Lebens? Auch das ist im christlichen Glauben letztlich nicht negativ besetzt. Leben heißt: aus Möglichkeiten Realitäten machen. Jede Wahl, die ich treffe, ist der Ausschluss von Möglichkeiten, die Entscheidung für eine unter vielen. Wenn ich Bauer werde, kann ich nicht gleichzeitig Pilot, Seemann oder Chemiker sein. Wenn ich heirate, entscheide ich mich für einen Partner unter Ausschluss aller denkbaren Partner auf dieser Welt. Das ist ein Stück Sterben. Es fehlt ihm aber alles Bedrückende. Vielmehr ist die definitive (damit eigentlich verengende) Wahl gerade mein Glück. Unglück wäre es, nicht zu wählen, weiter so zu tun, als wäre dieses das «Leben»: sich alle Chancen offen zu halten. Leben bekommt durch Älterwerden Konturen und Profil. Nur Infantile meiden die Festlegung. Der ist jung, der sich kraftvoll entscheiden kann, der verbindlich ist und Verantwortung übernimmt, und der sieht alt aus, der der Fiktion hinterherrennt, maximale Unverbindlichkeit sei maximales Leben. Der Sinn des Lebens besteht letztlich in der freien Wahl Gottes. Wer in seinem Leben so viel Freiheit gewinnt, dass er letztlich von allem gelassen Abschied nehmen kann, weil er die Fülle des Lebens gewählt hat, der kann gut sterben – der kann auch den Jungen die Welt, das Brot, die Arbeit, die Güter, die Chancen, das Geld lassen. Der ist weise. Der muss den Jüngeren nichts neiden. Der kann voll Liebe zu ihnen sein. Den kann man achten und ehren.

Wie gewinnt ein alter Mensch diese Gelassenheit? Durch Hoffnung, und dazu gibt es eine faszinierende Geschichte in der Bibel. In Jerusalem lebte zur Zeit der Geburt Jesu Simeon, ein uralter Mann und frommer Jude, der die Verheißung erhalten hatte, er werde den Tod nicht schauen, ohne den Messias gesehen zu haben. Nun bringen Maria und Josef den kleinen Jesus acht Tage nach seiner Geburt in den Tempel. Simeon sieht das Kind, nimmt es in seine Hände und sagt: «*Nun lässt du, Herr, deinen Knecht, wie du gesagt hast, in Frieden scheiden, denn meine Augen haben das Heil gesehen*» (Lk 2,29–30).

Mich erinnert diese Szene immer an alte Menschen, die sich von ihren Kindern Enkel wünschen, weil sie das Gefühl haben: Irgendetwas muss weitergehen. Sie sind tief enttäuscht, wenn sie den Tod herannahen fühlen und einsehen: Da passiert nichts mehr; mit ihnen und ihren Kindern wird ihr Name aufhören, wird die Kette der Weitergabe des Lebens in einer Sackgasse münden. Nun liegt dieses Kind Jesus in den Händen des greisen Simeon – ein tiefes Symbol. Es ist, als versammle sich in den zitternden Händen des Simeon die ganze alte, zum Sterben verdammte Welt und als sei die kondensierte, konzentrierte, auf den Punkt gebrachte Hoffnung der Welt in seine Hände gelegt: das himmlische Kind. Wahrscheinlich rührt Weihnachten die Menschen deshalb so an, weil es jenseits der menschlichen Abfolgen von Sterben und Geborenwerden ein Leben für das Leben geben muss. Simeon hebt dieses Kind hoch, in dem das Leben den Tod besiegen wird. Er zeigt allen kommenden Generationen den ersten neuen Menschen, in dem sich das Menschsein aller Menschen erneuert, in dem wir für immer jung werden und «Kinder Gottes» (1 Joh 3,2) sind, so viele Jahre wir auch auf dem Buckel haben. Elias Canetti hielt sie für Utopie, *«die Freudentränen der Toten über den Ersten, der nicht mehr stirbt»*. Simeon, der Prophet, nicht. Er vergoss Tränen der Freude über das Kind, das ihm die Logik der göttlichen Liebe in die Hände legte – als Hoffnungszeichen gegen den Tod.

- ❖ Hören Sie einem älteren Menschen bewusst zu, auch wenn Sie die Geschichte schon kennen.
- ❖ Vertrauen Sie einem jüngeren Menschen eine Arbeit an, auch wenn Sie wissen, dass Sie das besser können.
- ❖ Nehmen Sie sich an Neujahr einmal ein «junges» Projekt vor: Lernen Sie eine ungewöhnliche Sprache, eine Technik oder schreiben Sie sich an der Volkshochschule für etwas Verrücktes ein.

TOOL 72
In der Liebe Christi für die Feinde beten

Gegen Ende seiner *Werkzeuge der geistlichen Kunst* kommt Benedikt noch einmal auf die Feindesliebe zu sprechen. Ich haben mich gefragt, warum er das tut – und bin zu dem Ergebnis gekommen: Er tut es aus Erfahrung. In einem Kloster mag vieles durch Kunst zu regeln sein. Es kann aber im Leben jeder Gemeinschaft einen Rest geben, der nicht durch Können aufzulösen ist, eine letzte Unverträglichkeit und Feindschaft, gegen die Goodwill machtlos ist. Dann kann man sagen: Es ist ein Stück Kreuz, das getragen werden muss. Durch das Kreuz, heißt es, sind wir erlöst. Wir wissen nicht – viele Heilige sagen das –, ob es im Leben nicht das Tiefste und Wirkungsvollste ist, im Kreuz mit Christus verbunden zu sein, da, wo wir nicht mehr können, am Leid der Welt mit Christus freiwillig mitzutragen.

«*Man muss es wie einen Schatz fassen, nicht wie eine Last*», sagt der große geistliche Lehrer Fénelon, «*durch das Kreuz allein können wir ja Jesus ähnlich werden.*» Am Kreuz hat sich die Liebe Christi gezeigt. Hier musste Jesus sein eigenes Wort einlösen: «*Liebt eure Feinde und betet für die, die euch verfolgen*» (Mt 5,44).

Er hat es getan durch sein Wort: «*Vater, vergib ihnen, denn sie wissen nicht, was sie tun*» (Lk 23,34). Sein Kreuz tragen heißt für uns Leute in den Fußstapfen Jesu: diejenigen in der Tiefe annehmen, die *mein Kreuz sind,* die es verursachen, heißt: voller Liebe und Hingabe beten für jene, die uns einen Strich durch die Rechnung machen, die uns das Leben versauern und verleiden.

Am Kreuz hat Jesus den «letzten Feind» (1 Kor 15,26), den Tod, besiegt. In aller Feindschaft wirkt der Tod. Feindschaft ist die Frontlinie zum Leben. Wer an der Feindschaft arbeitet, sie aufarbeitet durch Gebet, arbeitet am entscheidenden Punkt, dem Punkt der Erlösung.

- ❖ Übernehmen Sie durch Gebet Verantwortung auch für Ihre Gegner.
- ❖ Vermindern Sie die Zahl Ihrer Feinde. Sehen Sie die Schwächen Ihrer Gegner, nicht ihre Bosheit.
- ❖ Sehen Sie Ihre Gegner durch das Kreuz Christi an.

TOOL 73
Nach einem Streit
noch vor Sonnenuntergang zum Frieden zurückkehren

Als Kind hasste ich die Sonntagnachmittage und seine Sonnenuntergänge, die wir oft in der Natur erlebten. Ich wusste: Das Schöne würde aufhören und das Grauen würde kommen – der Montagmorgen und die Schule, die ich als Hölle empfand. Es war mir zu viel Schmerz in den Sonnenuntergängen, als dass ich sie geliebt hätte. Warum bekommen die meisten Menschen ein Gefühl der Wehmut, wenn die Sonne untergeht? Weil alle großen Bilder aus der Natur Symbole sind, weil sie unsere Seele berühren und uns eine Wahrheit sagen. Beim Anblick der untergehenden Sonne ahnen wir: Das Schöne hat ein Ende. Einmal werden wir die Sonne ein letztes Mal sehen. Dann wird die Sonne untergehen – und für uns auf der Erde nicht mehr aufgehen. *«Ihr wisst weder den Tag noch die Stunde»* (Mt 25,13). Es kann heute sein, es kann morgen sein, es kann in vielen Jahren erst geschehen. Aber dass uns die Sonne untergeht, dass wir sterben, ist todsicher.

Benedikts vorletztes Tool, seine Mahnung, unbedingt «noch vor Sonnenuntergang» Frieden zu schließen und die Versöhnung zu suchen, ist gewissermaßen eine Sterberegel. Gott soll uns nicht unversöhnt antreffen, wenn wir sterben, nicht verkantet, nicht böse, nicht verkehrt. Schon Gottesdienst zu feiern, ohne versöhnt zu sein, ist ein Unding, wie es Jesus in der Bergpredigt einschärft: «Wenn du deine Opfergabe zum Altar bringst und dir dabei einfällt, dass dein Bruder etwas gegen dich hat, so lass deine Gabe dort vor dem Altar liegen; geh und versöhne dich zuerst mit deinem Bruder, dann komm und opfere deine Gabe» (Mt 5,23–24). Nun geht es aber um mehr – um unseren Tod und die Transformation, die darin geschieht. Alles, was wir darüber aus dem Glauben wissen, sagt uns: Es wird eine Begegnung – ja, die Begegnung aller Begegnungen sein: *«Wir werden ihn sehen, wie er ist»* (1 Joh 3,2b).

Wie kann man da unvorbereitet sein!

Benedikt hat einen klaren Begriff von Christsein: Christ sein ist wach sein. *«Selig die Knechte, die der Herr wach findet, wenn er kommt!»* (Lk 12,37). Wer in den klassischen Verhaltensmustern dieser Weltzeit verharrt – Markus zählt auf *«Unzucht, Diebstahl, Mord, Ehebruch, Habgier, Bosheit, Hinterlist, Ausschweifung, Neid, Verleumdung, Hochmut und Unvernunft»* (Mk 7,21–22) –, der verschläft den Anbruch der neuen Zeit. Er bleibt im Dunkeln (1 Joh 2,9). Darum ist das Todessymbol «Sonnenuntergang» eine ständige Mahnung, niemals einzuschlafen, ohne das Licht gesucht und Frieden hergestellt zu haben.

Abend für Abend wird in Klöstern überall auf der Erde der Lobgesang des Simeon rezitiert: *«Nun lässt du, Herr, deinen Knecht ... in Frieden scheiden, denn meine Augen haben das Heil gesehen»* (Lk 2,29–30). Darin versteckt sich eine große Hoffnung. Sie betrifft unsere Abschiede und Untergänge, unser Gehenmüssen aus der Welt, das Lassenmüssen unserer Werke, unser Wegsinken aus dem Tag und dem Leben. Könnte es sein, sagt diese Hoffnung, *dass es nicht für immer ist?* Könnte es sein, sagt diese Hoffnung, dass die eine Sonne nur untergeht, damit uns eine andere aufgehen kann? *«Christus»*, sagt Clemens von Alexandrien, *«hat alle unsere Sonnenuntergänge in Morgenrot verwandelt.»*

❖ Verschieben Sie einen wichtigen Anruf nicht auf morgen.

❖ Gehen Sie nicht im Groll schlafen. Sprechen Sie lieber mit dem anderen, bis Frieden in Ihrer beider Seele ist.

❖ Machen Sie den Abend überhaupt zu einer Zone des Friedens und der Stille.

TOOL 74
Und an Gottes Barmherzigkeit niemals verzweifeln

Das letzte der 74 *Werkzeuge der geistlichen Kunst* hat Benedikt der Barmherzigkeit gewidmet, als sei sie der Gipfel von allem. Barmherzigkeit braucht man, wenn man sonst nichts mehr hat, wofür einem einer noch etwas gibt. Häftlinge, Penner, Psychopathen, Drogenabhängige, Gossenexistenzen brauchen Barmherzigkeit. Aber auch andere. «Wir sind Bettler, das ist wahr» – das waren die letzten Worte, die Martin Luther 1546 auf seinem Totenbett niederschrieb. Als Papst Johannes Paul II. im April 2005 zu Grabe getragen worden war, fand man sein Testament, in dem der Satz steht: *«Ich bitte auch um Gebet, damit die Barmherzigkeit Gottes sich größer erweisen möge als meine Schwächen und Unwürdigkeiten.»* Ein Papst, der Gott um Barmherzigkeit bittet? Ja, und es ist vollkommen in Ordnung so. Wir haben keine Rechtstitel, mit denen wir uns das ewige Leben erkaufen können. Über nichts regte sich der große französische Schriftsteller Léon Bloy (1846–1917) mehr auf als über den kirchlichen Hinweis bei der Beerdigung eines Pariser Kardinals, der Mann sei aufgrund seines vorbildlichen Lebenswandels «keiner Gebete mehr bedürftig».

Vielleicht wird es einmal als größte spirituelle Leistung des verstorbenen Papstes erkannt werden, dass er die Barmherzigkeit neu für die Kirche entdeckte. Gut möglich sogar, dass es nur drei Worte sein werden, die von diesem Papst bleiben: *Kultur des Todes* das eine, *Zivilisation der Liebe* das andere – und dazwischen wie ein gigantisches Scharnier das Wort *Barmherzigkeit*. Die Barmherzigkeit führte in der katholischen Kirche eine Art Schattenexistenz in der Abteilung Caritas, bis sie Johannes Paul II. im Heiligen Jahr 2000 aus der Ecke holte und unter dem Kopfschütteln vieler ins volle Licht rückte. Von nun an, so legte er fest, solle es immer acht Tage nach dem Osterfest einen eigenen «Sonntag der Göttlichen Barmherzigkeit» geben.

Das war keine fromme Floskel. *«Außer der Barmherzigkeit*

Gottes», davon war der Papst felsenfest überzeugt, *«gibt es keine andere Quelle der Hoffnung für die Menschen.»* Wer immer in den letzten Jahren seines Pontifikates zu Johannes Paul II. kam, musste sich gefasst darauf machen, eine Lektion zum Thema «Barmherzigkeit Gottes» erteilt zu bekommen. Nicht von Strafe sollte man heute zu den Menschen reden, sondern von Annahme, Liebe und Heilung. Der Papst beschwor seine Gesprächspartner richtiggehend, den Menschen diese Botschaft von der Barmherzigkeit Gottes zu verkünden, als bräuchten sie nichts anderes. Es war ausgerechnet der «Barmherzigkeitssonntag» des Jahres 2005, an dem der Papst dann heimgerufen wurde zu Gott. Nur ein Zufall? Ich glaube nicht an Zufälle.

Jede Zeit sucht nach ihrer besonderen Facette aus dem Reichtum des Glaubens. Die frühe Christenheit entdeckte Jesus als den Hirten, die Romanik verehrte in Christus den Weltenkönig, die Gotik erkannte den Gekreuzigten. Etwas von dieser Wucht einer Epochenerkenntnis hat der Nachdruck des Papstes auf den «Gott der Barmherzigkeit» als Gott für die Menschen von heute: *«Die Stunde ist gekommen, in der die Göttliche Barmherzigkeit die Hoffnung in den Herzen verbreiten und zum Funken einer neuen Zivilisation werden muss, der Zivilisation der Liebe»*, sagte Johannes Paul II. bei seinem letzten Polenbesuch.

Um der Wahrheit die Ehre zu geben: Die Sache mit der «Barmherzigkeit» war nicht einmal eine Erfindung oder blitzhafte Einsicht des Papstes. Er hatte dazu keine theologischen Gutachten eingeholt und keine Findungskommission einberufen. Er glaubte einer kleinen, unscheinbaren, freilich mystisch begabten Ordensfrau, die ihr kurzes Leben als Gärtnerin, Köchin und Pförtnerin in einem polnischen Kloster verbracht hatte, einer gewissen Faustyna Kowalska (1905–1938). Dieser Umstand ist prekär. Bei der Kombination «Polnische Nonne setzt polnischem Papst einen spirituellen Floh ins Ohr» pflegen aufgeklärte Zeitgenossen aufzujaulen. Den aufgeklärten Innerkirchlichen läuft ein Schauder den Rücken herunter; und die Aufklärer draußen können einmal mehr sagen: Welch ein finsterer Hort des Obskurantismus ist doch diese katholische Kirche!

Es ist bloß anders. Niemand ist gezwungen, an «Privatoffenbarungen» zu glauben. Aber wenn man kategorisch ausschließt, dass Gott auch heute zu Menschen und durch Menschen spricht, leugnet man das Prophetische, leugnet man den Heiligen Geist, leugnet man die Möglichkeit der Führung durch Gott. Privatoffenbarungen haben eine klare Grenze: die Heilige Schrift. In ihr ist alles gesagt. Insofern können Privatoffenbarungen niemals über die Schrift hinausgehen, aber sie können tiefer in sie hineinführen, ihre Wahrheit tiefer in eine Zeit hineinvermitteln. Wir hätten zwar lieber, wenn göttliche Inspirationen direkt an theologische Kommissionen gingen. Davon hat man noch wenig gehört. Dafür hat bereits Jesus ein Stoßgebet nach oben geschickt: *«Ich preise dich, Vater, Herr des Himmels und der Erde, weil du all das den Weisen und Klugen verborgen, den Unmündigen aber offenbart hast»* (Mt 11,25). Insofern sollte man es wunderbar nennen, dass es das noch gibt: Ein Papst folgt einer kleinen Nonne. Was sie zu sagen hatte, war ganz biblisch. Es spielt sich im 20. Kapitel des Johannes-Evangeliums ab.

Da tritt der Auferstandene in die Mitte seiner Jünger und sagt zu ihnen: *«Friede sei mit euch. Nach diesen Worten zeigte er ihnen seine Hände und seine Seite»* (Joh 20,19b.20). Eine kleine Geste nur – aber in dieser Sekunde bricht ein jahrtausendealtes Gottesbild zusammen. Die Wunden sind noch da! Gott ist kein unbarmherziges Prinzip. Seine Vollkommenheit ist die Vollkommenheit der Liebe. Gott ist verwundbar. Die Schmerzen der Erde, unser aller Schmerzen – sie bluten für immer in Gott. Die Menschwerdung Jesu war kein Ausflug in die Welt der Leiden, keine abgeschlossene, dunkle Episode des Göttlichen, die sich Jesus aus den Kleidern hätte wischen können. Gott hat ein Herz für uns Menschen. Man kann sich an dieses Herz wenden. Gott ist andauernde, überfließende Barmherzigkeit. Dafür öffnete die kleine Schwester aus Krakau-Lagiewniki dem großen Mann aus Rom die Augen. Faustyna, die der Papst 2000 heiligsprach, gelangte zur Gewissheit: Das Einzige, was Menschen tun müssen, ist kommen und sagen: *Jesus, ich vertraue dir!* In allen Lebenssituationen, in jeder Verzweiflung, in allen Leiden, Nöten und Sorgen.

Der Papst verstand intuitiv: Das ist es! Mehr nicht. Das ist die Formel, in der sich ein ganzes, gewaltiges, komplexes Lehrgebäude christlicher Religion für die Menschen von heute ausspricht. Das muss man von den Dächern rufen: *«Man muss diesen Funken der Gnade Gottes anzünden. Man muss der Welt dieses Feuer der Barmherzigkeit weitergeben.»* Über anderthalb Jahrtausende hinweg begegnet der Papst dem Mönch Benedikt. Auch der gab seinen Schülern als letzten Rat: *«An Gottes Barmherzigkeit niemals verzweifeln!»*

Wenn man mich nun fragt: Wo ist die Stelle, in der man heute einsteigen kann, wenn man (wieder) Christ sein möchte – voraussetzungslos, auf dem schnellsten Weg, über einen direkten Draht –, so würde ich sagen: Es ist dieser kleine Satz: *«Jesus, ich vertraue dir!»*, der alles beinhaltet, aus dem sich alles ergibt. Sich Gott in die Arme werfen, seiner Barmherzigkeit ausliefern! *«An Gottes Barmherzigkeit niemals verzweifeln!»* Mehr muss nicht sein.

Was sind wir denn? Wir sind die Generation der Leute, die mit allem fertig werden, bloß nicht mit sich selbst. Wir zweifeln an allem; am meisten zweifeln wir an uns. Und da sollen wir an der Barmherzigkeit nicht zweifeln? Aber das ist gerade ihr Geheimnis: *«Wenn das Herz uns auch verurteilt – Gott ist größer als unser Herz, und er weiß alles»* (1 Joh 3,20).

Das sind also die Werkzeuge der geistlichen Kunst.
Wenn wir sie Tag und Nacht unaufhörlich gebrauchen
und sie am Tag des Gerichts zurückgeben,
werden wir vom Herrn jenen Lohn empfangen,
den er selbst versprochen hat:
*«Was kein Auge gesehen und kein Ohr gehört,
hat Gott denen bereitet,
die ihn lieben» (1 Kor 2,9).*

Benedikt von Nursia

- ❖ Rufen Sie oft die Barmherzigkeit Gottes an.
- ❖ Suchen Sie sich ein Bild Christi, zu dem Sie sagen können: «Jesus, ich vertraue dir!»
- ❖ Hören Sie nicht auf zu beten, wenn Sie sonst am Ende sind.

Kleine Schule des Betens

Wenn Sie sich bei Menschen in Ihrer Umgebung umhören, was sie vom Beten halten, werden Sie ganz unterschiedliche Antworten bekommen. Die einen werden sagen: «Beten ist Unsinn; es nutzt ja doch nichts.» Andere werden meinen: «Ich bete jeden Tag; Beten hat mir in meinem Leben sehr geholfen.» Daraus sollten Sie nur eine Erkenntnis gewinnen: Verlassen Sie sich in einer so wichtigen Sache nicht auf andere Leute, sondern finden Sie es selbst heraus!

Hören Sie auch nicht darauf, wenn Ihnen jemand sagt, Beten sei schwer oder leicht. Machen Sie Ihre ganz eigenen Erfahrungen, denn Beten ist so individuell, wie Sie selbst einmalig und individuell sind. Wenn Sie jemanden lieben, ist es ja auch Ihre ganz persönliche und unverwechselbare Liebesgeschichte, die sich von allen Liebesgeschichten dieser Erde unterscheidet. Ihre Liebe wird einmal schwer und einmal leicht sein. Spielt das eine Rolle? Beten und Lieben gibt es nicht von der Stange.

Warum wir beten sollen

Sie sind absolut kein seltener Vogel, wenn Sie beten. Bei der Fußballweltmeisterschaft fielen schon fast diejenigen Spieler auf, die *nicht* beteten, sich bekreuzigten oder sonstige religiöse Signale aussendeten – so hat sich der Wind gedreht. Es ist wieder okay, sich zu seinem Glauben zu bekennen. In seiner Tiefe spürt fast jeder, dass es unglaublich wichtig ist, eine Beziehung zu Gott zu haben und sie so zu vertiefen, dass man in der Lage ist, ihn anzurufen und mit ihm zu sprechen, bei ihm seine Sorgen loszuwerden und seinen Segen zu erbitten.

Wir schielen immer auf die anderen. Im Grunde ist es belanglos, wenn neuere statistische Untersuchungen einen deutlichen Anstieg der Zahl der Menschen verzeichnen, die beten, was übrigens quer durch die Konfessionen, ja Religionen zu beobachten ist. Aktuell sind es (der 2006 publizierten «Youth in Europe»-Studie zufolge) europaweit etwa 80 % aller Jugendlichen, die zumindest hin und wieder beten. Sie sollten dennoch nicht beten, weil es gerade mal trendy ist und Sie sich dadurch in einem prozentualen Mainstream befinden. Sie sollten auch nicht beten, weil das in einer verzwickten strategischen Situation den Durchbruch bringen muss, weil Sie dann ganz sicher den verflixten Schlüssel finden, weil es im Wald einen besonders schönen Gefühlskick gibt, weil man dann unbelasteter in den Clinch mit dem Chef geht, weil es die indigenen Völker, die Muslime oder der Papst tun, weil es ein Promi neuerdings schick – und die Freundin es überhaupt mal wieder gut fände.

Es gibt nur einen Grund zu beten: *weil es Gott gibt*. Weil er Sie erschaffen hat. Weil er Sie Tag und Nacht mit seiner Liebe begleitet. Weil er jetzt gerade da ist und mit Ihnen eine wunderbare Verbindung haben möchte. Beten ist das Natürlichste von der Welt. Es ist eigentlich so natürlich wie Atmen. Wir sind ja in Gott, bewegen uns in ihm, schwimmen in ihm wie der Fisch im Wasser. Warum sollten wir nicht mit ihm kommunizieren, ihm Signale senden?

Und warum ist es dann so schwierig zu beten? Denn fast jeder Mensch braucht eine große Anstrengung, bis er wirklich in ein Beten hineinkommt, das ihm völlig natürlich aus der Tiefe seines Herzens strömt. Eine merkwürdige Antwort darauf: Es ist so schwer, weil Gott so groß und so klein ist! So unendlich groß, dass er alle unsere Begriffe und Vorstellungen sprengt (wir sprechen negativ vom *Un*endlichen!) – und so klein, dass noch die winzigste Molekularstruktur und das scheinbar zufälligste Ereignis von seiner Gegenwart erzählen. Er ist in allem und doch über alles Geschaffene hinaus, denn er ist der Grund des Seins und darf nicht mit seiner Totalität verwechselt werden. Ich will Ihnen einen Gedanken geben, der Ihnen vielleicht hilft: *Beten ist wirklich in einem ganz nüchternen Sinn zu schwierig für uns.* Wir können es gar nicht. Was ist denn schon der Mensch, dass er es mit der Unendlichkeit Gottes aufnimmt? Was wollen wir mit unseren tauben Begriffen und unseren leeren Worten ausrichten vor dem ganz anderen Gott? Beten, wir können es nicht ... und es soll doch gehen. Wie bitte?

Warum Beten zu schwer für uns ist, und warum wir es trotzdem können

Weil wir es gar nicht *machen* müssen – «es» betet schon lange in uns, bevor wir jemals zu ein paar dürren Worten oder frommen Gedanken gefunden haben. Lassen Sie diesen merkwürdigen Gedanken einmal für einen Moment so stehen. Sie werden gleich verstehen, warum.

Beginnen wir mit einer Gedankenübung: Stellen Sie sich vor, Sie bekommen die Aufgabe, einmal *ganz zu sich* zu kommen – wie machen Sie das? Vielleicht schließen Sie die Tür, damit kein Geräusch Sie stört. Dann sollten sie vielleicht in den Schneidersitz gehen, damit alles Äußere von Ihnen abfällt, wie bei einer Zwiebel – eine Haut, dann die zweite, dann die dritte. Stellen wir uns vor, es geht. Sie meditieren wie ein Weltmeister, kommen in eine Tiefe, in der Sie noch nie waren. Und dann, wenn Sie also ganz bei sich sind, was finden Sie da? Ihr Ich? Das bezweifle ich. Eher glaube ich (wie einige zynische Psychoanalytiker), dass der Mensch *nur* aus Haut, nur aus Oberflächen besteht und dass es ein einträgliches Geschäft ist, ihn zu «häuten». Ich kann mir nicht vorstellen, dass im Allerinnersten noch einmal eine konzentrierte Hochpotenz «Ich» zu finden ist.

Ich glaube hingegen mit guten Gründen: Wenn Sie am tiefsten Punkt in sich angekommen sind, *wenn sie also ganz bei sich sind*, entdecken Sie kein «Ich» in narzisstischer Spiegelung. Dann sind Sie – nicht erschrecken! – bei einem «Du». Das Letzte und Äußerste eines Menschen ist nicht die egoistische Selbstvergewisserung im «Ich», sondern das freudige Sichverlieren in ein «Du», das es wert ist. Eben das ist das Geheimnis der Liebe. Wann ist der Mensch mehr Mensch – wenn er sich in der Liebe zum «Du» vergisst, oder wenn er sich im Selbstgenuss am eigenen «Ich» ergötzt? Die Antwort kennt jeder.

Wenn man in der Bibel forscht, was sie zum Innersten des Menschen weiß, dann stößt man auf zwei höchst bemerkenswerte Schriftstellen. Zum einen die Prophezeiung des Hesekiel: *«Ich schenke ihnen ein anderes Herz und schenke ihnen einen neuen Geist. Ich nehme das Herz von Stein aus ihrer Brust und gebe ihnen ein Herz von Fleisch»* (Hes 11,19). Da wird angedeutet, dass Gott das selbstbezogene Wesen des Menschen in seinem Herzzentrum verändern und aufbrechen wird – und zwar durch einen *neuen Geist*. Und dann lesen wir bei Paulus: *«Wisst ihr nicht, dass ihr Gottes Tempel seid und der Geist Gottes in euch wohnt?»* (1 Kor 3,16). In uns? Denken Sie nun einmal, Sie wären nie allein. Wohin Sie auch immer gingen, dorthin ginge auch das Geheimnis mit Ihnen, das in der Brunnentiefe Ihrer Seele wohnt. Sie könnten in der Verlassenheit nicht verlassen werden und in der Einsamkeit nicht einsam sein, weil in Ihnen (wie Augustinus sagt: *intimior intimo meo* = innerlicher als ich selbst mir bin) Gott anwesend ist. Gott, der als Heiliger Geist in Ihnen wohnt, ist aber keine Funktion Ihrer Seele; er ist *in* Ihnen, er ist Ihre letzte Tiefe und doch ist er kein Teil von Ihnen. Gott ist unendlich größer als wir, die wir ihn in uns entdecken. Paulus schreibt über das Licht, das in den Herzen aufgeleuchtet ist: *«Diesen Schatz tragen wir in zerbrechlichen Gefäßen; so wird deutlich, dass das Übermaß der Kraft von Gott und nicht von uns kommt»* (2 Kor 4,7).

Und denken Sie nun, dieser Schatz in Ihnen, dieser Geist der Liebe in der Brunnentiefe Ihrer Seele, liegt nicht wie ein Ding, ein Prinzip, eine Idee da. Dieser Geist ist das «Du» Ihrer ganzen Sehnsucht, das «Du», wofür Ihr «Ich» da ist, das, wovon Sie zutiefst angesprochen werden und was Sie im Letzten ansprechen:

«Komm, Heiliger Geist, erfülle mein Herz und entzünde in mir das Feuer deiner Liebe.» Denken Sie, dass die Liebe, die Gott ist, nicht anders kann, als zu lieben. Er möchte sich mitteilen. Wenn Ihr Inneres ein Tempel des Heiligen Geistes ist, dann *lebt* der Heilige Geist in Ihnen und will aus sich heraus. Er ist zwei Seiten zugewandt: Er ist Ihnen zugewandt, wie er Gott zugewandt ist. Für Sie ist er *«Lebensbrunn, Licht, Lieb und Gnad»* (wie es im «Veni Creator, Spiritus», dem alten Pfingstlied, heißt), er ist alles, was aus Ihrem Inneren an göttlichen Impulsen hervorquillt, wenn Sie es nicht an der Entfaltung hindern. Für Gott ist er das Preislied, das aus dem Herzen der Schöpfung – das ist der Mensch – zu ihm emporsteigt.

Das meine ich, wenn ich sage: «Es» betet schon in Ihnen. Sie müssen es weder erfinden noch als Technik lernen. Sie müssen nur mit Ihrer Amateurstimme in den Jubel des Heiligen Geistes einstimmen, der aus der Tiefe Ihrer Seele zum Vater emporsteigt. In Ihrer Tiefe ist schon etwas oder einer, der ständig die Worte der Liebe zu Gott spricht, die Sie erst mühsam mitsprechen lernen. Sie beten also schon, bevor Sie sich dafür entscheiden, es von jetzt an bewusst zu tun. Es ist fast wie bei jener antiken Theorie vom Lernen, die sagt: Lernen ist ein Wiederentdecken dessen, was wir immer schon wussten, bloß vergessen haben – und ist doch ganz anders.

Ein wunderbares und sehr tiefes Gebet ist daher, wenn Sie sprechen: *«Komm, Heiliger Geist, bete du in mir, wenn mir die Worte fehlen!»* Aus Ihnen heraus betet Gott zu Gott. Wenn Sie also beten, so fangen Sie nicht bei Null an, sondern steigen in Ihr tiefstes Geheimnis ein – in Ihnen ist bereits ein Gespräch mit Gott, das keine Sekunde Ihres Lebens abgerissen ist. Das auch dann nicht abreißt, wenn Sie an allen Ecken und Enden feststellen mussten, wie wenig Sie Gottes Idealbild entsprechen. Nur eine Handbreit hinter dem ewigen Kreisen um Ihre eigene Person wohnt Gott. Im Bruchteil einer Sekunde, im Flügelschlag eines Gedankens sind Sie bei ihm! Das Paradies ist nicht irgendwo in Mesopotamien, sondern in Ihrer eigenen Tiefe, in der Sie jetzt schon erlöst sind, in der Gott Wohnung genommen hat, in die Sie eintauchen sollen, um sich an der Liebe zu freuen und Kraft zu schöpfen für all das Schwere, das Sie in Ihrem Leben zu bestehen haben.

Verstehen Sie jetzt, warum Sie in der Bibel lesen, wir sollten «ohne Unterlass» (1 Thess 5,17) beten, also gar nicht mehr damit aufhören? Vielleicht haben Sie sich schon einmal gefragt, wie das denn gehen soll – man kann ja nicht gleichzeitig im Internet surfen oder eine komplizierte Maschine bedienen und dabei das Vaterunser sprechen; man kann auch nicht mit höchster Konzentration auf der Autobahn fahren und dabei einen Psalm aufsagen. Es geht aber um diese Handbreit zwischen Gott und Ihnen; immer einmal wieder sollen Sie – und sei es nur für eine Sekunde – in die Tiefe Ihrer Wirklichkeit eintauchen, in der das unaufhörliche Gespräch zwischen Ihnen und Gott stattfindet: «Es» betet immer in Ihnen. Sie können es nur abwürgen, von Ihnen abtun, sich der Liebe verweigern. Oder: mitspielen.

Was habe ich denn davon?

Und wenn Sie jetzt fragen: Was habe ich davon? – so muss ich Ihnen sagen: Ich weiß es nicht. Ich weiß nicht, was Gott mit Ihnen vorhat. Sie werden es spüren. Ich weiß aber eines: Solange Sie in Ihrem Leben nicht mit dem Beten aufhören, so lange werden Sie nicht aus Ihrer Wahrheit herausfallen; so lange werden Sie Ihr Leben nicht verfehlen. Wenn Sie alles, was Sie tun und vorhaben, unter das Licht Gottes halten, werden Sie einen geraden Weg gehen. Ihrer wird vielleicht anders aussehen als der Weg Abertausender von Menschen, die nur ihren Vorteil suchen und ihr Schäfchen ins Trockene bringen und eines Tages ausgelebt, verbogen und traurig von der Erde gehen. Man wird es Ihnen vielleicht nicht sofort, aber ganz gewiss nach ein paar Jahren ansehen, ob Sie ein Beter oder ein Nichtbeter sind.

In der Folge will ich Ihnen ein paar ganz praktische Ratschläge geben, die Ihnen helfen sollen, ein Leben aus der Tiefe, der Kraft und der Schönheit des Betens heraus zu gestalten. Es sind elf kleine, vielleicht hilfreiche Regeln. Ich sauge sie mir nicht aus den Fingern. So viel Hochmut besitze ich im Angesicht der wahren, großen Beter in der Geschichte und meiner beschämenden Versuche nicht. Was hier dargeboten wird, sind Spionageergebnisse und Entlehnungen aus einer mehrtausendjährigen Weisheit, zu der ich bewundernd aufschaue. Für die Weisheit des Betens gibt es glücklicherweise kein Copyright, sondern eine Copyduty. Wem geholfen wurde, der soll's weitersagen: «Geht und berichtet ... was ihr gesehen und gehört habt: Blinde sehen wieder, Lahme gehen, und Aussätzige werden rein; Taube hören, Tote stehen auf, und den Armen wird das Evangelium verkündet» (Lk 7,22).

Fangen Sie ganz einfach mit Beten an, nicht mit langer Lektüre, nicht mit einer Theorie des Betens! Gehen Sie an einen ungestörten Ort; reservieren Sie sich Zeit, beginnen Sie; fangen Sie mit Geduld und großer innerer, aber geringer äußerer Erwartung an! (Oh, ich weiß noch, wie ich da saß, betete und mich permanent selbst beobachtete, wie ich «betete» – es war, als spielte ich «Beten».) Machen Sie es so, als wollten Sie eine neue Sportart oder ein wunderbares Instrument, das Ihnen immer schon gefallen hat, erlernen, um darin eines Tages so sicher wie ein Meister zu sein. Wenn Sie Marathon laufen wollen, fangen Sie auch klein an, bevor Sie auf die große Distanz gehen.

Aber da droht schon das erste Missverständnis. Sie könnten jetzt denken, Beten sei eine Frage avancierter Technik. Man müsse nur die richtigen Kniffe kennen, und schon hat man den Bogen raus – ist es nicht so? Es ist nicht so. Mit ein paar simplen Tricks geht gar nichts. Beten heißt, in ein Gespräch der Liebe, ja, in eine Liebesgeschichte mit Gott eintreten. Und wie das Wort Liebes-Technik ein Widerspruch in sich ist, so ist es auch das Wort Gebets-Technik.

Regel I:
Lernen Sie die wichtigste Sprache der Welt!

Wenn es heißt, das Gebet sei ein «Instrument», dann meine ich damit ein *Instrument der Verständigung, eine Sprache.* Es ist, wie wenn einer eine wunderschöne Frau aus einer ganz fremden

Kultur kennen lernt; wenn er sie liebt und für sich gewinnen will, wird er mit ganzem Einsatz darangehen, diese Sprache zu lernen, in der er jedes Wort von ihr versteht und in der er ihr alles sagen kann. Er weiß, es wird die Sprache sein, in der er alle ihre Andeutungen verstehen kann, die Sprache auch, in der er jede Faser seines eigenen Herzens, jede Nuance seiner Gefühle zum Ausdruck bringen kann. Aus Liebe wird er ein Meister dieser Sprache werden. Wenn Sie ein Meister in der Sprache werden wollen, in der Sie Gott verstehen und ihm alles sagen können, dann fangen Sie heute noch von ganzem Herzen damit an zu beten!

In Taizé kam ein etwa 55-jähriger Australier zu mir, wie sich herausstellte ein erfolgreicher Projektleiter aus dem Tourismussektor. «Tell me», rückte er gleich mit der Sprache heraus: «Tell me the thing called God, Bernhard. How to believe in it? Tell me!» Es verschlug mir die Sprache; ich stotterte herum. «Oh, Dean ... give me some time, please», wand ich mich aus der Affäre. «Up to you», sagte der gute Dean und verschwand. Wie es sich zeigte, machte er das überall so, bei jedem. Er wollte es einfach *wissen*. Er war an diesen Ort gefahren, hatte sich eine Woche Zeit gegeben – und dann musste diese Lebensfrage im Kasten sein.

Trotzdem beschäftigte es mich ganz ungemein, was ich diesem Dean sagen würde. Eines wusste ich: Der Schlüssel würde das Gebet sein. Ohne Gebet kein Kontakt, keine innere Verbindung. Erst später würde die Bibel kommen ... Endlich kam mir der rettende Gedanke: «Listen, Dean! ... Fang mit *Beten* an! Da lernst du die Sprache Gottes. Und wenn du es nicht kannst, dann mach es wie die kleinen Kinder, wenn sie ein Sprache lernen. Sie plappern es einfach den Alten nach. Die Freunde Jesu hatten keinen Plan vom Beten. Sie wollte es von Jesus wissen. Der musste es doch wissen! Dann hat er ihnen das Vaterunser geschenkt. Sie plapperten es einfach nach. Hast du es noch drauf, das Vaterunser, Dean? ...» Und dann saßen wir da, unter den Linden von Olinda bei Taizé in Burgund und kauten und buchstabierten miteinander das Vaterunser durch ...

Vater unser im Himmel,
geheiligt werde dein Name,
dein Reich komme,
dein Wille geschehe,
wie im Himmel so auf Erden.
Unser tägliches Brot gib uns heute,
und vergib uns unsere Schuld
wie auch wir vergeben unseren Schuldigern.
Und führe uns nicht in Versuchung,
sondern erlöse uns von dem Bösen.

Wenn man sich vorstellt, wir müssten im Gebet zu Gott hinüberkommen wie über eine riesige Eisfläche, in die wir bei jedem Schritt einbrechen könnten, so ist unsere betende Aneignung dieser 10 Sätze Jesu wie ein vertrauensvoller Einstieg in eigens für uns bereitgestellte Schneeschuhe. Hier können wir sicher sein: Jeder Schritt trägt. Für jedes Wort steht Jesus selbst gerade. In den Schuhen Jesu kommen wir sicher hinüber in das Herz des Vaters. Das ist die Sprache, die Menschen sprechen sollen und die Gott vertraut und lieb ist. Wenn man Beten lernen will, dann sollte man sich zuerst in die Sprache Jesu einschmiegen, dann sollten wir in den Schuhen seiner Worte gehen. Im Nachsprechen und Mitsprechen kommt man dann an den Punkt der Freiheit, wo «Herz zu Herz» spricht.

REGEL II:
Wenn Sie beten, beten Sie regelmäßig!

Wenn Sie nur beten, weil Sie gerade in höchster Not sind oder wenn Sie gerade ein schönes Gefühl berauscht, werden Sie kein Stück vorankommen. Denn was ist das für eine Liebesbeziehung, die immer nur dann beschworen wird, wenn Sie gerade eine Dosis «Liebe» nötig haben?

Machen Sie sich also einen konkreten Plan. Beispielsweise den: a) Morgens nach dem Aufstehen setze ich mich für eine bestimmte Zeit auf die Bettkante und suche den bewussten

Kontakt zu Gott. Ich danke ihm für die vergangene Nacht, für alles, was er mir Gutes getan hat, für mein ganzes Leben. Ich preise ihn und vertraue mich ihm an. Ich lege ihm mein Leben, meinen Tag, meine Partnerschaft, meine Freunde und Verwandten in die Hand, bitte um seine Führung, bitte um seinen Segen für alles, was ich vorhabe. Ich schaue alles mit seinen Augen an. b) Immer wenn ich esse (und wo immer das ist), schicke ich einen Dank an Gott, der mich erhält und für mich sorgt. c) Wann immer ich eine Kirche besuche (beispielsweise um sie zu besichtigen), nehme ich Kontakt zu Gott auf, um ihn zu preisen und ihm Dank für alles Gute zu sagen. d) Ich gehe an keinem Tag schlafen, ohne vorher mit Gott gesprochen zu haben, ohne seinen Frieden und seine Versöhnung zu suchen.

Wie Ihr Plan konkret aussieht, müssen Sie ganz allein für sich entscheiden. Nur prüfen Sie sich immer wieder, ob Sie wirklich regelmäßig beten. Seien Sie kritisch gegenüber sich und der List, die sich der Teufel der Bequemlichkeit ausdenkt, um Sie von Ihrem Weg abzubringen.

Noch eine andere List, die Sie vom regelmäßigen Beten abhält, muss ich erwähnen: Ihr Gefühl, Sie seien jetzt gerade nicht würdig für etwas «so Heiliges» wie ein Gebet. Dieses Gefühl haben die Mystiker und großen Meister des Gebets (etwa Birgitta von Schweden) häufig beschrieben. Ihr Ratschlag lautet einstimmig: Sofort anfangen! Mitten in der Sünde! Je eher, desto besser! Denn erstens sind wir *niemals würdig*, mit Gott zu sprechen – und zweitens vielleicht gerade dann *besonders unwürdig,* wenn wir uns besonders gut vorkommen. Wir bräuchten also gar nicht erst anzufangen. Natürlich ist Gott der *absolute Feind* der Sünde. Er ist aber auch der *absolute Freund* der Sünder. Er kennt unsere Schwäche. Er weiß, dass wir immer wieder dieselben Abstürze haben und die gleichen Sünden begehen. Diese Sünden sind nicht unser Verhängnis; sie sind unser Kapital. Gott verwandelt sie nämlich in eine Waffe gegen den Stolz, die Mutter aller Sünden. Wenn Sie wieder «Ihren» Absturz hatten – kommen Sie sofort «heim», so derangiert und gedemütigt, wie Sie gerade drauf sind.

Wenn Sie sich nicht mehr helfen können, sind Sie genau in der richtigen Verfassung, in der Gott etwas mit Ihnen anfangen kann ...

REGEL III:
Wenn Sie beten, nehmen Sie sich Zeit!

Gott zählt nicht die Stunden, Minuten oder Sekunden, die wir für ihn reservieren. Die Qualität einer Liebesbeziehung misst man besser auch nicht an der Menge von Zeit, die zwei Liebende miteinander verbringen, sondern an der Intensität, die sich dabei einstellt. Sekundengebete (sogenannte «Stoßgebete») sind etwas Wunderbares, und Sie dürfen immer wieder auf den Schnellkontakt zu Gott zurückgreifen. Aber wenn Sie in echte Beziehung mit Gott kommen wollen, brauchen Sie dafür richtig Zeit. Das ist am Anfang vielleicht nicht einfach, aber eines Tages werden Sie sich nicht mehr zum Gebet zwingen müssen. Der Wunsch danach kommt dann ganz tief aus Ihrem Inneren: Sie werden es beispielsweise als großes Glück erleben, einmal eine halbe Stunde in der Stille einer einsamen Kirche mit Gott gesprochen zu haben. Wir haben für so viel Unsinn Zeit – ist Gott es Ihnen nicht wert, ihm wirklich Zeit zu schenken?

Wichtig ist es, gerade für die regelmäßigen Gebete bewusst Zeit einzuplanen. Stehen Sie eine Viertelstunde früher auf! Begeben Sie sich eine Viertelstunde früher zur Nachtruhe! Verplanen Sie die «Zufallszeiten»! Beten Sie, wenn Sie in der Nacht aufwachen und nicht schlafen können! Beten Sie, wenn Sie vor der Ampel warten müssen! Beten Sie, wenn Sie im Zug sitzen! Lassen Sie beim Friseur die Zeitschriften liegen – beten Sie still für die Menschen, die mit Ihnen zufällig in diesem Raum sind; segnen Sie diese Menschen! Vielleicht hat es noch niemand vor Ihnen getan. Beten Sie am Baggersee! Beten Sie, wenn Sie Ihren Partner im Arm und Ihre Kinder auf dem Schoß haben. Beten Sie, wenn Sie sich ans Steuer setzen und wenn Sie das Steuer aus der Hand geben.

Übrigens gibt es eine alte Erfahrung: Die Zeit, die man Gott schenkt, bekommt man mit Zinsen zurück, weil einem der Tag (beispielsweise) nach einem guten Morgengebet ganz anders von der Hand geht.

Regel IV:
Beten Sie mit dem Herzen!

Eine Faustregel ist: Ein Gebet, das nur mit dem Mund und nicht aus ganzem Herzen gesprochen ist, ist kein Gebet. Bewährt hat es sich, vor dem Beten alle Erzeuger von Ablenkung konsequent zu eliminieren (Auszeit für Radio, CD-Player etc.) und aus der Stille und der inneren Sammlung heraus Gott zu suchen – von Herz zu Herz. Werden Sie wirklich still – und beginnen Sie erst dann, wenn Sie wach, konzentriert und mit vollem Herzen «da» sind. *«Wenn ihr betet, sollt ihr nicht plappern wie die Heiden, die meinen, sie werden nur erhört, wenn sie viele Worte machen»* (Mt 6,7); Ihr «tête-à-tête avec Dieu» soll niemals in Routine abgleiten.

So wichtig es ist, mit dem Herzen zu beten, so muss man doch vor einem Missverständnis warnen: Ein Gebet ist nicht deshalb gut, weil dabei viele Gefühle und eventuell sogar Tränen mit im Spiel sind. In Sachen der Religion, meinte einmal der berühmte englische Kardinal Newman, ist Gefühl Schall und Rauch. Die großen Heiligen berichten immer wieder, dass sie Zeiten hatten, in denen sie überhaupt nichts mehr fühlten und aus einer solchen Nacht des Nichts-mehr-fühlen-Könnens heraus zu Gott beteten, ja schrien. Ein solches Gebet aus der Nacht heraus ist in den Augen Gottes mit Sicherheit mehr wert als die gefühligsten Stunden, in denen man Gottes Gegenwart quasi mit Händen zu greifen meinte.

Regel V:
Wechseln Sie immer wieder einmal zwischen freien und vorformulierten Gebeten!

Wenn das Gebet ein Gespräch mit Gott ist, dann liegt es auf der Hand, dass es kein schöneres Gebet als ein freies Gebet gibt. Aber das freie Beten ist auch gefährlich. Wir Menschen sind immer wieder in der Gefahr, in fruchtlose Monologe zu verfallen, in denen wir Gott mit unseren Sorgen und Problemen «vollschwätzen», anstatt in das tiefere Beten des Heiligen Geistes in uns einzuschwingen.

Die Bibel ist übrigens voll von richtigen Gebeten, die uns zurückholen in die wahre Sprache der Beziehung zu Gott. Besonders die Psalmen sind unübertreffliche Gebete; man lernt sie immer tiefer lieben und schätzen, wenn man einmal damit angefangen hat, sie mit ganzem Herzen zu sprechen. Schauen Sie in alten Büchern nach, in denen Sie Gebete aus allen Zeiten und Kulturen aufgezeichnet finden! Unter denen, die Gebete verfasst haben, werden Sie gänzlich unbekannte, aber auch glanzvolle Namen finden – und Sie werden auch sehr rasch herausfinden, was verstaubte Floskel oder hohles Wortgeklingel ist und wo die durchlebten und durchlittenen Zeilen zu finden sind. An ihnen sind Menschen gereift. Sie haben sie als echte Brücke zu Gott erfahren. Auch Sie können noch vertrauensvoll über diese Brücke gehen. Diese Gebete sind der Schatz der Christenheit. Man muss sie darum mit großer Ehrfurcht und Liebe betrachten und darf sich von ihnen an die Hand nehmen lassen.

Und noch eine Erfahrung: Lernen Sie bestimmte Gebete, die Sie besonders ansprechen, auswendig! Es wird Stunden in Ihrem Leben geben, in denen Sie nicht mehr fähig sind, frei zu beten. Dann können Sie von Glück sagen, wenn Sie auf ein vorformuliertes Gebet aus der großen Tradition der Kirche zurückgreifen können. Immer wieder wird berichtet, wie Menschen auf dem Sterbebett ein solches Gebet sprechen konnten, das ihnen tiefen Frieden und unbedingte Gelassenheit schenkte und sie bereit für die letzte Begegnung mit Gott machte.

Regel VI:
Beten Sie alleine und beten Sie mit anderen!

«Wenn du betest, geh in dein Kämmerlein!», heißt es im Neuen Testament (Mt 6,6; Lutherbibel). Damit ist gesagt: Gib nicht an mit deinen Gebeten, rede nicht so viel davon, tu es einfach! Und in der Tat ist das Gebet ja etwas vom Persönlichsten, was ein Mensch hat: Auge in Auge mit seinem Gott allein zu sein. Jesus selbst hat das Aug-in-Aug mit seinem Vater gesucht, damals in der Nacht vor seinem Tod am Ölberg. Aber Jesus hat auch gemeinsam mit seinen Jüngern gebetet, beispielsweise beim Letzten Abendmahl, als er das große Dankgebet seines Volkes über Brot und Wein anstimmte. Das geschieht in der Kirche noch immer. Besonders in den Gottesdiensten zeigt sich, dass sie eine große Gemeinschaft des Gebetes ist, in der unter anderem auch für Sie gebetet wird. Ein Christ zu sein, heißt: sich immer wieder in dieses gemeinsame Beten hineinbegeben.

Aber auch über den Gottesdienst hinaus sollen Christen versuchen, miteinander zu beten, etwa in der Familie oder im Freundeskreis. Es ist etwas Großartiges, wenn man neben sich Menschen hat, mit denen man so tief verbunden ist, dass man alle Blockaden der Peinlichkeit hinter sich lassen und zusammen beten kann. *«Wo zwei oder drei in meinem Namen versammelt sind, da bin ich mitten unter ihnen»*, sagt Jesus (Mt 18,20), und er ermutigt uns dazu, Gott gemeinsam um etwas zu bitten. Wenn Sie in Ihrem Freundeskreis beispielsweise ein tiefes Anliegen haben, so beten Sie doch einmal gemeinsam darum! Es ist ein verschmerzbares Risiko, dass Ihre Freunde Sie mit großen Augen anschauen. Mutige Vorschläge kommen immer von der Avantgarde. Seien Sie überzeugt, es ist keine Luftnummer, wenn Jesus verspricht: *«Wer bittet, der empfängt; wer sucht, der findet; und wer anklopft, dem wird geöffnet»* (Lk 11,10). Gott hört das – aber Sie müssen ihm die Freiheit lassen, Ihre Bitte auf seine Weise zu erfüllen.

Zusammenfassend kann man sagen: Wer immer nur für sich allein betet, dem fehlt die *Weite,* der ist in Gefahr, nur an sich zu denken. Wer aber immer nur in der Gemeinschaft betet, dem fehlt die *Tiefe,* der ist in der Gefahr, niemals den Gott zu erfahren, der ihn ganz persönlich meint.

REGEL VII:
Unterstützen Sie Ihr Gebet durch Ihren Leib!

Sie kennen den berühmten Witz? Fragt einer: «Darf man beim Beten rauchen?» Antwortet der Jesuit: «Hätten Sie mich gefragt, ob man beim Rauchen beten darf, hätte ich Ja gesagt.» Natürlich kann man in jeder nur denkbaren Lage beten, im Liegen, im Sitzen, im Stehen. Es fragt sich nur, ob es klug ist, auf körperliche Gesten zu verzichten. Ich halte es für einen großen Verlust, dass viele Leute heute meinen, ein Gebet spiele sich nur im Kopf, in der Welt der Gedanken, ab und es sei völlig gleichgültig, welche Körperhaltung der Betende gerade einnimmt.

Die großen religiösen Kulturen der Erde haben nie so gedacht. Sie haben immer den Körper mit einbezogen, haben mit dem Körper gebetet. Die alten indigenen Völker Nordamerikas breiteten die Arme aus, um Gott (den sie in der Sonne symbolisiert sahen) zu begrüßen und ihm zu sagen: Ich gehöre dir. Muslime legen noch heute den Gebetsteppich aus; sie legen sich auf die Knie zum Zeichen der Ehrfurcht vor Gott. Im Zen sitzt der Beter in der Haltung schweigender Erwartung und mit einem körperlichen Ausdruck völliger Offenheit da. Die christlichen Mönche verbeugen sich häufig während des Chorgebetes; bei der Mönchs- und Priesterweihe liegen sie zum Zeichen völliger Bereitschaft vor dem Altar. Katholische Christen beten noch heute oft auf den Knien. Das ist ein uraltes Ritual, das man vom byzantinischen Kaiserhof übernommen hat. Vor den Kaiser durfte man – zum Zeichen des unendlichen Abstandes – nur auf den Knien hintreten. Vor einem Kaiser ist das sicher nicht angebracht. Aber in der Verehrung der Größe Gottes ist das Knien – wenn man nur etwas geübt darin ist – ein schönes und freies

Zeichen, womit das ganze Beten verwandelt und vertieft wird. Katholische Christen haben noch andere Zeichen: Sie stehen, wenn sie das Evangelium hören, und sie falten die Hände, um sich ganz auszurichten auf das Gebet und um auch mit dem Körper zum Ausdruck zu bringen, dass man jetzt ganz konzentriert, ganz da vor Gott ist.

Ich kann Ihnen nur raten: Versuchen Sie *ganzheitlich* zu beten – mit dem Körper, mit Ihren Gefühlen, mit Ihrem Geist! Mit Ihrer äußeren Haltung, die nach innen Signale sendet! Probieren Sie aus, was Ihnen hilft, tiefer, wesentlicher, aufrechter, demütiger zu werden! Ich lasse mir übrigens von niemandem erzählen, dass er wirklich mit Gott (!) spricht, wenn er sich dabei auf dem Sofa herumlümmelt.

REGEL VIII:
Beziehen Sie alle Arten des Gebetes in Ihr Beten mit ein!

Einer alten Einteilung zufolge gibt es drei Grundformen des Gebetes: das *Lob- und Preisgebet,* das *Bittgebet* und das *Dankgebet.* Viele Christen schaffen es zeitlebens nicht über das Bittgebet hinaus. Sie brauchen Gott nur, wenn es ihnen schlecht geht und wenn sie in ihrer Not nicht mehr wissen, wohin sie sich wenden sollen. Dieses Bittgebet darf nach dem Willen Jesu durchaus sein. Aber wer in einer wirklichen Beziehung mit Gott lebt, wird feststellen, wie schön es ist, Gott so zu loben, wie es in den Psalmen vorgezeichnet ist. Der Psalmist entdeckt und beschreibt immer neue Wunder und Wundertaten Gottes, er jubelt darüber und freut sich daran. An den Psalmen können Sie sich schulen, damit Sie auch in Ihrem Leben neue Augen bekommen und immer mehr das Wunderbare herausfinden können, das Sie zum Lob Gottes und zur Freude provoziert. Durch das Lob Gottes und seiner Schöpfung bekommt man eine ganz andere, positive Lebenseinstellung. Man lernt darüber schließlich das Höchste: *für alles zu danken,* auch für das Schwere, auch für das Leid. Denken Sie an den Mann, den einige den Größten nach

Christus nannten: Franz von Assisi. Als seine Stunde kam, bat Franz seine Brüder, ihn nackt auf den Boden zu legen. Unter Schmerzen betete er den Sonnengesang – das größte denkbare Preislied für Gott:

Gelobt seist Du, Herr, mit allen Wesen, die Du geschaffen,
der edlen Herrin vor allem, Schwester Sonne,
die Schöne, die uns den Tag heraufführt
und Licht mit ihren Strahlen spendet;
gar prächtig in mächtigem Glanz:
Dein Gleichnis ist sie, Erhabener.

Und am Ende betet Franz dieses für immer Erstaunliche:

Gelobt seist Du, Herr,
durch unsern Bruder, den leiblichen Tod ...
Selig, die er in Deinem heiligsten Willen findet!
Denn Sie versehrt nicht der zweite Tod.
Lobet und preiset den Herrn!
Danket und dient Ihm in großer Demut!

REGEL IX:
Beten Sie Ihren Glauben!

Manche Leute mixen sich einen Glauben zurecht, als ginge es darum, einen möglichst schmackhaften Kuchen zu backen. Sie nehmen ein bisschen Astrologie, mischen es mit einem kuschelweichen Gott, den sie irgendwo im Internet gefunden haben und würzen das Ganze noch mit einer herzhaften Prise Weihrauch. Guten Appetit!

Gott ist aber eine Wirklichkeit und keine stylingoffene Kreation findiger Köpfe. Gott hat uns in Jesus Christus sein Innerstes offengelegt; die Heilige Schrift spricht davon, wie er ist. Die Kirche fasst im Glaubensbekenntnis zusammen, was aufgrund der Bibel quer durch alle Zeitalter und Kulturen übereinstimmend von Gott gesagt werden kann. Jeder Christ, der seinen

Glauben lebt, spricht zu vielen Gelegenheiten dieses Glaubensbekenntnis. Wenn es aber beim bloßen Dahersagen bleibt, ist es dürrer Formelkram, der nichts verändert, mit meinem Leben nichts zu tun hat. Wer aber beispielsweise den Satz «Ich glaube an Gott, den Vater, den Allmächtigen» ins Gebet nimmt, der sagt das Wort «Vater» ins Angesicht Gottes, der sagt: *«Ich glaube dir, Gott, dass du mein Vater bist!»*

Wenn einer so «Vater» sagt, kann er es nicht leichtfertig tun, sondern erst, nachdem er es gedacht, gefühlt, gewogen und erfahren hat. Und wenn er es dann sagt, dann soll er dieses Wort auch mit seinem ganzen Leben decken und seine Wahrheit bezeugen. Das ist übrigens überhaupt eine der wichtigsten Lebensaufgaben: den ganzen, unverkürzten Glauben in das «Du» zu Gott hineinzunehmen. *Du, Heiliger Geist – Du, mein Erlöser – Du, meine Hoffnung …* Das von ganzem Herzen sagen zu lernen, ist gar nicht so leicht. Manches will uns partout nicht über die Lippen von den Vorgaben des Glaubensbekenntnisses, weil sie uns nicht in den Kopf wollen. Nun können wir nicht alles mit dem Denken einholen, nicht alles mit Leben einholen. Deshalb sich aber der Hybris verschreiben und sagen: Was ich nicht erfahren und verstanden habe, *ist* nicht? Das wäre auch lächerlich! Der Glaube ist die Annahme eines Geheimnisses im Vertrauen auf die Glaubwürdigkeit Jesu. Dieses Geheimnis ist nicht *gegen* die Vernunft, aber es ist *über* alle Limitationen der Menschenvernunft hinaus. Wir müssen *glauben*, was Jesus *weiß* und was nur der Heilige Geist *verstehen* kann. Das Gebet spricht immer wieder: *Jesus, schließe mich in Deinen Glauben ein!* Oder auch: *Heiliger Geist, führe mich tiefer in das Geheimnis ein!* Dann werden uns immer neu die Augen aufgehen – und wir können sagen: Jetzt verstehe ich etwas davon! Manche Nuance aus dem Kosmos der Wahrheiten des Glaubens geht einem erst im Laufe seines Lebens so richtig auf und unter die Haut – vielleicht erst durch eine große Erschütterung oder im Angesicht des Todes.

Regel X:
Beten Sie Ihr Leben!

Wollen Sie eine Art Urformel hören? Hier ist sie: Bete dein Leben – lebe dein Beten!

Bete dein Leben: Entdecken Sie, dass es nichts gibt, was Sie Gott nicht sagen können! Unterbreiten Sie ihm alle Ihre Pläne, Ihre Wünsche, Ihre Sehnsüchte. Lassen Sie keinen Bezirk aus, nicht Ihre Sexualität, nicht Ihren Zorn, nicht Ihre Verletztheit, nicht Ihre Freude, nicht Ihre Sucht. Gott rümpft nicht die Nase. Er zieht sich nicht beleidigt zurück. Er ist kein Spielverderber, der Ihnen irgendwelche Pläne vermasseln möchte. Gott ist auch kein Polizist, der böse guckt, wenn Sie gesündigt haben. Gott will mit Ihrem Leben das, was Sie sich zuinnerst wünschen – nichts anderes. Er will Sie unendlich glücklich machen. Darum führt er Sie – manchmal auf Wegen, die Sie zuerst nicht verstehen. Und manchmal bewahrt er Sie vor Dummheiten, die Sie sich heute wünschen und worüber Sie morgen den Kopf schütteln werden.

Lebe dein Beten: Es geht den meisten Menschen so, dass sie im Beten weiter sind als im Leben. Im Gebet fallen die großen Worte – und im wirklichen Leben geht's armselig zu! Bei den indigenen Völkern gibt es ein Sprichwort: Wirf dein Herz über den Fluss – und dann schwimm dahinter her! Also: Haben Sie keine Angst, Gott etwas Großes zu sagen, weil Sie sich kennen und aus bitterer Erfahrung wissen, dass Sie ein fürchterlich schwacher und inkonsequenter Mensch sind. Gott weiß auch das von Ihnen. Aber er liebt es, wenn Sie im Gebet Ihr Herz über den Fluss werfen! Er will nicht, dass Sie kleinmütig und verzagt zu ihm kommen – ohne wirkliche Erwartung. Er rechnet damit, dass Sie mit buchstäblich unendlicher Erwartung an ihn herantreten. Dafür ist Gott da. Dafür hat er Sie mit einem maßlosen Herzen geschaffen.

Regel XI:
Beten Sie über Ihren Horizont hinaus!

Sie müssen sich den Horizont des Glaubens grenzenlos vorstellen. Gestern und Heute, Sie und die anderen, Lebende und Verstorbene gehören dazu. Sie sind in einem Spiel, das sich im Moment, in dem Sie das lesen, zugleich auf der Erde und im Himmel «abspielt». Wenn jemand stirbt, dann lebt er in der Ewigkeit weiter – er «ruht» nicht, wie es immer wieder falsch heißt, sondern er ist so lebendig wie nie. Der Faden des Gespräches, den einer im Leben mit Gott hatte, wird nun fortgesponnen im unendlichen Dialog der Liebe mit Gott. Im Himmel ist kein Raum mehr für Geschwätz. Im Himmel ist jedes Wort ein Gebet.

Und nun stellen Sie sich vor, dass der Himmel nicht irgendwo hinter dem vierten Sonnensystem ist. Er ist hier; um Sie herum ist «Himmel». Um Sie ist Gott. Um Sie leben unsichtbar auch die vielen Menschen, die wirklich intensiv gelebt haben – in klassischer Terminologie nennt man sie die *Heiligen*. Die Ausstrahlung, die sie zu Lebzeiten hatten, ist nun in Gottes Da-Sein eingewoben und für immer präsent.

Und wie diese Heiligen im irdischen Leben bereits für andere da waren, so denken und fühlen sie auch jetzt mit uns Menschen mit. Man kann sie – so lehren es vor allem die katholische Kirche und die orthodoxen Kirchen – um Fürsprache bei Gott angehen. Den Evangelischen ist das eher fremd. Ich will darlegen, warum es den Horizont des Glaubens erweitern kann. Diese Heiligen sind Menschen, die mit ihrem Leben in eindrücklicher Weise ihren Glauben bezeugt haben und uns jetzt bereits vorausgegangen sind. Sie leben nun in der vollen Gegenwart unseres Herrn. Sie sind uns zugewandt, und ihre Namen und ihr zeugnisstarkes Leben gehen uns bis heute nah und stärken unseren Glauben. «Wir sind Zwerge auf den Schultern von Riesen», sagt Martin Luther über diese Väter und Mütter im Glauben. Eben diese dürfen angerufen werden. Allerdings nie angebetet, das kommt nur Gott zu. Aber sie zu bitten, für uns vor Gott einzustehen, das ist eine uralte Praxis der

Kirche. Das ist keine Konkurrenz zur Anbetung Gottes. Es ist eine verstärkte Wahrnehmung seiner Gegenwart durch den verbürgten Glauben anderer, auf deren Schultern wir stehen.

Wenn ich im Glauben nachgelassen habe, ist es mir oft passiert, dass die «erste Liebe» und das «Feuer» wieder entzündet wurden durch die Lektüre der Lebensgeschichte eines Heiligen. So ist es mir passiert bei Franziskus. So bei Charles de Foucauld. So bei Teresa von Ávila. So bei Frère Roger Schutz. So bei Mutter Teresa. Ich durfte sie kennen lernen (und ich weiß, sie kennen mich). In ihnen finde ich die älteren Brüder und Schwestern, die mich Statisten aus der zweiten Reihe «unterhaken» und mitreißen in das Licht Gottes. Natürlich spielt auch Maria, die Mutter Jesu, eine besondere Rolle in dieser Filmbesetzung.

Glaube ist etwas Dynamisches. Und glauben heißt auch experimentieren. Probieren Sie einmal Folgendes aus: Wenn Sie vor einer wichtigen Begegnung oder einem wichtigen Gespräch mit verschiedenen Leuten stehen, dann kann es sehr stärkend und ermutigend sein, wenn Sie zum Heiligen Geist beten, dass er Sie zu richtigen Entscheidungen führt. Ich habe aber auch die Erfahrung gemacht, dass mich ein kurzer und beherzter Gebetsanruf bei den großen Glaubensvätern und -müttern für ein solches Gespräch gestärkt hat.

Namen sind Brücken im Sumpf der Geschichte. Und Namen, die wir bei Gott wissen, sind lebendige und auferstandene Brücken, mit denen wir verbunden sind. Sie gehören zur «Wolke der Zeugen» von denen der Apostel Paulus im Hebräerbrief spricht. Walter Nigg, der evangelische Pfarrer und Professor für Kirchengeschichte, hat sich ein Leben lang mit diesen Zeugen, Denkern, Lebenskünstlern und Heiligen beschäftigt, hat sie in unzähligen Büchern auf feinsinnige Weise porträtiert und auf sie hingewiesen.

Von Martin Luther gibt es ein großartiges Wort, das die Vision gegenseitiger Hilfe im Himmel und auf der Erde unübertroffen zum Ausdruck bringt: «Ist es nicht gut für uns, hier zu weilen, wo alle Glieder mitleiden, wenn ein Glied leidet, und wenn eines verherrlicht wird, alle sich mitfreuen? Wenn ich also leide, dann leide ich nicht allein, mit mir leidet Christus und alle Christen, wie der Herr sagt: ‹Wer euch anrührt, der rührt an meinen Augapfel!› Meine Last tragen somit andere, ihre Kraft ist die meine. Der Glauben der Kirche kommt meinem Bangen zu Hilfe, die Keuschheit anderer erträgt das Versuchtwerden meiner Lüsternheit, anderer Fasten wird mir zum Gewinn, eines anderen Gebet bemüht sich um mich.»

Es war Gilbert Keith Chesterton, der in seinem großartigen Buch «The common man» in etwa Folgendes sagte: «Wenn Wunder nicht geschehen können, dann können sie im 12. Jahrhundert ebenso wenig geschehen wie im 20. Jahrhundert. Wenn sie aber doch geschehen können, dann kann niemand beweisen, dass es eine Zeit geben soll, in der diese Wunder nicht geschehen können. Ein Atheist konnte schon im ersten Jahrhundert nicht an Wunder glauben – aber ein gläubiger Mensch, ein Beter, kann noch im 21. Jahrhundert an Wunder glauben.» Und es war der berühmte Theologe Karl Rahner, der ein prophetisches Wort gesagt hat, über das ich Sie zu Ende dieses Buches nachzudenken bitte. Es lautet: «Der Christ der Zukunft wird ein Mystiker sein, oder er wird es gar nicht mehr sein.» Setzen Sie für «Mystiker» ruhig das Wort «Beter» ein; es ist dasselbe. Das Wort möchte sagen: In Zukunft werden nur noch die Menschen Christen sein, die im Herzen eine Verbindung zu Gott, zu Jesus Christus haben, die mit ihm sprechen, die mit ihm rechnen als einem Lebenden, die an reale Wunder durch ihn glauben, wenn sie nur in tiefem Vertrauen von ihm erbeten werden. Diejenigen, die nur darum noch Christen sind, weil sie einen Taufschein besitzen oder weil «man» eben traditionellerweise zur Kirche geht, werden früher oder später keine Christen mehr sein.

Das ist die Frage an Sie:

Wollen Sie den inneren Weg gehen? Haben Sie Vertrauen? Glauben Sie Jesus Christus? Dann lösen Sie das Ticket (Mt 13,44–46) – und steigen Sie ein!

Abkürzungen der biblischen Bücher

Altes Testament

1 Mo	Das erste Buch Mose (Genesis)
2 Mo	Das zweite Buch Mose (Exodus)
3 Mo	Das dritte Buch Mose (Leviticus)
4 Mo	Das vierte Buch Mose (Numeri)
5 Mo	Das fünfte Buch Mose (Deuteronomium)
Jos	Das Buch Josua
Ri	Das Buch über die Richter
Ruth	Das Buch Ruth
1 Sam	Das erste Buch Samuel
2 Sam	Das zweite Buch Samuel
1 Kön	Das erste Buch über die Könige
2 Kön	Das zweite Buch über die Könige
1 Chr	Das erste Buch der Chronik
2 Chr	Das zweite Buch der Chronik
Esr	Das Buch Esra
Neh	Das Buch Nehemia
Est	Das Buch Esther
Hiob	Das Buch Hiob (Ijob)
Ps	Die Psalmen
Spr	Die Sammlung der Sprüche
Pred	Der Prediger Salomo
Hld	Das Hohelied
Jes	Der Prophet Jesaja
Jer	Der Prophet Jeremia

Klgl	Die Klagelieder des Jeremia
Hes	Der Prophet Hesekiel (Ezechiel)
Dan	Das Buch Daniel
Hos	Der Prophet Hosea
Joel	Der Prophet Joel
Am	Der Prophet Amos
Obd	Der Prophet Obadja
Jona	Der Prophet Jona
Mi	Der Prophet Micha
Nah	Der Prophet Nahum
Hab	Der Prophet Habakuk
Zef	Der Prophet Zefanja
Hag	Der Prophet Haggai
Sach	Der Prophet Sacharja
Mal	Der Prophet Maleachi

Neues Testament

Mt	Das Evangelium nach Matthäus
Mk	Das Evangelium nach Markus
Lk	Das Evangelium nach Lukas
Joh	Das Evangelium nach Johannes
Apg	Apostelgeschichte

Die Briefe von Paulus

Röm	Römerbrief
1 Kor	Der erste Korintherbrief
2 Kor	Der zweite Korintherbrief
Gal	Galaterbrief
Eph	Epheserbrief
Phil	Philipperbrief
Kol	Kolosserbrief
1 Thess	Der erste Thessalonicherbrief
2 Thess	Der zweite Thessalonicherbrief
1 Tim	Der erste Timotheusbrief
2 Tim	Der zweite Timotheusbrief

Tit	Der Titusbrief
Phlm	Der Brief des Paulus an Philemon

Weitere Briefe

Hebr	Der Hebräerbrief
Jak	Der Jakobusbrief
1 Petr	Der erste Petrusbrief
2 Petr	Der zweite Petrusbrief
1 Joh	Der erste Johannesbrief
2 Joh	Der zweite Johannesbrief
3 Joh	Der dritte Johannesbrief
Jud	Der Judasbrief

Offb	Die Offenbarung an Johannes